Beiträge zur Produktionswirtschaft

Herausgegeben von
D. Specht, Cottbus, Deutschland

Die Reihe enthält Forschungsarbeiten und praxisrelevante Schriften zu aktuellen Themenstellungen in der Produktion. Sie unterstützen Management und Forschung bei der Aufgabe, die Produktion in Planung, Organisation, Prozessen und Logistik zu optimieren und weiter zu entwickeln. Behandelt werden sowohl das Management des Betriebes als auch methodische und betriebswirtschaftliche Fragestellungen einschließlich der Schnittstelle zur Technik.

Die Schriftenreihe ist als offene Plattform für hervorragende Arbeiten in den genannten Gebieten konzipiert.

Herausgegeben von
Professor Dr.-Ing. habil. Dieter Specht
Cottbus, Deutschland

Björn Seeger

Erfolgsstrategien zur Gestaltung von Innovationsprozessen

Eine empirische Analyse mittelständischer Innovationssysteme

Mit Geleitworten von Prof. Dr. Jochen Weihe
und Prof. Dr.-Ing. habil. Dieter Specht

 Springer Gabler

Björn Seeger
Lüneburg, Deutschland

ISBN 978-3-658-06228-6   ISBN 978-3-658-06229-3 (eBook)
DOI 10.1007/978-3-658-06229-3

Die Deutsche Nationalbibliothek verzeichnet diese Publikation in der Deutschen Nationalbibliografie; detaillierte bibliografische Daten sind im Internet über http://dnb.d-nb.de
abrufbar.

Springer Gabler
© Springer Fachmedien Wiesbaden 2014

Springer Gabler ist eine Marke von Springer DE. Springer DE ist Teil der Fachverlagsgruppe
Springer Science+Business Media.
www.springer-gabler.de

Geleitwort

Wenn man, wie ein chinesisches Sprichwort lehrt, nicht zweimal in den gleichen Fluss steigen kann, weil die einzige Konstante in der Welt die permanente Veränderung ist, stellt sich die Frage, wie Menschen und die von ihnen geschaffenen Organisationen mit diesen Veränderungen sinnvoll und zielführend umgehen können. Bemerkenswert ist, dass Unternehmen diesem Phänomen nicht nur reaktiv gegenüber stehen, sondern selbst in ihrem Streben nach nachhaltigen Wettbewerbsvorteilen kollektiv für eine Dynamisierung des Handelns sorgen, der sie in ihrem strategischen und operativen Handeln zur Abwendung der Untergangsbedrohung dann wiederum entsprechen müssen.

Als probates Mittel wird die Innovation angesehen. Sie soll Unternehmen in die Lage versetzen, nachhaltig im internationalen Verdrängungswettbewerb bestehen zu können. Wie das Innovationsgeschehen in Unternehmen abläuft, findet seit Jahren zunehmendes Interesse der wissenschaftlichen Forschung. Erstaunlich ist, dass sich die Forschungsarbeit schwerpunktmäßig mit dem Innovationsgeschehen in Großunternehmen auseinander setzt. Kleine und mittelständische Unternehmen werden – obwohl sie die Masse der Unternehmen ausmachen – geradezu stiefmütterlich behandelt.

Die nachfolgend vorgestellte wissenschaftliche Untersuchung soll diesem Mangel abhelfen. Es wird das Innovationsgeschehen in KMU untersucht. Dazu wird ein Bezugsrahmen erarbeitet, der Aufschluss darüber geben soll, welche Ausprägungen von Modellparametern des Innovationsgeschehens in KMU vorzufinden sind. Von Interesse ist, was ein Unternehmen als Gesamtsystem im Innovationszusammenhang leistungsfähig und erfolgreich macht. Was zunächst als Black Box organisationaler Innovativität bezeichnet wird und als Erfolgsmaßstab im Bestehen des regionalen, nationalen oder gar internationalen Wettbewerbs zum Ausdruck kommt, ist so zu erschließen, dass man Erfolgsfaktoren oder Konfigurationen dieser Faktoren identifizieren kann, die zu einem leistungsfähigen Innovationssystem beitragen können.

Die vorgestellten wissenschaftlichen Ergebnisse legen nahe, dass es nicht eine erfolgsverspre- chende idealtypische Ausprägung eines Innovationsmanagementsystems für KMU gibt. Es werden Konfigurationen von Innovationssystemen vorgestellt, die durch die personalen und organisationalen Besonderheiten in den KMU geprägt sind.

Will man ein Innovationsmanagementsystem gestalten, wird man sich intensiv mit den Möglichkeiten und Potentialen eines Unternehmens auseinander zu setzen haben. Im zweiten Schritt gilt es Modellparameter und deren Erfolgsfaktoren so zu konfigurieren, dass sie die Innovationspotenziale ausschöpfen, die es in einem dritten Schritt dynamisch weiter zu entwickeln gilt.

Die vorliegende Forschungsarbeit will alle Personen, die sich aktiv mit der Ausgestaltung von Innovationsmanagementsystemen von KMU befassen konkrete Hilfestellungen geben, diese komplexe Gestaltungsarbeit erfolgsversprechend leisten zu können. Sicher ist, dass diese Gestaltungsarbeit eine Daueraufgabe ist, die sich ständig mit neuen Bedingungslagen auseinander zu setzen hat. Auch das Innovationsmanagementsystem selbst sollte fortlaufend Gegenstand der Innovationsarbeit im Unternehmen sein. Viel Enthusiasmus und viel Erfolg bei dieser Arbeit.

Prof. Dr. Jochen Weihe

Geleitwort

Innovationsfähigkeit wird in Unternehmen und in der Forschung als wesentliche Kompetenz angesehen. Während große Unternehmen Forschungs- und Entwicklungsabteilungen mit zahlreichen Entwicklern unterhalten und häufig über bewährte Systeme des Technologiemanagements und des Innovationsmanagements verfügen, sind in KMU oft nur eine kleine Zahl von Personen mit der Hervorbringung von Innovationen befasst. Auch herrscht häufig weitgehende Unkenntnis über empfehlenswerte Organisationsformen und Managementprozesse.

Die vorliegende Arbeit untersucht die Erfolgsfaktoren der Innovationsfähigkeit in mittelständischen Unternehmen. Durch empirische Erhebungen geht sie der Frage nach, wie Erfolgsfaktoren konfiguriert sind oder sein müssten, um effektive und effiziente Innovationssysteme zu gestalten. Die Untersuchung basiert auf der vergleichenden Analyse von 41 klein- und mittelständischen Unternehmen. Die Ergebnisse zeigen, dass es mehrere Wege zur Etablierung einer hohen Innovationsfähigkeit gibt, sie zeigen auch welche Maßnahmen nicht Erfolg versprechend sind.

Die Ergebnisse dieser Untersuchung sind für das Innovationsmanagement in mittelständischen Unternehmen von Bedeutung. Sie können zu einer verbesserten Gestaltung des Innovationssystems beitragen und die langfristige Leistungsfähigkeit des Unternehmens sichern. Für die Wissenschaft bietet die Untersuchung zahlreiche Erkenntnisse und Anregungen, um den noch wenig erforschten Bereich der Innovationsfähigkeit mittelständischer Unternehmen vertieft zu untersuchen.

Prof. Dr.-Ing. habil. Dieter Specht

Vorwort

Zunächst möchte ich meinem Doktorvater Prof. Dr. Jochen Weihe für die Betreuung meines Promotionsvorhabens bedanken. Vor allem seine ansteckende Begeisterungsfähigkeit und Hingabe für unser Forschungsprojekt spornten mich auch in langwierigen Phasen des Forschungsprojekts an, niemals das Ziel aus den Augen zu verlieren. Vielen Dank für diese intensive fachliche und moralische Unterstützung.

Darüber hinaus möchte ich mich bei Prof. Dr. Ursula Weisenfeld (Leuphana Universität, Lüneburg) und Prof. Dr. Heinz Klandt (EBS Business School, Wiesbaden) für ihre Bereitschaft bedanken, meine Promotion als Gutachter zu betreuen. Zudem möchte ich Prof. Dr. Norbert Sturm für die Teilnahme an unzähligen Präsentationen zum aktuellen Forschungsstand und für seine pointierten und wohlbegründeten Anregungen danken. Ein Dank gilt ebenfalls Prof. Dr. James M. Utterback (Massachusetts Institute of Technology, Boston) für die herzliche Aufnahme in das Promovendenkolleg im Rahmen meines Forschungsaufenthalts in Boston. Der Leuphana Universität danke ich für die finanzielle Unterstützung im Rahmen meines Stipendiums.

Grundlage für die Erstellung dieser Studie war das ausgeprägte Engagement unserer Interviewpartner in den vergangenen drei Jahren. Ohne ihren Beitrag und ihre Teilnahmebereitschaft wäre diese Dissertation nicht entstanden. Vielen Dank für das entgegengebrachte Interesse und Vertrauen.

Einen Dank möchte ich auch an alle Kolleginnen und Kollegen richten, welche mich bei meiner Promotion unterstützt haben. Zuerst sind dabei meine Bürokollegen Torben Brokmann und Sebastian Fischer zu nennen, welche in morgendlichen Kaffeerunden wichtige fachliche Impulse lieferten und stets eine große moralische Unterstützung darstellten. Meinen Mitpromovenden Sebastian Göse und Sevda Yüksek danke ich ebenfalls für ihre Unterstützung. Ein weiterer Dank geht an die Mitglieder des Instituts für strategische Unternehmensführung der Leuphana Universität für viele sonnige und unbeschwerte Momente auf dem Balkon.

Ganz besonders danke ich meiner Familie, meinen Freunden und meiner Freundin Monika für die intensive emotionale Unterstützung während der Höhen und Tiefen meiner Promotionszeit. Ohne diese Unterstützung wäre es mir nicht möglich gewesen mich auf die Fertigstellung meiner Promotion zu fokussieren. Ich danke Euch herzlich.

Björn Seeger

Inhaltsverzeichnis

Abbildungsverzeichnis

Tabellenverzeichnis

Abkürzungsverzeichnis

bzw.	beziehungsweise
CRM	Customer-Relationship-Management
ca.	circa
d.h.	das heißt
Dr.	Doktor
EFRE	Europäische Fonds für regionale Entwicklung
EO	Entrepreneurial Orientation
et al.	und andere
etc.	et cetera
EUR	Euro
F&E	Forschung und Entwicklung
f.	folgende (Seite)
ff.	fortfolgende (Seiten)
ggf.	gegebenenfalls
Hrsg.	Herausgeber
i.d.R.	in der Regel
ICC	Interclass Correlation Coefficient
IfM	Institut für Mittelstandsforschung
KMU	Kleine und mittelständische/mittlere Unternehmen
Mio.	Millionen
Nr.	Nummer
OECD	Organisation for Economic Cooperation and Development
Prof.	Professor
RBV	Resource-based view
R&D	Research & Development
S.	Seite
SWOT	Strength, Weaknesses, Opportunities, Threats
u.a.	unter anderem
vs.	versus
Z.B/z.B	Zum Beispiel/zum Beispiel

1 Einleitung

1.1 Problemstellung und Zielsetzung

Innovationen sind eine Quelle für die Erlangung von Wettbewerbsvorteilen. Nicht ohne Grund wird in politischen Debatten die erfolgskritische Bedeutung der nachhaltigen Innovationsfähigkeit der deutschen Volkswirtschaft für den Ausbau dauerhafter Wettbewerbsvorteile eingeräumt. Bundespräsident Roman Herzog betonte bereits im Jahre 1997 in seiner bemerkenswerten Rede „Aufbruch ins 21. Jahrhundert": „Die Fähigkeit zur Innovation entscheidet über unser Schicksal" (zitiert nach Vahs & Burmester 2005, S. VII). Innovation werden im Zeichen der zunehmenden globalen Vernetzung und Dynamisierung der Märkte, welche kürzere Produktzyklen zur Folge haben, als *das* kritische Differenzierungsmerkmal deutscher Wirtschaftsunternehmen im Vergleich zu Konkurrenten aus Niedriglohnländern und zu anderen Technologiestandorten betrachtet (Lawson & Samson, 2001, S. 383; Schreyögg & Koch, 2007, S. 113; Weisenfeld, 2006, S. 39).

Durch die fortlaufende Entwicklung innovativer Produkte oder durch Kosteneinsparungen aufgrund von Prozessinnovationen können Unternehmen durch Innovationsvorsprünge nachhaltige Wettbewerbsvorteile erlangen (z.b. mittels Durchsetzung höherer Margen) (Artz et al., 2003, S. B2). Organisationale Bestrebungen, Innovationen zu erzielen, dienen demnach nicht dem Selbstzweck (Bestandserhalt), sondern bieten Unternehmen die begründete Aussicht auf eine Steigerung der Unternehmensperformance. Der positive Zusammenhang zwischen Innovationsfähigkeit und Unternehmensperformance lässt sich durch empirische Belege sowohl für Großunternehmen (Calantone, 2002, S. 518; Lawson & Samson, 2001, S. 389; Montoya-Weiss & Calantone, 1994, S. 397) als auch explizit für KMU (Rosenbusch et al., 2011, S. 1; Vermeulen et al., 2003, S. 6) nachweisen. Aus dieser Perspektive erscheint die Ableitung des kategorischen Imperativs als gerechtfertigt, der Unternehmen gemäß der Faustregel 'innovate or die' (Cooper & Edgett, 2005, S. 14) dazu verpflichtet, dauerhaft Innovationen hervorzubringen. Diesem Verständnis folgend lautet die Frage nicht, *ob* ein Unternehmen innovieren sollte, sondern *wie* es erfolgreich innovieren kann (Prajogo & Ahmed, 2006, S. 499; Weihe, 2011, S. 1).

Kleine und mittelständische Unternehmen (KMU) werden umgangssprachlich als ‚Motor oder Rückgrat der deutschen Wirtschaft' bezeichnet. 99,5%[1] deutscher Unternehmen sind mittelständisch geprägt, sie beschäftigen 54,7% der sozialversicherungspflichtigen Arbeitnehmer und erwirtschaften 35,9% des in Deutschland durch alle Unternehmen erzielten Umsatzes (IfM Bonn, 2012, S. 1). Dem Mittelstand kommt daher eine herausragende Bedeutung für die deutsche Volkswirtschaft zu (von Ahsen et al., 2010, S. 4; Weisenfeld, 2006, S. 39). Ein jüngerer Artikel unter dem Titel "German Small Businesses Reflect

---

[1]Die ausgewiesenen Zahlen des Instituts für Mittelstands Bonn (IfM) beziehen sich auf die Berichtsperiode 2010 (IfM Bonn, 2012, S. 1).

Country's Strength", erschienen in der New York Times, beschreibt den deutschen Mittelstand als Stabilisator der deutschen Volkswirtschaft während der Finanzkrise, der gegen den europäischen Trend der Verschuldung durch solides Wachstum hervorsticht und zur schnellen Gesundung der deutschen Volkswirtschaft nach der überstandenen Krise beigetragen hat (Ewing, 2012, S. 1). Eine besondere Erwähnung findet, dass Unternehmen des Mittelstandes mit geringen Fremdkapitalaufnahmen eine beachtliche Innovationskraft entwickeln.

Trotz der unbestrittenen Bedeutung des Mittelstandes und der Innovation für die deutsche Volkswirtschaft zeigt sich in der Wissenschaft im Innovationszusammenhang eine eher geringe Neigung, das Innovationsphänomen in KMU empirisch zu untersuchen (Hauschildt & Salomo, 2011, S. 33; Klandt, 2006, S. 3; Vermeulen et al., 2003, S. 5). Großunternehmen und eben nicht kleinere Unternehmungen stehen im Zentrum der wissenschaftlichen Innovationsforschung und das methodische Vorgehen in KMU wird auf Basis der Bedürfnis- und Organisationsstrukturen von Großunternehmen ausgerichtet (Hauschildt & Salomo, 2011, S. 33; Weihe, 2011, S. 4 f.). Diese Tatsache ist als kritisch zu betrachten, da die methodische Herangehensweise, die für Großunternehmen als passend gilt, nicht unreflektiert auf KMU angewendet werden darf (Dömötör, 2011, S. 58).

„Da sich diese [mittelständische Unternehmen] von Großunternehmen in vielerlei Hinsicht systematisch unterscheiden und die Heterogenität der bisher ermittelten Erfolgsfaktoren generell groß ist, dürfen bestehende Erkenntnisse nicht ungeprüft auf KMU übertragen werden" (Dömötör, 2011, S. V ff.).

Aus dieser Fokussierung der Innovationsforschung auf Großunternehmen ergibt sich eine unzureichende empirische Untersuchung mittelständischer Innovationssysteme mit der Folge, dass diese Systeme aus der Forschungsperspektive in weiten Teilen immer noch als Black Box erscheinen (Billerbeck, 2003, S. 53; Dömötör, 2011, S. 78; van Someren, 2005, S. 17). Die Innovationsfähigkeiten mittelständischer Unternehmen sind „hinsichtlich der Ausgestaltung, Eigenschaften und Strukturen der darin ablaufenden Prozesse für die Wissenschaft in weiten Teilen nach wie vor eine 'Black Box', über die viel zu wenig geforscht wird" (Kirner et al., 2006, S, 21). Dies zeigt sich auch anhand von mangelnden Erfolgsfaktorenstudien in KMU. Kleineren Unternehmen sind lediglich 3% der gesamten Innovationserfolgsfaktorenstudien gewidmet (Dömötör, 2011, S. 58).

Aus diesem Sachverhalt resultiert als Bedarf die Öffnung der Black Box der Innovationsfähigkeiten von KMU. Auf Basis der skizzierten Problemstellung kann die erste von zwei Forschungsfragen formuliert werden:

Welche Erfolgsfaktoren der Innovationsfähigkeit lassen sich in Innovationssystemen mittelständischer Unternehmen identifizieren, die die Ausprägung unterschiedlicher Innovativitätsgrade von KMU beeinflussen?

Darüber hinaus erscheint es von Bedeutung, das Zusammenspiel solcher Erfolgsfaktoren innerhalb des Innovationssystems zu verstehen, um eine Hypothesenbildung bezüglich der Konfiguration von Erfolgsfaktoren effektiver und effizienter Innovationssysteme abzuleiten. „Diesem Analyseschritt liegt die Annahme zugrunde, dass es den einen Weg zum Innovationserfolg nicht gibt" (Dömötör, 2011, S. 63), sodass ganz unterschiedliche Konfigurationen die Innovativität von KMU begünstigen können. Daher soll aufbauend auf der ersten Forschungsfrage folgende zweite Frage beantwortet werden:

Welche Unterschiede lassen sich hinsichtlich der Konfigurationen der Erfolgsfaktoren bei leistungsfähigen Innovationssystemen beobachten? Welche Funktionsweisen liegen diesen Konfigurationen zugrunde?

Im nachfolgenden Abschnitt wird die Vorgehensweise zur Beantwortung der beiden Forschungsfragen im Rahmen der Lüneburger Innovationsstudie[2] dargelegt (Weihe, 2011, S. 4 ff.).

1.2   Vorgehensweise bei der Forschungsarbeit

Die Beantwortung der eingangs skizzierten Forschungsfragen erfordert differenzierte Teilschritte, um den Untersuchungsgegenstand wissenschaftlich korrekt zu erfassen.

Im Anschluss an die Einleitung in Kapitel 1, in der die generelle Bedeutung von Innovationen für die deutsche Volkswirtschaft, die Forschungsfragen und der Aufbau dieser Arbeit erläutert werden, liefert Kapitel 2 die begrifflichen und inhaltlichen Grundlagen der Untersuchung. Diese Erörterung umfasst zum einen die Dimensionierung und Definition des Innovationsbegriffs und eine Modellierung des komplexen Innovationsgeschehens mithilfe eines Input-Transformation-Output-Modells. Der Transformationsprozess dieses Modells repräsentiert dabei die eigentliche Innovationsfähigkeit, die im ersten Analyseschritt zunächst als Black Box betrachtet wird. Zudem wird der KMU-Begriff definiert, Besonderheiten von KMU im Innovationsprozess werden beschrieben und die Stichprobenstruktur der hier vorgelegten Studie (vgl. Kapitel 6) im Hinblick auf die Charakteristika der Wirtschaftsregion Lüneburg wird erörtert.

---

[2] Die Lüneburger Innovationsstudie untersucht 41 KMU in der Wirtschaftsregion Lüneburg. Gegenstand des mehrjährigen Forschungsprojekts unter der Leitung von Prof. Dr. Jochen Weihe ist die Dynamisierung des Innovationsgeschehens dieser Region (Weihe, 2011 S. 4 ff.). Charakteristika der regionalen Wirtschaftsstruktur bzw. der untersuchten Stichprobe werden in den Abschnitten 2.2.3 bzw. 5.3.1 dargelegt.

In Kapitel 3 werden die theoretischen Grundlagen der Innovationsforschung spezifiziert. Hierzu wird der Ansatz der dynamischen Fähigkeiten in das Konzept der strategischen Unternehmensführung eingeordnet. Anhand der verschiedenen Erklärungsansätze der strategischen Unternehmensführung (u.a. der ressourcenorientierte und der marktorientierte Ansatz) wird die Bedeutung von Innovationen für die Erlangung von nachhaltigen Wettbewerbsvorteilen theoretisch begründet. Anschließend erfolgt eine vertiefende Betrachtung der dynamischen Fähigkeiten als Weiterentwicklung des ressourcenorientierten Ansatzes. Hierbei geht es darum, Wirkungsweisen organisationaler Innovationsfähigkeit theoretisch abzuleiten und die auf diese Weise konzeptionell eingeführte Black Box der Innovationsfähigkeit von KMU (Abschnitt 2.3) zu öffnen. Dabei wird gesondert auf die Ausbildung und Charakteristika dynamischer Fähigkeiten in moderat dynamischen Wettbewerbsverhältnissen eingegangen, um eine Passung zur befragten Stichprobe herzustellen.

In Kapitel 4 wird das Theoriekonstrukt der Innovationsfähigkeit als dynamische Metafähigkeit durch die Konzeptualisierung eines handlungsorientierten Bezugsrahmens operationalisiert. Der Bezugsrahmen wird anhand der einschlägigen Innovationserfolgsfaktorenforschung abgeleitet. Er identifiziert organisationale Gestaltungsfaktoren (nachfolgend Erfolgsfaktoren genannt) zur Steigerung der Innovationsfähigkeit. Bei der Ableitung des Bezugsrahmens wird zunächst die allgemeine Erfolgsfaktorenforschung betrachtet und nachfolgend mit der KMU-spezifischen Erfolgsfaktorenforschung kontrastiert.

Kapitel 5 erörtert die methodische Vorgehensweise dieser Untersuchung. Zunächst werden quantitative und qualitative Forschungsansätze unterschieden und nachfolgend wird die erkenntnisorientierte Kombination beider Forschungsparadigmen vorgestellt, die hier die Grundlage bilden. Das Forschungsdesign der vorgelegten Untersuchung wird wissenschafts-theoretisch eingegliedert. Zudem wird der Prozess der Fallauswahl, der Datenerhebung und der Datenauswertung erörtert.

In Kapitel 6 werden die Ergebnisse der Auswertung dargelegt. Im ersten Schritt werden anhand des Bezugsrahmens und deren Kategorien (Modellparameter) Erfolgsfaktoren mittelständischer Innovationssysteme identifiziert, die innovative von weniger innovativen KMU unterscheiden. In einem zweiten Schritt wird die kategorienbasierte Betrachtung um die fallbasierte Betrachtungsweise ergänzt. In der fallbasierten Betrachtung stehen Innovationsfä-higkeiten auf organisationaler Betrachtungsebene und somit das Zusammenspiel spezifisch ausgeprägter Erfolgsfaktoren (Konfigurationen) im Zentrum der Analyse. Zudem erfolgt in einem letzten Schritt die Integration der kategorien- und fallbasierten Betrachtung zur Beantwortung der beiden eingangs formulierten Forschungsfragen. Die Erkenntnisse der kategorien- und fallbasierten Analyse werden diskutiert und in den bisherigen Wissensstand der KMU-spezifischen Innovationsforschung eingeordnet. Durch diese systemische

Betrachtung werden nachfolgend Hypothesen zur Konfiguration von Erfolgsfaktoren effektiver und effizienter Innovationssysteme abgeleitet.

In dem abschließenden Kapitel 7 werden die Schritte der vorliegenden Untersuchung und deren Ergebnisse zusammengefasst. Zusätzlich werden Limitationen sowie Pfade für die mögliche Fortführung des gewählten Forschungsansatzes dargelegt. Implikationen der Untersuchung für die Praxis werden in Form von handlungsorientierten Empfehlungen formuliert und Schlussfolgerungen für die Wahl einer geeigneten Konfiguration der Innovationsfähigkeit für das Management von KMU erörtert.

2 Grundlagen der Untersuchung

2.1 Der Innovationsbegriff

Der Ursprung des Begriffs Innovation stammt aus dem Lateinischen (Wortursprung: *innovatio*) und wird wörtlich mit ‚Erneuerung' übersetzt (Hagenhoff, 2008, S. 13; Vahs & Burmester, 2005, S. 45). „Als grundlegendes Kriterium einer Innovation lässt sich […demnach] die **Neuartigkeit** oder **Neuheit** identifizieren" (Vahs & Burmester, 2005, S. 44; Hervorheb.i.Orig.). Schumpeter (1961, S. 65) bezeichnet Innovationen als neuartige Kombinationen von Produktionsleistungen/-faktoren, die bisherige verdrängen. Dieser Prozess der Neukombination und Verdrängung des Status Quo wird nach Schumpeter als *kreative Zerstörung* bezeichnet.

Der Begriff Innovation ist zu einem schillernden Modewort der Gegenwart avanciert, das sowohl in wissenschaftlichen Diskursen als auch in der Alltagssprache inhaltlich nicht konsistent verwendet wird (Hauschildt & Salomo, 2011, S. 3; Vahs & Burmester, 2005, S. 1). Problematisch hierbei erscheint, dass der Begriff durch diesen wenig stringenten Gebrauch nicht eindeutig konnotiert ist. „Das Innovationsverständnis [ist] in den meisten Fällen eher diffus und unpräzise im Hinblick auf die damit verbundenen Inhalte" (Vahs & Burmester, 2005, S. 1). Folgerichtig hat sich in der Literatur eine Vielfalt von Definitionen herausgebildet, die jeweils unterschiedliche inhaltliche Dimensionen des Innovationsbegriffs in den Vordergrund rücken. Tabelle 1 zeigt den Facettenreichtum des Innovationsbegriffs anhand der unterschiedlichen Inhaltsdimensionen der nachfolgenden Definitionen.

Inhaltliche Dimension der Definition	Definition
Innovation als neuartige Produkte oder Prozesse der Tatsache und dem Ausmaß der Neuartigkeit nach	„An innovation is [...] any thought, behavior or thing that is new because it is qualitatively different from existing forms" (Barnett, 1953, S. 7)
Innovation als neuartige Produkte oder Prozesse der Erstmaligkeit	„When an enterprise produces a good or service or uses a method or input that is new to it, it makes a technical change. The first enterprise to make a given technical change is an innovator. Its action is innovation" (Schmookler, 1966, S. 22)
Innovation als neuartige Produkte oder Prozesse in der Wahrnehmung einer Person/Institution	„An innovation is an idea, practice or object that is perceived as new by an individual or other unit of adoption. It matters little, so far as human behavior is concerned, whether or not an idea is 'objectively' new [...] The perceived units of the idea for the individual determines his or her reaction to it. If the idea seems new to the individual, it is an innovation" (Rogers, 1983, S. 11)
Innovation als neuwertige Kombination von Zweck und Mitteln	„Most generally, innovation can be seen as the synthesis of a market need with the means to achieve and produce a product to meet that need" (Moore & Tushman, 1982, S. 132)
Innovation als Prozess	„innovation concerns the search for, and discovery, experimentation, development, imitation, and adoption of new products, new production processes and new organizational set-ups" (Dosi, 1988, S. 222)
Innovation als neuartige Dienstleistungen jenseits industrieller Produkte und Prozesse	„Innovation is defined as adoption of an internally generated or purchased device, system, policy, program, process, product or service that is new to the adopting organization" (Damanpour, 1991, S. 556)

Tabelle 1: Facetten des Innovationsbegriffs (in Anlehnung an Hauschildt & Salomo, 2011, S. 6 f.)

Zur Systematisierung der heterogenen Landschaft von Innovationsdefinitionen soll die Begriffsbestimmung als terminologische Grundlage dieser Arbeit anhand von inhaltlich relevanten (literaturbasierten) Dimensionen erfolgen (Hagenhoff, 2008, S. 14 ff.). Hauschildt und Salomo (2011, 5 ff.) bestimmen den Innovationsbegriff anhand von fünf Dimensionen: der inhaltlichen, subjektiven, normativen, prozessualen Dimension sowie der Intensitätsdimension (Abbildung 1).

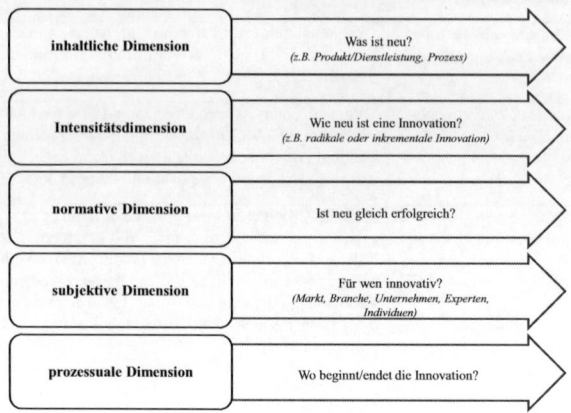

inhaltliche Dimension	Was ist neu? *(z.b. Produkt/Dienstleistung, Prozess)*
Intensitätsdimension	Wie neu ist eine Innovation? *(z.b. radikale oder inkrementale Innovation)*
normative Dimension	Ist neu gleich erfolgreich?
subjektive Dimension	Für wen innovativ? *(Markt, Branche, Unternehmen, Experten, Individuen)*
prozessuale Dimension	Wo beginnt/endet die Innovation?

Abbildung 1: Fünf Dimensionen des Innovationsbegriffs (in Anlehnung an Hauschildt & Salomo, 2011, S. 3 ff.)

Zur Ableitung einer geeigneten Definition des Innovationsbegriffs müssen alle der genannten Dimensionen berücksichtigt werden. Auf dieser Grundlage ist eine Definitionswahl für die Forschungsfragen zu treffen (Hauschildt & Salomo, 2011, S. 4), denn nur die integrative Betrachtung aller fünf Dimensionen ermöglicht eine spezifische Definition des Innovationsbegriffs (Weihe & Seeger, 2012, S. 3 ff.).

2.1.1 Die inhaltliche Dimension

Die inhaltliche Dimension bestimmt, welches Objekt der Innovation zugrunde liegt und beantwortet somit die Frage ‚was als neu zu betrachten ist'. In der betriebswirtschaftlichen Innovationsforschung stehen Produkt- und Prozessinnovationen im Fokus[3] der Betrachtung (Vahs & Burmester, 2005, S. 14). „Die immer noch vorherrschende Sicht der Dinge bezieht sich auf das Substrat der Innovation und unterscheidet ‚Produktinnovationen' von ‚Prozessinnovationen'" (Hauschildt & Salomo, 2011, S. 11). Beide sollen nachfolgend erörtert werden.

Produktinnovation/Dienstleistungsinnovation[4]

„Produktinnovationen sind neue oder merklich verbesserte Produkte bzw. Dienstleistungen, die ein Unternehmen auf den Markt gebracht hat" (Rammer et al., 2010, S. 3). Eine Produktinnovation besitzt einen marktlichen Verwertungsbezug (Außenorientierung). Ihr liegen neue/verbesserte Leistungsmerkmale immaterieller und materieller Produkte zu

---

[3] Eine Ausnahme stellt die Berücksichtigung von Marketing- und Organisationsinnovationen gemäß der neuesten Auflage der Oslo Manuals dar (OECD, 2005, S. 47 ff.; Weihe & Seeger, 2012, S. 7 ff.). Während Organisationsinnovationen als Implementierungen neuer Verfahren und Methoden zur Optimierung der betrieblichen Organisation verstanden werden, sind Marketinginnovationen durch den Einsatz neuer oder verbesserter Marketingmethoden in Bezug auf die Preis-, Kommunikations-, Distributions- sowie Produktpolitik zu verstehen (Weihe & Seeger, 2012, S. 7 f.).

[4] Nachfolgend werden die Begriffe der Produkt- und Dienstleistungsinnovation in Anlehnung an die nachfolgende Definition von Rammer et al. (2010, S. 3) zum Zwecke der besseren Lesbarkeit unter dem Begriff der Produktinnovation subsumiert.

Grunde, die dem Kunden auf Märkten angeboten werden (von Ahsen, Heesen & Kuchenbuch, 2010, S. 7). Produktinnovationen stellen für den Kunden ein „sichtbares und nutzbares Ergebnis unternehmerischen Handelns dar" (Hagenhoff, 2008, S. 14). Dabei ist nicht entscheidend, ob der durch den Kunden erfahrene Mehrwert durch gänzlich neue und/oder durch Kombinationen von bereits existierenden Leistungsmerkmalen des Produkts zu Stande kommt. Neue Leistungsmerkmale wiederum können durch den Einsatz neuer Technologien oder durch eine Kombination bisheriger Technologien ermöglicht werden (Hagenhoff, 2008, S. 14; OECD 2005, S. 48).

Nachfolgendes Beispiel erläutert eine Innovation, die durch die Kombination bestehender Technologien entstanden ist.„The first microprocessors and digital cameras were examples of new products using new technologies. The first portable MP3 player, which combined existing software standards with miniaturised hard-drive technology, was a new product combining existing technologies" (OECD 2005, S. 48).Die Erneuerung kann sich auf funktionale Eigenschaftsveränderung, technische Spezifikationen, Betriebssoftware, Benutzerfreundlichkeit, genutzte Komponenten und Materialien beziehen (Bloch, 2007, S. 29 f.; OECD, 2005, S. 48). Produktinnovationen können neben Marktneuheiten auch durch signifikante Weiterentwicklungen bisheriger Produkte und durch Sortimentserweiterungen erzielt werden (Rammer et al., 2010, S. 7). Änderungen, die sich ausschließlich auf das (Verpackungs-)Design des Produkts beziehen, werden nicht als Produktinnovation betrachtet.

Prozessinnovation

Im Unterschied zu Produktinnovationen beziehen sich Prozessinnovationen auf innerbetriebliche Änderungen in Fertigungs- und Zulieferungsprozessen (Meffert et al., 2008, S. 408). „Prozessinnovationen sind neue oder merklich verbesserte Fertigungs- und Verfahrenstechniken bzw. Verfahren zur Erbringung von Dienstleistungen, die im Unternehmen eingeführt worden sind" (Rammer et al., 2010, S. 3). Sie liegen folglich dann vor, wenn innerbetriebliche Leistungsprozesse durch die neuartige Kombination von Produktionsfaktoren eine Qualitätsaufwertung des Endprodukts und/oder ein Kostenreduktion erfahren (Bloch, 2007, S. 29; OECD, 2005, S. 49). Wenngleich Prozessinnovationen per Definition sowohl Kostensenkungen als auch Qualitätsverbesserungen im Fertigungsprozess bewirken können, zeigt sich in der wissenschaftlichen Betrachtung vor allem ein Fokus auf der Beleuchtung der effizienzsteigernden Facette von Prozessinnovationen.

„Die Kosteneinsparungen durch Prozessinnovationen erfassen demgegenüber einen nach innen gerichteten Innovationserfolg. Sie zeigen, vereinfacht gesagt, inwieweit Unternehmen in der Lage sind, durch ihre Innovativität die Effizienz des Leistungserstellungsprozesses und damit das Betriebsergebnis laufend zu verbessern" (Dömötör, 2011, S. 72). Prozessinnovationen gelten demnach vorrangig der Optimierung der preisorientierten Wettbewerbfähigkeit und unterliegen einem Rationalisierungsmotiv (Dömötör, 2011, S. 72; Koellinger, 2008, S.

1318). Dies spiegelt sich auch in der Innovationsmessung der eingesetzten Indikatoren der Prozessinnovation wider (Abschnitt 2.3.2.).

2.1.2 Die Intensitätsdimension

Nach der Erörterung der inhaltlichen Dimension lässt sich eine erste vorläufige Definition ableiten, die es nachfolgend zu spezifizieren gilt: Innovationen sind „qualitativ neuartige Produkte oder Verfahren [Prozesse], die sich gegenüber einem Vergleichszustand ‚merklich' – wie auch immer das zu bestimmen ist – unterscheiden" (Hauschildt & Salomo, 2011, S. 4). Um den Charakter der ‚Merklichkeit' zu bestimmen, muss die subjektive Dimension und die Intensitätsdimension ausdifferenziert werden.

Die Intensitätsdimension des Innovationsbegriffs beschreibt, wie neuartig eine Innovation einzuschätzen ist, während die subjektive Dimension erfasst, von wem dieser Neuartigkeits-grad[5] bestimmt/eingeschätzt wird (OECD, 2005, S. 57 f.). Als hilfreich zur Klassifizierung des Neuigkeitsgrads hat sich die Dichotomie der inkrementalen und radikalen Innovation erwiesen. „Der Innovationsgrad bezeichnet den Abstand einer Innovation gegenüber bisher bestehenden Lösungen. Er kann auf einem Kontinuum zwischen den beiden Extrempunkten der inkrementalen[6] und der radikalen Innovationen unterschieden werden" (von Ahsen et al., 2010, S. 8).

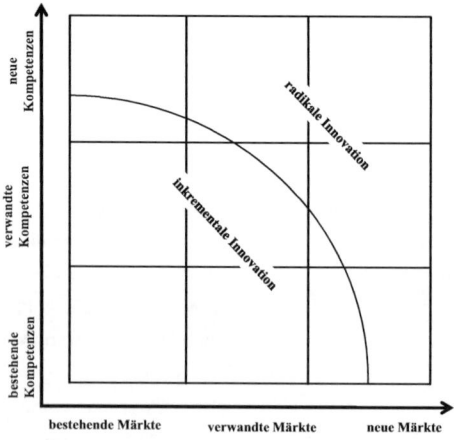

Abbildung 2: Innovationsgrad in Abhängigkeit von Markt und Technologie (in Anlehnung an von Ahsen et al., 2010, S. 8)

---

[5] Der Neuigkeitsgrad einer Innovation wird in der Innovationsforschung als Innovationsgrad bezeichnet. Beide Begriffe werden nachfolgend synonym verwendet.
[6] Hauschildt und Salomo (2011, S. 12) benennen weitere Dichotomien die synonym zu dem Begriffspaar der inkrementalen und radikalen Innovation genutzt werden: „‚größere' (major) versus ‚geringere' (minor), ‚revolutionäre' versus ‚evolutionäre', ‚diskontinuierliche' versus ‚kontinuierliche' Innovationen [sowie] ‚Basis-, vs. ‚Verbesserungs-Innovation'". Zur Übersichtlichkeit wird im Verlaufe dieser Arbeit die Dichotomie der inkrementalen und radikalen Innovation verwendet.

Inkrementale Innovationen weisen in Bezug auf den vorherigen Status Quo einen geringen Neuigkeitsgrad auf, sind an vorherige Lösungen anschlussfähig und wirken auf diese Weise oft kompetenzfördernd (Steinhoff, 2008, S. 9 ff.; von Ahsen et al., 2010, S. 8). Interne Kompetenzen können so weiterentwickelt und bisherige Produkt-Markt-Kombinationen beibehalten werden. "Incremental innovations are those that improve price/performance advance at a rate consistent with the existing technical trajectory" (Gatignon et al., 2002, S. 1107). Inkrementale Lösungen äußern sich demnach in Verbesserungen oder in Weiterentwicklungen von bestehenden Produkten und Prozessen, die als kleinschrittig zu betrachten sind und auf bisherigen/verwandten Märkten eingeführt werden (Abbildung 2).

Im Gegensatz zu inkrementalen weisen radikale Innovationen einen hohen Innovationsgrad auf. "Radical innovations advance the price/performance frontier by much more than the existing rate of progress" (Gatignon et al., 2002, S. 1107). Für die Organisation gänzlich neue Prozesse oder Produkte, „die basierend auf neuen Technologien auf unbekannten Märkten eingeführt werden" (von Ahsen et al., 2010, S. 8), verändern das Unternehmen grundlegend.

Gerade in Bezug auf KMU in moderat dynamischen Wettbewerbsverhältnissen, lässt sich erwarten, dass inkrementale Innovationen dominieren, die einen eher geringen Innovations-grad aufweisen (von Ahsen et al., 2010, S. 8). Es ist davon auszugehen, dass ein innovatives Unternehmen auch durch kontinuierliche Schritte der Verbesserung eine nachhaltige Passung zum Markt herstellen kann, ohne zwingend radikale Veränderungsprozesse durchlaufen zu müssen. Im Einzelfall kann der Bedarf einer radikalen Veränderung folglich ein Ausdruck sein für die mangelnde Anpassungsfähigkeit des Unternehmens in der Vergangenheit oder für drastisch veränderte Marktbedingungen.

2.1.3 Die normative Dimension

Aus betriebswirtschaftlicher Perspektive ist die normative Dimension von zentraler Bedeutung, da sie darüber Auskunft gibt, ob die generierte Innovation in Bezug zum vorherigen Vergleichszustand als wirtschaftlich erfolgreich zu bezeichnen ist. Diese Dimension stellt demnach fest, ob „eine ‚Verbesserung' gegenüber dem Status Quo" (Hauschildt & Salomo, 2011, S. 21) stattgefunden hat. Dies setzt jedoch voraus, dass die Verbesserung anhand eines vorab bestimmten Zielsystems (z.B. Rentabilitätskennzahlen von Innovationsprojekten) ermittelt werden kann. Interessante Möglichkeiten zur Messung der normativen Dimension sind hier im Zusammenhang mit dem Innovationsgrad und dem Innovationserfolg zu betrachten.

Wie in Abschnitt 2.1.2 beschrieben, bedeuten radikale im Gegensatz zu inkrementalen Innovationen für Organisationen eine deutlich stärkere Abkehr von bisherigen Handlungs-mustern und versprechen bei erfolgreicher Einführung nicht selten „die Möglichkeit einer nachhaltigen Differenzierung vom Wettbewerb" (Steinhoff, 2008, S. 11). Radikale Innovationsprojekte sind jedoch gleichzeitig mit einem hohen Risiko und erheblichen

Investitionen verbunden, die im Regelfall zu langen Amortisationsdauern führen. Die Realisierung eines Erfolgs ist hier mit äußerster Unsicherheit behaftet (Danneels, 2002, S. 1106). Von Interesse aus betriebswirtschaftlicher Sicht ist vor allem, welcher Innovationsgrad den wirtschaftlichen Erfolg von Innovationsprojekten wahrscheinlicher werden lässt.

Die Korrelation zwischen Innovationsgrad und -erfolg ist Gegenstand zahlreicher Publikationen. Forschungsarbeiten zeigen widersprüchliche Befunde, es konnten positive, negative, U-förmige oder keine (eindeutigen) Zusammenhänge ermittelt werden (Steinhoff, 2008, S. 11).

Art des Zusammenhangs	Quelle
Positiver Zusammenhang	Berth, 2003, S. 18; Booz, Allen & Hamilton, 1982, S. 8; Brinkmann, 1997, S. 163; Zhou, 2006, S. 399; Zheng et al., 2005, S. 52; Zirger 1997, S. 295 ; Song & Montoya-Weiss 1998, S. 131; Gatignon & Xuereb, 1997, S. 85
Negativer Zusammenhang	Atuahene-Gima, 1996, S. 99; Min et al., 2006, S. 2005; Danneels & Kleinschmidt, 2001, S. 369; Ali, 2000, S. 158; Zirger & Maidique, 1990, S. 878; Meyer & Roberts, 1986, S. 815
U-förmiger Zusammenhang	Avlonitis et al., 2001, S. 388; Kotzbauer, 1992, S. 224; Kleinschmidt & Cooper, 1991, S. 244 ff.
Kein eindeutiger Zusammenhang	Krieger, 2005, S. 162; Henard & Szymanski, 2001, S. 367; Schlaak, 1999, S. 256 ff.; Calantone et al., 1994, S. 146; Cooper & Kleinschmidt, 1993, S. 109

Tabelle 2: Systematisierung der nachgewiesenen Zusammenhänge des Innovationsgrads und -erfolgs (in Anlehnung an Steinhoff, 2008, S. 11)

Eine Linie der Innovationsgradforschung (Berth, 2003, S. 18; Song & Montoya-Weiss, 1998, S. 131; Zhou et al., 2005, S. 52; Zhou, 2006, S. 399; Zirger, 1997, S. 295) beobachtet folgenden empirischen Zusammenhang: Radikale Innovationsprojekte stellen auf zunehmend homogenen Märkten eine der wenigen Gelegenheiten dar, sich Alleinstellungsmerkmale und Wettbewerbsvorteile zu sichern, die mittel- und langfristig zu einer gesteigerten Unternehmensperformance führen (Gatignon & Xuereb, 1990, S. 87). Berth (2003, S. 18) bestätigt dieses Resultat, indem er für radikale Innovationsprojekte mit 14,7% eine signifikant höhere durchschnittliche Rentabilität nachweist als für inkrementale Projekte (6,9%).

Ergebnisse anderer Forschungsbeiträge zeigen einen negativen Zusammenhang zwischen Innovationsgrad und -erfolg. So begründen etwa Danneels und Kleinschmidt (2001, S. 369) die Vorteile von inkrementalen Innovationsprojekten mit Synergieeffekten, die durch die Anschlussfähigkeit des Innovationsprojekts mit den bisherigen Kernfähigkeiten ermöglicht werden (vgl. auch Zirger & Maidique, 1990, S. 878). Fehlende Synergien von radikalen Innovationsprojekten mit den bisherigen Fähigkeiten haben demnach einen negativen Einfluss (Kleinschmidt & Cooper, 1991, S. 241). „Je höher der Innovationsgrad, desto höher ist die Gefahr des technischen, marktlichen, finanziellen und organisatorischen Scheiterns. Die angestrebte Effektivität wird nicht erreicht" (Hauschildt & Salomo, 2005, S. 7).

Neben den beschriebenen gegensätzlichen Positionen erläutert Kotzbauer (1992, S. 186) den Zusammenhang zwischen Innovationsgrad und -erfolg als eine invertierte U-förmige-Funktion. Ausgehend von der Kundensicht relativiert der Autor den Innovationsgrad und die Attraktivität eines Neuprodukts durch den maximal wahrgenommenen Kundennutzen (Kotzbauer, 1992, S. 125 ff.). Mit steigendem Neuigkeitsgrad erfährt das Produkt einen abnehmenden Grenznutzen (Steinhoff, 2008, S. 12), sodass ein steigender Neuigkeitsgrad einer Innovation die Kaufentscheidung nicht mehr positiv beeinflusst. Aus unternehmerischer Sicht gibt es demnach einen Punkt des optimalen Innovationsgrades, bis zu dem es sich lohnt, das erhöhte Risiko eines radikalen Innovationsprodukts einzugehen. Nach diesem Punkt wird das Neuprodukt für den Kunden nicht attraktiver, das radikale Innovationsprojekt mit steigendem Neuigkeitsgrad jedoch risikoreicher.

Zusammenfassend lässt sich feststellen, dass trotz umfänglicher Forschungsaktivitäten bislang der Zusammenhang zwischen Innovationsgrad und -erfolg nicht eindeutig identifizierbar erscheint. Somit lässt sich auch die intuitiv vermutete Kausalität zwischen radikalen Innovationsprojekten und hohem Innovationserfolg nicht bestätigen. „Die direkte positive Beziehung zwischen Innovationsgrad und Innovationserfolg ist keinesfalls empirisch gesichert. Negative Beziehungen dominieren. Wo sich positive Beziehungen finden lassen, sind sie vergleichsweise schwach" (Hauschildt & Salomo, 2005, S. 6). Der bisherige Forschungsstand zeigt vielmehr, dass Innovationserfolge und Wettbewerbsvorteile nicht ausschließlich in radikalen Innovationen begründet sind. „Obwohl neuartige Maßnahmen, die gravierende Veränderungen bewirken, am ehesten als Innovation zu identifizieren sind, darf auch der kontinuierlich und in kleinen Schritten ablaufende Verbesserungsprozess hinsichtlich seiner Wirkung nicht unterbewertet werden" (Vahs & Burmester, 2005, S. 46). Auch kleinschrittige, auf bestehende Kernfähigkeiten aufbauende Innovationen können demnach einen Beitrag zur nachhaltigen Wettbewerbsfähigkeit leisten. Dies gilt vor allem für KMU, in denen Ressourcenknappheit die Durchführung von radikalen, ressourcenintensiven Innovationsprojekten erschwert (Verworn et al., 2000, S. 17).

2.1.4 Die subjektive Dimension

Die subjektive Dimension definiert die Perspektiven, aus denen eine Innovation (subjektiv) als neuartig betrachtet werden kann (Hagenhoff, 2008, S. 16; Hauschildt & Salomo, 2011, S. 18 ff.; Steinhoff, 2008, S. 8 ff.). Abbildung 3 zeigt eine Übersicht dieser unterschiedlichen Perspektiven.

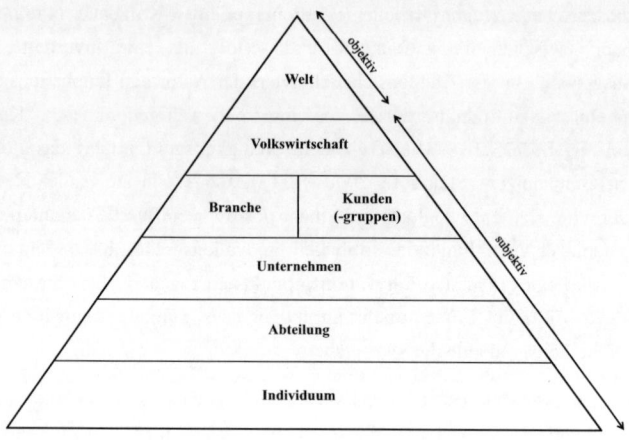

Abbildung 3: Subjektivität des Innovationsbegriffs (von Ahsen et al., 2010, S. 7)

Gemäß der Darstellung der Abbildung 3 sind ausschließlich absolute Weltneuheiten als „objektiv neue" Innovationen zu definieren, was bedeutet, dass sie durch jeden Betrachter als ‚eindeutig neu' zu identifizieren und klassifizieren sind. Die subjektive Neuartigkeit einer Innovation kann dabei in Referenz zu einer Volkswirtschaft, einer Branche, einer Kundengruppe, einem Unternehmen, einer Abteilung oder einem Individuum eingeschätzt werden (von Ahsen et al., 2010, S. 7).

In der betriebswirtschaftlichen Innovationsforschung wird der Neuigkeitsgrad einer Innovation meist aus Sicht der befragten Untersuchungseinheit (hier: des befragten Unternehmens) bestimmt (Steinhoff, 2008, S. 6; Zaltman et al., 1984, S. 10). Eine Innovation liegt demnach dann vor, wenn aus Sicht des Unternehmens ein neuartiges Produkt oder ein neuartiger Prozess in seinen Markt eingeführt wird. Es ist folglich unwesentlich, ob ähnliche Innovationen bereits in anderen Unternehmen, Branchen oder Volkwirtschaften eingeführt wurden (Hagenhoff, 2008, S. 16).

"An innovation may be common practice in other organizations but it would still be classed as such if it is new to the unit under research (i.e., relative novelty). Indeed, absolute novelty is almost impossible to justify as a criterion since most innovations will be a mixture of emergent processes, adopted and adapted procedures which are in common usage elsewhere, and ideas which become sharpened over time by realistic limitations imposed by the organization" (Anderson, de Dreu & Nijstad, 2004, S. 149)

Für diese Bestimmung eines relativen Grades der Neuheit in Bezug auf ein zu definierendes Referenzsystem (hier: die befragten Unternehmen) ist es somit „letztlich entscheidend, inwieweit ein Produkt [und Prozess] aus Sicht des Unternehmens eine Neuheit darstellt" (von Ahsen et al., 2010, S. 7). Insgesamt fußt die Arbeit auf einem weit gefassten Innovationsverständnis, indem alle Produkte und Prozesse, die aus Sicht der befragten Unternehmens eine merkliche Weiterentwicklung oder Neuerung darstellen, als Innovation begriffen werden. Dieses Vorgehen liegt in der Forschungsfrage dieser Arbeit begründet, welche die Innovativität von Organisationen und nicht von Branchen oder Volkswirtschaften betrachtet.

2.1.5 Die prozessuale Dimension

Die prozessuale Dimension des Innovationsbegriffs erörtert, wann der Innovationsprozess angestoßen wird, welche Teilschritte dieser beinhaltet und wann die Innovation als abgeschlossen zu betrachten ist (Hauschildt & Salomo, 2011, S. 20 f.; Verworn & Herstatt, 2000, S. 4 ff.). „Bei der prozessualen Sichtweise steht der Entstehungsprozess einer Innovation im Vordergrund" (von Ahsen et al., 2010, S. 5). Zur Illustrierung und Strukturierung der genauen Abfolge dieser Teilschritte haben sich unterschiedliche Phasenmodelle etabliert. Diese dienen zur Einordnung der einzelnen Innovationsschritte, die in der Unternehmenspraxis zur Steuerung und in der Wissenschaft zur Erklärung von Innovationsprozessen herangezogen werden. Solche Phasenmodelle gruppieren idealtypisch gleichartige Teilschritte des Innovationsprozesses. „Der Innovationsbegriff kann nun unterschiedlich danach differenziert werden, dass **mehr oder weniger viele Stufen** [/Phasen] **dieses Prozesses ein- oder ausgeschlossen** werden" (Hauschildt & Salomo, 2011, S. 21; Hervorheb.i.Orig.). Tatsächlich liefert die Innovationsforschung eine Vielzahl von Phasenmodellen, die den Innovationsprozess mit unterschiedlichem Detailierungsgrad und Erklärungsschwerpunkt illustrieren (Herstatt & Verworn, 2007, S. 9).

Die gröbste aller Modellierungen strukturiert den Innovationsprozesses in eine kreativitäts- und eine umsetzungsorientierte Phase (Adams, Bessant & Phelps, 2006, S. 37; Farr et al., 2003, S. 581). Die Kreativitätsphase, in der eine Idee generiert wird, stellt logisch die notwendige Bedingung dar, während die Umsetzung der Idee (Innovation) als hinreichende Bedingung determiniert wird[7]. Ein Innovationsprozess beginnt demnach mit einer Idee, die durch – wie auch immer geartete – Managementaktivitäten umgesetzt werden muss (Hauschildt & Salomo, 2011, S. 21; Verworn & Herstatt, 2000, S. 4 ff.).

Dieses gröbste aller Phasenmodelle mit nur zwei Phasen erlaubt nur eine erste Orientierung über den Innovationsprozess, mehrphasige Modelle[8] ermöglichen eine Spezifizierung der zu verrichtenden Teilaufgaben im Innovationsprozess. Herstatt und Verworn (2007, S. 6) bezeichnen die kreativorientierten Phasen als die sogenannten ‚frühe Phasen'.

Diese „umfassen alle Aktivitäten vom ersten Impuls bzw. einer sich ergebenden Gelegenheit für ein neues Produkt bzw. eine neue Dienstleistung bis [...] zur Umsetzung des Konzeptes

---

[7] "innovation = invention + exploitation" (Roberts, 1987 S. 3)
[8] Stellvertretend für eine Vielzahl unterschiedlicher Phasenmodelle soll an dieser Stelle das fünfphasige Phasenmodell von Herstatt und Verworn (2007, S. 9) erörtert werden. Dieses Modell bezieht sich maßgeblich auf die Darstellung des Produktentwicklungsprozesses.

und somit Aufnahme der eigentlichen Entwicklung des Produktes bzw. der Dienstleistung" (Herstatt & Verworn, 2007, S. 6).

Phase I und II (Abbildung 4) werden als die frühen Phasen des Innovationsprozesses bezeichnet. In diesen Phasen werden Ideen generiert, bewertet und gegebenenfalls ein Umsetzungskonzept erstellt. Die Ideengenerierung beinhaltet den „mehr oder weniger bewusste[n] Entschluss" (Hauschildt & Salomo, 2011, S. 20), eine Lösung für eine offensichtliche, aber auch latente Problemstellungen zu suchen. Die Ideenbewertung reduziert die Anzahl der Ideen anhand vorab festgelegter Bewertungskriterien und evaluiert die marktliche Verwertbarkeit der Idee.

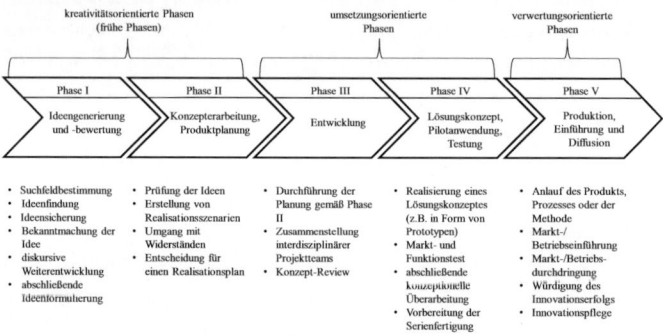

Abbildung 4: Fünfphasiges Prozessmodell der Innovation (in Anlehnung Herstatt & Verworn, 2007, S. 9, Weihe & Seeger, 2012, S. 16)

Die Umsetzung der Innovation unterteilen Herstatt und Verworn (2007, S. 9) in eine Entwicklungsphase sowie eine Phase der Lösungskonzeption/des Prototypenbaus und dessen Testung. In diesen Phasen werden die konzeptionellen Ideen der Vorphasen in einen konkreten Entwicklungsprozess überführt, an dessen Ende ein getesteter und marktreifer Prototyp steht (Phase III und IV).

Eine Besonderheit des fünfphasigen Modells gegenüber der Zweiteilung des Innovationsprozesses stellt die Einführung einer verwertungsorientierten Phase (Phase V) dar. Diese Phase umfasst Tätigkeiten zur Eingliederung der entwickelten Innovation in einen standardisierten Ablauf und soll eine möglichst reibungslose Eingliederung in das operative Geschäft ermöglichen. „‚Irgendwann' muss das Innovationsprojekt in tägliche Routine überführt werden. Dieses ist der Zeitpunkt, an dem die Zuständigkeit des Innovationsmanagements endet und die des funktional oder divisional zuständigen Managements beginnt" (Hauschildt & Salomo, 2011, S. 21). Diese Phase stellt somit die Schnittstelle des Innovationsmanagements und des operativen Managements dar.

Alle Phasenmodelle von Innovationsprozessen unterliegen dem Anspruch, dass „ein aussagefähiges Modell für den Innovationsprozess [...] den Balanceakt zwischen

Komplexitätsreduzierung und zu starker Spezialisierung vollbringen [muss]" (Verworn & Herstatt, 2000, S. 2). Als Modellierungen von Innovationsprozessen besitzen sie eine notwendigerweise komplexitätsreduzierende Funktion. Anders gesagt: Innovationsprozesse sind immer komplex, und lineare Zusammenhänge zwischen den Innovationsphasen sind durch nicht-lineare, iterative Interaktionen gekennzeichnet (Verworn & Herstatt, 2000, S. 10).

"Innovation processes in organizations are iterative, non-linear (that is, the sequence of events cannot easily be portrayed as a neat, step-by-step unfolding series of phases), disjunctive, cyclical, and often stressful to those involved either as initiators or being affected by their implementation" (Anderson et al., 2004, S. 152).

Dennoch erfüllen Phasenmodelle die wichtige Funktion, den Innovationsprozess zu systematisieren und somit anschaulicher zu machen.

2.2   Innovation in kleinen und mittelständischen Unternehmen

In diesem Abschnitt soll auf die Stichprobe der 41 untersuchten Unternehmen eingegangen werden. Da alle dieser Unternehmen mittelständisch geprägt sind, ist zunächst der KMU-Begriff für seine Verwendung im gegebenen Kontext zu definieren. Danach werden KMU-spezifische Stärken und Schwächen im Innovationsprozess (Abschnitt 2.2.2) diskutiert und abschließend wird die Stichprobenstruktur in enger Anlehnung an die Charakteristika der untersuchen Wirtschaftsregion Lüneburg erörtert (Abschnitt 2.2.3).

2.2.1 Begriffliche Abgrenzung von kleinen und mittelständischen Unternehmen

Kleine und mittelständische Unternehmen prägen die Unternehmenslandschaft der Bundesrepublik Deutschland. „Mittelständische Betriebe, Kleinbetriebe und Selbstständige (KMU) bestimmen in Deutschland, in den Industrieländern, aber auch in den Entwicklungsländern entscheidend die wirtschaftliche und gesellschaftliche Stabilität" (Enquete-Kommission, 2002, S. 129). Diese Bedeutung von mittelständisch geprägten Unternehmen spiegelt sich ebenfalls in der Unternehmensstruktur der Bundesrepublik Deutschland wider.

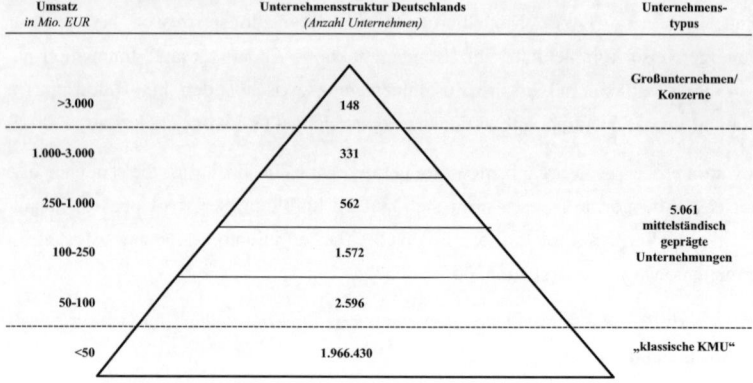

| Umsatz
in Mio. EUR | Unternehmensstruktur Deutschlands
(Anzahl Unternehmen) | Unternehmens-
typus |

Abbildung 5: Größenstruktur deutscher Unternehmen (von Ahsen et al., 2010, S. 5)

Nach dieser Berechnung stellten KMU in 2010 in der Bundesrepublik Deutschland 99,7% aller Unternehmen. Die Vielzahl unterschiedlicher Definitionsgrundlagen zur Klassifizierung von Unternehmen nach ihrer Unternehmensgröße ist für diese grobe Statistik letztlich unerheblich. In der vorliegenden Arbeit wird der Genauigkeit halber die 2005 in Kraft getretene Definition des KMU-Begriffs der Europäischen Kommission verwendet (Europäische Kommission, 2006, S. 1).

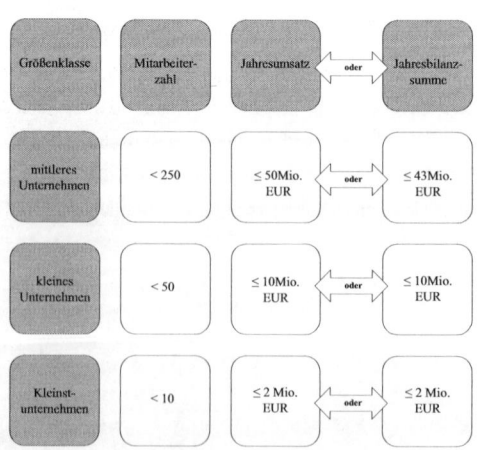

Abbildung 6: Schwellenwerte zur Klassifizierung von KMU aller Größenklassen (Europäische Kommission, 2006, S. 14)

18

Diese quantitative Klassifizierung ermöglicht eine eindeutige Zuordnung von Unternehmen als KMU nach den nachfolgenden Kriterien:

„Die Größenklasse der Kleinstunternehmen sowie der kleinen und mittleren Unternehmen (KMU) setzt sich aus Unternehmen zusammen, die weniger als 250 Personen beschäftigen und die entweder einen Jahresumsatz von höchstens 50 Mio. EUR erzielen, oder deren Jahresbilanzsumme sich auf höchstens 43 Mio. EUR beläuft" (Europäische Kommission, 2006, S. 5).

Diese Klassifizierung der Europäischen Kommission (2006, S. 5 ff.) von KMU kann in drei Größenklassen ausdifferenziert werden: Kleinstunternehmen, kleine Unternehmen und mittlere Unternehmen. Die Klassifizierung erfolgt anhand der Mitarbeiteranzahl, der Bilanzsumme und des Jahresumsatzes (Abbildung 6), wobei lediglich eines der beiden letztgenannten Kriterien erfüllt sein muss, um nach Definition der Europäischen Kommission den Status als KMU zu erlangen (Europäische Kommission, 2006, S. 13).

Demnach verfügen Kleinstunternehmen über maximal neun MitarbeiterInnen und dürfen entweder eine Jahresbilanzsumme oder einen Jahresumsatz von höchstens zwei Millionen Euro erwirtschaften (Europäische Kommission, 2006, S. 14). Kleine Unternehmen sind durch eine Mitarbeiteranzahl von maximal 49 MitarbeiterInnen charakterisiert und dürfen entweder eine Jahresbilanzsumme oder einen Jahresumsatz von jeweils 10 Millionen Euro nicht übertreffen (Europäische Kommission, 2006, S. 14). Alle weiteren Unternehmen, die gemäß der KMU-Definition als KMU klassifiziert werden, werden als mittlere Unternehmen eingestuft.

2.2.2 KMU-spezifische Schwächen und Stärken im Innovationsprozess

In diesem Abschnitt werden allgemeine Charakteristika von KMU unter der Perspektive ihrer Innovationswirkung beleuchtet. Es handelt sich hierbei um allgemeine Strukturmerkmale von KMU, die in Bezug auf den Innovationsprozess eine Stärke oder Schwäche darstellen können. Im Fokus steht also nicht die Frage, welchen bewussten Einfluss das Management zur Förderung der Innovationsfähigkeit ausübt, sondern vielmehr die Frage, welche betrieblichen Stärken und Schwächen in KMU generell die Innovationsfähigkeit beeinflussen.

Grundsätzlich gilt Ressourcenknappheit hinsichtlich finanzieller und speziell personeller Kapazitäten als ein zentrales Hemmnis für die Innovationsfähigkeit von KMU (Verworn et al., 2000, S. 17; Weisenfeld, 2006, S. 51). „Die Innovativität von KMU wird entscheidend davon beeinflusst, wie gut sie ihre größenspezifischen Vorteile bewusst einsetzen und nutzen und wie sie mit den Nachteilen der vergleichsweise geringeren Ressourcenausstattung umgehen können" (Kirner et al. 2006, S. 2). Fehlende finanzielle Ressourcen für KMU im Unterschied zu Großunternehmen ergeben sich nicht selten aus erschwerter Fremdkapitalbeschaffung (siehe z.B. Basel II), während die personelle Knappheit nicht selten auch der fehlenden Attraktivität kleinerer Unternehmen in Bezug auf die Anwerbung von sogenannten 'high potentials' und erfahrenen Fachkräften begründet liegt (Dömötör, 2011, S. 12; Vermeulen, O'Shaughnessy & de Jong, 2003, S. 14). „Mittelständische Unternehmen haben ein tendenziell schlechteres Image als Arbeitgeber und können bei der Personalakquise nur auf ein begrenztes regionales Einzugsgebiet zugreifen" (Dömötör, 2011, S. 13). Durch beständige Ressourcenknappheit oder temporäre Engpässe in den Bereichen der personellen und finanziellen Kapazitäten können oft nur wenige Projekte parallel durchgeführt werden. Dies reduziert die Risikostreuung und eine angemessene Risikoallokation der Innovationsaktivitäten auf unterschiedliche Innovationsprojekte mit idealerweise unterschiedlichem Innovationsgrad (Tidd & Bessant, 2010, S. 61).

Hinzu kommt, dass nur ein geringer Prozentsatz nicht-technologiegetriebener KMU über eine professionelle Forschungs- und Entwicklungsabteilung verfügt (Hoffmann et al., 1998, S. 40). "For the vast majority of firms there is no separate R&D department and to be precise one should speak of various types of development rather than research" (Hadjimanolis, 2000, S. 242). Innovationsaktivitäten müssen dann neben dem operativen Tagesgeschäft durchgeführt werden (Verworn et al., 2000, S. 17). Durch diese fehlende Professionalisierung der Innovationsaktivitäten ergibt sich nicht selten eine unklare Verantwortlichkeit im Innovationszusammenhang. "Who is responsible for new product development, process improvement and other R&D-related activities?" (Hoffmann et al., 1998, S. 40). Diese ist, wie oben bereits ausgeführt, nicht selten auch auf den Mangel an Fachkräften zurückzuführen. Verworn et al. (2000, S. 16) identifiziert zusätzlich zum Fachkräftemangel, „wenig qualifizierte Managementspezialisten [und] unterentwickelte Planungs-, Kontroll- und Kostenrechnungssysteme" (Verworn et al., 2000, S. 16; von Ahsen et al., 2010, S. 4) als Defizite von KMU. Insgesamt resultiert aus dem Fehlen einer professionellen Forschungs- und Entwicklungsabteilung auch ein geringeres Methodenwissen in Bezug auf die Steuerung von allgemeinen Geschäfts- und Innovationsprozessen, weshalb hier in vielen KMU eine deutliche Schwachstelle besteht (Sturm, 2011, S. 52; Weisenfeld, 2006, S. 52).

Neben der operativen Planung/professionellen Steuerung von Innovationsprozessen mangelt es in vielen KMU auch an strategischer Planung mit mittel- oder langfristiger Ausrichtung (Dömötör, 2011, S. 16; Verworn et al., 2000, S. 16). Eine daraus resultierende mangelnde (Technologie-) Früherkennung, wird durch fehlende interne Wissensträger zur Durchführung dieser Aktivitäten begründet. „This lack of strategic expertise prevents small firms from transforming their superior customer knowledge into new products and services" (Hausman, 2005, S. 774). Auf diese Weise ist es KMU erschwert möglich, Technologie- und/oder Markttrends frühzeitig zu erkennen und innovative Problemlösungen schneller als die Wettbewerber auf dem Markt zu platzieren.

Einen prägenden Einfluss auf KMU hat bzw. haben die Unternehmerpersönlichkeit/en, die oft zugleich die Miteigentümer/Gründer[9] darstellen (Dömötör, 2011, S. 16; Kim et al., 1993, S. 223; von Ahsen et al. 2010, S. 4). "Small businesses are also closely held, with power and decision-making concentrated in the owner/manager" (Hausman, 2005, S. 774). Die Unternehmensleitung kann sowohl einen innovationsförderlichen als auch einen innovationshinderlichen Einfluss auf die Innovationsfähigkeit ausüben (Klandt, 2006, S. 17 ff.; Sturm, 2011, S. 52). Innovationsförderlich erscheint die Unternehmerpersönlichkeit, wenn sie Ressourcen für Innovationen bereitstellt, in Konflikten vermittelt und Netzwerke zur Überwindung von innerbetrieblichen Widerständen im Innovationszusammenhang gestaltet (Dömötör, 2011, S. 16). Zudem scheinen Unternehmensleiter mit einer ausgeprägten Fachkompetenz einen positiven Einfluss auf die Innovationsfähigkeit zu haben. „Owners also normally have more operational expertise, which, combined with superior customer knowledge, might translate into innovative solutions" (Hausman, 2005, S. 774). Durch die überschaubare Anzahl von Mitarbeitern in KMU ist es der Unternehmerpersönlichkeit zudem prinzipiell eher möglich Kontakt zu der Mehrheit der Mitarbeiterschaft zu pflegen und z.B. informelle Netzwerke zwischen Geschäftsführung und Mitarbeiterschaft zu stärken (de Jong & Marsili, 2006, S. 220). Nicht selten ist eine hohe Motivation der Unternehmensführung zu beobachten, das selbst gegründete Unternehmen erfolgreich zu führen (Klandt, 2006, S. 17 ff.; Verworn et al., 2000, S. 17).

Gegenpol ist die Unternehmerpersönlichkeit, die einen innovationsabträglichen Führungsstil (z.B. einen autoritären Führungsstil) pflegt und durch die Überforderung im operativen Geschäft Aufgaben zur Steuerung von Innovationsvorhaben nicht hinreichend erfüllen kann. Wichtig ist zudem, dass die Geschäftsführung Offenheit gegenüber Veränderung und Innovationsimpulsen ihrer Umgebung bewahrt – trotz der zumeist langfristigen Betriebszugehörigkeit, um pfadabhängige Entscheidungsmuster zu verhindern (Hausman, 2005, S. 778). Die bereits oben angesprochene Motivation, das eigene Unternehmen weiterhin erfolgreich zu führen, kann jedoch ebenfalls aus Angst vor betrieblichen Fehlentscheidungen in ein risikoaverses Verhalten umschlagen und insoweit innovationsabträglich wirken (Hausman, 2005, S. 774).

Einen positiven Einfluss auf die Innovationsfähigkeit wird den flexiblen Organisationsstrukturen und der allgemeinen Überschaubarkeit aufgrund der geringen Betriebsgröße von KMU zugeschrieben (de Jong & Vermeulen, 2006, S. 599; Verworn et al., 2000, S. 17; Weisenfeld, 2006, S. 52). Unter dem Aspekt der Flexibilität gilt als ebenso entscheidend eine flache Hierarchie, die enge Vernetzung der MitarbeiterInnen durch die räumliche Nähe und fehlendes Abteilungsdenken aufgrund der geringen Spezialisierung und

---

[9] In Großunternehmen agiert die Geschäftsführung zumeist im Auftrag der Eigentümer/Inhaber. Es liegt somit eine Trennung der Rollen des Eigentümers und der Geschäftsführung vor. In KMU hingegen, umfasst die Mehrheit der Geschäftsführungen der befragten KMU die Inhaber des Unternehmens. Die Unternehmerpersönlichkeit ist somit nicht selten Geschäftsführer, Inhaber/Eigentümer und Gründer in Personalunion. In 32 der 41 befragten KMU sind die Gründer der Unternehmen ebenfalls Mitglied der Geschäftsführung.

Arbeitsteilung (Dömötör, 2011, S. 16; Verworn et al., 2000, S. 17; von Ahsen et al., 2010, S. 4). „Small firms react more quickly to changing market requirements than large firms. Their size makes them more internally flexible because they are free of the bureaucratic inertial forces that plague larger firms" (Vermeulen, O'Shaughnessy & de Jong, 2003, S. 4). Zudem können in KMU die kurzen Kommunikations- und Entscheidungswege zu einer Beschleunigung von Entscheidungsprozessen führen (Weisenfeld, 2006, S. 51).

Als eine weitere Stärke von KMU im Innovationszusammenhang lässt sich die goße Kundennähe identifizieren. KMU besitzen demnach ein „engmaschiges Netz zu Lieferanten und Kunden" (von Ahsen et al., 2010, S. 4). Aus diesem engen Kontakt zu den Kunden ergeben sich Ansatzpunkte zur Entwicklung innovativer Problemlösungen.

Während KMU ein eher enges Kooperationsverhältnis zu Kunden zugesprochen wird, zeigt sich eine eher geringe Neigung, mit externen Kooperationspartnern ein Kooperationsverhält- nis einzugehen (Sturm, 2011, S. 52). "Among the weaknesses is the somewhat parochial nature of small businesses, resulting in fewer external contacts that might otherwise increase the 'seek and respond' capability of the firm" (Hausman, 2005, S. 774). Zwar gilt insbesondere die Zusammenarbeit mit externen Kooperationspartnern als eine aussichtsreiche Möglichkeit, die Ressourcenknappheit zu kompensieren, jedoch verhindert z.b. der Wunsch nach Geheimhaltung der eigenen Innovationsprojekte oder die unklare Einschätzung bezüglich der Kosten-Nutzen-Relation solcher Kooperationen eine vertrauensvolle Zusammenarbeit (Dömötör, 2011, S. 14; Hausman 2005, S. 774). Nachfolgende Tabelle zeigt die wesentlichen Charakteristika von KMU im Innovationszusammenhang in einer Übersicht.

Stärken	Schwächen
Schnelle Entscheidungsfindung	Mangelnde Methodenkenntnisse/Systeme zur operativen Steuerung von Innovation
Hohe Flexibilität/Agilität	Mangelnde finanzielle und personelle Ressourcenausstattung
Geringe Tendenz zur Bürokratisierung	Wenig qualifizierte Managementspezialis- ten/Fachkräfte
Hoher Grad interner Vernetzung	Unzureichendes Risikomanagement
Innovationsförderliche, hochmotivierte Unternehmensführung	Mangelnde strategische Planung
Enges Kooperationsverhältnis zu Kunden	Mangelnde (Technologie-) Früherkennung

Tabelle 3: Charakteristika von KMU im Innovationszusammenhang (in Anlehnung an Verworn et al., 2000, S. 16 f.; Tidd & Bessant, 2010, S. 61; Dömötör, 2011, S. 16)

Allerdings gilt auch für KMU, dass sich beispielsweise eine flache Hierarchie nicht allein aufgrund der geringen Betriebsgröße „von selbst" einstellt. Auch sie entsteht nur, wenn Führungskonzepte ergriffen werden, die ein vertrauensvolles Klima innerhalb der Organisation zwischen den Beschäftigten und der Unternehmensführung schaffen und rechtfertigen. Alle der genannten Charakteristika (Schwächen und Stärken) bilden somit nur ein theoretisch vergleichbares Fundament, auf dem die Innovationsfähigkeit jeder Organisation gründet. Im Einzelfall sind klaren Führungskonzepte entscheidend, die (analog zum Beispiel der flachen Hierarchie) Stärken nutzen und steuern, Schwächen identifizieren und proaktiv ausgleichen.

2.2.3 Einordnung der Stichprobe in die regionale Wirtschaftsstruktur

Fast alle untersuchten Unternehmen sind in der Wirtschaftsregion Lüneburg ansässig. "The innovativeness of a small firm 'is strongly conditioned by the national and regional context in which it finds itself embedded'" (Hadjimanolis, 2000, S. 235). Die Erörterung der Stichprobenstruktur kann daher in enger Korrespondenz zu den Charakteristika der Wirtschaftsregion Lüneburg[10] erfolgen. Die Konvergenzregion Lüneburg zeigt im Vergleich zum Bundesdurchschnitt eine überdurchschnittlich starke mittelständische Prägung. Lediglich 19% der Beschäftigten[11] sind in Großbetrieben angestellt, 81% der Arbeitsplätze werden durch KMU bereitgestellt. Dabei arbeiten 27% der Beschäftigten in mittleren Unternehmen, 31% in Kleinunternehmen und 23% in Kleinstunternehmen (Niedersächsisches Wirtschaftsministerium, 2007, S. 23). Die mittelständische Prägung der Region zeigt sich auch in der durchschnittlichen Betriebsgröße der Region. Während die durchschnittliche Betriebsgröße im Bundesdurchschnitt 8 Beschäftigte aufweist, liegt die Anzahl der MitarbeiterInnen in der Konvergenzregion Lüneburg bei durchschnittlich 5,5 MitarbeiterInnen (Niedersächsisches Wirtschaftsministerium, 2007, S. 24).

Die Stichprobe der vorliegenden Untersuchung zeigt gemäß der geschilderten Klassifizierung folgende Verteilung der Größenklassen (Abbildung 7).

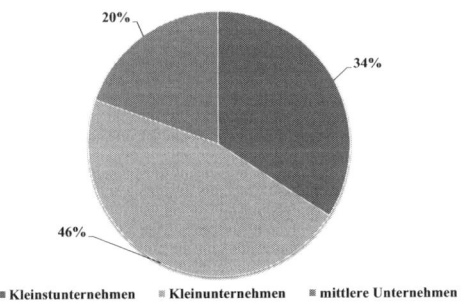

Abbildung 7: Stichprobenstruktur nach Unternehmensgröße

---

[10]Diese Auseinandersetzung mit der regionalen Wirtschaftsstruktur ist nicht als detaillierte und erschöpfende Abhandlung der Konvergenzzone Lüneburg zu verstehen, die alle Facetten einer volkswirtschaftlichen Analyse abdeckt. Vielmehr soll dieser Abschnitt dazu dienen, einen Überblick über das Makrosystem der betriebswirtschaftlich untersuchten Unternehmen zu erhalten. Die Betrachtung erfolgt dabei maßgeblich auf der „SWOT-Analyse für das Operationelle Programm für den Europäischen Fonds für regionale Entwicklung (EFRE) im Ziel ‚Konvergenz' der Förderungsperiode 2007-2013" des Niedersächsischen Ministeriums für Wirtschaft, Arbeit und Verkehr (Niedersächsisches Wirtschaftsministerium, 2007).

[11]Der Stand der Beschäftigtenzahlen bezieht sich auf den 01.01.2003 (Niedersächsisches Wirtschaftsministerium, 2007, S. 23)

Die Mitarbeiterzahl dieser Gesamtstichprobe variiert zwischen 4-128 Vollbeschäftigten. Die durchschnittliche Mitarbeiteranzahl über die gesamte Gesamtstichprobe beträgt 28,41 Beschäftigte. Das Durchschnittsalter aller Unternehmen liegt bei 23,32 Jahren. Analog zur Größenstruktur der Region zeigt die Stichprobe der vorliegenden Untersuchung einen hohen Anteil an Kleinunternehmen von 46% und spiegelt auf diese Weise die Größenstrukturen in der Wirtschaftsregion Lüneburg wider.

Bei Betrachtung der sektoralen Wirtschaftsstruktur zeigt sich eine starke landwirtschaftliche Prägung der zu weiten Teilen ländlichen Region. Historisch ist die Region vor allem stark durch das produzierende Gewerbe mit landwirtschaftlicher Prägung (z.B. Ernährungsgewerbe) beeinflusst, während der Anteil des verarbeitenden Gewerbes/Industrie traditionell als gering zu bezeichnen ist. Der Besatz an Dienstleistungsunternehmen liegt hingegen im Bundesdurchschnitt, besitzt jedoch in Relation zu dem Anteil der industriellen Unternehmen der Region ein starkes Übergewicht (Niedersächsisches Wirtschaftsministerium, 2007, S. 22 f.).

Trotz der traditionellen Prägung durch das produzierende Gewerbe und Dienstleistungsunternehmen zeigt sich im Rahmen des eingeleiteten Strukturwandels eine leichte Verschiebung in der sektoralen Wirtschaftsstruktur.

„Der Anteil des Produzierenden Gewerbes an der Beschäftigung nimmt langfristig ab. Im Gegenzug steigt die gesamtwirtschaftliche Bedeutung des Dienstleistungssektors. Inzwischen arbeiten nur noch gut 29% der Beschäftigten im Produzierenden Gewerbe, im Verarbeitenden Gewerbe sind es weniger als ein Fünftel. Gleichzeitig ist der Beschäftigungsanteil des gesamten Dienstleistungssektors auf über 68% angestiegen" (Niedersächsisches Wirtschaftsministerium, 2007, S. 23).

Es zeigt sich in der sektoralen Verteilung eine starke Prägung durch den Dienstleistungssektor, die sich ebenfalls in der Stichprobenstruktur der vorliegenden Untersuchung widerspiegelt.

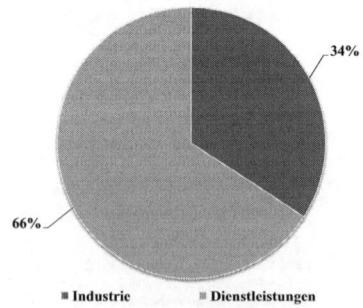

Abbildung 8: Stichprobenstruktur in Bezug auf die sektorielle Verteilung

Die starke Ausprägung des Dienstleistungssektors in der Wirtschaftsregion Lüneburg zeigt sich ebenfalls in der Struktur der untersuchten Stichprobe. Auch aufgrund dieser starken Prägung erweisen sich „die industriellen FuE-Anstrengungen innerhalb des Konvergenzgebiets Lüneburg [...] somit als ausgesprochen schwach" (Niedersächsisches Wirtschaftsministerium, 2007, S. 31). Es gilt jedoch anzumerken, dass eine reine inputorientierte Betrachtung der Innovationsanstrengungen anhand der Forschungs- und Entwicklungsaufwendungen insbesondere in KMU-geprägten Wirtschaftsregionen als wenig aussagekräftig in Bezug auf die Innovationsleistung von nicht technologisch-orientierten Unternehmen betrachtet werden kann (siehe hierfür ebenfalls Abschnitt 2.3.1). Die geringen Anteile der Forschung- und Entwicklung lassen sich ebenfalls in Bezug auf die innovationsbezogenen Gesamtaufwendungen der untersuchten Stichprobe feststellen. Der Durchschnitt der Aufwendungen für Forschungs- und Entwicklungsaufwendungen der Gesamtstichprobe, stellt in Bezug auf die innovationsbezogenen Personalaufwendungen[12] (55%) mit 19% einen geringen Anteil der innovationsbezogenen Gesamtaufwendungen dar. Die Forschungs- und Entwicklungsaufwendungen geben im Falle dieser Stichprobe ausschließlich einen geringen Bruchteil der innovationsbezogenen Gesamtaufwendungen wieder.

Insgesamt sind also die geringen Forschungs- und Entwicklungsaufwendungen der Wirtschaftsregion Lüneburg durch einen „geringen Besatz mit Industrieunternehmen aus dem Bereich der Hochwertigen Technik und Spitzentechnik" (Niedersächsisches Wirtschaftsministerium, 2007, S. 32) zu begründen. Als weiterer Indikator für die unterdurchschnittliche Innovationsleistung der Region wird die geringe Exportneigung der ansässigen Unternehmen herangezogen. „Mit Ausnahme der Kleinstunternehmen liegt auch das Auslandsgeschäft von KMU in der Region Lüneburg deutlich unter den Exportquoten im deutschlandweiten Vergleich" (Niedersächsisches Wirtschaftsministerium, 2007, S. 28). Die Betrachtung der Stichprobe bestätigt die Aussage, dass die untersuchten Unternehmen eine geringe Marktreichweite besitzen.

---

[12]Die innovationsgezogenen Aufwendungen umfassen immer auch die Abfrage von innovationsbezogenen Personalaufwendungen. Diese entsprechen Opportunitätskosten der Geschäftsführung und der MitarbeiterInnen für entgangenes operatives Geschäft der Gegenwart zu Gunsten der zukünftigen und unsicheren Renten durch die Beschäftigung mit Innovation. Wenngleich diese Personalaufwendungen zumeist in der Aggregation aller Innovationsaufwendungen untergehen, werden sie an dieser Stelle der Arbeit bewusst ausgewiesen, um die Lebensrealität mittelständischer Innovationssysteme und hier speziell die personengetriebenen Innovationsprozesse besser darstellen zu können.

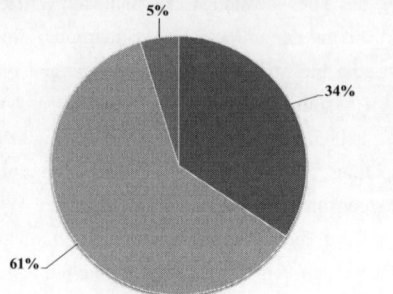

5%

34%

61%

■ regionale Ausrichtung   ■ nationale Ausrichtung   ■ internationale Ausrichtung

Abbildung 9: Marktreichweite der Stichprobe

34% der befragten Unternehmen beschränken die Geschäftstätigkeit auf regionale Märkte, der überwiegende Anteil der Stichprobe ist auf nationalen Märkten aktiv. Ausschließlich 5% der Stichprobe sind international tätig. Folglich weisen die Charakteristika der Stichprobe in Bezug auf die geschilderte Konvergenzregion eine hohe Deckungsgleichheit auf.

Trotz der unterstellten Schwächen der Innovationsbestrebungen in forschungs- und wissensorientierten Technologiefeldern zeigt sich anhand der Untersuchung, dass 38 der 41 befragten Unternehmen in den vergangenen drei Berichtszeiten mindestens eine Produktinnovation einführen konnten. Diese Produktinnovationen umfassen signifikante Weiterentwicklungen, Sortimentserweiterungen und Marktneuheiten. Interessant erscheint im Hinblick auf Prozessinnovationen, dass lediglich 23 der 41 befragten Unternehmen hierdurch Kostenersparnisse erzielen konnten. Unter Verwendung der in Abschnitt 2.1.4 definierten subjektiven Dimension zeigt sich, dass für die untersuchten KMU in dieser Konvergenzregion ein Innovationsdruck herrscht, der vor allem durch den Wettbewerbsdruck der regionalen und nationalen Konkurrenten entsteht und somit als marktbezogen zu betrachten ist. Wenngleich die Marktverhältnisse der Wirtschaftsregion im Vergleich zu Hochtechnologiestandorten als moderat erscheinen, zeigt sich in diesem Praxisbeispiel, dass auch in moderat dynamischen Märkten Innovationen den zentralen Hebel für die Erlangung nachhaltiger Wettbewerbsvorteile darstellen. Die überwältigende Mehrheit der befragten Unternehmen hält das eigene Unternehmen mittelfristig für nicht überlebensfähig, wenn es keine (der oben spezifizierten) Produktinnovationen einführt. Charakteristika moderat dynamischer Märkte und Auswirkungen dieser Marktverhältnisse werden in Abschnitt 3.2.3 dargelegt.

2.3 Black Box-Modellierung zur Bewertung der organisationalen Innovationsfähigkeit

Eine ausgeprägte Innovationsfähigkeit einer Organisation ist im Verständnis dieser Arbeit mit dem Begriff der Innovativität gleichzusetzen. Ein Unternehmen ist demnach innovativ, wenn

26

die Transformation von Input zu Output effektiv und effizient erfolgt. Ziel dieses Abschnitts ist es, den Begriff der Innovationsfähigkeit/Innovativität im komplexen Innovationsgeschehen zu verorten. „Ein Bewertungssystem für betriebliche Innovationsfähigkeit [sollte] sinnvollerweise entlang der drei Elemente Inputdimension, Outputdimension und Transformationsprozess aufgebaut werden" (Kirner et al., 2006, S. 24). Mithilfe dieses Input-Transformation-Output-Modells lässt sich das komplexe Innovationsgeschehen, wie in Abbildung 10 zu sehen, in drei Bestandteile zerlegen (Brown & Svenson, 1988, S. 12; Vermeulen et al., 2003, S. 7 ff.; Werner, 2002, S. 36).

Abbildung 10: Black Box der organisationalen Innovationsfähigkeit (in Anlehnung an Werner, 2002, S. 37)

In dieser Grobstruktur werden der innovationsbezogene Ressourceneinsatz durch den Input, die Innovationsfähigkeit durch den Transformationsprozess und der Innovationserfolg durch den Output dargestellt. Die vereinfachte Systematik der Bausteine ist hilfreich, um alle Detailprozesse und Aspekte korrekt zuzuordnen: Die Inputperspektive erörtert, welche Ressourcen dem Innovationsprozess zugeführt werden. Die Outputperspektive zeigt, welche Erfolge durch die Zuführung der Inputs und deren Transformation im Innovationssystem entstanden sind. Für die Messung von Input und Output haben sich in der Innovationsforschung quantitative Indikatoren etabliert. Kirner et al. (2006, S. 18) bezeichnen Input und Output dabei als klassische Dimensionen der Innovationsmessung. Nachfolgend werden jeweils zwei gängige Indikatoren des Inputs (F&E-Intensität und Innovationsintensität) sowie zwei Indikatoren des Outputs (Innovationsquote und Kosteneinsparung durch Prozessinnovation) fokussiert. Diese Indikatoren haben sich als Standard der größten europäischen Innovationsbefragungen der Europäischen Kommission (European Innovation Scoreboard[13]) und der OECD[14] etabliert. Auch nationale Befragungen zum *Innovationsverhalten der deutschen Wirtschaft* (bspw. des Zentrums für Europäische Wirtschaftsförderung) finden auf

---

[13]Das European Innovation Scoreboard ist eine durch die Europäische Kommission in regelmäßigen Abständen durchgeführte Befragung. Sie verfolgt die Zielstellung, Innovationsfähigkeiten europäischer Volkswirtschaften vergleichbar zu machen und diese Ergebnisse auch im Weiteren mit der Situation in außereuropäischen Staaten zu korrelieren (Europäische Kommission, 2013, S. 8 ff.).
[14]Das Akronym OECD steht für 'Organisation for Economic Cooperation and Development'.

Basis der Oslo Manuals[15] (OECD, 2005) statt und ziehen die nachfolgend erörterten Indikatoren zur Messung der Innovationsaktivität heran (Rammer et al., 2010, S. 4 ff.; Rammer et al., 2012, S. 5 ff.).

Abbildung 11: Indikatorenbasierte Input- und Outputmessung der Innovationsfähigkeit

Zusammenfassend lässt sich feststellen, dass die Güte des Transformationsprozesses (Innovativität) zumeist durch indirekte nachfolgend dargelegte Indikatoren des In- und Outputs gemessen und bewertet wird.

2.3.1 Inputorientierte Bewertung der Innovationsfähigkeit

Innovationsaufwendungen werden in dieser Black Box-Modellierung anhand von Indikatoren des Innovationsinputs gemessen. Der Input in das verarbeitende Innovationssystem ist eine notwendige Voraussetzung für die Generierung von Innovationserfolgen (Kirner et al., 2006, S. 18; Werner, 2002). „Als Startvoraussetzung für Innovationsfähigkeit steht die Input-Dimension somit für das, was ein Unternehmen an vorhandenen Ressourcen und Ressourcenbündeln in die Waagschale wirft" (Kirner et al., 2006, S. 19). Ohne den Einsatz von Ressourcen steht kein Input bereit, der zu einem Innovationserfolg transformiert werden kann.

In der Innovationsforschung wird eine Vielzahl von unterschiedlichen Indikatoren zur Inputmessung diskutiert. Insbesondere die Verwendung solcher Indikatoren hat sich durchgesetzt, die die Innovationsaufwendungen messen (Vermeulen et al., 2003, S. 8). Der Indikator der F&E-Intensität (basierend auf den Forschungs- und Entwicklungsaufwendungen) (Artz, Norman & Hatfield, 2003, S. B1; Beneito, 2006, S. 502; Bremser & Barsky, 2004, S. 232 ff.; Brouwer & Kleinknecht, 1997, S. 1235; Brown & Svenson, 1988, S. 11 f.;

---

[15]Die Oslo Manuals der OECD bieten durch die Erörterung und Etablierung von methodischen Standards der Innovationsmessung die Grundlage für eine staatenübergreifende Harmonisierung der Innovationsbefragungen (Bloch, 2007, S. 23). Die Oslo Manuals gelten als anerkannter Standard zur Erstellung von nationalen Innovationsbefragungen und werden fortlaufend durch ein europäisches Gremium von Innovationsforschern aktualisiert. Die jetzigen Oslo Manuals wurden 2005 letztmalig überarbeitet und liegen aktuell in der dritten Auflage vor (OECD, 2005, S. 9 ff.)

Kleinknecht et al., 2002, S. 110) und der Innovationsintensität (basierend auf den innovationsbezogenen Gesamtaufwendungen) (Kleinknecht et al., 2002, S. 114 f.; OECD, 2005 S. 97 f.; Rammer et al., 2010, S. 4 ff.) werden in zahlreichen Studien zur Messung des Innovationsinputs herangezogen. Beide Indikatoren werden nachfolgend definiert und in ihren Stärken und Schwächen in Bezug auf ihren Einsatz in der Innovationsmessung gegenübergestellt.

Indikator der Forschungs- und Entwicklungsaufwendungen (F&E-Intensität)

Die Aufwendungen für Forschung- und Entwicklung werden seit Jahrzehnten von Forschung und Praxis zur Messung und Bewertung der Innovationsaktivitäten herangezogen (Cohen & Levinthal, 1990, S. 138; Kirner et al., 2009, S. 447; Kleinknecht et al., 2002, S. 110; Meyer-Krahmer, 1984, S. 175). Die OECD (2002) definiert in den Frascati Manuals, welche Tätigkeiten als F&E zu bezeichnen sind."Research and experimental development (R&D) comprise creative work undertaken on a systematic basis in order to increase the stock of knowledge, including knowledge of man, culture and society, and the use of this stock of knowledge to devise new applications" (OÈCD, 2002, S. 30). Für eine erste Systematisierung ist es sinnvoll, Forschung- und Entwicklungsaktivitäten in einzelne Bestandteile (hier: Aufwendungen) zu zerlegen. Die nachfolgende Abbildung zeigt die Untergliederung von F&E-Aktivitäten in intra- und extramurale Bestandteile.

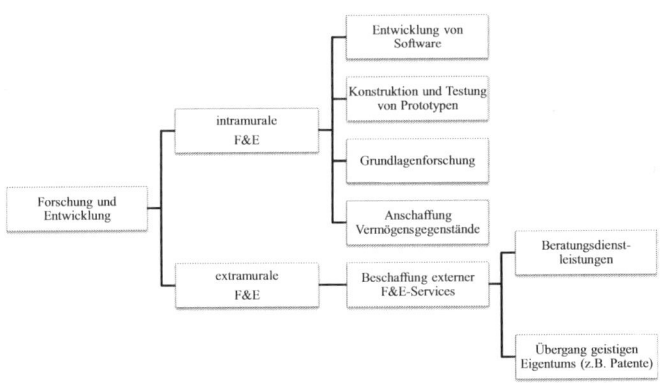

Abbildung 12: Intra- und extramurale Forschung- und Entwicklung (in Anlehnung an OECD, 2002, S. 108; OECD, , 2005, S. 97)

Intramurale F&E-Aktivitäten umfassen betriebsinterne Aufwendungen für die Softwareentwicklung, Grundlagenforschung, Anschaffung von Vermögensgegenständen sowie der Konstruktion und Testung von Prototypen (OECD, 2002, S. 108; OECD, 2005, S. 97). Wird in der internen F&E-Abteilung beispielsweise ein Prototyp getestet oder Software zur Steuerung betriebsinterner Fertigungsprozesse entwickelt, sind diese Aufwendungen den intramuralen F&E-Aktivitäten zuzuschreiben. Intramurale Aufwendungen beziehen sich somit ausschließlich auf Eigenleistungen der betriebsinternen F&E-Abteilung.

Aufwendungen für extramurale F&E-Aktivitäten resultieren aus dem externen Erwerb von abteilungs- und/oder betriebsexternen Wissensressourcen (OECD, 2002, S. 97 f.)."Extramural expenditures are the sums a unit, organisation or sector reports having paid or committed themselves to pay to another unit, organisation or sector for the performance of R&D during a specific period. This includes acquisition of R&D performed by other units and grants given to others for performing R&D" (OECD, 2002, S. 118).Beispiele für solche extramuralen Aufwendungen sind die Inanspruchnahme externer Beratungsleistung (z.b. durch Hochschulen oder andere Unternehmen) und der Erwerb von Patenten. Auf diese Weise kompensieren Unternehmen blinde Flecken oder die mangelnde eigene Forschungs- und Entwicklungstätigkeit. Es sind daher potenziell äußerst sinnvolle bis unabdingbare Zukäufe, um Innovationserfolge zu generieren.

Die F&E-Aufwendungen werden in der Innovationsmessung als eine aggregierte Kennzahl aller intra- und extramuralen Aufwendungen erhoben (OECD, 2002, S. 21). Dieser Indikator wird jedoch nicht als absolute Größe, sondern in Bezug auf den Umsatz der Unternehmung ausgewiesen und deswegen auch als F&E-Intensität bezeichnet (Cohen & Levinthal, 1990, S. 138). Die Höhe der Aufwendung wird also mit der Größe der Unternehmung in Beziehung gesetzt, um den Indikator im Standard auch hinsichtlich der Größenunterschiede der untersuchten Unternehmen zu kontrollieren.

Für die Analyse von F&E-Tätigkeiten steht ein umfangreicher Datensatz zur Längsschnittanalyse bereit (Kleinknecht et al., 2002, S. 110). Dieser macht Innovationsaktivitäten im Zeitablauf beobachtbar und ermöglicht Forschern den Zugang zu umfangreichen Datenbeständen. Unternehmen können davon profitieren, wenn sie F&E-Aufwendungen formal dokumentieren und haben in der Regel dieses Eigeninteresse erkannt. Zum einen müssen Aufwendungen aufgrund von verbindlichen Rechnungslegungsstandards sorgfältig verzeichnet werden, zum anderen beinhalten auch staatlich geförderte Forschungsprojekte eine Dokumentationspflicht (Jensen & Webster, 2004, S. 14 f.). Zudem wurden die in solchen Zusammenhängen erhobenen Daten in den letzten Jahrzehnten von unabhängigen Instituten wie beispielsweise der OECD gesammelt, harmonisiert und archiviert (Kleinknecht et al., 2002, S. 110). Gerade die letztgenannten Faktoren sorgten dafür, dass dieser Indikator in den vergangenen Jahrzehnten häufiger Gegenstand wissenschaftlicher Publikationen war als alle anderen Inputindikatoren, deren Bedeutung sich bis in die Gegenwart zu konservieren scheint. "R&D figures still are the most popular innovation indicator" (Kleinknecht et al., 2002, S. 110).

Trotz der frequentierten Nutzung an anderer Stelle muss dieser Indikator insbesondere in Bezug auf seine Verwendung/Aussagekraft in der zu untersuchenden Stichprobe kritisch hinterfragt werden. Wie bereits angesprochen verfügen KMU und hier insbesondere Kleinst- und Kleinunternehmen selten über eine institutionalisierte F&E-Abteilung (Abschnitt 2.2.2). Simons (2007, S. 196) stellt hierzu fest, dass „diese sogenannte F&E-Intensität nur für Unternehmen zu berechnen [ist], die tatsächlich F&E betreiben". Dies ist in unserer Stichprobe nur bei einem geringen Anteil aller befragten Unternehmen der Fall. Kleinknecht et al. (2002, S. 111) stellen ergänzend fest, dass die Mehrheit der KMU ihre informellen und kleinformatigen F&E-Aufwendungen nicht dem Bereich F&E zuordnen. Dies führt auch dazu, dass solche Aufwendungen nicht adäquat dokumentiert werden. "Particularly small firms tend to under-report their small-scale and informal R&D activities" (van der Panne, 2007, S. 496). Dies verstärkt insgesamt die Problematik, dass KMU ihre Innovationsaktivitä- ten im Vergleich zu Großunternehmen unterschätzen und gilt vor allem für nicht technologiegetriebene mittelständische Unternehmen. Ergänzend bleibt festzustellen, dass auch dienstleistungsorientierte KMU in der Mehrheit aller Fälle keine F&E-Abteilungen besitzen, sodass auch deren Innovationsaktivitäten durch F&E-Aufwendungen nicht adäquat abgebildet werden (van der Panne, 2007, S. 496). "R&D measurement tends to be 'manufacturing biased' and therefore tends to underestimate innovation in services" (Kleinknecht et al., 2002, S. 111).

Zusätzlich zu den KMU-spezifischen Beschränkungen in der Aussagekraft dieses Indikators lassen sich weitere Probleme identifizieren. Wenngleich der Indikator der F&E- Anwendungen ausschließlich den Input in das Innovationssystem beziffert, wird er in wissenschaftlichen Untersuchungen traditionell als Prädiktor für den Innovationserfolg (hier zumeist der Produktinnovationserfolge) genutzt (Artz et al., 2003, B2). Im wissenschaftlichen Diskurs wird die Aussagekraft des Prädiktors jedoch angezweifelt. Die F&E-Aufwendungen müssen demnach lediglich als Input in den Innovationsprozess verstanden werden, der mehr oder minder effizient in einen Erfolg umgesetzt werden kann. "The criticism refers to equating high R&D intensity with high innovativeness, since R&D is just one possible way in which innovativeness can be attained" (Kirner et al., 2009, S. 447). Jeder Input birgt somit nur ein Potenzial, in einem Transformationsprozess einen positiven Output generieren zu können, er kann ihn jedoch nicht garantieren (Jensen & Webster, 2004, S. 16; Kleinknecht et al., 2002, S. 110; van der Panne, 2007, S. 498). Van der Panne (2007, S. 500) belegt dies, indem er feststellt, dass lediglich 54% der F&E-aktiven Unternehmen im Beobachtungszeitraum tatsächlich auch eine Innovation einführen.

Empirischen Untersuchungen zufolge umfassen Forschungs- und Entwicklungsaufwendungen nicht alle innovationsbezogenen Aufwendungen "and miss out on innovation-related investments in design, trial, market testing and fixed assets: It has been estimated that only 25 percent of innovation expenditures relate directly to R&D activities" (van der Panne, 2007, S. 496). Aus diesem Grund sollen im nachfolgenden Abschnitt Indikatoren der innovationsbezogenen Gesamtaufwendungen erläutert werden, die diese Problematik berücksichtigen und Schwächen hinsichtlich der Aussagekraft kompensieren.

Indikator der innovationsbezogenen Gesamtaufwendungen (Innovationsintensität)

Die Schwächen des Indikators F&E zeigten, dass die fehlende Berücksichtigung von nicht als F&E-klassifizierten Aufwendungen die Aussagekraft des Indikators insbesondere in Bezug auf kleinere und dienstleistungsorientierte Unternehmen vermindert (van der Panne, 2007, S. 496). Dies bestätigen auch de Jong und Marsili (2006). "We note that the usual indicators of R&D and of other innovation costs do not account for the more informal type of innovative activities typical of small firms" (S. 216). Um diese Defizite zu mindern, umfasst der Indikator innovationsbezogene Gesamtaufwendungen zusätzlich zu den bereits genannten F&E-Aufwendungen weitere Aufwandsarten eher informaler Innovationsaktivitäten. Auf diese Weise bietet dieser Indikator ein vollständigeres Abbild der Innovationsaktivitäten und zeichnet folglich ein realistischeres Bild der zumeist informalen Innovationsaktivitäten von KMU (Kleinknecht et al., 2002, S. 113). Die umfassendere Messung informaler Innovationsaktivitäten mindert zusätzlich eine weitere zentrale Schwäche der F&E-Intensität, nämlich die Unterbewertung der Innovationsaktivitäten von Dienstleistungsunternehmen (Kleinknecht et al., 2002, S. 114; van der Panne, 2007, S. 496 f.).

Rammer et al. (2010, S. 4) definieren innovationsbezogene Gesamtaufwendungen als „Aufwendungen für laufende, abgeschlossene und abgebrochene Projekte. [...] Sie setzen sich aus laufenden Aufwendungen (Personal[16]- und Sachaufwendungen etc.) und Ausgaben für Investitionen zusammen". Folgende Übersicht zeigt, aus welchen Kategorien sich die innovationsbezogenen Gesamtaufwendungen zusammensetzen (Tabelle 4).

---

[16]Gemäß dieser Definition setzen sich Aufwendungen aus Personal- und Sachaufwendungen zusammen. In der vorgestellten Untersuchung werden die Personalaufwendungen explizit und als eigener Posten ausgewiesen (Werner, 2002, S. 383). Dies liegt in der übergeordneten Bedeutung der Personalaufwendungen in KMU für Innovation begründet. "In others types of firms [such as SME], innovation is a collaborative effort that needs the involvement of multiple employees"(Vermeulen et al., 2003, S. 9) Diese Aufwendungen entsprechen informellen Innovationsaufwendungen, die durch die Abstellung von MitarbeiterInnen für Innovationstätigkeiten (z.B. Innovationsprojekte) zu Stande kommen. Sie werden anhand innerbetrieblicher Zeiterfassungssysteme oder durch Schätzungen bestimmt und in Geldeinheiten (und somit in Innovationsaufwendungen) umgewandelt.

Aufwandskategorie	Kategorienbeschreibung
Forschungs- und Entwicklungsaufwendungen	Aufwendungen für intra- und extramurale Forschung und Entwicklung (Abschnitt 2.3.1)
Innovationsbezogene Personalaufwendungen	Aufwendungen für durch Innovationsaktivitäten gebundene Personalressourcen, die sich anhand von innerbetrieblichen Zeiterfassungssystemen bzw. Schätzungen bestimmen und in Geldeinheiten umwandeln lassen
Innovationsbezogene Abschreibungen	Abschreibungen für Anlagen, Hard- und Software, Produktionsstätten, die der Umsetzung von Innovationen/Förderung des Innovationsgeschehens dienen
Aufwendungen für die Beschaffung externen Wissen (außer F&E-Aufwendungen)	Aufwendungen für die Beschaffung externen Wissens und den Erwerb von Rechten zur Nutzung von Schutzmarken, Handelsmarken, gewerbliche Rechte etc. externer Wissensträger.
Weiterbildungsaufwendungen für Innovation	Aufwendungen für innovationsspezifische Trainings, die der Entwicklung und Umsetzung verbesserter oder neuer Produkte, Prozesse und Methoden dienen
Aufwendungen für die Einführung von Innovationen	Aufwendungen für vorbereitende Aktivitäten zur Einführung von Produkten (z.B. Marktanalysen, Werbemaßnahmen zur Produkteinführung)

Tabelle 4: Aufwandskategorien der innovationsbezogenen Gesamtaufwendungen (in Anlehnung an Rammer et al., 2010, S. 4)

Analog zu der F&E-Intensität werden auch die innovationsbezogenen Gesamtaufwendungen zumeist aggregiert und in Relation zum Umsatz einer Unternehmung betrachtet. Diese Relation wird in der Innovationsforschung als Innovationsintensität bezeichnet (Rammer et al, 2010, S. 4 ff.).

Obwohl der beschriebene Indikator gegenüber den F&E-basierten Indikatoren eine differenziertere Auskunft über die Innovationsaktivitäten liefern kann, können auch hier indikatorspezifische Schwächen beobachtet werden. Kleinknecht et al. (2002, S. 114) stellen fest, dass aufgrund der differenzierten Datenaufnahme die Rücklaufquote in schriftlichen Befragungen abnimmt. Aufgrund des hohen Detaillierungsgrads der Fragestellungen und der Abwesenheit buchhalterischer Dokumentation informaler Innovationsaktivitäten, entsprechen die Angaben der Befragten zumeist lediglich Schätzungen. Dies gilt vor allem für KMU, in denen nur vereinfachte Buchhaltungs- und Kostenrechnungssysteme zur Unternehmenssteuerung existieren. Trotz der erläuterten Schwächen kommen Kleinknecht et al. (2002, S. 114) zu folgendem Fazit: "Clearly, the new indicator [innovation intensity] is much richer than the classical R&D figures".

2.3.2 Outputorientierte Bewertung der Innovationsfähigkeit

Die Messung und Beurteilung, wie effektiv und effizient ein Innovationssystem einen Input in einen Output transformiert, setzt die Ableitung einer bzw. mehrerer Erfolgsgrößen voraus. „Eine wesentliche Voraussetzung für die Durchführung von Erfolgsfaktorenstudien [organisationaler Innovativität] ist die Bestimmung einer Innovationserfolgsgröße, zu der potenzielle Erfolgsfaktoren in Bezug gesetzt werden" (Dömötör, 2011, S. 64). Ohne diese Messung des Outputs lassen sich keine Rückschlüsse auf den Innovationserfolg tätigen. Festzulegen ist daher, welche Aspekte in der Outputmessung berücksichtigt werden, um zu einer validen Einschätzung des Innovationserfolgs zu gelangen (Werner, 2002, S. 92; Hauschildt, 1991, S. 467). Erst durch eine Definition der zu messenden Aspekte wird der Akt der Messung transparent und nachvollziehbar. Das multidimensionale Konstrukt des Innovationserfolgs wird operationalisiert und es wird detailliert bestimmt, welche Facetten des Innovationserfolgs erfasst werden sollen und welche nicht.

Hart (1993, S. 23) identifiziert dabei Schwächen in der Messung der bisherigen Operationalisierungsversuche des Innovationserfolgs in einem Unternehmen. "There is very little consensus amongst the studies regarding how best to operationalize 'success', and researchers have employed a variety of measures, focused on different levels of analysis, sought data from different sources and used different data collection methods". Verschiedene Studien versuchen seither die stark heterogene Operationalisierung von Erfolgsindikatoren zu systematisieren und zu standardisieren. Bis zum heutigen Forschungsstand haben sich grundlegende Aspekte herausgebildet, die bei Erfolgsmessungen zu berücksichtigen sind (Cordero, 1990; S. 187; Hart, 1993, S. 24; Hauschildt, 1991, S. 467)

Dömötör (2011, S. 67) identifiziert anhand der genannten Studien sieben Aspekte der Erfolgsmessung:

1. **Mess-/ Evaluationsbereich** (z.B. Abteilung, Unternehmen, Projekt, Produktfamilie)

2. **Messdimension** (z.B. ökonomische, technische, sonstige Effekte)

3. **Art der Erfolgsgröße** (z.B. finanziell/nicht finanziell)

4. **Messzeitpunkt** (z.B. Planungsphase, Kontrollphase, vor/nach Einführung)

5. **Datenquelle/Messsubjekt** (Selbst-/Experteneinschätzung, Insider, Outsider)

6. **Datenerhebung** (Interview, schriftliche Befragung)

7. **Referenzgröße der Messung** (Plan-Ist-Vergleich, Zeitvergleich, Betriebsvergleich) (in Anlehnung an Dömötör, 2011, S. 67)

Anhand dieser Aspekte kann das multidimensionale Konstrukt des Innovationserfolgs konzeptionalisiert werden.

Die Messung des Innovationserfolgs setzt eine vorherige Bestimmung des Mess-/Evaluationsbereichs voraus. An dieser Stelle wird die Frage aufgeworfen, welches Objekt der Messung zugrunde liegt. Hauschildt und Salomo (2011, S. 341) unterscheiden drei

Evaluationsbereiche: die Mikro-Ebene („Projekt"-Ebene), die Semi-Mikro-Ebene („Familien"-Ebene) und die Makro-Ebene (Multiprojekt-Ebene).

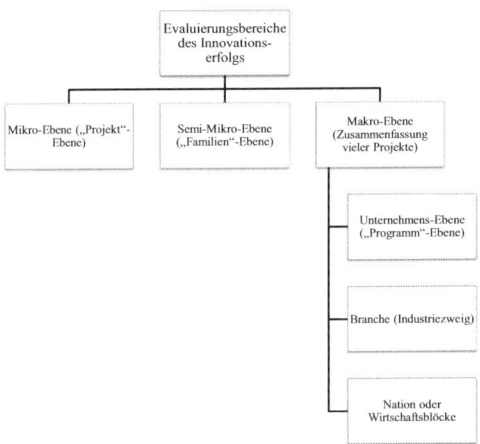

Abbildung 13: Evaluierungsbereiche des Innovationserfolgs (in Anlehnung an Hauschildt & Salomo, 2011, S. 341)

Die Makro-Ebene lässt sich weiter in die Unternehmensebene, Branchenebene und die nationale Ebene untergliedern.

In dieser Studie wird der Innovationserfolg auf Ebene des Unternehmens (Makro-Ebene) gemessen. Weniger die Evaluation einzelner Innovationsprojekte/Familien von Innovationsprojekten (Mikro-/Semi-Mikro-Ebene) steht im Fokus, sondern die Innovationsfähigkeit auf der Organisationsebene.

> „Die für den Betriebswirt interessante Zusammenfassung erfolgt auf der Unternehmensebene, z.B. ist der Meßwert der ‚Produktinnovationsrate' [...] ein typischer Meßwert der Innovativität eines gesamten Unternehmens" (Hauschildt, 1991, S. 466).

Eine Betrachtung der Makro-Ebene umfasst dabei zwangsläufig ebenfalls eine Evaluation der Mikro- und Semi-Mikro-Ebene.

Die Messdimension des Innovationserfolgs legt fest, anhand welcher Charakteristika des Innovationsobjekts der Erfolg gemessen wird (Dömötör, 2011, S. 64 ff.; Hauschildt, 1991, S. 466). Abbildung 14 zeigt drei Kategorien von Effekten, die den Nutzen des Innovationserfolgs beschreiben: technische, ökonomische und sonstige Effekte. Alle dieser Effekte lassen sich weiter in direkte und indirekte Effekte unterteilen (Hauschildt, 1991, S. 467). Die Betrachtung des organisationalen Nutzens der erzielten Innovationserfolge bezieht sich in der Mehrzahl aller betriebswirtschaftlichen Studien auf den ökonomischen oder technischen

Nutzen von Innovationen (siehe hierfür z.B. Kleinknecht et al., 2002, S. 114 f.; Meyer-Krahmer, 1984, S. 811; Rammer et al., S. 8 ff.).

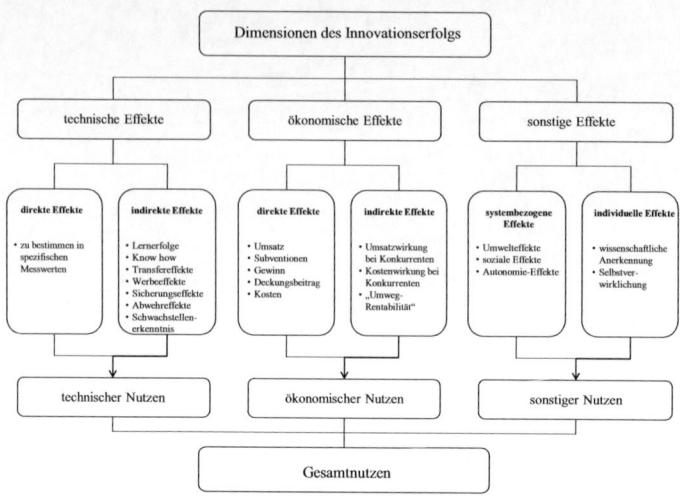

Abbildung 14: Dimensionen des Innovationserfolgs (Hauschildt, 1991, S. 467)

Die Betrachtung des technischen Nutzens (technische Dimension) findet zumeist anhand der Evaluation spezifischer (singulärer) Innovationsprojekte in eng umrissenen Technologiefeldern – also branchenspezifisch – statt. Die direkten Effekte des technischen Nutzens werden dabei durch spezifische Messwerte erhoben und sind „für jedes Innovationsprojekt eigens zu bestimmen" (Hauschildt, 1991, S. 466). Die Operationalisierung dieser Effekte orientiert sich zwingend an der zugrunde liegenden Technologie. Problematisch hierbei ist, dass Forscher ein ausgeprägtes technisches Wissen benötigen, um technologische Effekte beurteilen zu können. Fehlt Forschern dieses Fachwissen, können sie den technischen Nutzen einer Innovation nicht adäquat evaluieren (Hauschildt, 1991, S. 466), denn auch der Rückgriff auf eine externe Expertise ist hier aus Gründen der Geheimhaltung keine Option.

Neben direkten Effekten umfasst der technische Nutzen auch indirekte Effekte (z.B. Lernerfolge, Transfer- und Sicherungseffekte). Die Messung dieser indirekten Effekte ist insoweit problematisch, als sie oft erst in Folgeprojekten ersichtlich werden (z.B. in Lernerfolgen). Aus diesem Zusammenhang erscheint eine Längsschnittanalyse sinnvoll, die das spezifische Lernverhalten mehrerer gleichartiger Projekte in Verbindung setzt, um eine Abweichung vom Ausgangszustand nachweisen zu können – obwohl die technische Perspektive per Definition singuläre Projekte untersucht. Selbst wenn dieses Vorhaben gelänge, wäre zu prüfen, ob die Veränderung des Lernverhaltens tatsächlich auf das

Vorgängerprojekt zurückzuführen ist. Diese indirekten Effekte sind somit schwerlich zu operationalisieren und nachzuweisen (Hauschildt, 1991, S. 467 ff.).

Auch die ökonomischen Effekte (ökonomische Dimension) lassen sich in indirekte und direkte Effekte unterteilen (Werner, 2002, S. 92 ; Hauschildt, 1991, S. 467). Direkte Effekte nehmen einen unmittelbaren Einfluss auf eine unternehmensspezifische Grundgröße (z.B. den Umsatz, den Gewinn oder die Kosten). Diese Effekte werden in einer Vielzahl wissenschaftlicher Studien isoliert oder kombiniert als Erfolgsmaß verwendet (siehe hierfür z.B. Bremser & Barsky, 2004, S. 1 ff.; Hagedoorn & Cloodt, 2003, S. 1365; Kleinknecht et al., 2002, S. 114; Rammer et al., 2010, S. 8; Werner, 2002, S. 106). Dies gilt vor allem für die betriebswirtschaftliche Perspektive der Innovationsforschung, der auch die vorliegende Studie zuzurechnen ist.

Indirekte Effekte der finanziellen Dimension haben keine unmittelbare Wirkung auf unternehmensbezogene Grundgrößen (z.B. den Umsatz oder die Kosten), dennoch haben sie eine Wirkung auf die Wettbewerbsposition. Kann ein Unternehmen durch die Platzierung einer erfolgreichen Innovation Druck auf die Konkurrenz ausüben oder sich beispielsweise durch die Anmeldung von Patenten ein temporäres Monopol sichern, so verbessert sich die Wettbewerbsposition des Unternehmens, ohne dass sich dies zwingend in Erfolgsgrößen der Unternehmung ausdrückt (Hauschildt, 1991, S. 467; Werner, 2002, S. 92).

Auch hier ergibt sich für die Evaluation der indirekten ökonomischen Effekte die Problematik der Bestimmbarkeit. „Derartige Effekte sind oftmals nur der Tatsache nach benennbar und nur in seltenen Fällen exakt bezifferbar" (Hauschildt, 1991, S. 468). Diese Effekte werden folglich in etablierten Kennziffern, die auf objektiven Daten beruhen, nur unzureichend abgebildet. Ungeachtet dieser Realität hat sich eine Vielzahl subjektiver/indirekter Erhebungsverfahren herausgebildet, die diese indirekten ökonomischen Effekte z.B. über die Kundenzufriedenheit oder die Änderung der Wettbewerbsperson zu messen versucht (Beeck, 2010, S. 133).

Die letzte Kategorie bezeichnet Hauschildt (1991, S. 479) als ,sonstige' Effekte. Der Nutzen dieser Effekte wird auf individueller oder sozialer Ebene erkennbar und deshalb in systembezogene und individuelle Effekte unterschieden (Hauschildt, 1991, S. 467; Werner, 2002, S. 92). Individuelle Effekte kommen zum Beispiel durch wissenschaftliche Anerkennung oder Selbstverwirklichung der Akteure des Innovationsgeschehens zum Ausdruck. Systembezogene Effekte beschreiben beispielsweise die Wirkung von Innovationen auf die Umwelt (z.B. in Form einer erhöhten ökologischen Nachhaltigkeit durch den Einsatz umweltschonender Produktionsverfahren). Die Erfolgsgrößen lassen sich in finanzielle und nicht-finanzielle Erfolgsgrößen unterscheiden. Diese Zahlen können z.B. der Buchhaltung entnommen oder indirekt durch Einschätzung der Befragten erhoben werden (Hauschildt, 1991, S. 467; Werner, 2002, S. 92). Dömötör (2011, S. 65 f.) beobachtet aktuell eine Dominanz der indirekten Einschätzung gegenüber der objektiven Messung. Er begründet dies mit dem streng vertraulichen Umgang mit betriebsinternen Daten und der damit verbundenen eingeschränkten Verfügbarkeit dieses Datenmaterials für wenige interne Akteure. Kritisch wäre hier auch von Informationsasymmetrie zu sprechen, die betriebsintern dazu beitragen kann, dass in der Praxis tatsächliche Erfolgsgrößen und Erfolgseffekte verschleiert bzw. manipuliert dargestellt werden.

Die Datenerhebung kann durch eine schriftliche Befragung oder ein mündliches Interview erfolgen (Dömötör, 2011, S. 67; Hart, 1993, S 29). Für die Messung des Innovationserfolgs werden in dieser Arbeit ausschließlich schriftlich erhobene Daten verwendet, während die spätere Analyse der Black-Box auf qualitativen Interviews beruht (Abschnitt 5.3.2).

Der Messzeitpunkt determiniert, wann ein Innovationserfolg gemessen wird (Hauschildt, 1991, S. 469). Sollen die ökonomischen Effekte eines Innovationserfolges gemessen werden, erscheint ausschließlich eine ex post-Messung geeignet. Ökonomische Innovationserfolge können erst nach Etablierung einer Innovation erfasst werden. Der Umsatzanteil innovativer Produkte (Innovationsquote; vgl. Abschnitt 2.3.2) lässt sich erst dann beziffern, wenn eine Innovation tatsächlich in den Markt eingeführt wurde. Diese ex-post Betrachtung findet in Innovationskennzahlen zumeist durch einen definierten Betrachtungszeitraum, den die Einführung der jeweiligen Innovation zurückliegen darf (z.b. drei Jahre), ihren Ausdruck (Kleinknecht et al., 2002, S. 114; Rammer et al., 2010, S. 8 f.).

Eine Bewertung des Innovationserfolgs kann von Unternehmensinsidern oder -outsidern (Datenquelle) vorgenommen werden. „Bezüglich der Datenquelle sind Selbsteinschätzungen durch Betriebsangehörige oder Urteile durch (meist externe) Experten möglich" (Dömötör, 2011, S. 65). Die Erfolgsmessung der in der vorliegenden Studie erhobenen Innovationsindikatoren beruht auf der Einschätzung von Unternehmensinsidern (i.d.R. der Geschäftsführung).

Um die erhobenen Erfolgsmessungen beurteilen zu können, werden diese mit Referenzgrößen in Beziehung gesetzt. „Die Bewertung erfolgt im **Vergleich** des erreichten Zustandes mit einem Referenzzustand" (Hauschildt & Salomo, 2011, S. 345; Hervorheb.i.Orig.). Dazu muss zunächst ein Referenzzustand bestimmt werden. Während Cordero (1990, S. 185 ff.) und Hart & Craig (1993, S. 2) keine explizite Aussage zu möglichen Referenzzuständen treffen, unterscheiden Hauschildt und Salomo (1991, 479 f.) drei Referenzzustände: den Plan-Ist-Vergleich sowie den Zeit- und Betriebsvergleich.

Der Plan-Ist-Vergleich setzt voraus, dass in der Planungsphase in Bezug auf die angestrebten Innovationserfolge ex ante eine Erwartungshaltung formuliert wird. Diese kann dann zu einem späteren Zeitpunkt mit dem Ist-Zustand in Relation gesetzt werden (z.B. in Form von monetären Abweichungsanalysen). Zudem kann ein erwarteter Innovationserfolg mit alternativen Innovationsmöglichkeiten oder dem gegenwärtigen Status Quo in Relation gesetzt werden, um die Vorteilhaftigkeit einer spezifischen Innovation zu evaluieren (Hauschildt, 1991, S. 467; Werner, 2002, S. 92).

Der Zeit- und Betriebsvergleich soll Erfolgsgrößen verschiedener Zeitpunkte oder unterschiedlicher Betriebseinheiten zueinander in Bezug setzen, um eine Bewertung des Innovationserfolgs vorzunehmen. Wenngleich Hauschildt und Salomo (1991, S. 469) den Zeit- und Betriebsvergleich explizit trennen, erscheint die Kombination beider Referenzmodelle z.B. über einen längsschnittlich angelegten Betriebsvergleich realisierbar und sinnvoll.

Die Qualität des Zeit- und Betriebsvergleichs hängt maßgeblich mit der Wahl der zu vergleichenden Erfolgsgrößen zusammen (Hauschildt, 1991, S. 469 f.). Diese dürfen keinesfalls willkürlich gewählt werden, um einen adäquaten Vergleich sicherzustellen und sind deshalb über die Bestimmung der Messaspekte zu fixieren. „Die am häufigsten verwendete Referenzgröße der Messung in Erfolgsfaktorenstudien ist der Betriebsvergleich" (Dömötör, 2011, S. 70). Auch der vorliegenden Arbeit wird ein stichprobenspezifischer Betriebsvergleich anhand adäquater Kennziffern der Innovationserfolgsforschung zu der Bewertung der Erfolgsmessung durchgeführt.

In der Zusammenfassung aller hier vorgestellten Aspekte der Erfolgsmessung lässt sich das multidimensionale Konstrukt der Erfolgsmessung auf die nachfolgend zu beschreibenden Outputindikatoren wie folgt konzeptualisieren.

Aspekte der Erfolgsmessung	Ausprägungen
Mess-/-Evaluationsbereich	Unternehmensebene
Messdimension	Ökonomische Dimension
Art der Erfolgsgröße	Finanziell und nicht-finanziell; objektiv erhobene Daten
Datenerhebung	Schriftlich
Messzeitpunkt	Ex post
Datenquelle	Unternehmensinsider
Referenzgröße	Betriebsvergleich

Tabelle 5: Messkonzeption des organisationalen Innovationserfolgs (in Anlehnung an Dömötör, 2011, S. 84)

Aufbauend auf dieser Konzeption werden im folgenden Schritt Indikatoren der Innovationserfolgsforschung (Indikatoren des Innovations-Outputs) abgeleitet, die die vorgeschlagenen Aspekte der Erfolgsforschung operationalisieren. Diese Indikatoren des Innovations-Outputs beschreiben den Innovationserfolg anhand der tatsächlich eingeführten Produkt- und Prozessinnovation.

Indikator der Innovationsquote

Die Innovationsmessung nutzt zur Messung des produktbasierten Innovationserfolgs zumeist den Umsatzanteil, der mit Produktinnovationen erzielt wurde (Kleinknecht et al., 2002, S. 114; OECD, 2005, S. 49; Rammer et al., 2010, S. 8; Rogers, 1998 S. 10). „Umsatzanteile mit Produktinnovationen beziehen sich auf den Umsatz des betreffenden Jahres, der mit neuen oder merklich verbesserten Produkten des zurückliegenden Dreijahreszeitraums erzielt worden ist" (Rammer et al., 2012, S. 9). Dieser Indikator misst die marktliche Erfolgswirkung der Innovation – und somit den Einführungserfolg. Auf diese Weise ist der Umsatzanteil mit Produktinnovationen "a direct measure of successful innovation, measuring innovations that were introduced into the market and that result in a positive cash-flow" (Kleinknecht et al., 2002, S. 114). Gegenüber der schlichten Anzahl der eingeführten Produkte (Indikator: Produktankündigungen) oder der Anzahl beantragter Patente[17], hat der Indikator zwei wesentliche Vorteile. Zum einen wird den eingeführten Innovationen ein konkreter Umsatzanteil zugeordnet, sodass die Wirkung der Innovationen auf die Gesamtorganisation bestimmt werden kann. Zum anderen beschreibt der Indikator tatsächlich eingeführte Innovationen, die bereits am Markt eine Wertschöpfung erlangt haben. Die Beantragung eines Patents bedeutet lediglich, dass ein Unternehmen die Verfolgung einer schützenswerten Idee anstrebt oder Konkurrenten aus wettbewerbstaktischen Gründen davon abhalten möchte, eine bestimmte Idee zu verfolgen. In der Realität schlägt sich nur eine geringe Anzahl von Patenten tatsächlich im Umsatz des beantragenden Unternehmens nieder (Kleinknecht et al., 2002, S. 112; Rogers, 1998, S. 12), und nicht jede eingeführte Innovation wurde zuvor patentiert. Von daher ist der Umsatzanteil, der durch Produktinnovation erzielt wurde, deutlich aussagefähiger als die benannten traditionellen Indikatoren. Dies gilt insbesondere für KMU, deren Neigung zu patentieren aufgrund des fehlenden rechtlichen Know hows und mangelnden Durchsetzungsvermögens der erworbenen Rechte als beschränkt gilt (Kleinknecht et al., 2002, S. 113; Mendonca et al., 2004, S. 1386; Rogers, 1998, S. 17).

Obwohl sich der Indikator aufgrund der ihm zugeschriebenen Aussagekraft im wissenschaftlichen Diskurs als Standard für die Produktinnovationserfolgsmessung etabliert hat (OECD, 2005, S. 109 f.; Rammer et al., 2012, S. 8 ff.), können auch Schwächen identifiziert werden. So ist der Vergleich von Umsatzanteilen mit Produktinnovationen über stark unterschiedliche Branchen hinweg kaum sinnvoll, da Produktzyklen der jeweiligen Branche signifikant differieren können. "Figures on shares in sales of innovative products may be sensitive to the business cycle [...and] may be problematic since the length of life cycles differs between branches" (Kleinknecht, et al., 2002, S. 115). Ein Hersteller von Mobilfunkgeräten könnte aufgrund kurzer Lebenszyklen somit innovativer erscheinen als ein Produzent von Produkten mit langlebigen Produktlebenszyklen.

---

[17]Der Indikator Patentbeantragung wurde in Studien je nach Operationalisierung sowohl als Input- als auch als Outputindikator verwendet. Er wird im wissenschaftlichen Sprachgebrauch deswegen auch als intermediärer Indikator bezeichnet. Er ist daher nicht eindeutig dem Input oder Output zuzurechnen.

Indikator der Kosteneinsparung durch Prozessinnovationserfolge

Neben Erfolgswirkungen der Produktinnovation können auch Prozessinnovationen in die Messung einbezogen werden. Diese Erfolgswirkungen äußern sich durch Kostensenkungen und/oder Umsatzausweitung durch Qualitätsverbesserung im Prozess (OECD, 2005, S. 49; Rammer et al., 2010, S. 9 f.).

„**Kostensenkungsanteile durch Prozessinnovationen** beziehen sich auf die Kosten je Stück bzw. Vorgang des betreffenden Jahres, die durch Prozessinnovationen eingespart werden konnten, die im zurückliegenden Dreijahreszeitraums eingeführt worden waren. **Der Umsatzanstieg durch Qualitätsverbesserungen** misst die Umsatzausweitung im betreffenden Jahr im Vergleich zum Vorjahresumsatz" (Rammer et al. 2010. S. 10; Hervorheb.i.Orig.)

Wenngleich unter der theoretischen Betrachtung Produkt- und Prozessinnovation definitorisch eindeutig trennbar erscheinen, zeigt sich in der organisationalen Praxis, dass diese als interdependent zu betrachten sind (OECD 2005, S. 53). Die Messung der Umsatzausweitung erscheint daher in der Forschungspraxis nicht selten problematisch, da eine starke Wechselwirkung zum Indikator der Innovationsquote besteht (Rammer et al., 2010, S. 9). Eine Qualitätsverbesserung im Fertigungsprozess, die für den Kunden einen wahrgenommenen Mehrwert stiftet und nachfolgend aufgrund dieses Mehrwerts zur Umsatzausweitung führt, kann in der Mehrheit gleichermaßen als Produktinnovation betrachtet werden. Dies führt oft zu einer doppelten Erhebung derselben Innovation in unterschiedlichen Indikatorrubriken und somit zur Verzerrung in der Ermittlung bzw. Evaluation des Innovationserfolgs. Daher wird die Erhebung auf den in der Innovationsforschung einschlägigen Indikator der Kostenersparnis durch Prozessinnovation begrenzt.

2.3.3 Kombination input- und outputorientierte Bewertungen der Innovationsfähigkeit

Auch quantitative Effizienzbetrachtungen, die versuchen den Transformationsprozess durch Bildung von Verhältniszahlen dieser aggregierten Input- und Outputzahlen zu entwickeln, können die Schwächen der statischen Messindikatoren nicht kompensieren. Denn festzustellen ist, dass eine solche quantitative Effizienzbetrachtung auf Basis von Output- und Inputindikatoren nicht das Verhältnis eines spezifischen Outputs seinem Input gegenüber, sondern die periodenspezifische Relation von aggregierten Input- und Outputströmungen misst. Der Innovationsprozess kann sich je nach Neuigkeitsgrad der zugrundeliegenden Innovation über eine lange Zeitperiode erstrecken (Jahre bis Jahrzehnte) und hat somit einen nicht genau bestimmbaren Zyklus (Jensen & Webster, 2004, S. 8). Dies gilt insbesondere für Innovationen mit einem hohen Neuigkeitsgrad (radikale Innovation). „Innovationsprozesse dauern schon bei mittleren Innovationsgraden 2 bis 3 Jahre, von Anregungsphasen vor offizieller Problemdefinition ganz abgesehen. Bei radikalen Innovationen vergehen oftmals zwischen 7 bis 15 Jahre" (Hauschildt & Salomo, 2005, S. 7). Aus dieser Tatsache ergibt sich die sogenannte Time Lag-Problematik: Inputs der Berichtsperiode werden erst in späteren Berichtsperioden wirksam, das heißt sie haben erst dann zu verwertbaren Outputs geführt (Beeck, 2010, S. 134). „Die Bildung von Input-Output-Kennzahlen [...] ist [...] sehr problematisch, weil in ihnen bei periodischer Bestimmung in der Regel die zeitliche Verzögerung zwischen Inputs und zugehörigen Outputs nicht oder nur pauschal berücksichtigt wird" (Brockhoff, 2002 zitiert nach Gladen, 2008, S. 285). Die berechneten Effizienzen müssen aus diesem Grund als grobe Schätzwerte der Leistungsgüte der Innovationssysteme betrachtet werden.

2.3.4 Innovationsfähigkeit/Innovativität als Gütemaß des Transformationsprozesses

Im Kontext dieser Untersuchung ist es notwendig, die Definitionsgrenzen von Innovativität und Innovationsfähigkeit in der wissenschaftlichen Diskussion möglichst genau abzustecken (Hadjimanolis, 2000, S. 237). So akzentuieren Rammer et al. (2010, S. 3) Innovativität als inputorientierte Größe, die sich anhand des eingesetzten Inputs bemisst. „Innovative Unternehmen sind Unternehmen, die im Beobachtungsjahr Aufwendungen für Innovationsprojekte getätigt haben" (Rammer et al., 2010, S. 3). Gemäß dieser Auffassung ließe sich die Innovativität anhand von Inputströmen messen. Die Güte des Transformationsprozess des Inputs besäße keine Auswirkungen auf die Bewertung des Innovationserfolgs. Die OECD (2005, S. 58) hingegen verwendet Innovativität als outputorientierten Begriff. Ein Unternehmen ist gemäß der Definition der OECD als innovativ zu bezeichnen, sobald es mindestens eine Produkt- oder Prozessinnovation implementiert hat (OECD, 2005, S. 58). Demnach ließe sich der Innovativitätsbegriff mit dem Innovationserfolg gleichsetzen. In beiden Fällen könnten Input- und Outputgrößen demnach nur zur indirekten Messung der Innovativität herangezogen werden und der Transformationsprozess selbst würde nicht betrachtet. Kirner et al. (2006, S. 20 f.) verdeutlichen jedoch, dass diese indirekte Messung der Innovationsfähigkeit durch Input- und Outputindikatoren u.a. in der European Innovation Scoreboard[18]-Befragung (kurz EIS) der Europäischen Kommission genutzt wird. Kirner et al. (2006, S. 20 f.) halten dieses Verständnis der Innovationsfähigkeit deswegen für bedenklich, da die Innovationsfähigkeit selbst in der genannte Untersuchung gar nicht betrachtet wird.

„Da das Ziel des EIS hauptsächlich die Bestimmung der Innovationsfähigkeit auf Länderebene ist, eignen sich viele dieser Innovationsindikatoren nicht für die Messung der betrieblichen Innovationsfähigkeit, da sie aggregierte Größen abbilden. Die Strukturierung nach Input- und Outputindikatoren zeigt jedoch das zugrunde liegende Innovationsverständnis" (Kirner et al., 2006, S. 20 f.)

---

[18]Das European Innovation Scoreboard ist eine durch die Europäische Kommission in regelmäßigen Abständen durchgeführte Befragung, welche die Zielstellung verfolgt, Innovationsfähigkeiten europäischer Staaten vergleichbar zu machen und den Vergleich mit der Innovationsfähigkeit weiterer außereuropäischer Staaten zu ermöglichen.

Dieses Innovationsverständnis gilt nicht nur in Bezug auf volkswirtschaftliche Erhebungen der Innovationsfähigkeit, sondern ebenfalls für Studien auf betriebswirtschaftlicher Ebene (OECD, 2005, S. 58; Rammer et al. 2010, S. 3).

Grundlegend für das Anliegen der vorliegenden Untersuchung ist folgende Überlegung: Betrachtet man eine hohe Innovativität als spezifische Konfiguration von Fähigkeiten innerhalb eines Innovationssystems und nicht als reine Input- oder Outputgröße, **muss** die Untersuchung in späteren Analyseschritten die inneren Strukturen der Black Box offenlegen. "In order to actually manage processes one needs to identify mechanisms, to open the black box and understand links between input and output" (Martin, Weisenfeld & Bekmeier-Feuerhahn 2009, S. 118). Es ist zu erwarten, dass sich die Innovationsfähigkeit von Organisationen unterscheidet und somit nicht von einem linearen Zusammenhang zwischen Input- und Outputströmen von Innovationsprozessen ausgegangen werden kann (Werner, 2002, S. 39). „Mit einer bestimmten Kombination der Input-Faktoren können je nach Güte der Leistungserstellung und Leistungsfähigkeit des Innovationsprozesses unterschiedlich hohe Output-Niveaus erreicht werden" (Werner, 2002, S. 37).

Empirische Belege bestätigen die Bedeutung des Transformationsprozesses für Innovationser-folge und zeigen, dass kein direkter Zusammenhang zwischen Innovationsinput und -output besteht. "Innovation stimulus does not show any direct effect on innovation performance, suggesting that its effect is mediated through innovation capacity" (Prajogo & Ahmed, 2006, S. 499). Belegt wird hier auch die Tatsache, dass der Transformationsprozess die erfolgskritische Rolle eines Mediators einnimmt. Folglich lässt sich ein signifikanter Zusammenhang sowohl zwischen Input und Transformationsprozess als auch zwischen Transformationsprozess und Output feststellen (Prajogo & Ahmed, 2006, S. 510; Vermeulen et al., 2003, S. 23). Mit Blick auf die Erfolgsrelevanz des Transformationsprozesses geht es folglich darum, die Performanceunterschiede von Unternehmen zu fokussieren. "In order to reap the benefits of innovation, resources need to be dedicated to the innovation task, but the conversion into innovative offerings also needs to be managed diligently" (Rosenbusch et al., 2011, S. 12). Im Verständnis der zugrunde liegenden Arbeit wird somit die Innovationsfähig-keit (Innovativität) durch die Ausgestaltung des Transformationsprozesses selbst bestimmt. Dieser Transformationsprozess wird – wie in der Einleitung bereits geschildert – im KMU zu weiten Teilen als Black Box betrachtet (Kirner et al., 2006, S. 21). Das zentrale Erkenntnisinteresse dieser Arbeit liegt genau in diesem Transformationsprozess von Innovationsinput zum -output, das heißt im Fokus der Arbeit steht das Anliegen, die Black Box zu öffnen (Martin et al. 2009, S. 119). Dieses Forschungsdesiderat gilt insbesondere für Transformationsprozesse in KMU (Edwards et al., 2005, S. 1121; Kirner et al., 2006, S. 22), um im Blick auf die organisationale Innovationsfähigkeit zu verstehen, warum KMU unterschiedlich innovativ erfolgreich sind (Rosenbusch et al., 2011, S. 12), warum also bestimmte Unternehmen Inputs effizienter und effektiver in Innovationserfolge umsetzen können als andere.

„Die Frage, wann ein Unternehmen als innovativ gilt, ist somit nicht nur dadurch zu beantworten, dass gemessen wird, ob ein Unternehmen konkrete Neuerungen generiert hat oder nicht (ausschließlich vergangenheitsbezogene Analyse). Vielmehr spielen Unternehmensstrategie, Unternehmenskultur und Unternehmensorganisation eine entscheidende Rolle (gegenwarts- und zukunftsbezogene Analyse), welche die übergeordneten Analyseebenen darstellen" (Ernst-Siebert, 2008, S. 19).

Die Untersuchung der Unterschiede zwischen innovativen und weniger innovativen Unternehmen erfordert, dass diese Unternehmen anhand eines innovationsorientierten Leistungsmaßes identifiziert werden können. In Anlehnung an Werner (2002) wird die Innovationsleistung eines Innovationssystems im Rahmen dieser Arbeit als „die Güte bzw. Qualität der Leistungserstellung entlang eines betrieblichen Innovationsprozesses definiert" (S. 43). Diese entspricht der Leistungsgüte eines Innovationssystems. Greiling (1998) versteht das Innovationssystem als eine spezifische Konfiguration eingesetzter Innovationsfähigkeiten (S. 50 f.). „Das Innovationssystem stellt als gedankliches Konstrukt den Rahmen dar, in dem Innovationsprozesse erfolgen. Es ist ein funktionales Subsystem des Systems mittelständische Unternehmen" (Greiling, 1998, S. 47). Die Gesamtheit der Innovationsfähigkeiten und deren spezifische Konfiguration stellt nach Greiling das Innovationssystem einer Organisation dar.

In der Lesart dieser Arbeit sind Unternehmen demnach dann innovativ, wenn sie durch ihre Innovationsfähigkeiten in der Lage sind, Innovationsinputs effektiv und effizient in Innovationserfolge umzuwandeln. Die Innovativität ist als eine Ausprägung der Leistungsgüte des Innovationssystems zu verstehen, die durch die spezifische Ausprägung von Innovationsfähigkeiten determiniert wird. In Analogie zu Druckers (1967) Terminologie bedeutet dies: Es geht nicht ausschließlich darum 'die richtigen Dinge zu tun' oder ‚Dinge richtig zu tun' (Gladen, 2011, S. 178), sondern vielmehr darum, „die richtigen Dinge richtig zu tun" (Brockhoff, 1986 zitiert nach Werner, 2002, S. 38). „Zusammenfassend wird deutlich, dass die Sicherung der langfristigen Überlebensfähigkeit eines Unternehmens der Betrachtung und Steuerung aus den Blickwinkeln der Effektivität und Effizienz bedarf" (Staats, 2009, S. 33). Nachfolgende Abbildung illustriert das Verhältnis von Effektivität und Effizienz in Bezug auf das vorliegende Messsystem grafisch.

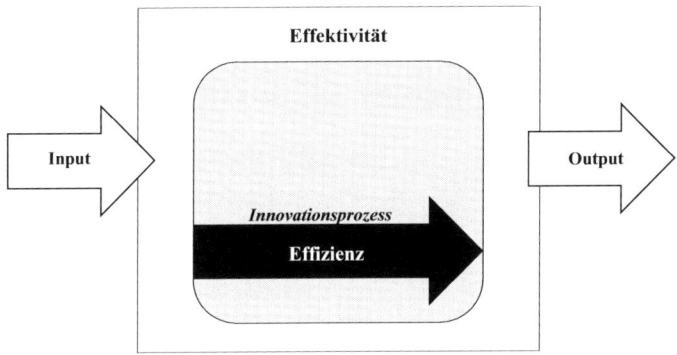

Abbildung 15: Zusammenhang von Effektivität und Effizienz im Innovationsprozess (Werner, 2002, S. 44)

In dieser Grafik werden die beschriebenen Gütekriterien zur Beurteilung der Innovationsleistung herangezogen, anhand derer im Verlauf dieser Arbeit die Leistungsgüte der Innovationssysteme beurteilt wird. In den nachfolgenden Abschnitten soll nun abgeleitet werden, wie KMU die Effizienz und Effektivität des Transformationsprozesses sicherstellen.

Effektivität als Gütemaß des Transformationsprozesses

Ein organisationaler Innovationsprozess ist dann als effektiv zu bezeichnen, wenn die auf Basis der Innovationsstrategie verfolgten Aktivitäten im Einklang mit den Unternehmenszielen/-strategie stehen (Kirner et al., 2006, S. 27; Staats, 2009, S. 32; Werner, 2002, S. 43). „Die Effektivität bezeichnet somit die generelle Eignung einer Maßnahme zur Erfüllung eines bestimmten Zwecks oder Ziels. Im Rahmen der Effektivitätsbetrachtung wird die Wettbewerbsfähigkeit berücksichtigt" (Staats, 2009, S. 32). Auf diese Weise ist die Verbindung zwischen den/der Unternehmenszielen/-strategie und der Innovationstätigkeit erfolgskritisch für ein effektives Innovationsmanagement (Lawson & Samson, 2001, S. 389). Durch eine strategische Passung von Unternehmenszielen und Innovationstätigkeiten ist sicherzustellen, dass „die richtigen Dinge" (Werner, 2002, S. 38) getan werden. „Ein effektiver Entwicklungsprozess führt zu einem Produkt, das vom Kunden als wertvoll erachtet wird und in einem attraktiven Preis-Leistungs-Verhältnis steht. Dadurch können Wettbewerbsvorteile erzielt werden" (Staats, 2009, S. 32).

Die Bestimmung der Passfähigkeit einer Innovationstätigkeit mit den Unternehmenszielen setzt eine Strategieanalyse voraus (Kirner et al., 2006, S. 27). „Die Messung der Effektivität im Innovationsproze[ss] bedeutet [folglich], die Eignung verschiedener Maßnahmen im Innovationsproze[ss] im Hinblick auf strategische Ziele des Unternehmens" (Werner, 2002, S. 43) zu bestimmen. Kirner et al. (2006, S. 27) ergänzen, dass zusätzlich zu der Passung zwischen Unternehmensstrategie und Innovationstätigkeit idealerweise eine Passung zwischen organisationalen Fähigkeiten und der Innovationsaktivitäten sichergestellt werden sollte. Dies bedeutet implizit, dass nur eine Strategie, die unter Berücksichtigung der vorhandenen Fähigkeiten entwickelt wurde, die tatsächliche Zielerreichung der definierten Ziele unterstützt. Besitzt eine eingeführte Innovation keine Pass-/Anschlussfähigkeit mit der strategischen Ausrichtung der Unternehmung, so kann eine Innovation trotz der effizienten Umsetzung in der Mehrheit aller Fälle nicht erfolgreich sein. Demnach müssen sowohl die Kriterien der Effektivität und Effizienz gleichzeitig gelten, um eine hohe Innovativität zu erreichen (Werner, 2002, S. 43).

Effizienz als Gütemaß des Transformationsprozesses

Die richtige Auswahl von Innovationsvorhaben muss nicht zwangsläufig auch die Innovativität erhöhen (Werner, 2002, S. 41 f.). Dies lässt sich erst dann erwarten, wenn die effektive Wahl von Innovationsvorhaben mit einem effizienten Transformationsprozess kombiniert wird. „Eine allgemeine Untersuchung der Leistungserbringung im Innovations-proze[ss] mithilfe des Input-Proze[ss]-Output-Modells ist nur möglich, wenn die Effizienz in engem Zusammenhang mit der Effektivität betrachtet wird" (Werner, 2002, S. 43). Zusätzlich zur erörterten Effektivität müssen Transformationsprozesse im Innovationszusammenhang somit zusätzlich effizient gestaltet werden, um die Leistungsgüte des Innovationssystems zu fördern. Effiziente Innovationsprozesse lassen sich durch „relativ geringe Kosten, relativ kurze Entwicklungszeiten [die] Nutzung von Synergieeffekten" (Werner, 2002, S. 38) im Erstellungsprozess charakterisieren (Staats, 2009, S. 31). Gallini und Scotchmer (2002, S. 57) interpretieren die Effizienz als Kosten (hier: Innovationsaufwendungen) für den angestrebten Erfolg (hier: Innovationserfolg). Um eine Aussage über die Güte des Innovationssystems treffen zu können, müssen Effektivität und Effizienz kombiniert betrachtet werden, da sie hinsichtlich ihrer Erfolgswirksamkeit voneinander abhängig sind. „Die Effizienz ist folglich eine Maßzahl dafür, da[ss] ein günstiges Verhältnis zwischen Ergebnissen (Output-Ströme) und Input-Strömen im Innovationsproze[ss] erzielt wird" (Werner, 2002, S. 43).

Aus dieser Sicht können die auf Basis der erörterten Schwächen der unter Abschnitt 2.3.1 und 2.3.2 dargelegten Indikatoren nicht dazu beitragen, kausale Strukturen und Funktionsweisen der Black Box mittelständischer Innovationssysteme zu erklären. Dies gilt vor allem für KMU, deren Innovationsprozesse nicht selten primär durch informale Aktivitäten gekennzeichnet sind. "We want to capture the more informal aspects of the innovation process, the aspects that are typical of small firms. These aspects cannot be measured by traditional indicators of input and output" (de Jong & Marsili, 2006, S. 227). Insbesondere diese von standardisierten Indikatoren schwer zu erfassenden Momente des Innovationspro-zesses erscheinen durch Indikatoren der Input- und Outputmessung nicht erfassbar. Auch hier wird deutlich: Die Black Box der Innovationsfähigkeit ist als komplexer Transformationspro-zess zu verstehen, dessen zugrunde liegenden Eigenschaften und Wirkungsmechanismen in einer alleinigen Betrachtung von Input und Output nicht freizulegen sind.

2.4 Zwischenfazit

Im ersten Teil dieses Abschnitts wurde der Begriff der Innovation definiert. Nach der Erörterung der von Hauschildt und Salomo (2011, S. 5) vorgestellten Dimensionen lässt sich nun eine begründete Wahl einer Definition des Innovationsbegriffs vornehmen. Diese Definition bestimmt, was in der vorliegenden Untersuchung als innovativ gelten soll. Dem Ansatz liegt ein weit gefasstes Innovationsverständnis zugrunde, das nicht ausschließlich radikale, sondern auch inkrementale Innovationen *(Intensitätsdimension)* umfasst. Der explizite Einbezug inkrementaler Innovationen wird anhand empirischer Ergebnisse begründet. Der intuitiv nicht selten angenommene positive Zusammenhang zwischen Innovationsgrad und Innovationserfolg ist zum jetzigen Zeitpunkt „keinesfalls empirisch gesichert" (Hauschildt & Salomo, 2005, S. 6). Konsequenterweise müssen daher sowohl inkrementale, als auch radikale Innovationen Gegenstand der Untersuchung sein. In der *inhaltlichen Dimension* werden sowohl Produkt- als auch Prozessinnovationen berücksichtigt, die aus Sicht der untersuchten Einheiten (hier: KMU) als eine signifikante Neue-rung/Verbesserung in Bezug auf einen vorher herrschenden Status Quo *(normative Dimension)* aus ökonomischen Gesichtspunkten als überlegen gelten. Die Erörterung der *prozessualen Dimensionen* zeigt, dass Innovationsprozesse idealtypisch in Phasen zerlegt werden können. Eine systematische Beobachtung von Innovationssystemen muss alle dieser Phasen umfassen, um die Güte der organisationalen Innovationsfähigkeit einschätzen zu können.

Im zweiten Teil dieses Abschnitts wurde der Begriff der KMU definiert, Stärken und Schwächen von KMU im Innovationsprozess wurden identifiziert und der organisationale Kontext von Innovation in KMU wurde beleuchtet. Dabei wurde festgestellt, dass KMU trotz der erörterten Stärken und Schwächen die Innovationsfähigkeit aktiv durch die eigene Gestaltung beeinflussen müssen, um einen hohen Innovativitätsgrad zu erreichen.

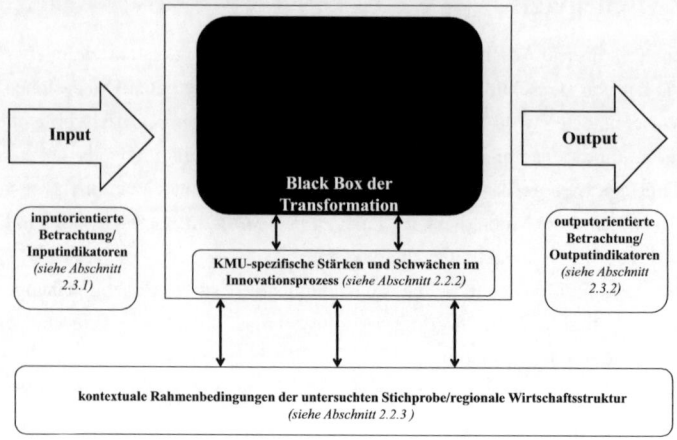

Abbildung 16: Übersicht zur Entwicklung der Grundlagen der Untersuchung

Darüber hinaus wurden Eigenschaften der regionalen Wirtschaftsstruktur Lüneburg erörtert und die untersuchte Gesamtstichprobe wurde in Bezug auf diese Eigenschaften beschrieben. Dies geschah mit dem Ziel, Rückschlüsse auf die kontextualen Rahmenbedingungen der untersuchten Stichprobe zu erlangen.

Im letzten Teil des Abschnitts wurde das komplexe Innovationsgeschehen in ein Input-Transformation-Output-Modell zerlegt, um die Innovationsfähigkeit/Innovativität als Transformationsprozess zu verorten. Die indirekte Messung der Innovationsfähigkeit durch input- oder outputorientierte Indikatoren kann aufgrund der in Abschnitt 2.3.1 und 2.3.2 dargelegten Schwächen insbesondere in Bezug auf KMU nicht die Wirkungsweisen der Black Box der organisationalen Innovationsfähigkeit offenlegen. Deshalb wird in dieser Untersuchung auf die Betrachtung quantitativer Effizienzen oder die rein input-/outputorientierte Bewertung durch statische Indikatoren zu Gunsten einer qualitativen Betrachtung der Innovationsfähigkeit verzichtet. Input- und Outputindikatoren werden flankierend für die Einordnung der qualitativen Untersuchungsergebnisse genutzt. Sie dienen lediglich dazu, den Input in den Transformationsprozess und den Innovationserfolg zu messen und zu der Innovationsfähigkeit in Verbindung zu setzen. Die Black Box der Innovationsfähigkeit wird nachfolgend durch den theoretischen Erklärungsansatz der dynamischen Fähigkeiten geöffnet.

48

3 Innovationsfähigkeit im Konzept der strategischen Unternehmensführung

3.1 Grundlagen der strategischen Unternehmensführung

Im Verständnis dieser Arbeit wird die Innovativität durch die effiziente und effektive Transformation von Innovationsinput zu -output und somit durch die Ausprägungen der zugrundeliegenden Innovationsfähigkeiten determiniert. Im Folgenden wird das Konzept der Innovationsfähigkeit, das im bisherigen Verlaufe dieser Arbeit als Black-Box betrachtet wurde, im Verständnis des Ansatzes der dynamischen Fähigkeiten (englisch: Dynamic capability approach) theoretisch eingegliedert. „Dem Dynamic Capability-based View […] kommt für die Konzeptionalisierung von Innovationsfähigkeit und ihre Einbindung in ein nomologisches Netzwerk eine besondere Bedeutung zu, da es sich bei der Innovationsfähig-keit […] um eine dynamische Meta-Fähigkeit handelt" (Sammerl, 2006, S. 120). Der Ansatz der dynamischen Fähigkeiten ist dem Konzept der strategischen Unternehmensführung zuzurechnen (Burr, 2003, S. 361; Helfat & Raubitschek, 2000, S. 961; Wang & Ahmed, 2007, S. 38). Das Konzept soll dazu dienen, Performanceunterschiede zwischen Unternehmen zu erklären (McGahan & Porter, 1997, S. 15; Rumelt, 1991, S. 167). Diskrepanzen in der Performance basieren auf unternehmensspezifischen Wettbewerbsvorteilen, die Unternehmen in die Lage versetzen, effizienter und effektiver als die Wettbewerber zu agieren (Teece, Pisano & Shuen, 1997, S. 510).

Ziel ist es unternehmensspezifische Wettbewerbsvorteile zu generieren, die nicht nur kurz-, sondern auch mittel- oder langfristig gegenüber der Konkurrenz Überlegenheit sichern (Schreyögg & Kliesch-Eberl, 2007, S. 913). "A firm is said to have a *sustained competitive advantage* when it is implementing a value creating strategy not simultaneously being implemented by any current or potential competitors *and* when these other firms are unable to duplicate the benefits of this strategy" (Barney, 1991, S. 102). Im Gegensatz zum operativen Management, das sich auf die Erzielung eines unmittelbaren Erfolgs fokussiert, betreibt das strategische Management eine langfristige Erfolgssicherung, welche die Schaffung nachhaltiger Wettbewerbsvorteile zum Ziel hat (Hagenhoff, 2008, S. 30). Es zeigt sich, dass Wettbewerbsvorteile nur dann nachhaltig sind, wenn sie von Mitbewerbern nicht sofort oder zumindest erst mit erheblicher zeitlicher Verzögerung imitiert werden können. Entscheidun-gen der strategischen Unternehmensführung besitzen einen hohen Komplexitätsgrad und liegen im Verantwortungsbereich des oberen Managements (Hagenhoff, 2008, S. 30).

Kriterium	Strategisches Management	Operatives Management
Ziele	Längerfristige Erfolgssicherung	Unmittelbare Erfolgserzielung
Instrumente	Umwelt- und Unternehmensanalyse, Entwicklung von Handlungsalternativen	Budgetierung, Kostenkontrolle, sehr spezifische Instrumente
Informationscharakteristik und -herkunft	Extern und intern (Umwelt- und Unternehmensanalyse), auch „weiche" qualitative Informationen	Intern generiert, im Wesentlichen „harte", quantifizierbare Informationen wie Finanz-, Mengen- und Zeitgrößen
Komplexitätsgrad	Hohe Komplexität	Geringe bis hohe Komplexität
Zeithorizont	Mittel- bis langfristig (5-10 Jahre)	Kurz- bis mittelfristig (1-2 Jahre)
Institutionale Einordnung	Oberes Management	Unteres und mittleres Management
Dispositionscharakteristika/ Entscheidungsbefugnisse	Weitreichende Befugnisse, Formulierung der Unternehmensziele	Geringere Entscheidungsspielräume, Abhängigkeit von den strategischen Vorgaben

Tabelle 6: Gegenüberstellung des strategischen und operativen Managements (in Anlehnung an Hagenhoff, 2008, S. 30)

Das Konzept der strategischen Unternehmensführung erscheint in Bezug auf die Entschlüsselung der Black Box der organisationalen Innovationsfähigkeit deshalb im besonderen Maße geeignet, da sie explizit mit der Erlangung von Wettbewerbsvorteilen und dem Management von Innovationen verknüpft ist (Keupp et al., 2011, S. 1; Sammerl, 2006, S. 120). "The key role of strategic management [lays] in appropriately adapting, integrating, and reconfiguring internal and external organizational skills, resources, and functional competences to match the requirements of a changing environment" (Teece et al., 1997, S. 515). Das Konzept versucht somit die Frage zu beantworten, auf welche Weise Unternehmungen (und hier genauer die Unternehmensführung) Wandel durch strategische Initiativen begegnet, um nachhaltige Wettbewerbsvorteile zu erlangen bzw. zu erhalten (Keupp et al., 2011, S. 1 ff.).

Einer der Hauptangriffspunkte der theoriewissenschaftlichen, ressourcen- und auch fähigkeitsorientierten Ansätze besteht in der diffusen Terminologie (Moldaschl, 2006, S. 8; Wang & Ahmed, 2007, S. 33). Dies beruht nicht zuletzt auf der engen inhaltlichen Verzahnung des Ressourcen- und Fähigkeitsbegriffs. Moldaschl (2006) betont, dass terminologische und inhaltliche Konfusionen nicht selten auf mangelnde Sorgfalt bei der Definition beider Begriffe zurückzuführen sind und kritisiert die Begriffswahl in Teilen als „völlig beliebig" (S. 8). Begrifflichkeiten wie Fähigkeiten, Ressourcen, Fertigkeiten,

Kompetenzen[19] und Wissen würden dabei unzureichend voneinander abgegrenzt (Moldaschl, 2006, S. 8). In nachfolgenden Abschnitten werden die beschriebenen Begriffe als Grundlage für die spätere Betrachtung dieser Ansätze definiert und abgegrenzt, um für den Verlauf der Arbeit eine klare Terminologie zu schaffen.

3.1.1 Ressourcen- und Fähigkeitenbegriff

Ressourcen sind das Herzstück in der Betrachtung des ressourcenorientierten Ansatzes (Eisenhardt & Martin, 2000, S. 1106 f.). Im wissenschaftlichen Diskurs hat sich für den Begriff der Ressource eine Vielzahl von Definitionen mit unterschiedlichen Bedeutungsinhalten etabliert (Moldaschl, 2006, S. 8; Sammerl, 2006, S. 133), und die saubere Abgrenzung des Ressourcenbegriffs gestaltet sich daher recht problematisch. Diesen Definitionen liegen unterschiedliche Bedeutungsinhalte, Reichweiten und Spezifitäten zugrunde (Sammerl, 2006, S. 133), die im Folgenden anhand einer geordneten Übersicht (Tabelle 8) vorgestellt werden.

Definition Ressourcen	Autor
"By a resource is meant anything which could be thought of as a strength or weakness of a given firm. More formally, a firm's resources at a given time could be defined as those (tangible and intangible) assets which are tied semipermanently to the firm"	Wernerfelt (1984, S. 172)
"Resources are firm-specific assets that are difficult if not impossible to imitate. Trade secrets and certain specialized production facilities and engineering experience are examples. Such assets are difficult to transfer among firms because of transactions costs and transfer costs, and because the assets may contain tacit knowledge"	Teece et al. (1997, S. 516)
"The firm's *Resources* will be defined as stocks of available factors that are owned or controlled by the firm. *Resources* are converted into final products or services by using a wide range of other firm assets and bonding mechanisms such as technology, management information systems, incentive systems, trust between management and labor, and more. These Resources consist, inter alia, of knowhow that can be traded (e.g., patents and licenses), financial or physical assets (e.g., property, plant and equipment), human capital"	Amit & Schoemaker (1993, S. 35)
"*Firm resources* include all assets, capabilities, organizational processes, firm attributes, information, knowledge, etc. controlled by a firm that enables the firm to conceive of and implement strategies that improve its efficiency and effectiveness"	Barney (1991, S. 101)

Tabelle 7: Einschlägige Definitionen des Ressourcenbegriffs

Wernerfelt (1984, S. 172) wählt einen äußerst breiten Zugang zu dem Begriff der Ressourcen, indem er ‚alles' als Ressource bezeichnet, was eine Stärke oder Schwäche eines Unternehmen darstellen kann. Im zweiten Teil der Definition spezifiziert der Autor Ressourcen als tangible und intangible Vermögenswerte ('assets'), die über einen längeren Zeitraum an eine

---

[19]In der Literatur lassen sich terminologische Unklarheiten zwischen den Begriffen der organisationalen Fähigkeit und der Kompetenz feststellen (Moldaschl, 2006, S. 8). Dillerup & Stoi (2008, S. 32) beschreiben Kompetenzen als „Fähigkeiten, die zur Problemlösung beitragen und Ressourcen gestalten können". Ihnen zufolge bestehen Kompetenzen aus einer bestimmten Menge von Fähigkeiten mit einer spezifischen Zielstellung. Sammerl (2006, S. 162) widerspricht dieser Sichtweise. Demnach sind „die Begriffe ‚competences' und ‚capabilities' [...] synonym zu verstehen, sie repräsentieren keine unterschiedlichen Konzepte". In dieser Arbeit werden die Begriffe gemäß Sammerl (2006, S. 162) synonym betrachtet.

Organisation gebunden sind (Wernerfelt, 1984, S. 172). Dabei können Ressourcen sowohl auf Faktormärkten handelbaren und nicht-unternehmensspezifischen, als auch aus Ressourcen bestehen, deren Wert an das Unternehmen gekoppelt ist. Sammerl kritisiert hier zu Recht:

„Insgesamt ist aber die Charakterisierung von Ressourcen in Form von sämtlichen Stärken und Schwächen eines Unternehmens als wenig nützlich zu bewerten, da keine Eingrenzung vorgenommen wird und auch Fehler und Unfähigkeiten miteinbezogen werden" (Sammerl, 2006, S. 134).

Bei Betrachtung der Definition von Barney (1991, S. 101) wird deutlich, dass er den Ressourcenbegriffs deutlicher eingrenzt, dies jedoch bereits eine Abkehr von dem Verständnis des klassischen Ressourcenansatzes darstellt. „Im klassischen Resource-based View [...] erfolgt zumeist eine rein statisch-deskriptive Ausrichtung auf die besonderen Ressourcen-Merkmale, ohne die Kombination, den Einsatz und die Akkumulation von Ressourcen näher zu betrachten" (Sammerl, 2006, S. 136). Dies bedeutet: Neben Ressourcen werden zusätzlich Fähigkeiten unter dem Ressourcenbegriff subsumiert (Sammerl, 2006, S. 134). Die Definition ist somit als nicht zielführend zu erachten, wenn es um die Unterscheidung des Ressourcen- und Fähigkeitsbegriffs geht.

Amit und Schoemakers (1993, S.35) Definition des Ressourcenbegriffs beschreibt unternehmensspezifische Ressourcen als ‚Produktionsfaktoren' (Wissen, finanzielle und physikalische Vermögenswerte und Humankapital), die durch einen Transformationsprozess in Produkte/Leistungen überführt werden. Die Autoren bemerken, dass dieser Prozess durch weitere Vermögenswerte/Mechanismen (z.B. Fähigkeiten) unterstützt wird. Im Gegensatz zur Definition von Barney (1991, S. 101) werden Ressourcen und Fähigkeiten jedoch nicht als deckungsgleiche Begriffe betrachtet. Nachfolgende Tabelle 8 stellt Definitionen des Fähigkeiten- und Ressourcenbegriffs nach Amit & Schoemaker (1993, S. 35) gegenüber.

Definition Fähigkeiten	Definition Ressourcen
"*Capabilities* [...] refer to a firm's capacity to deploy Resources, usually in combination, using organizational processes, to effect a desired end. They are information-based, tangible or intangible processes that are firm-specific and are developed over time through complex interactions among the firm's Resources" (Amit & Schoemaker, 1993, S. 35).	"The firm's *Resources* will be defined as stocks of available factors that are owned or controlled by the firm. *Resources* are converted into final products or services by using a wide range of other firm assets and bonding mechanisms such as technology, management information systems, incentive systems, trust between management and labor, and more. These Resources consist, inter alia, of knowhow that can be traded (e.g., patents and licenses), financial or physical assets (e.g., property, plant and equipment), human capital" (Amit & Schoemaker, 1993, S. 35).

Tabelle 8: Gegenüberstellung des Ressourcen- und Fähigkeitenbegriffs (Amit & Schoemaker, 1993, S. 35)

In Anbetracht der bereits geschilderten inhaltlichen Konfusion beider Begriffe kann diese Gegenüberstellung der Definitionen dazu beitragen, Ansatzpunkte für eine trennschärfere Abgrenzung zu erhalten. Es wird deutlich, dass Fähigkeiten nicht mit Ressourcen gleichzusetzen oder als eine spezifische Unterkategorie von Ressourcen zu bezeichnen sind. An dieser Stelle ist auch Barneys (1991, S. 101) Definition, die Fähigkeiten unter den Ressourcen subsumiert, zu unspezifisch, um beide Begriffe zu unterscheiden (Wang & Ahmed, 2007, S. 33). Denn im wissenschaftlichen Diskurs herrscht trotz Barneys Auffassung (1991, S. 101) weitestgehend Einigkeit darüber, dass Fähigkeiten keine spezifische Unterart von Ressourcen darstellen und somit begrifflich von diesen zu trennen sind. "There seems to be a consensus that a capability does not represent a single resource in the concert of other resources such as financial assets, technology, or manpower, but rather a distinctive and superior way of allocating resources" (Schreyögg & Kliesch-Eberl, 2007, S. 914). Demnach stellt eine Fähigkeit keine Ressource dar, sondern repräsentiert ein übergeordnetes Verhaltensmuster, um Ressourcen zu kombinieren (Müller-Stewens & Lechner, 2005, S. 359).

Hall (1993, S. 611) bezeichnet Ressourcen als "something which one 'has'", während Fähigkeiten als "something which one can 'do'" betrachtet werden. Dieser Auffassung nach besitzt vermutlich jedes Unternehmen Ressourcen, die einer gezielten Kombination bedürfen, damit sie gewinnbringend eingesetzt werden können. Zusammenfassend erscheinen Ressourcen als eine notwendige Bedingung für die Erlangung von Wettbewerbsvorteilen, Fähigkeiten erscheinen als hinreichende Bedingung, um Ressourcen zu kombinieren (Sammerl, 2006, S. 135). Das alleinige Vorhandensein von Ressourcen oder Bündeln von Ressourcen ohne Verwendungslogik kann einem Unternehmen demnach keine Wettbewerbsvorteile beschaffen (Dillerup & Stoi, 2008, S. 32). "Resources may therefore be thought of as being the 'feed stock' of the capabilities, and each intangible resource can be uniquely associated with a capability" (Hall, 1993, S. 611). Passend hierzu beschreiben Dillerup und Stoi (2008, S. 31) Ressourcen metaphorisch als Werkzeuge, die durch Fähigkeiten sinnvoll zu kombinieren sind.

Im Unterschied zu Ressourcen basieren Fähigkeiten auf der Entwicklung, der Übertragung und dem Austausch von Informationen durch das ‚Humankapital' der Organisation und sind somit zumeist impliziter Natur (Amit & Schoemaker, 1993, S. 35). Sie entsprechen gelerntem Verhalten und werden deshalb auch als Routinen/Ansammlung von Routinen bezeichnet (Pavlou & El Sawy, 2011, S. 241; Winter, 2003, S. 992; Zahra, Sapienza & Davidsson, 2006, S. 931). Diese Prozesse sind nach Amit und Schoemaker (1993, S. 35) als firmenspezifisch zu betrachten und entstehen durch komplexe Interaktionen mit der Ressourcenbasis im organisationalen Lernprozess. "Any organizational capability is the result of an organizational learning process, a process in which a specific way of 'selecting and linking' resources gradually develops" (Schreyögg & Kliesch-Eberl, 2007, S. 915). Fähigkeiten sind somit als komplexe, organisationale Verhaltensmuster aufzufassen, die durch formelle und informelle Prozesse Ressourcen kombinieren und diese Ressourcen in Bezug auf spezifische Unternehmensziele verwertbar machen (Müller-Stewens & Lechner, 2005, S. 359; Schreyögg

& Kliesch-Eberl, 2007, S. 914; Winter, 2003, S. 991): „Je besser [diese Fähigkeiten] eingeübt werden, umso effizienter sind sie" (Dillerup & Stoi, 2008, S. 31).

Dillerup und Stoi (2008, S. 32) nennen Beispiele für diese Fähigkeiten und schaffen damit ein Begriffsverständnis, wie Fähigkeiten jenseits theoretischer Modellierung in der unternehmerischen Praxis aussehen können. Demnach sind Logistik-, Fertigungs- und Montageprozesse als Fähigkeiten zu bezeichnen. Sie kombinieren Ressourcen (z.B. Produktionsanlagen, Personalkapazitäten) durch unternehmensspezifisches Wissen. „Austauschbare Anlagen werden [somit] durch besondere Prozesskenntnisse einzigartig miteinander kombiniert" (Dillerup & Stoi, 2008, S. 32). Aus der Praxis ist bekannt, dass bestimmte Unternehmen beispielsweise in der Produktion von Automobilen trotz ähnlicher oder sogar gleicher Produktionsstätten eine signifikant unterschiedliche Performance erreichen. So gilt Toyota seit Jahren als besonders effizient und verschwendungsfrei in der Verwertung und Kombination von Ressourcen zur Erstellung eines angestrebten Ziels (z.B. Fertigung eines Automobils), obwohl das Unternehmen im Vergleich mit anderen Herstellern ähnliche Produktionsfaktoren (z.B. Produktionsanlagen) besitzt (Toyota Production System) (Cusumano, 1994, S. 27; Liker & Morgan, 2006, S. 5; Shah & Ward, 2003, S. 143). Die hier beschriebenen Fähigkeiten werden in Abgrenzung zu den nachfolgend zu erörternden dynamischen Fähigkeiten als *operative Fähigkeiten* bezeichnet (Pavlou & El Sawy, 2011, S. 241; Hervorheb.i.Orig.).

3.1.2 Begriff der dynamischen Fähigkeiten

Kurzfristiger Unternehmenserfolg wird maßgeblich durch den effizienten Einsatz der bestehenden operativen Fähigkeiten in Verbindung mit Ressourcen determiniert. Tragen diese Fähigkeiten positiv zur Unternehmensperformance bei und bieten eine Passung zur gegenwärtigen Marktlage, etabliert sich ein Kern von Fähigkeiten/Kompetenzen, die aus Sicht des Unternehmens als besonders geeignet scheinen, die Performance des Unternehmens auch in Zukunft zu verbessern. "[As a consequence…] organizational capabilities are highly valued attributes of firms; organizations want to be perceived as possessing salient capabilities. The competent and capable organization has become a new ideal" (Schreyögg & Kliesch-Eberl, 2007, S. 916). Durch die Etablierung dieses Ideals erfolgt eine strategische Fokussierung (z.B. Investition) auf die bewährten operativen Fähigkeiten (March, 1990, S. 73). Die Organisation strebt einem Gleichgewichtszustand entgegen, indem die effiziente Nutzung bekannter operationaler Fähigkeiten angestrebt wird.

Wenngleich dieses beschriebene Vorgehen auf kurzfristige Sicht ausschließlich positive Effekte zu versprechen scheint, kann es auf längere Sicht die Unternehmensperformance negativ beeinflussen (Leonard-Barton, 1992, S. 123). Dies ist dann anzunehmen, wenn ein Unternehmen ausschließlich auf Stärkung von beständigen und bewährten Fähigkeiten fokussiert. (Schreyögg & Kliesch-Eberl, 2007, S. 916). "Institutionalized capabilities may lead to 'incumbent inertia'" (Leonard-Barton, 1992, S. 112). Operative Fähigkeiten, die vergangene und gegenwärtige Wettbewerbsvorteile begründen, werden bei unterlassener Rekonfiguration zu einer Rigidität (Leonard-Barton, 1992, S. 118). Schreyögg und Kliesch-Eberl (2007, S. 916) sprechen in Bezug auf diesen Sachverhalt von einer 'inhärenten Tendenz zur Trägheit', die ein Unternehmen daran hindert, eingeschlagene Wege kritisch zu hinterfragen oder gar zu ändern und Innovationen hervorzubringen. "Improvements in competence at existing procedures make experimentation with others less attractive" (March, 1990, S. 72). Unter Rückgriff auf die Schumpetersche Terminologie bedarf eine jede Erneuerung eines gewissen Grades an ‚kreativer Zerstörung' (Leonard-Barton, 1992, S. 112). In der wissenschaftlichen Diskussion herrscht Konsens darüber, dass operative Fähigkeiten durch die Ausprägung dynamischer Fähigkeiten flankiert werden müssen, um die Wettbewerbsfähigkeit langfristig zu optimieren (Winter, 2003, S. 992).

Dynamische Fähigkeiten dienen demnach der strategischen Erneuerung, Ausweitung und Modifikation bestehender organisationaler Ressourcen und operativer Fähigkeiten (Eisenhardt & Martin, 2000, S. 1107; Pavlou & El Sawy, 2011, S. 239; Teece et al., 1997, S. 517; Winter, 2003, S. 991). "We define dynamic capabilities as a firm's behavioural orientation constantly to integrate, reconfigure, renew and recreate its resources and capabilities and, most importantly, upgrade and reconstruct its core capabilities in response to the changing environment to attain and sustain competitive advantage" (Wang & Ahmed, 2007, S. 34). Während – wie soeben festgestellt – Fähigkeiten der Kombination von Ressourcen dienen, zeigt Abbildung 17, dass dynamische Fähigkeiten, wie z.B. Innovationsfähigkeiten, als Meta-Fähigkeiten zu betrachten sind, die eine fortlaufende Rekonfiguration der organisationalen Ressourcenbasis und operativen Fähigkeiten sicherstellen. „Dynamic Capabilities im Sinne des Dynamic Capability-based View repräsentieren die **Fähigkeit zum Wechsel von Wettbewerbsvorteilen** und stellen **organisationale Meta-Fähigkeiten** dar" (Sammerl, 2006, S. 168; Hervorheb.i.Orig.).

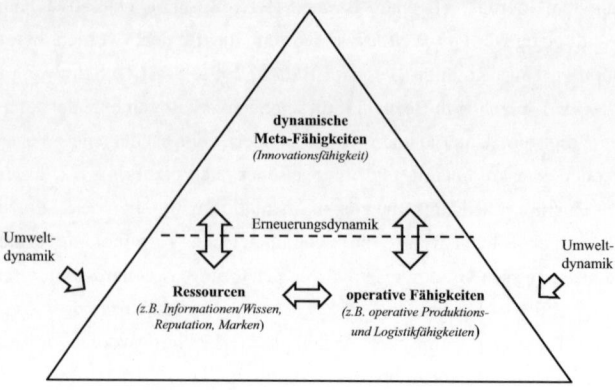

Abbildung 17: Zusammenspiel von Ressourcen und operativen/dynamischen Fähigkeiten (in Anlehnung an Sammerl, 2006, S. 167)

Die Notwendigkeit für diese organisationale Erneuerungsdynamik entsteht aus der Veränderung im Wettbewerbsumfeld (Umweltdynamik) des Unternehmens oder durch die Antizipation zu erwartender Umweltveränderungen (Pavlou & El Sawy, 2011, S. 239; Wang & Ahmed, 2007, S. 34). Weisen die Ressourcenbasis und operativen Fähigkeiten keine hinreichende Passung mit dem unternehmerischen Umfeld auf, müssen demnach die operativen Fähigkeiten durch dynamische Metafähigkeiten mit Hilfe von Innovationen rekonfiguriert werden, um zukünftige Wettbewerbsvorteile zu ermöglichen (Pavlou & El Sawy, 2011, S. 239; Teece et al., 1997, S. 517; Wang & Ahmed, 2007, S. 34; Zollo & Winter, 2002, S. 340).

3.2 Ansätze strategischer Unternehmensführung

Auf Grundlage der in Abschnitt 3.1 eingeführten Terminologie, werden nachfolgend zwei diametral unterschiedliche Denkweisen (Kirner et al., 2006, S. 12) – den markt- und den ressourcenorientierten Ansatz – der strategischen Unternehmensführung dargelegt, welche die Erlangung von Wettbewerbsvorteilen begründen. Die Erläuterung dieser unterschiedlichen Ansätze ist erforderlich, um die Herkunft und die Logik des Ansatzes der dynamischen Fähigkeiten als Weiterentwicklung des ressourcenorientierten Ansatzes einordnen zu können. Nach der Beschreibung des marktorientierten Ansatzes wird dieser mit den Charakteristika des ressourcenorientierten Ansatzes[20] kontrastiert. Anschließend wird der Ansatz der dynamischen Fähigkeiten betrachtet.

---

[20]Der ressourcenorientierte Ansatz kann dabei zusätzlich in zwei Weiterentwicklungen unterschieden werden: den wissensorientierten und den fähigkeitsorientierten Ansatz (Sammerl, 2006, S. 126). Dabei wird die Betrachtung zu Gunsten einer thematischen Fokussierung auf den fähigkeitsorientierten Ansatz beschränkt.

3.2.1 Marktorientierter Ansatz der strategischen Unternehmensführung

Der marktorientierte Ansatz basiert auf Annahmen der Industrieökonomik (Dillerup & Stoi 2008; S. 171; Kirner et al., 2006, S. 9). Dillerup und Stoi (2008, S. 171 f.) beschreiben vier Grundannahmen des unternehmerischen Erfolgs, die dem industrieökonomischen Ansatz zugrunde liegen. Demnach sind Ressourcen mobil, Unternehmen der gleichen Branche besitzen denselben Grad an Ressourcenausstattung, Unternehmer sind als rationale Entscheidungsträger aufzufassen, und sie sind dann erfolgreich, wenn sie es schaffen, sich an die fortlaufend ändernden Rahmenbedingungen durch die Umwelt anzupassen (Dillerup & Stoi, 2008, S. 12). Unter Berücksichtigung der industrieökonomischen Grundannahmen begründen Marktcharakteristika einer Branche folglich das strategische Verhalten einer Organisation. Der marktorientierte Ansatz betrachtet die Entstehung von Wettbewerbsvorteilen auf Branchenebene (Müller-Stewens & Lechner 2005, S. 357). Aufbauend auf diesen grundlegenden Überlegungen des industrieökonomischen Ansatzes, lassen sich zwei Strömungen des marktorientierten Ansatzes unterscheiden. Beide Ansätze begründen die Erlangung von Wettbewerbsvorteilen durch die Einnahme einer privilegierten Wettbewerbsposition (Teece et al., 1997, S. 511). Die Mechanismen der Erlangung dieser Position werden unterschiedlich begründet.

In Shapiros (1989, S. 125) 'strategic conflict approach' werden Wettbewerbsvorteile durch die gezielte Einflussnahme auf das Verhalten der Konkurrenz gewonnen. Es wird dabei von Interaktionen zwischen einzelnen Wettbewerbern ausgegangen, die dazu dienen, das Verhalten des Wettbewerbes (z.B. durch den Einsatz spezifischer Preisstrategien) negativ zu beeinflussen (Shapiro, 1989, S. 126). "This approach utilizes the tools of game theory to analyze the nature of competitive industry interaction between rival firms. The main thrust of work in this tradition is to reveal how a firm can influence the behavior and actions of rival firms and thus the market environment" (Teece et al., 1997, S. 511). Ziel ist es, die Mitbewerber durch die bewusste Manipulation des Wettbewerbsumfelds (z.B. durch taktische Investments) so zu beeinflussen, dass die eigene Wettbewerbsposition an Stärke gewinnt (Teece et al., 1997, S. 511). Aus dem Blickwinkel von Shapiros (1989, S. 126) Ansatz wird das Unternehmen somit als profitmaximierende, nicht kooperative Einheit betrachtet.

Die zweite Interpretation des marktorientierten Ansatzes wurde maßgeblich von Porter (2000, S. 27 ff.) geprägt und beruht auf der Betrachtung von fünf generischen Wettbewerbsfaktoren ('five competitive forces approach'), die ebenfalls an den Grundüberlegungen der Industrieökonomie ansetzen (Sammerl, 2006, S. 121).

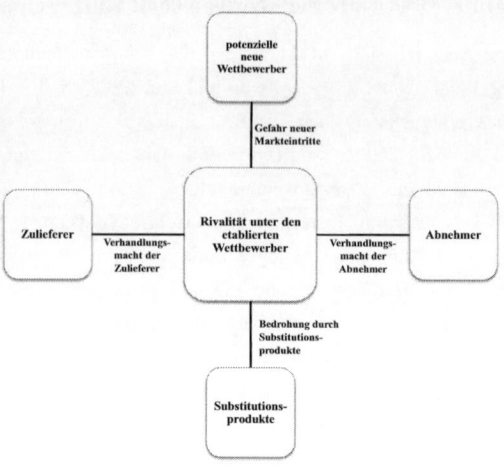

Abbildung 18: Konzept der fünf Wettbewerbsfaktoren (in Anlehnung an Porter, 2000, S. 27)

In diesem Ansatz lassen sich fünf Wettbewerbsfaktoren zur Analyse des Unternehmensumfelds (Branchenstrukturanalyse) identifizieren: Bedrohung durch Substitutionsprodukte, Verhandlungsmacht der Abnehmer, Gefahr durch potenzielle neue Markteintritte, Rivalität unter (etablierten) Anbietern und Verhandlungsmacht der Lieferanten (Dillerup & Stoi, 2008, S. 188 f.; Porter, 2000, S. 24; Schreyögg, 2007, S. 83 ff.). Auf Basis dieser fünf Wettbewerbsfaktoren lässt sich die Wettbewerbssituation systematisiert analysieren. "By analyzing all five competitive forces, you gain a complete picture of what's influencing profitability in your industry" (Porter, 2000, S. 24). Dabei wirken die Wettbewerbskräfte industriespezifisch und haben in unterschiedlichen Branchen unterschiedliche Ausprägungen (Porter, 2000, S. 26). Ziel eines Unternehmens ist es, sich anhand einer Umweltanalyse günstig am Markt zu positionieren, das heißt der schädlichen Wirkung von Wettbewerbsfaktoren zu entgehen. „This approach, rooted in the structure-conduct-performance paradigm […] emphasizes the actions a firm can take to create defensible positions against competitive forces" (Teece, Pisano & Shuen, 1997, S. 510). Dabei wird im Gegensatz zu Shapiros Auffassung (1989, S. 126 ff.) keine direkte Interaktion unter den Marktteilnehmern angenommen, sondern Wettbewerbsvorteile werden im marktorientierten Ansatz durch die bewusste Wahl einer attraktiven Wettbewerbsposition erklärt (Teece et al., 1997, S. 511).

Dies geschieht in der Logik des marktorientierten Ansatzes durch die Einnahme einer Wettbewerbsposition, in der die benannten negativen Wettbewerbskräfte weniger stark wirken und die Bedrohung durch die genannten Wettbewerbsfaktoren unterbunden oder zumindest geschwächt wird. Je schwächer die Wettbewerbsfaktoren in einer spezifisch gewählten Wettbewerbsposition wirken, desto monopolähnlicher wird die Marktposition des Unternehmens (Dillerup & Stoi, 2008, S. 188 f.; Porter, 2000, S. 25 f.). Im Umkehrschluss bedeutet dies: Hat ein Unternehmen keine Möglichkeit, die Wirkung benannter Wettbewerbsfaktoren durch die Veränderung seiner Wettbewerbsposition zu mindern, so werden auch die Renten des Unternehmens negativ beeinflusst (Porter, 2000, S. 26; Teece et al., 1997, S. 511). Das Unternehmen wählt auf Basis der vorangegangenen Wettbewerbsanalyse auf rationale Weise einen Markt. Teece et al. (1997, S. 514) beschreiben die Markteintrittsentscheidung anhand von drei Schritten: Nachdem ein Unternehmen eine attraktive Branche identifiziert hat, wählt es auf Basis des Marktverhaltens der Wettbewerber eine passend erscheinende Strategie, um im letzten Schritt Ressourcen zu erwerben, die für die Umsetzung der Strategie notwendig sind – wenn sich diese nicht bereits im Besitz des Unternehmens befinden. Ressourcen gelten gemäß den beschriebenen industrieökonomischen Vorannahmen als mobil und stellen somit keinen Engpassfaktor dar. Es wird deutlich, dass die Ressourcenbeschaffung im marktorientierten Verständnis eine untergeordnete Bedeutung erhält. „Das Ziel der Unternehmens- oder Wettbewerbsstrategie muss es nun sein, das Unternehmen in einer Industriebranche so zu positionieren, dass es sich entweder bestmöglich gegenüber diesen Einflussfaktoren behaupten, oder diese in seinem Sinne beeinflussen kann" (Kirner et al., 2006, S. 9).

Im marktorientierten Ansatz wird das Unternehmen somit als passives und reaktives Element verstanden, das die Signale des Marktes zwar aktiv identifizieren und deuten muss, sich danach jedoch an die Marktgegebenheiten anzupassen versucht (Teece et al., 1997, S. 511). Diese Anpassung erfolgt durch eine veränderte strategische Ausrichtung, die das Ziel verfolgt, eine profitablere Wettbewerbsposition einzunehmen (Porter, 2000, S. 25). „Der Erfolg eines Unternehmens (Performance) wird [somit] von zentralen Branchenmerkmalen (structure) abhängig gemacht, die das Verhalten des Unternehmens (conduct) bestimmen" (Dillerup & Stoi, 2008, S. 12). Kirner et al. (2006, S. 8) bezeichnen den marktorientierten Ansatz aufgrund der ausschließlichen Fokussierung auf das Unternehmensumfeld als außenorientiert. Folglich konzentriert sich der marktorientierte Ansatz primär auf die Analyse von Chancen und Bedrohungen im Wettbewerbsumfeld (Barney, 1991, S. 100). Strategisches Verhalten ist somit als Reaktion auf die spezifischen Gegebenheiten des Marktes zu verstehen. Auf diese Weise erfordert die marktorientierte Unternehmensführung die Integration wettbewerbsrelevanter Umweltfaktoren in strategierelevante Entscheidungsprozesse (Dillerup & Stoi, 2008, S. 179). Wettbewerbsvorteile werden somit nicht durch überlegene Ressourcen, sondern durch die Positionierung des Unternehmens in Abgrenzung zum Wettbewerbsumfeld bestimmt (Kirner et al., 2006, S. 6 ff.; Teece et al., 1997, S. 511 ff.). „Das Renditepotenzial bestimmt sich somit nicht durch das Unternehmen selbst, sondern durch seine Branchen- bzw. Teilbranchenzugehörigkeit" (Kirner et al., 2006, S. 9). Ändert sich also die (Wettbewerbs-)Umwelt eines Unternehmens, so muss das Unternehmen reagieren, um seine Wettbewerbsposition behaupten oder stärken zu können (Eisenhardt & Martin, 2000, S. 1105; Teece et al., 1997, S. 511). Die aktive Gestaltung der eigenen Wettbewerbsfähigkeit, z.B. durch die Weiterentwicklung der Innovationsfähigkeit, spielt demnach im Kontext des marktorientierten Ansatzes eine eher untergeordnete Rolle. Gesucht wird ein Ansatz der strategischen Unternehmensführung, der der von allen befragten Unternehmen vorgetragenen Bedeutung der Innovationsfähigkeit für das Überleben im Wettbewerb Rechnung trägt.

3.2.2 Ressourcenorientierter Ansatz der strategischen Unternehmensführung

Ein zentraler Gegenstand der Kritik an dem marktorientierten Ansatz sind die in der Industrieökonomik begründeten Prämissen (Dillerup & Stoi, 2008; Kirner et al., 2006, S. 9). Im marktorientierten Ansatz wird angenommen, dass unternehmerische Entscheidungen rational auf Märkten, die einem vollkommenen Markt gleichkommen, getroffen werden (neoklassische Markttheorie). Dies setzt voraus, „dass das Unternehmen und seine handelnden Akteure vollständig über die Wettbewerbssituation ihrer ganzen Branche bzw. ihres Nischenmarkts informiert sind" (Kirner et al., 2006, S. 11). Es werden keine Faktormarktineffizienzen angenommen und es wird unterstellt, dass Unternehmen durch die Analyse der Wettbewerbssituation ein vollkommenes Bild der herrschenden Marktsituation erlangen und auf Basis dieser Information rational eine geeignete Strategie ableiten, die den Markterfordernissen entspricht. Die Unternehmensführung entspricht demnach einem rationalen Prozessor relevanter Wettbewerbsinformationen.

Ein weiteres Defizit bezieht sich auf die unzureichende Integration unternehmensspezifischer Eigenschaften, die ebenfalls ex ante durch die Annahme der homogenen Ressourcenausstattung innerhalb einer Branche und zusätzlicher Mobilität/Imitierbarkeit der Ressourcen für wenig bedeutsam erachtet wird. Die Frage, die durch die Betrachtung des marktorientierten Ansatzes offenbleibt, lautet: Wie können Unternehmen einen dauerhaften Wettbewerbsvorteil erlangen, wenn sie sich bezüglich ihrer Ressourcenausstattung nicht unterscheiden und strategische Ressourcen leicht zu übertragen sind (Barney, 1991, S. 104)? Ein Unternehmen scheint unter diesen Prämissen zudem wenige Anreize zu verspüren, in die eigenen Ressourcen zu investieren (Barney, 1991, S. 105). Unternehmerische Strategien scheinen wiederum ohne das Vorhandensein unternehmensspezifische Ressourcen oder Fähigkeiten leicht imitierbar zu sein.

Es wird deutlich, dass der marktorientierte Ansatz ausschließlich Wettbewerbsvorteile begründen kann, die auf Basis der Positionierung des Unternehmens als Reaktion auf die Marktgegebenheiten erfolgen. Der Ansatz fokussiert sich eben nur auf marktinduzierte Chancen sowie auf Bedrohungen auf Branchenebene und vernachlässigt dabei interne Stärken und Schwächen einer Organisation (Barney, 1991, S. 100; Müller-Stewens & Lechner, 2005, S. 357). Das strategische Verhalten und die Managementleistungen bleiben in der Lesart des marktorientierten Ansatzes weitestgehend bedeutungslos (Amit & Schoemaker, 1993, S. 42). Durch die einseitige Fokussierung auf die Außenperspektive lässt sich durch den marktorientierten Ansatz lediglich ein Ausschnitt der Ursachen für Wettbewerbsvorteile erklären (Abbildung 19).

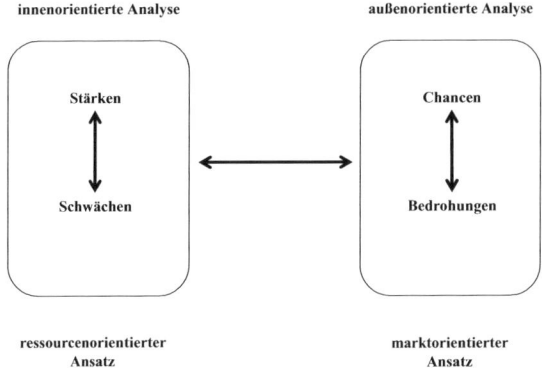

innenorientierte Analyse   außenorientierte Analyse

Stärken   Chancen

Schwächen   Bedrohungen

ressourcenorientierter   marktorientierter
Ansatz   Ansatz

Abbildung 19: Innen- und außenorientierte Analyse der markt- und ressourcenorientierten Perspektive (Barney, 1991, S. 100)

Die hier beschriebenen Defizite bildeten einen fruchtbaren Boden für einen innenorientierten Erklärungsansatz für Wettbewerbsvorteile durch den ressourcenorientierten Ansatz. „Die ressourcen- und kompetenzorientierten Ansätze füllen Leerstellen neoklassischer Markttheorien und strategischer Managementtheorien, welche Performance-Unterschiede zwischen Unternehmen einer Branche nur auf eine optimale Anpassung der Unternehmens-strategie an die Umwelt zurückführen können" (Moldaschl, 2006, S. 3). Der Außensicht wird somit eine Innenperspektive (resources-conduct-performance-Paradigma) entgegengesetzt (Dillerup & Stoi, 2008, S. 30; Kirner et al., 2006, S. 12; Moldaschl, 2006, S. 3). Die Analyseebene des ressourcenorientierten Ansatzes liegt auf der Unternehmensebene (Müller-Stewens & Lechner, 2005, S. 357). Im nachfolgenden Absatz werden der ressourcenorientier-te Ansatz und seine Weiterentwicklungen eingeführt, die sich in der Literatur als Gegenstück zum marktorientierten Ansatz etabliert haben.

Analog zu dem industrieökonomischen Ansatz geht auch der ressourcenorientierte Ansatz von spezifischen Prämissen aus, die denen des marktorientierten Ansatzes diametral gegenüberstehen (Dillerup & Stoi, 2008, S. 30). Sammerl (2006, S. 129 f.) ordnet den ressourcenorientierten Ansatz wissenschaftstheoretisch ein und erörtert die Prämissen des Ansatzes.

Wissenschaftstheoretische Position des ressourcenorientierten Ansatzes	
Gemäßigter Voluntarismus	Unternehmen haben die Möglichkeit, ihr unternehmerisches Umfeld durch aktives, unternehmerisches Handeln innerhalb bestimmter Grenzen zu beeinflussen.
Evolutionäre Sichtweise	Entscheidungen der Vergangenheit prägen die Entscheidungen der Gegenwart und Zukunft. Es besteht eine Pfadabhängigkeit unternehmerischer Entwicklungen.
Organisationale Ebene	Im ressourcenorientierten Ansatz stehen nicht Individuen oder Branchen im Fokus der Betrachtung, sondern die Unternehmen (holistischer Standpunkt).
Prämissen des ressourcenorientierten Ansatzes	
Faktormarktinsuffizienzen	Während es auf vollkommenen Märkten nicht möglich ist, dauerhafte Wettbewerbsvorteile zu erzielen, implizieren die Annahmen von Faktormarktinsuffizienzen, dass dies auf unvollkommenen Märkten prinzipiell gelingen kann.
Informationsdefizite und -asymmetrien	Auf insuffizienten Märkten herrscht grundsätzliche eine Defizit an Information. Dieser Informationsmangel hat zur Folge, dass Unternehmen ihre Entscheidungen unter Unsicherheit treffen müssen, da keine fundierte und rational völlig begründbare Entscheidungsgrundlage vorliegt.
Ressourcenheterogenität	Aufgrund von Faktormarktineffizienzen besitzen Unternehmen eine heterogene Ressourcenausstattung. Unternehmensressourcen werden dabei als unternehmensspezifisch und somit als schwer übertragbar/imitierbar verstanden (Immobilität der Ressourcen)

Tabelle 9: Wissenschaftstheoretische Verortung und Prämissen des RBV (in Anlehnung an Sammerl, 2006, S. 128 ff.).

Im Gegensatz zu den Annahmen des marktorientierten Ansatzes besitzen Unternehmen einer Branche unterschiedliche Ressourcen von strategischer Bedeutung. *"The Resource View*, in contrast [to the market-based-view], highlights imperfections in factor markets, resulting in systematic firm differences" (Amit & Schoemaker, 1993, S. 42). Der ressourcenorientierte Ansatz basiert auf der Annahme, dass Unternehmen unternehmensspezifische und schwer übertragbare Ressourcen besitzen, die auf Grundlage von Informationsasymmetrien insuffizienter Märkte entstehen (Schreyögg & Kliesch-Eberl, 2007, S. 913; Schreyögg & Koch, 2007, S. 95). Der ressourcenorientierte Ansatz ist wissenschaftstheoretisch dem gemäßigten Voluntarismus zuzuschreiben (Sammerl, 2006, S. 128) und postuliert: Wettbewerbsvorteile sind durch die Unternehmensführung innerhalb bestimmter Grenzen zu beeinflussen.

Die Analyseeinheit des ressourcenorientierten Ansatzes sind einzelne und Bündel von unternehmensspezifischen Ressourcen (Dillerup & Stoi, 2007, S. 30). "Those resources are heterogeneously distributed across firms, and that resource differences persist over time" (Eisenhardt & Martin, 2000, S. 1105). Teece et al. (1997, S. 514) bezeichnen die Ressourcenausstattung eines Unternehmens metaphorisch deshalb als klebrig ('sticky'). Dies bedeutet, dass Ressourcenausstattungen zumindest auf kurzfristige Sicht nicht im großen Umfang verändert werden können und dass Unternehmensentscheidungen einer Pfadabhängigkeit unterliegen. Der Organisation fehlen Kapazitäten, um kurzfristig vollkommen neue Ressourcen aufzubauen und sich am Markt strategisch neu auszurichten. Ressourcen – vor allem intangibler Art (z.B. Reputation) – sind nicht handelsfähig und können somit nicht von externen Faktormärkten bezogen werden. Selbst wenn diese Art der Ressourcen auf Faktormärkten zu beschaffen wären, würden durch die Kosten der Beschaffung dieser Vermögenswerte die nachfolgend realisierbaren Renten neutralisiert (Teece et al., 1997, S. 514). Die einzigartige Ressourcenausstattung ist sonst das Fundament für die Wahl der unternehmensspezifischen Wertschöpfungsstrategie (Eisenhardt & Martin, 2000, S. 1107; Kirner et al., 2006, S. 12)

Auf Basis der Vorannahme der Ressourcenimmobilität und -heterogenität entwickelt Barney (1991, S. 112) einen Bezugsrahmen zur Erklärung von nachhaltigen Wettbewerbsvorteilen im ressourcenorientierten Ansatz (Abbildung 20).

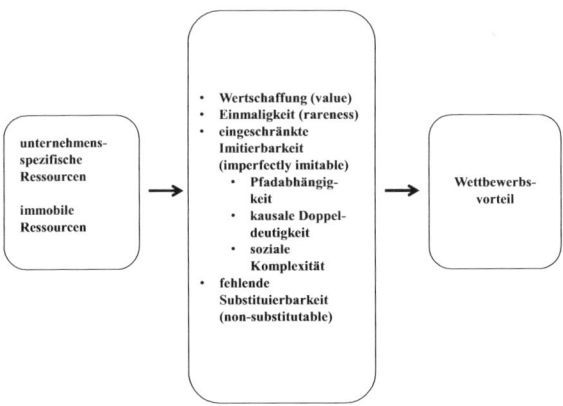

Abbildung 20: Bezugsrahmen zur Erklärung von nachhaltigen Wettbewerbsvorteilen im ressourcenorientierten Ansatz (in Anlehnung an Barney, 1991, S. 112)

Dem Bezugsrahmen folgend müssen Ressourcen wertschaffend, einmalig, eingeschränkt imitierbar und nicht substituierbar sein, um Wettbewerbsvorteile zu generieren[21] (Barney, 1991, S. 117; Dillerup & Stoi, 2008, S. 30). Sie sind die Grundlage für schwer imitierbare Wertschöpfungsstrategien (Dillerup & Stoi, 2008, S. 30; Eisenhardt & Martin, 2000, S. 1105). Renten entstehen in der Logik des ressourcenorientiertem Ansatz durch Faktormarktineffizienzen und somit durch unvollkommene Inputfaktoren (Dillerup & Stoi 2008, S. 30). Diese Art der Rentengenerierung wird als sogenannte Ricardo-Rente bezeichnet.

„Diese basiert auf herausragenden Inputfaktoren, die es in einer Branche nur in begrenztem Umfang gibt. Da ihr Angebot entweder überhaupt nicht oder nur langsam erweitert werden kann, weisen Firmen, die sie besitzen, geringere Durchschnittskosten als ihre Konkurrenten auf, und generieren folglich solange Renten, wie sie in der Lage sind, ihre Heterogenität bzw. die Effizienzvorteile aufrechtzuerhalten" (Müller-Stewens & Lechner, 2005, S. 358)

Um Ricardo-Renten erzielen zu können, muss ein Unternehmen wertvolle und knappe Ressourcen bewusst oder durch Zufall aufspüren. Dieser Prozess wird im ressourcenorientierten Ansatz als 'resource-picking' bezeichnet (Müller-Stewens & Lechner 2005, S. 358; Dillerup & Stoi, 2008, S. 30 f.). Diese, durch ‚resource-picking' erlangten Ressourcen, müssen durch Isolationsmechanismen vor Imitation geschützt werden, um für das Unternehmen eine nachhaltige Quelle für Wettbewerbsvorteile zu sein. Isolationsmechanismen haben den **„Schutz des bereits bestehenden Wettbewerbsvorteils vor Imitation und Substitution"** (Sammerl, 2006, S. 140; Hervorheb.i.Orig.) zum Ziel. Erst wenn Schutzmechanismen wirken, wird aus einem bestehenden ein nachhaltiger Wettbewerbsvorteil.

Barney (1991, S. 110) benennt vor alle drei Gründe dafür, dass Ressourcen nicht oder nur schwer zu imitieren sind: die kausale Ambiguität, die Pfadabhängigkeit und die soziale Komplexität von Ressourcen. Wenn die Ursache des geschaffenen Wettbewerbsvorteils nicht eindeutig erklärt werden kann, da Interdependenzen zwischen Ressourcen und deren spezifische Kombination die Analyse erschwert, liegt eine kausale Ambiguität vor (Barney 1991, S. 109 f.). Es ist somit davon auszugehen, dass ein eindeutiger Zusammenhang zwischen Wettbewerbsvorteilen und spezifischen Ressourcen meist nicht ohne weiteres nachgewiesen werden kann. Dies liegt nicht zuletzt auch daran, dass Ressourcen komplexe soziale Phänomene darstellen, die im Verständnis von Barney (1991, S. 110) schwer zu managen und zu beeinflussen sind. Zudem beruhen sie überwiegend auf historischen Entwicklungen des Unternehmens, können deshalb nicht losgelöst von ihrer Entstehung betrachtet werden und sind im Höchstmaß von der historischen Entwicklung des Unternehmens abhängig (Konzept der Pfadabhängigkeit).

---

[21]Diese Eigenschaften der Ressourcen im RBV werden in der englischsprachigen Literatur zumeist unter den VRIN-Merkmalen diskutiert. Dieses Akronym steht für wertstiftende (valueable), seltene (rare), schwer imitierbare (inimitable) und nicht-substituierbare (nonsubstitutable) Ressourcen.

3.2.3 Ansatz der dynamischen Fähigkeiten

Als Weiterentwicklung des ressourcenorientierten Ansatzes hat sich in der Literatur der Ansatz der dynamischen Fähigkeiten etabliert. Dieser Ansatz greift die Schwächen der statischen Ausrichtung des ressourcenorientierten Ansatzes auf (López, 2005, S. 664 ff.; Teece, 2007, S. 1344). "The initial rationale for developing the concept of dynamic capabilities derived from a concern that the RBV [resource-based view] appeared to apply primarily to firms in essentially static environments" (Ambrosini & Bowman, 2009, S. 12). Während der ressourcenorientierte Ansatz die Frage beantwortet, wie Unternehmen in einem stabilen Unternehmensumfeld Wettbewerbsvorteile erlangen, erklärt der dynamische Ansatz die Fähigkeiten von Unternehmen unter sich verändernden Verhältnissen langfristig erfolgreich zu sein und Wettbewerbsvorteile durch eine nachhaltige Wandlungsfähigkeit zu erhalten (Moldaschl, 2006, S. 6). Der fähigkeitenorientierte Ansatz dynamisiert die Betrachtungsweise des ressourcenorientierten Ansatzes (Abbildung 21).

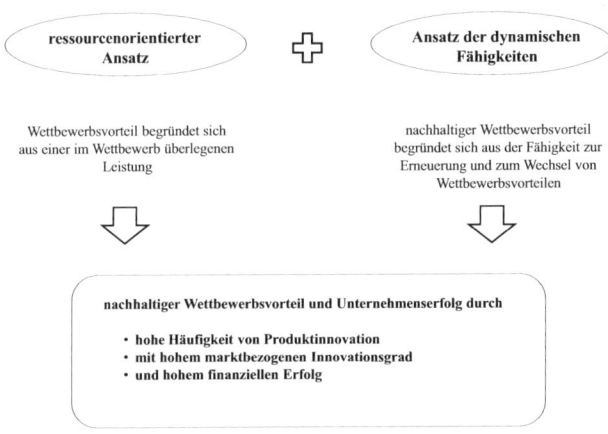

Abbildung 21: Ansatz der dynamischen Fähigkeiten als Weiterentwicklung des ressourcenorientierten Ansatzes (Sammerl, 2006 , S. 226)

In den Vordergrund rückt der Prozess der Entwicklung von Fähigkeiten in Form des „organisationalen Lernens" (Dillerup & Stoi, 2008, S. 32). Wettbewerbsvorteile können demnach nur dann nachhaltig erlangt werden, wenn die Ressourcenbasis und operativen Fähigkeiten durch dynamische Metafähigkeiten im ständigen Abgleich mit der Umwelt bedarfsgerecht konfiguriert werden (Ambrosini & Bowman, 2009, S. 3; Teece, 2007, S. 1319).

„Doch nicht nur die Reaktionsfähigkeit, sondern auch die Fähigkeit, aktiv neue Möglichkeiten und Markte schaffen zu können (insbesondere durch Produktinnovationen) stellt einen leistungsspezifischen Vorteil dar. Wichtig hierfür sind das Marktverständnis, die Flexibilität und die Innovationsfähigkeit eines Unternehmens. Denn obschon Ressourcen in der Vergangenheit wertvoll waren, können sie durch neue Technologien, sich wandelnde Kundenbedürfnisse und sich ändernde Industriestrukturen in der Zukunft wertlos werden" (Sammerl, 2006, S. 137 f.)

Nach der Definition von operativen und dynamischen Fähigkeiten in Abschnitt 3.1.2 wird deutlich, dass ein Unternehmen beide Arten von Fähigkeiten ausprägen muss, um sich auf veränderte Umweltsituationen einzustellen. Dies gilt, wie im Verlauf des Abschnitts zu zeigen sein wird, sowohl in einem moderat dynamischen als auch in einem hoch dynamischen Wettbewerbsumfeld (Eisenhardt & Martin, 2000, S. 1115). Unternehmen müssen sich auf die Stärkung der operativen Fähigkeiten konzentrieren, gleichzeitig aber auch dynamische Fähigkeiten erlernen, die ihre Zukunftsfähigkeit sicherstellen. Auf diese Weise ergibt sich für Unternehmen ein Dilemma zwischen der effizienten Ausbeutung bisheriger Wettbewerbsvorteile (Exploitation) und der Erkundung neue Geschäftsfelder (Exploration) zur Sicherung der zukünftigen Wettbewerbsvorteile. „The basic problem confronting an organization is to engage in sufficient exploitation to ensure its current viability and, at the same time, to devote enough energy to exploration to ensure its future viability" (He & Wong, 2004, S. 482). Exploration und Exploitation erfordern durch ihre konträre Natur unterschiedliche unternehmerische Lösungsansätze. "The management practices and paradigms that lead to innovation and efficiency are different and generally contradictory" (Naveh, 2005, S. 2790). March spricht hier vom 'Exploration/Exploitation Trade-off' (1991, S. 72).

Der Konflikt zwischen Exploration und Exploitation ist in der Innovationsforschung unter dem Konzept der Ambidexterity (Beidhändigkeit) bekannt. "The concept of ambidexterity is also implicit in the more recent conceptualization of dynamic capabilities by Eisenhardt and Martin (2000), who suggested that overall, dynamic capabilities require a blend of the two different strategic logics, namely, the logic of exploration and the logic of exploitation" (He & Wong, 2004, S. 483). Das Konzept der dynamischen Fähigkeiten stellt eine Möglichkeit dar, das Dilemma zwischen Exploration und Exploitation zu überkommen. Durch die Entwicklung dynamischer Fähigkeiten kann der Gefahr organisationaler Rigidität und Trägheit entgegengewirkt werden (Schreyögg & Kliesch-Eberl, 2007, S. 916).

Während dynamische Fähigkeiten organisatorischen Wandel erzeugen, dienen Routinen der Aufrechterhaltung der operativen Tätigkeit (Pavlou & El Sawy, 2011, S. 242; Winter, 2003, S. 992). Organisationale Routinen erlauben dem Unternehmen in Bezug auf einen begrenzten Zeithorizont oder unter gleichbleibenden Umweltbedingungen zu (über-)leben. Kann ein Unternehmen mit operativen Fähigkeiten keine Renditen mehr erzielen, so wird der empfundene Druck dynamische Fähigkeiten aufzubauen, um bestehende Ressourcen und Fähigkeiten gemäß den veränderten Umweltbedingungen anzupassen, steigen (Zahra, Sapienza & Davidsson, 2006, S. 931). Sobald ein Unternehmen anstrebt, über einen längerfristigen Zeitraum Wettbewerbsvorteile gegenüber der Konkurrenz zu erlangen, muss es dynamische Fähigkeiten ausbilden, die es ermöglichen, bestehende operationale Fähigkeiten weiterzuentwickeln oder grundlegend zu erneuern. "Reconfiguring operational capabilities and deploying new ones to address turbulent environments is the ultimate goal of dynamic capabilities that seek to achieve evolutionary fitness and prevent rigidities" (Pavlou & El Sawy, 2011, S. 243).

Dies gilt für hochdynamische Marktverhältnisse (wie z.b. der Biotechnologiebranche), aber ebenso für moderat dynamische Marktverhältnisse (Abschnitt 2.2.2). Wenngleich der Ansatz der dynamischen Fähigkeiten originär zur Erklärung von Wandlungsprozessen in hochdynamischen Wachstumsfeldern herangezogen wurde, benötigen Unternehmen in einem moderat dynamischen Umfeld – auch wenn der Grad der Veränderung deutlich geringer sein mag – dennoch dynamische Fähigkeiten. Nur Unternehmen, die sich in einem Wettbewerbsfeld ohne Anpassungsdruck befinden, könnten demnach rein theoretisch auf die Ausbildung dynamischer Fähigkeiten verzichten, da sie sich in einem dauerhaften Gleichgewichtszustand mit der externen Umgebung befinden. Winter (2003, S. 992) konstruiert ein solches Unternehmen, das ausschließlich durch Pflege der operativen Fähigkeiten sein Überleben sichert: "Consider a hypothetical firm 'in equilibrium,' an organization that keeps earnings its living by producing and selling the same product, on the same scale and to the same customer population over time". Unter den hier angenommenen idealtypischen monopolistischen Annahmen erscheinen operationale Fähigkeiten als hinreichend, um das Überleben eines Unternehmens zu sichern (Pavlou & El Sawy, 2011, S. 242). In der Realität befinden sich Unternehmen immer in einem Wettbewerb und sind ständig einem Wettbewerbsdruck unterworfen. Sie sind unvorhersehbaren externen Entwicklungen unterworfen und zu Wandlungsprozessen genötigt (Eisenhardt & Martin 2000, S. 1113). Der Ansatz mit dem Fokus auf dynamischen Fähigkeiten lässt sich demnach ebenso auf moderat dynamische Marktverhältnisse übertragen (Pavlou & El Sawy, 2011, S. 261; Schreyögg & Kliesch-Eberl, 2007, S. 919). Tabelle 10 zeigt Unterschiede zwischen diesen Marktverhältnissen.

	Moderat dynamische Marktverhältnisse	Hochdynamische Marktverhältnisse
Charakteristika des Marktes	Stabile Marktstruktur, definierte Marktgrenzen, klare Geschäftsmodelle, eindeutige Mitbewerberstruktur, annähernd voraussagbare Veränderungen der zukünftigen Marktbedingungen	Uneindeutige Marktstruktur, unklare Marktgrenzen, fluide Geschäftsmodelle, uneindeutige Mitbewerberstruktur, nicht-lineare/unvorhersagbare Veränderung der zukünftigen Marktbedingungen
Charakteristika der dynamischen Fähigkeiten	Detailliert, analytische Routinen, welche auf existierendem Wissen basieren	Einfache, experimentelle Routinen, welche auf neu generiertem Wissen aus situationsspezifischen Ereignissen (Veränderungssituation) beruhen
Anpassungsverhalten	Tendenz zur Linearität	Tendenz zum iterativen Vorgehen
Dauerhaft	Ja	Nein
Ergebnisse der Anpassung	Vorhersehbar	Nicht vorhersehbar
Lösungsansätze zur effektiven Anpassung	Häufige, inkrementale Veränderungsschritte	Sorgfältige Selektion

Tabelle 10: Dynamische Fähigkeiten moderat dynamischer und hochdynamischer Marktverhältnissen (Eisenhardt & Martin, 2000, S. 1115)

Dynamische Marktverhältnisse ('high-velocity environments') sind durch uneindeutige Marktstrukturen, unklare Marktgrenzen und ein undurchsichtiges Netz an Mitbewerben gekennzeichnet. Veränderungen sind unter diesen Marktverhältnissen nahezu unvorhersehbar und zukünftige Marktveränderungen lassen sich durch die Nicht-Linearität der Marktveränderung nicht antizipieren (Eisenhardt & Martin, 2000, S. 1115). Die Entwicklung von dynamischen Fähigkeiten in hochdynamischen Märkten wird unter dem Konzept des radikalen Dynamisierungsansatzes erörtert (Schreyögg & Kliesch-Eberl, 2007, S. 919). Der radikale Dynamisierungsansatz beruht auf experimentellem Lernverhalten der Organisation. Unter diesen Bedingungen können dynamische Fähigkeiten nicht als Routinen im Unternehmen verankert werden. Aufgrund der rasanten Entwicklung im Umfeld werden Fähigkeiten als strategisches Alleinstellungsmerkmal obsolet.

An die Stelle von Routinen treten ad-hoc Problemlösungsprozesse. Das Unternehmen befindet sich dauerhaft in einem Zustand des Ungleichgewichts und des Lernens."Problems are solved without relying on previously built expertise and competitive advantages can only be gained from rapid learning and flexible pacing. [...] In order to adapt to changing information, routines are iterative and cognitively mindful, not linear and mindless." (Eisenhardt & Martin, 2000, S. 1116). Lernerfolge in Wandlungsprozessen werden durch die

Ausführung selbst als 'learning-by-doing'erzielt (Eisenhardt & Martin, 2000, S. 1113). Lernaktivitäten sind dabei nicht an bisherige Erfahrungen oder Handlungsregeln gebunden (Schreyögg & Kliesch-Eberl, 2007, S. 920). Unter den beschriebenen Bedingungen sind dynamische Fähigkeiten überlebensnotwendig, um den Anschluss an den rasanten Wandel der Umwelt nicht zu verlieren (Schreyögg & Kliesch-Eberl, 2007, S. 919).

Bei der Betrachtung des radikalen Dynamisierungsansatzes muss jedoch die Frage gestellt werden, wie sich ein Unternehmen überhaupt auf hochdynamischen Wandel vorbereiten kann. Schreyögg & Kliesch-Eberl (2007, S. 920) kommen zu folgendem Fazit: "The only organizational capability left in high-velocity markets is the ability to learn quickly and to improvise effectively". Das Unternehmen braucht vollkommene Flexibilität und kann folglich keine dynamischen Fähigkeiten in Form von Routinen ausbilden, um so Veränderung begegnen zu können. Wenn das unternehmerische Umfeld derart dynamisch ist, dass keine Ausbildung dynamischer Fähigkeiten möglich erscheint, um sich proaktiv anzupassen, dann wird Veränderung zur schlichten Anpassung. Kurz gesagt: Veränderungsprozesse können dann sehr leicht einem permanenten Improvisieren gleichzusetzen sein. Dies wiederum widerspricht der Prämisse des dynamischen Ansatzes, den Wandel durch organisatorische Metafähigkeiten bewältigen zu können. "The most surprising conclusion from this discussion therefore is that a full-blown dynamization of capabilities means in the final analysis not only eliminating the operating basis of an organization but also to drop the idea of capability building" (Schreyögg & Kliesch-Eberl, 2007, S. 921). Anhand der vorangegangenen Ausführungen lässt sich erwarten, dass die Bedeutung von Routinen im Innovationszusammenhang sinkt, wenn der Wandel im Unternehmensumfeld als radikal zu bezeichnen ist (Abbildung 22).

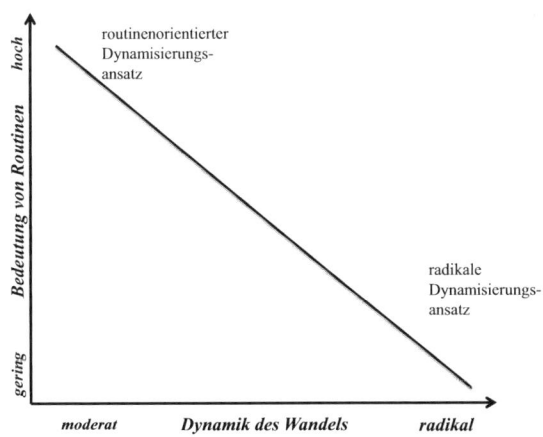

Abbildung 22: Routinisierungsgrad dynamischer Fähigkeiten in Abhängigkeit des Dynamisierungsgrads

Moderat dynamische Marktverhältnisse besitzen im Vergleich zu hochdynamischen Märkten abweichende Charakteristika, die gleichzeitig Einfluss auf die Ausbildung der dynamischen Fähigkeit besitzen. "Moderately dynamic markets are ones in which change occurs frequently, but along roughly predictable and linear paths. They have relatively stable industry structures such that market boundaries are clear and the players" (Eisenhardt & Martin, 2000, S. 1010). Durch eine geringere Tragweite und Frequenz sowie den annähernd linearen Verlauf von Marktveränderungen in moderat dynamischen Marktverhältnissen sind Veränderungsprozesse an vorherige Veränderungssituationen anschlussfähig und können durch marktorientierte Unternehmen antizipiert werden. Zudem kann auf Erfahrungswissen vorangegangener Veränderungen zurückgegriffen werden ('learning-before-doing') (Eisenhardt & Martin, 2000, S. 1113). Auf Basis der moderaten Dynamik im Wettbewerbsumfeld im Umgang mit den eigenen dynamischen Fähigkeiten können Routinen eingeübt werden, die das Verhalten im Umgang mit Innovation erleichtern (routinenorientierter Dynamisierungsansatz). Der routinenorientierte Dynamisierungsansatz ist als Gegenstück zum radikalen Dynamisierungsansatz zu betrachten. In seiner Lesart werden dynamische Fähigkeiten innerbetrieblich als Routinen verankert. "A dynamic capability is [therefore] a learned and stable pattern of collective activity through which the organization systematically generates and modifies its operating routines in pursuit of improved effectiveness'" (Schreyögg & Kliesch-Eberl, 2007, S. 923). Den operativen Fähigkeiten wird durch die Etablierung von Innovationsroutinen eine dynamische Dimension hinzugefügt. Diese soll die dauerhafte Anpassung und Erneuerung der operativen Fähigkeiten sicherstellen und so der Entstehung von Rigiditäten entgegenwirken.

Diese Metafähigkeiten kommen durch die organisationale Innovationsfähigkeit zum Ausdruck. "The more innovative a firm is, the more it possesses dynamic capabilities" (Wang & Ahmed 2007, S. 38). Gemäß Wang und Ahmed (2007, S. 38) wird der Grad der organisationalen Innovationsfähigkeit durch die vorhandenen dynamischen Fähigkeiten einer Organisation determiniert (Sammerl, 2006, S. 172). Sie ermöglichen Unternehmen überhaupt die eigene Innovationsfähigkeit auszubilden und durch Produkt- und Prozessinnovationen die Wettbewerbsposition nachhaltig positiv zu beeinflussen (Helfat & Raubitschek, 2000, S. 961; Sundbo, 1996, S. 398 f.). „Die dynamischen Fähigkeiten eines Unternehmens finden Ausdruck [...] in der Innovationsfähigkeit eines Unternehmens" (Burr, 2003, S. 361) und zeigen sich daher als geeigneter Ansatz, um Wirkungsweisen der organisationalen Innovationfähigkeit zu untersuchen (Lawson & Samson, 2001, S. 379).

3.3 Zwischenfazit

Zusammenfassend lässt sich feststellen, dass sich das Konzept des strategischen Managements in den markt- und ressourcenorientierten Ansatz unterscheiden lässt. Nachfolgende Übersicht stellt die erörterten Charakteristika der diskutierten Ansätze des strategischen Managements überblicksartig gegenüber.

	Ressourcenorientierter Ansatz	Marktorientierter Ansatz
Analyseeinheit	Ressource	Branche
Orientierung	Innenorientierung	Außenorientierung
Sichtweise des Unternehmens	Einzigartige Ansammlung von Ressourcen	Unternehmen als Marktposition
Ursache von Effizienzvorteilen	Wertvolle, nicht imitierbare und substituierbare Ressourcen ('resource picking')	Attraktive Positionierung des Unternehmens in determinierender Umwelt
Mechanismen der Rentengenerierung	Auswahl unterbewerteter Ressourcen durch Zufall oder Spürsinn (resources-conduct-performance-paradigma)	Rationale Wahl attraktiver Marktposition (structure-conduct-performance-paradigma)

Tabelle 11: Gegenüberstellung des markt-, ressourcen- und fähigkeitenorientierten Ansatzes (in Anlehnung an Dillerup & Stoi 2008, S. 33; Müller-Stewens & Lechner, 2005, S. 364)

Im marktorientierten Ansatz werden Wettbewerbsvorteile vor allem durch die attraktive Positionierung des Unternehmens in einer determinierenden Umwelt erklärt (structure-conduct-performance-paradigma). Im ressourcenorientierten Ansatz werden Effizienzvorteile durch wertvolle, nicht imitierbare und substituierbare Ressourcen erreicht (resources-conduct-performance-paradigma).

Aufgrund der statischen Ausrichtung des ressourcenorientierten Ansatzes ist die Perspektive durch den Ansatz der dynamischen Fähigkeiten zu erweitern, um die Schaffung nachhaltiger Wettbewerbsvorteile erklären zu können. Fähigkeiten sind in operationale Fähigkeiten und dynamische Metafähigkeiten zu unterscheiden. Die Innovationsfähigkeit stellt demnach eine dynamische Metafähigkeit dar. Sie ermöglicht die Rekonfiguration der Ressourcenbasis und operationaler Fähigkeiten einer Organisation innerhalb einer sich wandelnden Umwelt. Zudem wurde gezeigt, dass die untersuchten Unternehmen der vorliegenden Studie, welche in moderat dynamischen Marktverhältnissen agieren, dynamische Metafähigkeiten ausprägen müssen, um nachhaltige Wettbewerbsvorteile zu erzielen.

Trotz der inhaltlichen Eignung des Ansatzes der dynamischen Fähigkeiten zur Erklärung von Innovationsfähigkeiten zeigen sich Schwächen dieses Ansatzes, die sich vor allem auf fehlende empirische Prüfung und Operationalisierung des Konstrukts der dynamischen Fähigkeiten beziehen (Schreyögg & Kliesch-Eberl, 2007, S. 914; Wang & Ahmed, 2007, S. 31 ff.). Aufgrund mangelnder Integration bisheriger Forschungsergebnisse (z.B. aus der einschlägigen Innovationsforschung) konnte sich bislang keine kohärente Operationalisierung der dynamischen Fähigkeiten entwickeln. "Research on dynamic capabilities has been conducted on a piecemeal basis and research findings remain disconnected" (Wang & Ahmed, 2007, S. 31 f.). Die fehlende Operationalisierung des Ansatzes und die fehlende Integration der bisherigen Forschungsbeiträge machen den Ansatz der dynamischen Fähigkeiten daher zu einem abstrakten Konzept (Schreyögg & Kliesch-Eberl, 2007, S. 914; Wang & Ahmed, 2007, S. 31 ff.). "Dynamic capabilities have been described mostly as abstract concepts or an elusive 'black box'" (Pavlou & El Sawy, 2011, S. 240).

Um die erörterten Schwächen des Ansatzes zu kompensieren, soll auf Grundlage der theoretischen Betrachtung im nachfolgenden Kapitel ein handlungsorientierter Bezugsrahmen der Innovationsfähigkeiten anhand der einschlägigen Innovationserfolgsfaktorenforschung[22] abgeleitet werden, um eine Operationalisierung des Ansatzes der dynamischen Fähigkeiten anhand der empirischen Innovationsforschung zu ermöglichen (Abschnitt 4). Auf diese Weise sollen Leerstellen in der Operationalisierung im Ansatz der dynamischen Fähigkeiten gefüllt werden.

---

[22]Nachfolgend wird für den Begriff Innovationserfolgsfaktor zur besseren Lesbarkeit der Begriff Erfolgsfaktor gewählt.

4 Konzeptualisierung eines handlungsorientierten Bezugsrahmens der Innovationsfähigkeit

4.1 Bestandsaufnahme zur Erfolgsfaktorenforschung der Innovation

Ziel der Innovationserfolgsfaktorenforschung ist es, Erfolgsfaktoren zu identifizieren, welche die Innovativität einer Organisation begünstigen. „Betriebswirte fragen [dabei insbesondere...] nach den Ursachen des Innovationserfolgs für das Unternehmen (‚Erfolgsfaktoren')" (Hauschildt & Salomo, 2011, S. 31). Diese Erfolgsfaktoren bieten Rückschlüsse darauf, welche Handlungen[23] im Innovationszusammenhang als erfolgversprechend zu erachten sind, um die organisationale Innovativität zu steigern und Innovationen zu generieren. Die Innovationserfolgsforschung versucht somit Faktoren (unabhängige Variablen) zu identifizieren, die einen Einfluss auf den Innovationserfolg (abhängige Variable) des Unternehmens besitzen (Dömötör, 2011, S. 26; Raabe, 2012, S. 73).

Der Ursprung der Innovationserfolgsfaktorenforschung liegt in der Untersuchung gescheiterter Innovationsprojekte bzw. fehlgeschlagener Neuprodukte. Aus diesem Grund bezeichnet Dömötör (2011, S. 29) diese frühen Untersuchungen als „Misserfolgsfaktorenstudien". In Anlehnung an Cochran und Thompson (1964) fasst Dömötör (2011, S. 29) folgende Defizite im Innovationsmanagement zusammen:

- „Produktfehler,
- Kostenüberschreitung,
- schlechtes Einführungstiming,
- starker Wettbewerb und
- unzulängliches Marketing,
- schlechter Vertrieb".

Aufbauend auf diesen ersten Erkenntnissen rückten zunehmend Erfolgsfaktoren in den Fokus der Forschung, denen eine positive Wirkung auf die organisationale Innovativität nachgesagt wurden (siehe hierfür z.B. Cooper, 1976, 300 ff.). Als wesentlich wurden ein marktorientierter Entwicklungsprozess, ein formal definierter, in Phasen strukturierter Innovationsprozess sowie ein intensives Zusammenspiel zwischen Marketing- und Entwicklungsbeteiligung identifiziert (Cooper, 1976, S. 326 ff.). Drei Studienreihen prägten die Innovationsforschung maßgeblich: die SAPPHO- sowie NewProd-Studien und das Stanford Innovation Project[24]

---

[23] Erfolgsfaktoren werden in der Literatur auch als Gestaltungsfaktoren bezeichnet, da davon ausgegangen wird, dass das Management diese Faktoren durch eigenes Handeln beeinflussen kann.
[24] Für einen detaillierten Überblick über die Entstehung dieses Forschungsstrangs sei an dieser Stelle auf die Arbeiten von Dömötör (2011, S. 26 ff.) verwiesen.

(Dömötör, 2011, S. 30). Im Zeitverlauf wurden die bis dahin vorliegenden Ergebnisse durch ergänzende quantitative und qualitative Metaanalysen konsolidiert und durch weitere Erfolgsfaktorenstudien ergänzt.

Dieser Forschungsstand soll nachfolgend anhand eines aus der Literatur abgeleiteten Bezugsrahmens dargelegt werden. Der konzeptionelle Bezugsrahmen wird auf organisations-spezifische Faktoren begrenzt, die durch das Management beeinflusst werden können[25] und orientiert sich an der Klassifikation von Cooper und Kleinschmidt (1995, S. 377), die durch (Ernst (2002, S. 2) und Dömötör (2011, S. 51) weiterentwickelt wurde. Gemäß dieser Klassifikation lassen sich Erfolgsfaktoren fünf Modellparametern zuordnen: Persönlichkeits-merkmale und Führungsverhalten des Top Management[26], Innovationsstrategie, Innovationsprozess, Organisation und Innovationsklima. Diese Parameter definieren den kleinsten Nenner bisheriger Erfolgsfaktoren der Innovationsforschung, indem sie die Vielzahl unterschiedlicher Modellierungen von Innovationssystemen in einem Modell von fünf erklärenden Modellparametern zusammenfassen (Cooper & Kleinschmidt, 1995, S. 377; Dömötör, 2011, S. 82; Ernst, 2002, S. 3).

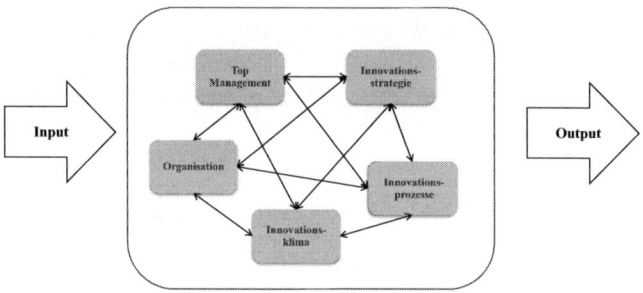

Abbildung 23: Modellparameter des Innovationssystems (in Anlehnung an Dömötör 2011, S. 82)

Während sich traditionelle Klassifikationen ausschließlich auf Erfolgsfaktoren, die auf Produkt- oder Projektebene wirken, konzentrierten, stellt der hier dargelegte Bezugsrahmen auf der Unternehmensebene wirkende Erfolgsfaktoren dar. Diese Vorgehensweise verfolgt das Ziel, die Black Box der organisationalen Innovativität zu öffnen und auszulesen. Auf Basis dieser Zielstellung erscheint der gewählte Bezugsrahmen als besonders geeignet, um

---

[25] Umfeld- und marktspezifische Faktoren werden unter den Rahmenbedingungen diskutiert, stehen aber nicht im Fokus der Betrachtung (Dömötör, 2011, S. 51; Ernst, 2002, S. 3). Im Zentrum der vorliegenden Untersuchung steht die Frage, wie das Management von KMU Veränderungen in deren Umfeld erkennt und durch bewusste oder unbewusste Handlungen Innovationen zur Verbesserung der Produkt-Markt-Passung vornimmt.

[26] Der Modellparameter Persönlichkeitsmerkmale und Führungsverhalten des Top Management wird nachfolgend zu Gunsten der besseren Lesbarkeit verkürzt als Top Management bezeichnet.

eine ganzheitliche Betrachtung des Innovationssystems auf Gesamtunternehmensebene durchzuführen (Dömötör, 2011, S. 51).

Abbildung 23 zeigt, wie die Modellparameter im Gesamtsystem interagieren. Festzustehen scheint, dass Modellparameter und Erfolgsfaktoren überhaupt nur durch ein spezifisches Zusammenwirken eine positive Wirkung auf die organisationale Innovativität entfalten können. Zu klären ist, welche Konfigurationen von Erfolgsfaktoren als erfolgversprechend zu betrachten sind und welche Kausalitäten zwischen einzelnen Erfolgsfaktoren wirken.

4.2 Zusammenfassende Kategorisierung der Erfolgsfaktorenforschung

Anhand des vorgestellten Bezugsrahmens werden die Forschungsergebnisse bisheriger Erfolgsfaktorenforschung in einer strukturierten Form präsentiert, bisherige Ergebnisse verdichtet, um durch dieses Vorgehen die Untersuchung der Black Box von Innovationssystemen zu systematisieren. „The purpose of the conceptual framework in meta-analysis is to classify the variables reported in the literature in a meaningful manner" (Pattikawa et al., 2006, S. 1179). Dieser Bezugsrahmen basiert nicht auf einer singulären Denkschule oder spezifischen Theorieansätzen, sondern ist als Zusammenfassung unterschiedlicher Forschungsströme zu verstehen, die wesentliche Beiträge zur Aufklärung organisationaler Innovativität liefern. Die Integration der unterschiedlichen Forschungsströme ermöglicht einen weitreichenden systematisierten Überblick über bisherige Erkenntnisse unterschiedlicher Disziplinen (z.B. auch aus der psychologischen und betriebswirtschaftlichen Perspektive), der sowohl die Datenerhebung als auch die Datenanalyse umfasst und zugleich die Auswertung dieser Arbeit strukturiert. Festzuhalten ist, dass die Erörterung des Abschnitts 4.2 auf der Erfolgsfaktorenforschung von Großunternehmen beruht. Eine Anpassung des Bezugsrahmens auf KMU-spezifische Erfolgsfaktoren erfolgt in Abschnitt 4.3.

4.2.1 Top Management

Sowohl Erfolgsfaktorenstudien (Cooper & Kleinschmidt, 1987, S. 177; Cooper & Kleinschmidt, 1995, S. 377 f.; Zirger & Maidique, 1990, S. 879) als auch aktuelle Metaanalysen bestätigen die Annahme der erfolgskritischen Bedeutung der Geschäftsführung im Innovationsprozess (Cooper & Kleinschmidt, 1987, S. 177; Cooper & Kleinschmidt, 1995, S. 377 f.; Henard & Szymanski, 2001, S. 371; Montoya-Weiss & Calantone, 1994, S. 408; Pattikawa et al., 2006, S. 1187; Sattler, 2011, S. 125; Zirger & Maidique, 1990, S. 879). Eine nachhaltige Innovationsorientierung der Geschäftsführung und eine damit verbundene Förderung von Innovationsprozessen gilt somit als höchst bedeutsam für den Innovationserfolg (Adams, Bessant & Phelps, 2006, S. 31; de Jong & Vermeulen, 2006, S. 592; Griffin, 1997, S. 435; Henard & Szymanski, 2001, S. 371; Pattikawa et al., 2006, S. 1187). Nur wenn sich das Top Management im Innovationssystem aktiv und mit den richtigen Maßnahmen engagiert, besteht die hohe Wahrscheinlichkeit eines Innovationserfolgs.

In der Praxiswirklichkeit kann und wird das Top Management dem Thema Innovation einen unterschiedlichen Stellenwert neben dem operativen Geschäft zuweisen. Dabei sprechen alle empirischen Erkenntnisse dafür, dass es der Innovativität zuträglich ist, wenn sich die Geschäftsführung tatsächlich intensiv mit der Erbringung von Innovationen beschäftigt. Hierfür ist zunächst der Wille des Managements entscheidend, erfolgreich Innovationen zu erbringen und dafür bestimmte Verantwortlichkeiten wahrzunehmen (Sattler, 2011, S. 155). "Senior management are responsible for developing and communicating a vision for innovation, being supportive and adopting an attitude tolerant to change and championing the notion of innovation within the organization" (Adams, Bessant & Phelps, 2006, S. 31). Ziel des Managementhandelns ist es, ein organisationsweites Bewusstsein für die Notwendigkeit von Innovationen nicht nur zu schärfen, sondern diesem Bewusstsein höchste Priorität zu verleihen.

Hinreichendes Engagement des Top Managements zeigt sich folglich durch eine Fokussierung auf die Generierung von Innovationen (z.B. Neuprodukte, Prozessinnovationen), durch die Bereitschaft mit Innovationen einhergehende Risiken zu tragen sowie eine enge Einbindung in den Entwicklungsprozess und in relevante Meilensteinentscheidungen des Innovationsprozesses (Adams, Bessant & Phelps, 2006, S. 31; Cooper et al., 2004, S. 41; de Jong & Marsili, 2006, S. 220). Trotz der Notwendigkeit dieser engen Einbindung weisen bisherige empirische Untersuchungen darauf hin, dass das Management tagtägliche Routineaktivitäten/-entscheidungen dem Projektteam überlassen und nur bei strategisch relevanten Fragen eingreifen sollte (Cooper et al., 2004, S. 41). Wichtig erscheint an dieser Stelle, dass das Management in innovationsrelevanten Fragen für die Projektteilnehmer zugänglich ist, dem Projektteam in seiner tagtäglichen Arbeit jedoch Autonomie zugesteht (Cooper & Kleinschmidt, 1995, S. 378).

Neben diesem so gekennzeichneten grundsätzlichen Willen ist die Bereitstellung von Ressourcen ein zentraler Innovationserfolgsfaktor. Das Management muss den Innovations-willen durch eine hinreichende Ressourcenausstattung ermöglichen (Cooper & Kleinschmidt 1995, S. 378; Griffin, 1997, S. 435; Sattler, 2011, S. 155; Song & Parry, 1997, S. 2). Cooper & Kleinschmidt (1995, S. 384) nennen hierfür zum einen den Einsatz von monetär quantifizierbaren Ressourcen (z.B. adäquates Budget für Forschung und Entwicklung) und zum anderen Personalressourcen (z.B. durch die Freistellung von Mitarbeitern für Innovationsprojekte) (Cooper et al., 2004, S. 40; de Jong & Marsili, 2006, S. 220; Henard & Szymanski, 2001, S. 367). Die bloße Aussage, Innovation betreiben zu wollen, ohne eine dementsprechende Ressourcenzuweisung sicherzustellen, käme demnach einem Lippenbekenntnis gleich (Ernst, 2002, S. 24).

Unter dem Ansatz, Innovationserfolgsfaktoren auf allen Unternehmensebenen zu identifizieren, zeigt sich, dass das Engagement des Top Managements im Innovationszusammenhang in einem starken Umfang auf individuelle Charakteristika der Unternehmensführung (individuelle Ebene) zurückgeführt werden kann (Hoffmann et al., 1998, S. 45; Maier et al., 2004, S. 47). Es ist davon auszugehen, dass diese individuellen Merkmale eng mit dem unternehmerischen Handeln des Managements verknüpft sind (Rauch & Frese, 2007). Dies gilt vor allem für KMU, in denen das Top Management oft alleinig durch den Gründer des Unternehmens bzw. dessen Nachfolger (oft in zweiter Generation) repräsentiert wird, mit der Folge, dass dieser neben der Rolle des Managers weitere fachbezogene Rollen im Unternehmen ausfüllt. Eine grundlegende Untersuchung dieses Modellparameters muss deshalb zwingend ebenfalls eine Betrachtung individueller Charakteristika des Top Managements enthalten (Hoffmann et al., 1998, S. 45)

Innovationsorientierte Persönlichkeitsstruktur

Wie die Betrachtung der Innovationsforschung ergibt, werden insbesondere Merkmale[27] diskutiert, die kreativitätsfördernde Wirkung besitzen. Analog zu dem Innovationsprozess müssen ebenfalls Eigenschaften erörtert werden, die nicht nur die Kreativität zur Ideenbildung, sondern auch die Umsetzung von Ideen fördern. Tabelle 12 zeigt eine Zusammenstellung sowohl von kreativitätsfördernden als auch umsetzungsbegünstigenden Merkmalen auf der individuellen Ebene, „die einerseits die wesentlichen in der Literatur genannten und zumindest ansatzweise empirisch belegten Merkmale zusammenfasst" (Schuler & Görlich, 2007, S. 13).

---

[27]Festzustellen ist, dass die benannten persönlichen Merkmale nicht als überschneidungsfrei gelten können. Profile innovativer Personen besitzen unterschiedliche Ausprägungen und Kombinationen der benannten Merkmale. Nachfolgend soll die Betrachtung innovationsförderlicher Merkmale bewusst auf einige Elemente beschränkt werden, die für die Innovativät nach jetzigem Erkenntnisstand die größte Erklärungskraft besitzen (z.B. der kognitive Stil).

Gruppierungen kreativitätsbedingender oder -begünstigender Eigenschaften		umsetzungsbedingende oder -begünstigende Eigenschaften (ungruppiert)
Intelligenz	Intuition, Einsicht, Fantasie, Bildung, Vorstellungskraft, Integrationsfähigkeit	• Kontakt- und Kommunikationsfähigkeit
Intrinsische Motivation	Ehrgeiz, Ausdauer, Konzentration, Leistungsmotivation, Energie, Leistungsfreude, Antrieb, Belohnungsaufschub	• Überzeugungskraft • Anpassungsbereitschaft • Realitätssinn • verkäuferisches Geschick • unternehmerisches Denken
Nonkonformität	Originalität, Unkonventionalität, Autonomiestreben, Individualismus, Unabhängigkeit des Urteils, Eigenwilligkeit	und Handeln • Ressourcen akquirieren können • Teams und Koalitionen
fähigkeits- und zielbezogen Selbstvertrauen	emotionale Stabilität, Selbstbild „kreativ", Risikobereitschaft	bilden können • konkurrierende Ideen integrieren • Probleme antizipieren
Offenheit	Neugierde, Freude an Neuem, ästhetische Ansprüche, intellektuelle Werte, Bedürfnis nach Komplexität, breite Interessen, Flexibilität, Ambiguitätstoleranz	• Planen und Gestalten • Mikropolitik betreiben • Macht ausüben
Erfahrung	Wissen, Einstellungen und Werthaltungen, meta-kognitive Fertigkeiten (Planung, Monitoring, Feedback, Selbststeuerung, Selbstbeurteilung)	

Tabelle 12: Kreativitäts- und umsetzungsfördernde Eigenschaften auf individueller Ebene (Schuler & Görlich, 2007, S. 14 ff.)

Bei Betrachtung der Persönlichkeitsstruktur eines innovationsorientierten Unternehmers gilt die Offenheit für neue Erfahrungen/Offenheit für Neues als Grundvoraussetzung für Innovationen. Diese Offenheit erhöht „die Wahrscheinlichkeit, dass jemand Sachverhalte auf verschiedenartige Weise verstehen kann, bereit ist, diese zum Problemlösen heranzuziehen, sensibel für Information ist, die inkonsistent zum bisherigen Verständnis einer Sache sind, bereit ist, konfliktäre Fakten oder Auffassungen einer Lösung zuführen" (Schuler & Görlich, 2007, S. 14). Diese Offenheit ist intrinsisch motiviert und äußert sich in einer stetigen Neugier, neue Erfahrungen zu sammeln.

Speziell Unternehmerpersönlichkeiten sind Individuen, die sich entlang eines Kontinuums entweder als Adaptor oder Innovator bezeichnen lassen. Ausgehend von diesen beiden Idealtypen sind unterschiedliche kognitive Stile zu beobachten. "Cognitive style is a person's preferred way of gathering, processing, and evaluating information" (Miron et al., 2004, S. 177). Während sich der Adaptor bevorzugt in existierenden Normen (Normenkonformität) bewegt, besitzt der Innovator die Fähigkeit und den Willen, über bisherige Strukturen hinweg – also 'out of the box'– zu denken. Die Unterschiede zwischen Innovator und Adaptor lassen sich durch drei unterschiedliche Persönlichkeitscharakteristika begründen. "The differences between innovators and adaptors have often been assessed by three personal characteristics: originality and idea creation; conformity to rules and group norms; and efficiency, which is about paying attention to detail, and thoroughness" (Miron et al., 2004, S. 177).

Spricht man hier von kognitiven Stilen und Charakteristika der Persönlichkeit, so erscheinen diese deckungsgleich mit Arbeitsstilen. Auf dieser Grundlage weitergedacht ist festzustellen, dass sich diese unterschiedlichen Arbeitsstile nicht gegenseitig ausschließen, wenngleich Ausprägungen in der theoretischen Betrachtung des kognitiven Stils nicht selten als kontingent aufgefasst werden. Zwischen den Extremausprägungen des Innovators und Adaptors können Individuen ebenfalls Zwischenstufen ausprägen (Miron et al., 2004, S. 192). Während kreativitätsorientierte Individuen fortlaufend Innovationsimpulse liefern, weisen sie nicht selten Schwächen bei Tätigkeiten auf, die eine hohe Genauigkeit bei ihrer Verrichtung (z.B. die Umsetzung dieses Ideenimpulses) verlangen. "It seems that creative people are more highly motivated to allocate their creativity resources to the innovative aspect of their task, and less motivated to allocate their attention resources to the quality aspect of their task" (Miron et al., 2004, S. 193). Dies bedeutet, dass Personen, die eine Vielzahl unterschiedlicher Ideen erbringen, nur selten die Stärke besitzen, diese auch in einem Unternehmen zu implementieren.

Demnach korreliert ein hoher Grad an Kreativität negativ mit der Genauigkeit der Ausführung von regelgeleiteten Tätigkeiten. Miron et al. (2004, S. 192) bezeichnen dieses Phänomen als die ‚dunkle Seite' der Kreativität. „We found that creativity had a significant negative effect on performance quality. This finding points at the *dark side of creativity*, suggesting that creative people are less likely to perform well when the task requires accuracy" (Miron et al., 2004, S. 192).

Ein weiterer negativer Zusammenhang ist auch zwischen der Konformität mit Regeln und der Kreativität zu erwarten. So werden ein „ausgeprägtes Streben nach Unabhängigkeit, Eigenwilligkeit und alle übrigen hierzu aufgeführten Verhaltenstendenzen [werden] in vielen Situationen und sozialen Kontexten als störend, harmoniegefährdend und abweichend erlebt" (Schuler & Görlich, 2007, S. 15). Andererseits geht eine kreative Leistung als Basis einer Innovation immer mit einer Abkehr von vorhandenen Verhaltensmustern einher und bedarf daher zumindest in Teilen non-konformer Handlungsweisen (Schuler & Görlich, 2007, S. 15).

Während der Offenheit für Neues eine wichtige Rolle in den kreativitätsorientierten Phasen des Innovationsprozesses zugeschrieben wird, kommt der Eigeninitiative in Bezug auf die Generierung von Innovationen eine tatsächlich erfolgskritische Bedeutung zu (Anderson et al., 2004, S. 162; Miron et al., 2004, S. 194). Die vollständige Abdeckung innovationsförder- licher Verhaltensweisen auf individueller Ebene erfordert eine Kombination von beiden Persönlichkeitsmerkmalen. "We found that creativity is not enough for achieving innovative performance. Initiative is a necessary condition for creativity to affect innovation" (Miron et al., 2004, S. 194). Damit sich die Bereitschaft, neue Erfahrungen zu sammeln, ebenfalls in konkreten organisationalen Handlungen (z.B. dem Anstoß von Innovationsprojekten) niederschlägt, müssen diese in Handlungen übersetzt werden.

Frese et al. (1997, S. 140) stellen heraus, dass eine hohe Eigeninitiative durch bestimmte Aspekte gekennzeichnet ist:

„Personal initiative is characterized by the following aspects: (1) is consistent with the organization's mission, (2) has a long term focus, (3) is goal directed and action oriented, (4) is persistent in the face of barriers and setbacks, and (5) is self-starting and proactive" (Frese et al., 1997, S. 140).

Sie verbinden eine hohe Eigeninitiative von Akteuren mit typischen Anforderungen im Innovationszusammenhang, sodass diesem individuellen Merkmal eine erfolgskritische Rolle in Innovationsprozessen zugewiesen werden kann.

Unternehmer mit einer hohen Eigeninitiative und Offenheit für Neues zeigen eine hohe Handlungsorientierung und stoßen auch ohne Aufforderung des Marktes intrinsisch motivierte Innovationsvorhaben an. Solche Unternehmer sind als ‚selbststartend' zu bezeichnen (Frese et al., 1997, S. 140). Dieses Bild eines Unternehmers zeichnet ein Individuum, dass sich ständig auf der Suche nach neuen Marktchancen befindet, eine starke Motivation zeigt, Ideen tatsächlich umzusetzen, Ziele zur Umsetzung entwickelt und sich nicht davon abbringen lässt, diese Ziele auch zu erreichen. Es ist zu vermuten, dass Unternehmer mit einer hohen Eigeninitiative eine starke Innovationsorientierung besitzen.

Unternehmerische Orientierung

Ein aussichtsreicher Weg, die Vielzahl unterschiedlicher Konstrukte auf individueller Ebene zu integrieren und auf die organisationale Ebene zu übertragen, stellt das Konzept der unternehmerischen Orientierung (Entrepreneurial Orientation, EO) dar. Hierbei wird die unternehmerische Orientierung des Top Management in einen Zusammenhang gestellt mit der Innovationskraft eines Unternehmers (Sattler, 2011, S. 155; Wiklund et al., 2007, S. 354). Das Konstrukt der unternehmerischen Orientierung wird durch fünf Dimensionen beschrieben:

"The key dimensions that characterize an EO include a propensity to act autonomously, a willingness to innovate and take risks, and a tendency to be aggressive toward competitors and proactive relative to marketplace opportunities" (Lumpkin & Dess, 1996, S. 137).

Die *Proaktivität*[28] betont eine frühzeitige Suche und Verfolgung von Marktchancen, um erfolgversprechende Geschäftsfelder vor den übrigen Wettbewerbern zu sichern und somit Wettbewerbsvorteile herzustellen (Wiklund et al., 2007, S. 353 f.). Unternehmen nehmen nach einem erfolgreichen Gründungsprozess nicht selten eine passive Haltung in Bezug auf deren Umwelt ein. Stattdessen sollte der Hauptverantwortliche (Geschäftsfüh-rer/Unternehmensinhaber) versuchen, proaktiv seine Umwelt auf neue Herausforderungen und Marktchancen zu überprüfen. Eine ausgeprägte *Wettbewerbsorientierung*, sich dem

---

[28]Die Dimension der Proaktivität zeigt inhaltlich erhebliche Schnittmengen mit dem bereits erörterten Konstrukt der Eigeninitiative. Beide werden im Verlauf dieser Arbeit unabhängig voneinander diskutiert.

bestehenden Wettbewerb stellen und sich mit Wettbewerbern messen zu wollen, ist eine weitere Facette der Entrepreneurial Orientation (Lumpkin & Dess, 1996, S. 148 f.). Die Dimension *Innovationsorientierung* zeigt bei einer hohen Ausprägung die *Bereitschaft*, neue Produkte und Prozesse im Unternehmen generieren und dabei auch die mit Innovationen verbundenen wirtschaftlichen *Risiken eingehen zu wollen*, soweit sie kalkulierbar erscheinen (Klandt, 2006, S. 19 f.). Als letzte Dimension beschreibt die *Autonomie* die Freiheit eines Individuums oder eines Teams, selbstständig Innovationsprojekte von der Idee zur Umsetzung führen zu dürfen (Lumpkin & Dess, 1996, S. 140 ff.).

Innovationsorientierter Führungsstil

Das Führungsverhalten im Innovationszusammenhang kann als ‚organisationaler Input' (Schuler & Görlich, 2007, S. 53) für Innovation verstanden werden, der darauf abzielt, innovationsförderliches Verhalten der Belegschaft zu stärken.

Hat die Geschäftsführung die Ambition, die Belegschaft in breitem Maße in Innovationsaktivitäten einzubinden, muss er durch einen spezifischen Führungsstil eine unternehmensweite Innovationsdynamik („entrepreneurial dynamism") erzeugen. Bei Betrachtung des Innovationsprozesses wird offensichtlich, dass ein innovationsgerechtes Führungsverhalten unterschiedliche Herangehensweisen sowohl in Bezug auf die kreativitäts- als auch auf die umsetzungsorientierten Innovationsphasen erfordert. Aufgrund der gegensätzlichen Anforderungen der Innovationsphasen scheint festzustehen, dass in Bezug auf innovationsorientierte Führungskonzepte nicht ‚der eine' erfolgversprechenden Weg existiert. Vielmehr besteht eine Kontingenz zwischen kreativitäts- und umsetzungsförderndem Führungsverhalten.

Auf Basis dieses komplexen Anforderungsprofils hat sich aus Sicht der Innovationsforschung eine Vielzahl von Führungsstilen etabliert, die eine Relevanz für Innovationen besitzen. „Aus der Vielfalt von ‚Führungsstilen', die im Laufe der letzten Jahrzehnte beschrieben wurden, finden heute zwei Stile besondere Beachtung [...für eine innovationsorientierte Führung]: die transaktionale und transformationale Führung" (Schuler & Görlich, 2007, S. 53).

Ein positiver Zusammenhang zwischen einer transformationalen Führung und einer innovationsorientierten Belegschaft wird in der Innovationsforschung betont. Es ist allerdings festzustellen, dass sich dieser Zusammenhang nicht gleichermaßen auf alle kreativitäts- und umsetzungsorientierten Innovationsphasen bezieht. Forschungsergebnisse zeigen, dass eine transformationale Führung insbesondere eine positive Wirkung auf die frühen/kreativitätsorientierten Phasen besitzt. Dieser Führungsstil stellt die Entwicklung (Transformation) des Mitarbeiters in den Vordergrund. „Individualized consideration is displayed when leaders pay attention to the developmental needs of followers and support and coach the development of their followers. The leaders delegate assignments as opportunities for growth" (Bass, 1999, S. 11). Der Führende wird demnach als ein charismatischer Visionär verstanden, der Mitarbeiter in ihrer persönlichen Entwicklung stärkt, zur Kreativität anregt und Freiräume für Partizipation schafft (Bass, 1999, S. 11; Schuler & Görlich, 2007, S. 54). Auf Basis dieser Eigenschaften transformationaler Führung wird deutlich, dass insbesondere die aktive Beteiligung der Belegschaft in den impulsgebenden, ersten kreativitätsorientierten Phasen des Innovationsprozesses gefördert wird (King, 1990, S. 28 f.), denn es wird „zur Förderung der Kreativität [...] die Seite der Transformation für die wichtigere gehalten" (Schuler & Görlich, 2007, S. 54).

Ein transaktional führendes Management hingegen definiert gegenüber der Belegschaft zuerst Ziele, Verantwortlichkeiten und Aufgaben. Im Gegensatz zur transformationalen Führung werden demnach klare Anforderungen fixiert und Belohnungen für die Erbringung dieser Leistung vereinbart (Zielvereinbarung). Hier kommen Aufgaben mit klaren Zielvorgaben in den Fokus, ebenso wird die Einhaltung von Vereinbarungen (organisationalen Spielregeln) gestärkt (Schuler & Görlich, 2007, S. 54). Im Unterschied zur transformationalen Führung scheint ein transaktionaler Führungsstil eher geeignet, um die Umsetzung von Innovationen positiv zu beeinflussen. „In einer späteren Umsetzungsphase [...] kommt es dann stärker auf die Einhaltung von Terminen, Budgets und Restriktionen bei der Produktentwicklung an, deshalb ist hier ein stärker aufgabenorientierter Führungsstil hilfreich" (Maier et al., 2004, S. 20).

Durch eine klare Delegation von Aufgaben kann insbesondere in den umsetzungsorientierten Phasen eine zielorientierte Durchführung von Innovationsprojekten beschleunigt werden.

4.2.2 Innovationsstrategie

Die Innovationsstrategie basiert auf der allgemeinen Unternehmensstrategie und definiert das Bindeglied zwischen den „zukünftigen Anforderungen der Zielmärkte (Market Pull) sowie den strategischen Kompetenzen (Technology Push) des Unternehmens" (Bausenwein & Erett, 2009, S. 58). Eine Strategie lässt sich grundsätzlich als eine zeitliche Abfolge von in sich konsistenten Entscheidungen/Handlungen[29] definieren, die der Erreichung definierter organisationaler Ziele dient (Adams, Bessant & Phelps, 2006, S. 30). Es existiert keine Innovationsstrategie, deren universelle Anwendung eine erfolgversprechende Innovationstätigkeit garantiert (King, 1990, S. 36). Innovationsstrategien sind vielmehr unternehmensspezifisch ausgestaltet, da sie auf Grundlage organisationaler Rahmenbedingungen und Kompetenzen definiert bzw. konfiguriert werden. Grundlegend gibt es in der Innovationsforschung den Konsens, dass Unternehmen mit einer definierten Innovationsstrategie mit

---

[29]Während die traditionelle Strategieforschung eine Strategie anhand der konsistenten Entscheidungen des Managements definiert ('streams of decisions'), umfasst das gegenwärtige Strategieverständnis ebenfalls konsistente Handlungen des Managements ('streams of actions') (Mintzberg & Waters 1982, S. 465 ff.). „Whether the organization members are aware of this or not, even if they define themselves as 'muddling through' rather than acting strategically, such enacted patterns inevitably take the organization in one strategic direction rather than another" (Eden & Ackermann, 1998, S. 4). Auf Basis dieser Annahme folgen Unternehmer immer bestimmten Handlungsmustern, die alle einer strategischen Folge und Folgewirkung unterliegen. Die wahre, bewusste Handlungsstrategie jedoch fügt sich in der Gesamtschau voneinander losgelöst scheinender Handlungen zu einem schlüssigen Gesamtbild. Ist dies der Fall, besitzt das Unternehmen eine konsistente strategische Ausrichtung.

höherer Wahrscheinlichkeit erfolgreich Innovationen implementieren können. „In Bezug auf die strategische Ausrichtung deuten die empirischen Befunde einheitlich darauf hin, dass sich erfolgreiche von weniger erfolgreichen Innovatoren zunächst schon einmal dadurch unterscheiden, dass sie überhaupt strategische Planung für das Innovationsprogramm betreiben" (Dömötör, 2011, S. 54). Diese strategische Planung macht eine – dem Innovationsprozess vorgelagerte – Auseinandersetzung mit der eigenen Innovationstätigkeit erforderlich.

In Bezug auf die Erfolgsfaktorenforschung lässt sich feststellen, dass der Modellparameter Innovationsstrategie weniger empirisch untersucht wurde als die übrigen Parameter: „It becomes clear that the aspect of NPD[/innovation] strategy in empirical NPD studies to this point has barely been examined" (Ernst, 2002, S. 28). Dennoch lassen sich einige Erfolgsfaktoren in diesem Modellparameter identifizieren. Als ein zentraler Erfolgsfaktor wird in der Innovationsforschung eine *eindeutige strategische Fokussierung* identifiziert (Cooper & Kleinschmidt, 1995, S. 384; Meyer & Roberts 1986, S. 817; Thamhain, 1990, S. 11; Zirger & Maidique, 1990, S. 880). Diese hat die Funktion, Innovationsanstrengungen auf bestimmte Innovationsfelder (z.B. Produktmärkte; Technologien) zu begrenzen (Cooper & Kleinschmidt, 1995, S. 384), um Unternehmen davor zu schützen, Ressourcen für nicht adäquate Innovationen aufzuwenden (Sundbo, 1996, S. 405). Die Fähigkeit, die Wahl von Innovationsvorhaben auf einen bestimmten Zielkorridor zu begrenzen, erscheint als erfolgskritisch, um Innovationsanstrengungen tatsächlich auch in Innovationserfolge umwandeln zu können.

Eine funktionierende Innovationsstrategie steuert die Effektivität in Innovationssystemen. Sie stellt sicher, dass das Unternehmen die „richtigen" Innovationsvorhaben auswählt, die eine strategische Passung zu seinen bisherigen Kompetenzen aufweisen. Innovationsprozesse können ausschließlich dann effizient und effektiv gesteuert werden, wenn durch die Definition und Etablierung einer funktionierenden Innovationsstrategie sichergestellt ist, dass Innovationsprojekte gezielt ausgewählt werden. Eine effiziente Abwicklung von nicht effektiv ausgewählten Innovationsvorhaben können die Innovativität eines Unternehmens demnach nicht verbessern.

Strategieinhalt

Die Geschäftsführung muss ebenfalls festlegen, inwieweit das Unternehmen durch die Exploration neuer Geschäftsfelder oder die Ausbeutung bisheriger Geschäftsfelder Wachstum durch Innovationen erzielen möchte (von Au 2011, S. 117). Dabei zeigt die Erfolgsfaktoren-forschung, dass Innovationsstrategien, die eine ausgewogene Verteilung von inkrementa-len/radikalen sowie von kurz-/ und langfristigen Innovationsvorhaben verfolgen, die aussichtsreichsten Chancen auf einen nachhaltigen Innovationserfolg bergen (Dömötör, 2011, S. 54). Dabei gelten solche Unternehmen als innovativer, die ihre strategische Ausrichtung an vorhandene Kompetenzen anschließen. Dies wird mit der Nutzung von *technologischen und Marketingsynergien* begründet (Balachandra & Friar, 1997, S. 282; Henard & Szymanski, 2001, S. 364; van der Panne et al., 2003, S. 327). Herrscht eine Anschlussfähigkeit zwischen bisherigen technologischen Kompetenzen und jenen, die für die Umsetzung einer Innovation benötigt werden, versprechen Innovationen ein höheres Erfolgspotenzial, da folglich Synergien aus Kompetenzen und Erfahrungen genutzt werden können. „Eine klar definierte Produktinnovationsstrategie, in der die Zielmärkte, Kundenwünsche, -bedürfnisse und - vorlieben sowie Produktspezifikationen und -erfordernisse schon vor der eigentlichen Produktentwicklung festgelegt werden" (Dömötör, 2011, S. 35) gilt dabei gemäß bisheriger Forschungsergebnisse als bedeutsam für die Innovativität.

Strategische Innovationsziele

Die Verankerung von Innovationszielen zeigt sich im empirischen Diskurs als bedeutsam für eine zielgerichtete Innovationstätigkeit (Ernst, 2002, S. 28; von Au, 2011, S. 117). Das Management muss deshalb klare[30] Innovationsziele definieren, die mit der übergeordneten Unternehmensstrategie konsistent sind (Cooper & Kleinschmidt, 1995, S. 384; Griffin, 1997, S. 435; Thamhain, 1990, S. 11). Die Realisierung der bis hierhin benannten Erfolgsfaktoren lässt sich durch die Etablierung von Zielgrößen unterstützen. Die *Formulierung von Innovationszielen* wird von Cooper & Kleinschmidt (1995, S. 390) als weiterer Erfolgsfaktor identifiziert.

Kommunikation der Innovationsstrategie

Die schriftliche Ausformulierung eines Innovationsfokus zu einer *expliziten Innovationsstrategie* gilt als Erfolgsfaktor einer erfolgreichen Innovationstätigkeit (van der Panne et al., 2003, S. 327), indem die Unternehmen hierdurch auch als besser organisiert erscheinen. „Firms with a written strategy tend to show higher innovativeness [...]. The confirmation of the hypothesis [...] seems to suggest that better organized firms with specific plans for the future pay more attention to innovation" (Hadjimanolis, 2000, S. 242). Eine schriftlich fixierte Innovationsstrategie treibt den Innovationsprozess an und expliziert die definierten Innovationsfelder sowie spezifische Innovationsziele. Diese Innovationsfelder stecken das Gebiet ab, in dem nach Problemlösungen/Ideen gesucht werden soll. Eine Innovationsstrategie hat demnach eine Steuerungs- und Kontrollfunktion (Sundbo, 1996, S. 405; von Au, 2011, S. 118).

Die *Kommunikation der Innovationsstrategie* gegenüber der Belegschaft wird in der Innovationserfolgsforschung als erfolgskritisch herausgestellt (Cooper & Kleinschmidt, 1995, S. 384). Zwar wird die Innovationsstrategie durch das Top Management erarbeitet, hat aber im Idealfall eine sinnstiftende Funktion für die gesamte Belegschaft. Sie sollte mit „klaren

---

[30]In der einschlägigen Innovationserfolgsfaktorenforschung wird die Notwendigkeit einer klaren und konsistenten Zielsetzung (clear & consistent) betont. Festzuhalten bleibt, dass Klarheit und Konsistenz durchaus stark subjektiv geprägt sein können und daher an objektivierten Werten auszurichten sind.

Hinweisen zum Stellenwert und zur Behandlung von neuen Ideen [...] nach innen und außen Systemoffenheit für neue Impulse demonstrieren und für eine kohärente Ausrichtung von allen an der Organisation beteiligten Mitgliedern sorgen" (Gleich et al., 2006, S. 79). Zudem muss der Beitrag der Innovationstätigkeit zum Unternehmenserfolg erörtert und kommuniziert werden (Cooper & Kleinschmidt, 1995, S. 384; Cooper, Edgett & Kleinknecht, 2004, S. 51).

4.2.3 Innovationsprozess

Der Modellparameter Innovationsprozess[31] bezieht sich auf Aktivitäten zur Regelung und Gestaltung des Innovationsprozesses von der Ideenfindung bis zur Einführung einer Innovation (Dömötör, 2011, S. 51). „The firm's new product development process and the specific activities within this process [...] whether done or not, and their quality of execution" (Cooper & Kleinschmidt, 1995, S. 377), erscheinen als erfolgskritisch für die Durchführung von Innovationsprojekten. Hier steht modellgemäß nicht der tatsächliche Verlauf eines einzelnen Innovationsprozesses, sondern das Management dieses Innovationsprozesses im Vordergrund. „Aus diesem Blickwinkel ist die Steuerung der Aktivitäten für die Prozessdimension im Innovationssystem gleichbedeutend mit der Prozessgestaltung" (von Au, 2011, S. 115). Es wird daher in diesem Zusammenhang von einem Innovationsprozess-management gesprochen, das sich an objektivierten Kriterien ausrichtet.

Frühaufklärung/Ideenmanagement[32]

Planungstätigkeiten während der frühen Innovationsphasen umfassen die Aktivitäten vor Beginn des eigentlichen Innovationsprojekts (Ernst, 2002, S. 9). Die Qualität dieser Planungstätigkeit in dieser frühen Phase des Innovationsprozesses wird in der Innovationsfor-schung als wesentlicher Erfolgsfaktor identifiziert (Cooper & Kleinschmidt, 1995, S. 377; Ernst 2002, S. 9). Die Planung enthält eine frühzeitige und spezifische Definition der Ziele des angestrebten Innovationsprozesses (Cooper & Kleinschmidt, 1995, S. 377; Henard & Szymanski, 2001, S. 364) und dem Innovationsprozess vorgelagerte Machbarkeitsstudien zur Güteprüfung der vorliegenden Idee (Ernst, 2002, S. 9). Diese Planungstätigkeiten in den frühen Phasen der Innovation reduzieren die Projektabbruchraten, indem sie z.B. Unklarheiten im Innovationsprozess frühzeitig zu Tage fördern. Solche Unklarheiten können dann bereits vor Beginn der eigentlichen Entwicklungstätigkeit beseitigt werden (Dömötör, 2011, S. 52). Weniger im Fokus der wissenschaftlichen Betrachtung steht die Bedeutung eines systematischen Ideenmanagements. Ein so geleitetes Ideenmanagement muss

---

[31]Insbesondere zur Gestaltung von Innovationsprozessen weist die Innovationserfolgsfaktorenforschung eine Vielzahl von Studien auf, die sich jedoch überwiegend auf die Realisierung von technologieorientierten Innovationen beschränken (Dömötör, 2011, S. 52).
[32]Erfolgsfaktoren des Modellparameters Innovationsprozess lassen sich nach von Au (2011, S. 127) der Technologiefrühaufklärung/dem Ideenmanagement, dem Prozessmanagement und dem Innovationscontrolling zuordnen (von Au, 2011, S. 177). Die Begriffsstruktur wird in diesem Abschnitt genutzt, um die Erfolgsfaktoren des Modellparameters strukturiert aufzubereiten.

sicherstellen, dass Ideen durch Innovationsakteure zeitoptimal eingesteuert werden können, um einen kontinuierlich systematischen Prozess zu gewährleisten. „Das [...] Ideenmanagement ersetzt zwar den Faktor Kreativität nicht, kann jedoch Rahmenbedingungen schaffen und Strukturen etablieren, die das Hervorbringen neuer Ideen unterstützen, sie in die richtigen Bahnen lenken und damit den Erfolg neuer Produkte und Dienstleistungen am Markt wahrscheinlicher werden lassen" (Beyer & Seidel, 2006, S. 380). Das Ideenmanagement ist dem eigentlichen Umsetzungsprozess der Idee vorgelagert.

Prozessmanagement

Ergebnisse bisheriger Studien weisen darauf hin, dass die Erfolgswahrscheinlichkeit von Innovationen mit zunehmender Professionalisierung des Innovationsprozesses steigt (Balachandra & Friar, 1997, S. 282; Ernst, 2002, S. 3; Henard & Szymanski, 2001, S. 367; Pattikawa et al., 2006, S. 1187). Eine Professionalisierung tritt ein, wenn der Innovationsprozess formal in unterschiedliche Prozessphasen untergliedert wird[33], sodass die Durchführung von Innovationsvorhaben strukturiert erfolgen kann (Cooper & Kleinschmidt, 1995, S. 377; Ernst, 2002, S. 8; Sattler, 2011, S. 156). Dieser formalisierte Innovationsprozess gilt als genereller Ablaufplan, der modellgemäß über alle Innovationsprojekte hinweg als ‚Schablone' zur Steuerung von Innovationsprozessen genutzt wird. Das bekannteste Anwendungsbeispiel eines formalen Innovationsprozesses in der Praxis zeigt der Stage-Gate-Prozess nach Cooper (2008, S. 213 ff.). Dieser Prozess enthält einen detaillierten Phasenablauf mit jeweils anschließenden Entscheidungspunkten (sogenannten Gates). Vor Beginn einer neuen Prozessphase muss durch eine betriebswirtschaftliche Analyse eine Entscheidungsgrundlage dafür entwickelt werden, ob der Übergang in die nächste Phase des Innovationsprozesses erfolgen soll.

Als weiterer Erfolgsfaktor wird eine ausgeprägte Marktorientierung und Kundenorientierung über den Verlauf des gesamten Innovationsprozesses betont (Balachandra & Friar, 1997, S. 282; Ernst, 2002, S. 3f.; Henard & Szymanski, 2001, S. 367; Pattikawa et al., 2006, S. 1181 ff.; Song & Parry, 1997, S. 11). Die Fähigkeit, durch ein marktorientiertes Vorgehen während des gesamten Innovationsprozesses kontinuierlich Informationen bezüglich gegenwärtiger und zukünftiger Bedürfnisse des Marktes zu generieren, wird hier mit dem Begriff der Kundenorientierung assoziiert und soll die spätere Verwertbarkeit der Innovation sicherstellen (Cooper & Kleinschmidt, 1995, S. 377). „Technological information scanning activities can provide the necessary base for innovation planning and implementation" (Hadjimanolis, 2000, S. 244). Marktbedürfnisse können sich während der Durchführung von Innovationsvorhaben ändern. Eine enge Marktbeobachtung ermöglicht eine schnelle Reaktion auf unvorhergesehene Ereignisse. Die Fähigkeit, durch aktive Wettbewerbsorientierung Handlungen der

---

[33] Ein Beispiel für einen solchen formalisierten Innovationsprozess ist das Stage-Gate-Modell. Dieses Modell strukturiert die Innovationstätigkeit anhand eines Prozessablaufs und unterteilt diese in einzelne Abschnitte, welche jeweils durch einen Meilenstein abgeschlossen werden. Für eine ausführliche Beschreibung des Stage-Gate-Modells sei an dieser Stelle auf die Übersicht von Cooper (2008, S. 213 ff.) verwiesen.

Mitbewerber zu identifizieren und zu analysieren, um Wettbewerbsvorteile zu erzielen, kann ebenfalls unter Marktorientierung subsumiert werden (Ernst, 2002, S. 9; Pattikawa et al., 2006, S. 1181). Im Kontext dieser Marktorientierung wird insbesondere die Bedeutung der professionellen Durchführung von Marketingaktivitäten (marketing proficiency) hervorgehoben (Balachandra & Friar, 1997, S. 282; Henard & Szymanski, 2001, S. 367; Pattikawa et al., 2006, S. 1187). Diese Aktivitäten starten lange vor dem Beginn des Innovationsprozesses (z.b. in Form von Marktanalysen) und erstrecken sich ebenfalls auf Produkteinführungsaktivitäten der etablierten Innovation (Henard & Szymanski, 2001, S. 367). Die konsequente Durchführung der genannten Aktivitäten führt zu einem „umfassenden Marktverständnis" (Dömötör, 2011, S. 45), das im Verlauf des gesamten Innovationsprozesses genutzt wird, um marktgerechte Leistungsangebote zu entwickeln.

Innovationscontrolling

Während Machbarkeitsstudien in den frühen Innovationsphasen bereits als bedeutsam identifiziert wurde, ist eine fortlaufende Steuerung (Prozesscontrolling) im Verlauf des gesamten Innovationsprozesses erfolgskritisch, um Planabweichungen rechtzeitig zu identifizieren (Cooper & Kleinschmidt, 1995, S. 389; Ernst 2002, S. 29; Parry & Song, 1994, S. 23). Gemäß Sturm (2011, S. 55) muss die Innovationssteuerung systematisch erfolgen. „Zentraler Punkt hierbei ist die Innovationsstrategie in ein Handlungsprogramm und die Entwicklung eines [...] Instruments zur Performancemessung. Ein solches unterstützendes Instrument könnte [z.B.] das Konzept der Balanced Scorecard liefern" (Sturm, 2011, S.55). Dieses Prozesscontrolling ist notwendig, um eine ausreichende Entscheidungsgrundlage für die Fortführung oder den Abbruch von Innovationsprojekten auf Basis aus der Innovationsstrategie abgeleiteten Kriterien zu ermöglichen (Ernst, 2002, S. 9,; Sturm, 2011, S. 55).

4.2.4 Organisation

Die Organisation der Innovationsaktivitäten muss die grundsätzlichen Funktionen der Zusammenarbeit im Verlauf des Innovationsprozesses sicherstellen. Den Nachweis für die Bedeutung der Organisation liefern empirische Studien, die zeigen, dass diesbezügliche Defizite einen häufigen Grund für das Scheitern von Innovationsprojekten darstellen. So identifizieren z.b. Anand und Kodali (2008, S. 193) folgende Defizite: "poor communication, lack of adequate documentation, deficient or missing input information, unbalanced resource allocation, lack of coordination between disciplines and erratic decision making". Wie eine Zusammenarbeit in den Innovationsprozessen organisiert sein muss, um den Innovationserfolg positiv zu beeinflussen, wird kontrovers diskutiert. „Als weitgehend gesichert gilt [jedoch], dass die Projektorganisation die geeignetste Organisationsform für die Entwicklung von Innovationen darstellt" (Dömötör, 2011, S. 52). Damit Innovationsprojekte in die erfolgreiche Einführung von Innovationen münden, werden gemäß bisheriger Befunde ein kompetenter Projektmanager sowie ein interdisziplinäres und autonomes Projektteam benötigt, dessen Akteure intensiv sowie aufgabenbezogen zusammenwirken (Ernst, 2002, S. 14 f.).

Projektleiter

Die Fähigkeit des Projektmanagers, Projekte mit der nötigen Methodenkenntnis, Führungsqualität und hinreichender Autorität zu führen, gilt als Grundvoraussetzung für die erfolgreiche Innovationseinführung (Cooper & Kleinschmidt, 1995, S. 377; Dömötör, 2011, S. 52; Ernst, 2002, S. 14; Pattikawa et al., 2006, S. 1187). In der Innovationsforschung wird dieser Erfolgsfaktor unter dem Begriff des 'Project-Championing' zusammengefasst (Song & Parry, 1997, S. 7; Souitaris, 2002, S. 886).

Projektleiter und Projektteam

Der Projektleiter steht in Wechselbeziehung zum Projektteam, das wiederum in einzelne Teams aufgesplittet sein kann. Als erfolgskritisch gilt dabei, dass der Projektleiter alle Meilensteine (bzw. Gates) und strategischen Entscheidungen überblickt und kontrolliert/begleitet. Gleichzeitig muss er dem (gesamten) Projektteam im operativen Projektgeschäft weitgehende Autonomie einräumen, um das Team-Committment gegenüber dem Projekt und die intrinsische Motivation nicht zu unterminieren (Abschnitt 4.2.1). Aus bisherigen Erkenntnissen geht hervor, dass solche Projektteams erfolgreicher sind, die innerhalb der Projektorganisation autonom Entscheidungen treffen und selbst Verantwortung für den Projekterfolg tragen (Ernst, 2002, S. 15). Eine klare Definition von Verantwortungen und dem Umfang der einzelnen Arbeitspakete ist ein weiterer Baustein erfolgreicher Projekttätigkeit.

Interdisziplinäre Projektteams

In Bezug auf das bzw. die Projektteam(s) wird die hohe Bedeutung der interdisziplinären und abteilungsübergreifenden Zusammensetzung betont (Henard & Szymanski, 2001, S. 364). „Cross-functional project teams foster interfunctional communication and co-operation which, in turn, promote success" (Ernst, 2002, S. 14). Mit den hier explizierten Eigenschaften gelten interdisziplinäre Projektteams als besonders erfolgversprechend (Henard & Szymanski, 2001, S. 371; Zirger & Maidique, 1990, S. 880), denn innovative Lösungen verlangen die Verknüpfung unterschiedlich fundierter Perspektiven und Wissensquellen unterschiedlicher fachlicher Disziplinen.

Analog hierzu fördert die Beteiligung verschiedener Unternehmensbereiche diese Verknüpfung durch eine abteilungsübergreifende Kommunikation (Cooper & Kleinschmidt, 1995, S. 377; Damanpour, 1991, S. 569; Henard & Szymanski, 2001, S. 367; Ernst, 2002, S. 14; Pattikawa, et al. 2006, S. 1187; Sattler, 2011, S. 161; van der Panne et al., 2003, S. 327). „Die Projektteams sollten sich idealerweise aus Mitarbeitern unterschiedlicher Bereiche des Unternehmens (v.a. F&E, Produktion und Marketing) zusammensetzen, weil dadurch die interfunktionale Kommunikation gefördert wird und so einerseits Widerstände gegen Innovationen leichter überwunden werden können und andererseits mehrere (funktionale) Sichtweisen in den Entwicklungsprozess einfließen" (Dömötör, 2011, S. 52).

Erfolgskritisch ist dabei, dass innovationsrelevante Information häufig und aufgabenbezogen zwischen den Beteiligten der Projektteams ausgetauscht werden. Ihre intensive und tatsächlich interfunktionale Kommunikation erhöht die Wahrscheinlichkeit, dass Ideen weitergegeben und durch Ideen anderer bereichert werden (Damanpour, 1991, S. 558). Demnach besitzt eine interdisziplinäre Ausrichtung von Projektteams im Innovationszusammenhang wesentliche Vorteile gegenüber einer funktionalen Ausrichtung (Cooper & Kleinschmidt, 1995, S. 377), wobei auch von einer multilateralen gegenüber einer unilateralen Ausrichtung gesprochen werden könnte.

F&E und Marketing Integration

Wenngleich die Integration unterschiedlicher Abteilungen für ein funktionierendes Innovationssystem generell von Bedeutung ist, wird die Notwendigkeit der Einbindung der Marketingabteilung und der Forschung & Entwicklung als besonders bedeutsam eingeschätzt (Balachandra & Friar, 1997, S. 278; Pattikawa et al., 2006, S. 1187; van der Panne et al., 2003, S. 327). „One critical reason for a strong link with marketing is to ensure the firm understands user needs and effectively translates these needs into solutions for the customer" (Cooper, 1998, S. 13; Zirger & Maidique, 1990, S. 879). Oben wurde die innovationshemmende Wirkung potenzieller Widerstände gegenüber einer Innovation angesprochen, vergleichbar kritisch kann sich die Rivalität zwischen einzelnen Abteilungen auswirken (Maltz et al., 2001, S. 78 f.).

Externe Kooperationsaktivitäten

Neben der Organisation der internen Zusammenarbeit in Innovationsprozessen lassen sich weitere Erfolgsfaktoren in der Innovationsorganisation mit externen Kooperationspartnern identifizieren (Damanpour, 1991, S. 569; de Jong & Marsili, 2006, S. 221; Montoya-Weiss & Calantone, 1994, S. 406 ff.). Das Konzept der Open Innovation zeigt die Abkehr von einer strengen Innenorientierung der Innovationsaktivitäten. Während Innovationsprozesse in der Vergangenheit durch eine innerbetriebliche Leistungserstellung (z.B. durch die eigene Forschungs- & Entwicklungsabteilung) dominiert wurden, gilt heute die Öffnung des Innovationssystems gegenüber der Außenwelt (Universitäten, Kunden, Berater etc.) als aussichtsreich, um externe Innovationsimpulse zu erlangen und auch in der Umsetzung von Ideen mit externen Partnern zu kooperieren. Im Verständnis der Open Innovation werden Innovationsimpulse über die Unternehmensgrenzen hinweg und während des gesamten Innovationsprozesses geteilt. Unternehmensinternes Wissen kann dabei der Außenwelt, z.B. in Form von entgeltlicher Patentbereitstellung, zur Verfügung gestellt (Inside-Out-Prozess) und/oder Wissen aus unternehmensexternen Quellen internalisiert (Outside-In-Prozess) werden (Chesbrough, 2006, S. 129). Ein intensiver Austausch zwischen externen Kooperationspartnern und dem Innovationssystem lässt demnach einen positiven Einfluss auf die Innovativität erwarten.

Kundenorientierung

Der Aspekt der Kundenorientierung wurde oben als eng assoziiert mit dem Marketing dargestellt. Die Fähigkeit, Bedürfnisse der innovationsspezifischen Zielgruppe zu identifizieren, diese zu analysieren und auf Basis dieser Informationen eine Innovation zu entwickeln, gilt als erfolgskritisch, um kundengerechte Innovationen zu erzeugen (Ernst, 2002, S. 9; Pattikawa et al., 2006, S. 1181) "The customers could provide a central input to the innovation process because they can present their problem which the innovations should solve and perhaps, the solution as well" (Sundbo, 1996, S. 403). Eine Innovation, die von den Kunden nicht angenommen wird, da sie sich nicht an ihren Bedürfnissen orientiert (fehlende Kundenakzeptanz) hat keine Aussicht auf Erfolg. Eine besondere Form der Zusammenarbeit stellt das Lead User-Konzept dar (Weisenfeld, 2006, S. 48). Von Hippel (2005, S. 4) beschreibt in seinem Konzept, auf welche Weise 'Lead User' ambitioniert in den Produktentwicklungsprozess integriert werden können. „'Lead users' [..] are ahead of the majority of users in their populations with respect to an important market trend, and they expect to gain relatively high benefits from a solution to the needs they have encountered there. The correlations found between innovation by users and lead user status are highly significant, and the effects are very large". Während sich eine allgemeine Kundenorientierung darauf konzentriert, die Vielzahl unterschiedlicher Kundenbedürfnisse bezogen auf das ganze Spektrum aller Kunden zu evaluieren und hierfür ein möglichst repräsentatives Bild zu erhalten, fokussiert von Hippel (2005, S. 4) auf den bewusst ausgewählten 'Early Adopter'.

4.2.5 Innovationsklima

Der positive Einfluss eines innovationsförderlichen Unternehmensklimas (kurz: Innovationsklima[34]) auf die Innovativität gilt als empirisch belegt (Pattikawa et al., 2006, S. 1187). "The need for an organizational climate supportive of innovation is stressed quit frequently in the literature" (King, 1990, S. 36). Betriebswirtschaftliche Erfolgsfaktorenforschung fokussiert die Untersuchung von konkreten Maßnahmen zur Verbesserung des Innovationsklimas auf organisationaler Ebene (Cooper & Kleinschmidt, 1995, S. 377).

---

[34]Das Konstrukt des Innovationsklimas/-kultur ist somit schwer zu fassen und wird nicht selten synonym mit dem Begriff der Innovationskultur verwendet (Hauschildt & Salomo, 2011, S. 59; Schuler & Görlich, 2007, S. 55; von Au, 2011, S. 118). "It is generally the case that climate is a more limited concept than culture, to a large extent concerned with 'atmosphere' or 'mood', whereas culture comprises those symbols and structures which enable shared meaning, understanding and sense-making to be arrived at and maintained" (King, 1990, S. 36). Die Heterogenität der Begriffswahl und die Abstinenz einer einheitlichen Operationalisierung erschweren eine trennscharfe Konzeptualisierung beider Begriffe „There is considerable overlap and a lack of consistency in the usage of the terms" (King, 1990, S. 36). Dies bildet sich auch in den betrachteten Erfolgsfaktorenstudien ab. Im Verlauf dieser Untersuchung wird dennoch durchgehend von einem Innovationsklima gesprochen, um eine einheitliche Terminologie zu verfolgen.

„Im Rahmen von Innovationserfolgsfaktorenstudien wird in diesem Zusammenhang zumeist kein latentes Konstrukt ‚Innovationsklima' gemessen, sondern vielmehr erhoben, welche Maßnahmen gesetzt werden, um unternehmerische (bzw. innovative) Aktivitäten von Mitarbeitern zu fördern" (Dömötör, 2011, S. 53).

Der Modellparameter wird in der einschlägigen Erfolgsfaktorenforschung vor allem durch die Bereitstellung von überschüssigen Ressourcen (sogenannten 'Slack Resources') sowie durch die Unterstützung von herausragenden Innovationsakteuren, wie beispielsweise Innovation Champions und/oder Intrapreneuren, im Innovationssystem konzentriert (Cooper & Kleinschmidt, 1995, S. 390; Ernst, 2002, S. 15).

Bereitstellung von Slack Resources (finanziell und zeitlich)

Innovative Unternehmen zeichnen sich durch die Bereitstellung sogenannter Slack Resources aus, die für Innovationszwecke genutzt werden (Cooper & Kleinschmidt, 1995, S. 390; Damanpour, 1991, S. 569). Nohria und Gulati (1996, S. 1246) definieren diesen Begriff als „the pool of resources in an organization that is in excess of the minimum necessary to produce a given level of organizational output. Slack resources include excess inputs such as redundant employees, unused capacity, and unnecessary capital expenditures". Durch die Bereitstellung von finanziellen, zeitlichen und personellen Ressourcen zur Verfolgung von Innovationsvorhaben (Internes Venture Capital, Innovationsbudget, Förderung sogenannter 'Skunk Works'), wird der Belegschaft die Möglichkeit gegeben, Innovationstätigkeiten zu übernehmen (Cooper & Kleinschmidt, 1995, S. 390). Eine hohe Arbeitsbelastung (z.B. durch Überlastung im operativen Geschäft) weist hingegen einen negativen Zusammenhang zu Innovationen auf und verhindert kreative Impulse aus der Belegschaft (Chandler et al., 2000, S. 68). Allerdings muss an dieser Stelle betont werden, dass dieser Zusammenhang im Rahmen der diskutierten Erfolgsfaktorenstudien vor allem für MitarbeiterInnen der Abteilungen Forschung & Entwicklung empirisch überprüft wurde (Ernst, 2002, S. 15)

Förderung von Innovation-/Product Champions[35]

Die Existenz eines Innovation Champions ist ein zentraler Erfolgsfaktor für die Erlangung von Innovationserfolgen (Cooper & Kleinschmidt, 1995, S. 377; Ernst, 2002, S. 23; Howell, 2005, S. 108 ff.; Pattikawa et al., 2006, S. 1182; Shane, 1994, S. 397 ff.; Sundbo, 1996, S. 404). "Champions are individuals who informally emerge to promote the idea with conviction, persistence, and energy, and willingly risk their position and reputation to ensure the innovation's success" (Howell, 2005, S. 108). Ziel des Managements muss es daher sein, Innovation Champions in der Belegschaft zu identifizieren und zu fördern. Insgesamt unterstreichen diese Forschungsergebnisse die Bedeutung des Champion-Konzepts und somit

---

[35]Anstatt des product-champions werden im wissenschaftlichen Diskurs ebenfalls die Begriffe des project-champions, executive-champions, innovation-champion verwendet (Hauschildt & Salomo, 2011, S. 122). Ernst (2002, S. 23) stellt fest, dass diese Konzepte durch die Vielzahl unterschiedlicher Begriffsbezeichnungen verwässern. In dieser Untersuchung wird deshalb ausschließlich der Begriff des Innovation Champion genutzt.

ebenfalls die herausragende Bedeutung individueller Innovationsbeiträge einzelner Innovationsakteure[36] (Hauschildt & Salomo, 2011, S. 122; King, 1990, S. 29). Festzuhalten bleibt jedoch, dass ein Innovation Champion in den seltensten Fällen allein alle notwendigen Funktionen des Innovationsmanagements ausfüllen kann – dies erscheint u.a. deshalb unrealistisch, weil die Komplexität aller Funktionen die rein zeitlichen Kapazitäten einer einzelnen Person überschreitet.

Promotorenmodell

In der deutschsprachigen Innovationsforschung hat sich im Gegensatz zur angelsächsisch geprägten Championing-Theorie das sogenannte Promotorenmodell entwickelt, um Beiträge unterschiedlicher Funktionen von Innovationsakteuren und deren Zusammenwirken zu erforschen (Weisenfeld, 2006, S. 43). Das Promotorenmodell geht von der Annahme aus, dass unterschiedliche Funktionen in einem Innovationssystem erbracht werden müssen, um Innovationsbarrieren zu überwinden (Ernst, 2002, S. 23). Diese lassen sich in Barrieren des „Nicht-Wissens" (fachliche Defizite), „Nicht-Wollens" (Machtdefizite) und „Nicht-Dürfens" (Organisationsdefizite) differenzieren (Hauschildt & Salomo, 2011, S. 127). Es wurden im Verlauf der letzten Jahrzehnte fortlaufend unterschiedliche Promotorenrollen diskutiert, die diese Barrieren überwinden sollen. Diese wurden schließlich durch eine Metaanalyse von Hauschildt und Chakrabarti (1999, S. 67 ff.) konsolidiert.

Die Ergebnisse der Metaanalyse zeigen, dass eine Troika von Fach-, Prozess- und Machtpromotor notwendig ist, um Innovationen optimal zu fördern: Der Fachpromotor erschließt neues, objektspezifisches Fachwissen und ermöglicht durch kreative Impulse die Erneuerung der bisherigen Ressourcenbasis. Er ist „das Zentrum der ‚Produktion neuen Wissens'" (Hauschildt & Salomo, 2011, S. 126) und überwindet durch sein Wirken das Defizit des Nicht-Wissens.

Der Machtpromotor beseitigt die Barriere des Nicht-Wollen, indem er als mächtiger Förderer von Innovationsprojekten auftritt. „Der Beitrag des Machtpromotors zur kognitiven Leistung besteht darin, als Mäzen oder Unternehmer die materielle Basis der Innovation zu beschaffen und zu sichern" (Hauschildt & Salomo, 2011, S. 127). Nur unter Bereitstellung einer adäquaten (materiellen) Ressourcenausstattung können sich Fachwissen und kreative Impulse fortentwickeln, um die formulierten Ziele des Innovationsprojekts zu erreichen. Der Machtpromotor verteilt Ressourcen und entscheidet, ob ein Innovationsprojekt durchgeführt wird.

Der Prozesspromotor hat einen Überblick über den gesamten Innovationsprozess. „Er sieht die vielfältigen Schnittstellen. Er kann den Ablauf gestalten und ist insoweit der Steuermann

---

[36]Auf eine erneute Darlegung von innovationsförderlichen Persönlichkeitsstrukturen (z.B. Offenheit für Neues, Eigeninitiative, kognitiver Stil) wird an dieser Stelle verzichtet, da diese bereits im Modellparameter Top Management erörtert wurden (Abschnitt 4.2.1) Die hier ausgeführten Erkenntnisse lassen sich auf den Modellparameter Innovationsklima übertragen, da sie gleichermaßen wie im Modellparameter Top Management auf individueller Ebene wirken.

des Innovationsprozesses. Wir sehen hier den Beitrag des Prozesspromotors zur kognitiven Innovationsleistung" (Hauschildt & Salomo, 2011, S. 127). Der Prozesspromotor hat zudem die Funktion, eine Verbindung zwischen Fach- und Machtpromotor herzustellen und übt im Innovationssystem auf diese Weise eine Brückenfunktion ('bridging function') aus (Hauschildt & Salomo, 2011, S.142). Er koordiniert Innovationsvorhaben innerhalb der Organisation und überwindet durch sein Wirken z.B. auch administrative Widerstände. Der Prozesspromotor wird aufgrund dieser Tätigkeiten nicht selten als Leuchtturm der Innovationsaktivitäten und somit als Innovationsmanager wahrgenommen. Zu bemerken ist dabei, dass dieser Innovationsmanager nicht ausschließlich singuläre Innovationsprojekte, sondern zumeist ein Portfolio an gleichzeitig, aber nicht unbedingt synchron ablaufenden Innovationsprozessen zu managen hat.

Nach Hauschildt und Chakrabarti (1999, S. 67 ff.) können durch die Kombination dieser drei Promotoren alle erfolgskritischen Funktionen zur Generierung von Innovationen hinreichend erfüllt werden (Hauschildt & Salomo, 2011, S. 125). Abbildung 24 zeigt diese Wirkungsfelder von Promotoren im Innovationsprozess.

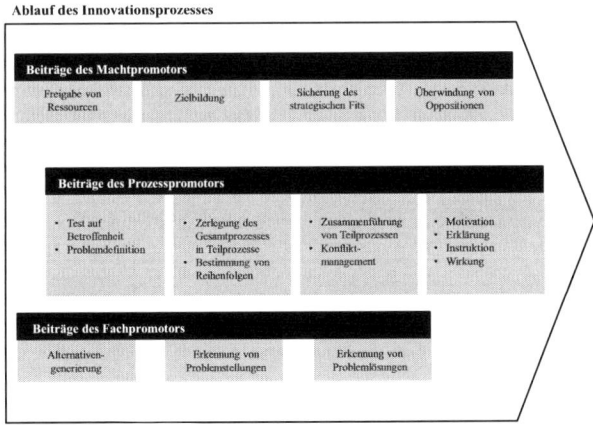

Abbildung 24: Wirkungsfelder von Promotoren im Innovationsprozess (von Au, 2011, S. 63)

Für die Praxis ist festzuhalten, dass die Funktionen der Promotoren im Vordergrund dieses Konzepts stehen, d.h. die Funktionen können auch in einem Team (Rollenpluralität) oder durch mehrere parallel besetzte Promotorrollen (Rollenkombination) wahrgenommen werden. „Rollenkombinationen und Rollenpluralität sind [dabei] die Normalfälle. Die idealtypische Rollenexklusivität ist die Ausnahme" (Hauschildt & Salomo, 2011, S. 130).

Schlussendlich müssen die Beiträge aller Promotoren in ein einheitliches Handeln übersetzt werden und hierfür die jeweiligen Rollen in eine kontinuierliche Interaktion treten, denn auch hier liegt der Schlüssel in der gelingenden Interaktion der drei Promotoren. Diese ist für ein funktionierendes Management von Innovationsprozessen von erfolgskritischer Bedeutung. Außerdem muss betont werden, dass sowohl in der Ideengenerierung, -umsetzung und -verwertung weitere Akteure der Organisation in Innovationsprozesse integriert werden müssen. Die Untersuchung von Akteuren des Innovationsgeschehens fokussierte sich bisher zumeist auf Großunternehmen mit einer professionellen Innovationsabteilung oder zumindest einer gut ausdifferenzierten Managementstruktur. Die Frage, wie Kleinst- und Kleinunternehmen die erörterten Bedingungen bezüglich der Besetzung der unterschiedlichen Promotorrollen erfüllen können, sollen in der Auswertung daher ebenfalls untersucht werden.

Fehlerklima

Die Beschäftigung mit Innovation ist per Definition mit Unsicherheit und Risiko verbunden. Die Durchführung von Innovationsprojekten wird daher zwangsläufig ebenfalls mit Fehlern einhergehen (Naveh, 2005, S. 2793). „Previous research suggests that individuals can learn from errors [...] and that quick error detection and recovery, as well as open communication about errors – hallmarks of an error management approach – can have positive implications for organizations" (van Dyck et al., 2005, S. 1238). Die Verstetigung eines konstruktiven Fehlerklimas kann somit zum einen die Tendenz der Belegschaft reduzieren, sich aufgrund von Angst vor Fehlersanktionen nicht an Innovationsprozessen zu beteiligen, zum anderen auch durch einen offenen Umgang mit Fehlern negative Fehlerkonsequenzen durch eine frühzeitigen Aufbruch der Fehlerkette minimieren. Durch eine verstärkte Handlungsorientierung ('learning-by-doing') und durch die grundsätzliche Akzeptanz von Fehlern ('learning-by-failing') werden das Lernverhalten, Experimentierfreudigkeit sowie die Initiative der Belegschaften in Innovationsprozessen gestärkt (van der Panne et al., 2003, S. 327; van Dyck et al., 2005, S. 1230). Dann kann von einem konstruktiven Fehlerklima gesprochen werden.

Anreize für Innovation

Zur Unterstützung innovativer Verhaltensweisen ist es notwendig, Anreize zu schaffen, die der Bedeutung der Innovation Rechnung tragen (Chandler et al., 2000, S. 68; Cooper et al., 2004, S. 37; Cooper & Kleinschmidt, 1995, S. 377). Gemäß Greiling (1998) herrscht im wissenschaftlichen Diskurs „weitgehend Einigkeit darüber, da[ss] eine Verbesserung der Innovationsfähigkeit durch gezielte Anreize erreicht werden kann" (S. 131). Innovative Unternehmen zeigen innovationsaktiven/-bereiten Mitarbeitern eine konkrete, materielle oder immaterielle Wertschätzung. Durch ein organisationales „Prozedere für Ideen hinsichtlich neuer Produkte [etabliert], durch das Ideen aller Mitarbeiter gefördert werden" (Cooper, 2010, S. 78), kommt die Wertschätzung gegenüber Innovationsbeiträgen aus der Belegschaft zum Ausdruck.

4.3 KMU-spezifische Anpassung des Bezugsrahmens

Bei der Ableitung des Bezugsrahmens eines Innovationssystems zeigt sich, dass die überwiegende Mehrheit der Erfolgsfaktorenstudien in Großunternehmen erhoben wurden (Dömötör, 2011, S. 73). Studien in Bezug auf die Erfolgsfaktoren von KMU erscheinen hingegen unterrepräsentiert (de Jong & Marsili, 2006, S. 225). Nach Dömötör (2011, S. 73) lassen sich „acht großzahlige Studien" identifizieren, die Erfolgsfaktoren in KMU anhand eines empirischen Vorgehens untersuchen. Zu überprüfen gilt, ob die Erfolgsfaktoren der klassischen Erfolgsfaktorenstudien von Großunternehmen in gleichem Maße die Innovativität von KMU begünstigen. Tabelle 13 zeigt eine Übersicht über bisherige KMU-spezifische Erfolgsfaktorenstudien mit den identifizierten Erfolgsfaktoren. Trotz abweichender Forschungsschwerpunkte und Stichprobenstruktur der identifizierten Studien bieten diese Studien eine Orientierung für die KMU-gerechte Anpassung des vorliegenden Bezugsrahmens.

Nach der Betrachtung der Innovationserfolgsfaktorenforschung großer Unternehmen sollen nun Besonderheiten in der Ausgestaltung dieser Systemelemente in Bezug auf KMU bestimmt werden. Nachfolgend werden die Modellparameter auf Basis relevanter Innovationsforschung in KMU spezifiziert. Diese Spezifizierung wird in enger Anlehnung an den identifizierten Bezugsrahmen vorgenommen. Dies bedeutet, dass ausschließlich gemäß Abschnitt 4.2 definierte Erfolgsfaktoren berücksichtigt werden. Input-Faktoren (wie z.B. F&E-Aufwendungen) finden genauso wenig Berücksichtigung wie Faktoren, die nicht durch das Management selbst beeinflussbar sind (wie z.B. das Alter der Organisation).

Quelle	Stichprobe	Abhängige Variablen	Unabhängige Variablen	Signifikante Erfolgsfaktoren
Bhattacharya & Bloch (2004)	1123 Geschäfts-einheiten	Markteinführung einer bedeutenden Innovation (dichotom)	- Unternehmensgröße (Umsatz) - Profitabilität - Wachstum - F&E-Aufwendungen (%) - four-firm concentration ratio - Import-/ Exportanteil (% Umsatz)	- Unternehmensgröße (+) - F&E-Aufwendungen (+) - four-firm concentration ratio (+) - Exportanteil (% Umsatz) (+) - Importanteil (% Umsatz) (+)
Bougrain & Haudeville (2002)	313 Projekte von 247 Unternehmen (1-499 Mitarbeiter)	Projekterfolg (dichotom)	- Unternehmensgröße (Kategorie) - Branche - Partner - F&E-Intensität - Anzahl der Führungskräfte - Existenz einer Designabteilung	- „[…] success rate of small and medium enterprises which obtained external knowledge from other companies […] was higher." - „R&D intensity does not influence future prospects of a project." - „[…] there is not a direct link between the result of a co-operative project and the percentages of executives to employees." - „[…] the success of collective innovation is correlated to the existence of the design office."
de Jong & Vermeulen (2006)	1250 KMU (0-499 Mitarbeiter)	Kürzliche Neuprodukt-einführungen (neu für das Unternehmen und/oder neu für die Branche) (beides dichotom)	- Managementfokus (Dummy) - schriftliche Innovationspläne (Dummy) - Nutzung externer Netzwerke (Dummy) - Marktforschung (Dummy) - zwischenbetriebliche Kooperationen (Dummy) - Einbindung von Mitarbeitern (Dummy) - Weiterbildung (Dummy) - Alter (log Jahre) - Größe (log Mitarbeiter)	- Alter (-) - Größe (+) - Managementfokus (+) - schriftliche Innovationspläne (+) - Nutzung externer Netzwerke (-) - Marktforschung (+) - zwischenbetriebliche Kooperationen (+) - Einbindung von Mitarbeitern (+)

Autor (Jahr)	Stichprobe	Abhängige Variable	Unabhängige Variablen	Ergebnisse
Freel (2003)	597 Produktions-KMU (<500 Mitarbeiter)	Einführung einer Produkt- oder Prozessinnovation in den letzten drei Jahren (dichotom)	- Alter - Größe - F&E-Aufwendungen - Anteil Techniker (%) - Anteil Software-Ingenieure (%) - Kunden-/ Lieferantenbeziehungen - Beziehungen zu Wettbewerbern, zu Universitäten, zum öffentlichen Sektor	- Größe (+) - F&E-Aufwendungen (+) - Anteil Techniker (%) (+) - Kundenbeziehungen (+) - Beziehungen zum öffentlichen Sektor (+)
Hadjimanolis (2000)	140 Produktions-KMU (10-100 Mitarbeiter)	Innovativität (subjektive Einschätzung durch Befragte)	- Eigenschaften des Eigentümers (Bildungsniveau, Alter, frühere Geschäftserfahrung) - Eigenschaften des Unternehmens (Größe, Alter, Umsatz, Existenz einer schriftlichen Strategie, Internationalisierungsgrad, F&E-Aufwendungen, Beschäftigung von Wissenschaftlern und Ingenieuren, Umfeldanalysen, Kooperationen mit Technologieprovidern) - Umfeldfaktoren (Wettbewerbsintensität, Umfeldänderungen, Bedeutung externer Barrieren, Grad des Networkings) - externe Trainingsmaßnahmen	- Existenz einer schriftlichen Strategie (+) - Relative F&E-Aufwendungen (+) - Performance (+) - Anzahl der Beschäftigten (+) - Bedeutung technologischer Informationsquellen (+) - Kooperation (+)
Hauschildt & Walther (2003)	74 abgeschlossene Innovationsprojekte von 74 KMU (<500 Mitarbeiter)	Wirtschaftlicher Erfolg (sechsstufige Ordinalskala auf Basis subjektiver Einschätzung der Befragten – wurde in dichotome Nominalskala überführt)	- Innovationsgrad - technologisches Wissen - marktbezogenes Wissen - Planungsvermögen - freie Kapazitäten/Engpässe - Kooperation - Risikokapital	- Innovationsgrad (+) - Umfang technische Beschreibung (+) - Vorhandensein Referenzkunde (+) - Unternehmensleitung als Promotor (+) - Entwicklungsdauer der Innovation (-) - Kooperationsbeziehungen (+)

Rogers (2004)	4314 KMU	Innovator 1997 (dichotom)	- Anzahl der Mitarbeiter (log)	- Anzahl der Mitarbeiter (+)
			- Innovator 1995 (Dummy)	- Innovator 1995 (+)
			- Alter (Jahre)	- Managementtraining (+)
			- Gewinnspanne	- Ausländischer Eigentümer (-)
			- Weiterbildungsintensität	- Durchführung von Vergleichen mit Wettbewerbern (+)
			- Managementtraining	- formale Kooperationen mit anderen Unternehmen (+)
			- Ausländische Eigentümer	- Exportaktivitäten (+)
			- Gewerkschaftsmitgliedschaft (Dummy)	- F&E-Aktivitäten (+)
			- Durchführung von Vergleichen mit Wettbewerbern (Dummy)	
			- Kooperationen mit anderen Unternehmen (Dummy)	
			- Exportaktivitäten (Dummy)	
			- F&E-Aktivitäten (Dummy)	
			- F&E-Intensität/Patentintensität der Branche	
			- Marktanteil	
			- four-firm concentration ratio	
Romijn & Albaladejo (2002)	33 Software-KMU (5-166 Mitarbeiter)	Markteinführung einer bedeutenden Innovation in den letzten drei Jahren, Anzahl der Patente und „Innovationsindex"	- interne Faktoren (beruflicher Hintergrund der Gründer/Manager, Qualifikation der Mitarbeiter, interne Maßnahmen zur Verbesserung von Technologien)	- Qualifikation der Mitarbeiter (+)
				- F&E-Aufwendungen (+)
			- externe Faktoren (Kooperationsintensität, Proximitätsvorteile durch Networking, Erhalt öffentlicher Förderungen)	- Gründer/Manager waren früher in öffentlichen Forschungseinrichtungen beschäftigt (+)
				- Interaktionsintensität mit öffentlichen Fördereinrichtungen (+)
				- Nähe zu Lieferanten (+)
				- Nähe zu Forschungseinrichtungen (+)
				- Nähe zu Kunden (-)

Tabelle 13: Ergebnisse KMU-spezifischer Erfolgsfaktorenstudien (Dömötör, 2011, S. 74 ff.)

Top Management

Wie in Abschnitt 2.2.2 bereits angesprochen, wird das Management in kleineren Unternehmen zumeist durch deren Gründer/Inhaber repräsentiert. Diese gelten idealtypisch als Persönlichkeiten bzw. Generalisten, die ihre Möglichkeit der direkteren Ansprache von MitarbeiterInnen intensiver als in Großunternehmen pflegen und nutzen (de Jong & Marsili, 2006, S. 220; Dömötör, 2011, S. 10). Wenngleich das Top Management in allen Unternehmen – gleichgültig welcher Größe – eine übergeordnete Bedeutung für den Unternehmenserfolg hat, bestehen in KMU besondere Bedingungen, die zu einer Macht- und Rollenfülle der Geschäftsleitung führen. „Als Generalist kümmert er sich oftmals um vielfältige Aufgabengebiete. Er stellt in seinen (zumeist) drei Funktionen als Unternehmer, Kapitalgeber und Leiter [...] die benötigten Ressourcen für Innovationstätigkeit bereit und kann durch sein Netz von persönlichen Kontakten zu Kunden, Lieferanten und zur sonstigen Unternehmensumwelt den Weg zu externen Kooperationspartnern ebnen" (Dömötör, 2011, S. 10). In der Mehrzahl der Fälle ist die Geschäftsführung die einzige Instanz, die strategierelevante Aspekte im Unternehmen betrachtet und die gesamte Unternehmensstrategie vorgibt. „Innovation wird insbesondere bei kleineren KMU als Chefsache verstanden und nicht systematisch geplant. Die starke Position des Unternehmensführers begünstigt diese Situation" (Kirner et al., 2006, S. 30). Gemäß dem empirischen Diskurs erscheint es unumstritten, dass die Geschäftsführung die Innovativität des KMU wesentlich bestimmt.

Entgegen der im wissenschaftlichen Diskurs unterstellten Bedeutung der Unternehmensführung in KMU zeichnet die diesbezügliche empirische Erfolgsfaktorenforschung ein weniger konsistentes Bild. Demnach lassen sich anhand der KMU-spezifischen Erfolgsfaktorenstudien drei Faktoren identifizieren, die allerdings jeweils lediglich durch eine Studie nachgewiesen wurden. So nennen de Jong & Vermeulen (2006, S. 599 ff.) den *Fokus der Unternehmensführung auf Innovation* als signifikanten Erfolgsfaktor. Unternehmer mit einem Fokus auf Innovation suchen demnach fortlaufend neue Innovationschancen und stellen für deren Umsetzung Ressourcen bereit (de Jong & Vermeulen, 2006, S. 593). Auf diese Weise ermöglichen sie die fortlaufende Generierung von Innovationen. Anschließend an dieser Ergebnisse zeigen Hauschildt und Walther (2003, S. 19), dass dem Engagement der *Geschäftsführung als Promotor im Innovationsprozess* erfolgskritische Bedeutung beizumessen ist. „Einer der wichtigsten Befunde unserer Studie ist wiederum die zentrale Bedeutung, die den Machtpromotoren der Innovation aus der Unternehmensleitung zukommt" (Hauschildt & Walther, 2003, S. 19). Keine expliziten Aussagen lassen sich jedoch darüber treffen, inwieweit auch die Akteure der Unternehmensführung in KMU als Fach- und/oder Prozesspromotoren Verantwortung übernehmen. Romijn und Albaladejo (2002, S. 1064 f.) weisen zudem darauf hin, dass insbesondere die vorherige Beschäftigung der Unternehmensführung in öffentlichen Forschungseinrichtungen einen positiven Einfluss auf die Innovativtität von KMU besitzt.

Innovationsstrategie

In Bezug auf den Modellparameter Strategie lassen sich keine verallgemeinerbaren Aussagen zu Erfolgsfaktoren ableiten. Lediglich zwei Studien untersuchen den Zusammenhang zwischen der Innovationsstrategie von KMU und deren Innovativität. Analog zu der allgemeinen Erfolgsfaktorenforschung besitzt die *schriftliche Formulierung und Niederlegung der Innovationsstrategie* eine positiven Einfluss auf die Innovativität von KMU (Hadjimanolis, 2000, S. 240 f.). Demnach müssen strategierelevante Aspekte auch in KMU expliziert werden, um eine positive Wirkung auf die Innovativität zu besitzen. Diese explizierte und somit fixierte Innovationsstrategie muss nachfolgend in einen ebenfalls *schriftlich niederlegten Innovationsplan* überführt werden (de Jong & Vermeulen, 2006, S. 599 ff.). "Renewal efforts that are scheduled in a documented strategy are more likely to lead to innovation outputs" (de Jong & Vermeulen, 2006, S. 592). Dieser Innovationsplan enthält Innovationsziele und deren Operationalisierung, z.B. in Form von detaillierten Ablaufplänen (de Jong & Vermeulen, 2006, S. 593).

Innovationsprozess

Der Modellparameter Innovationsprozess ist in Bezug auf dessen Ausgestaltung in KMU nicht wirklich empirisch durchdrungen. Ausschließlich *systematisches Marktforschungs-verhalten* über den gesamten Innovationsprozess lässt sich über mehrere Innovationserfolgs-faktorenstudien hinweg als signifikanter Faktor identifizieren (de Jong & Vermeulen, 2006, S. 599 ff.; Hadjimanolis, 2000, S. 243; Rogers, 2004, S. 147 f.). Marktforschungsaktivitäten dienen als Grundlage, um Innovationschancen im Umfeld der Unternehmung zu erkennen und verwertbar zu machen und über den Verlauf des Innovationsprozesses eine dauerhafte Marktorientierung sicherzustellen (de Jong & Vermeulen, 2006, S. 593; Hauschildt & Walther, 2003, S. 12). Die Erlangung marktbezogenen Wissens bereitet ebenfalls die Grundlage, um Innovationsvorhaben auf Basis eines angemessenen Informationsstandes planen zu können. Das *Planungsvermögen* wird durch Hauschildt und Walther (2003, S. 12) als weiterer Erfolgsfaktor für die Innovativität von KMU herausgestellt. Das Planungsvermö-gen bezeichnet „die Fähigkeit, das Innovationsprojekt umfassend und systematisch zu strukturieren und in seinen Konsequenzen für eine überschaubare Zukunft zu prognostizieren" (Hauschildt & Walther, 2003, S. 12). Fraglich jedoch bleibt, wie sich dieses Planungsvermö-gen in KMU in organisationalen Prozessen abbildet. Die vorgestellten Erfolgsfaktorenstudien betrachten nicht, inwieweit formale Prozesse (wie z.B. Stage-Gate-Prozesse) in KMU die Innovativität positiv beeinflussen.

Anders als Erfolgsfaktorenstudien in Großunternehmen, die einen formalisierten Innovationsprozess als zwingend erforderlich erachten, um Innovation generieren zu können, wird die Bedeutung formaler Innovationsprozesse in KMU bislang abseits einer empirischen Grundlage diskutiert. Ein Strang der Forschung vertritt die Auffassung, dass die Formulierung eines formalen Innovationsprozesses für KMU ebenfalls eine Voraussetzung für eine erfolgreiche Innovationstätigkeit darstellt (Blessin, 2001, S. 23). Der andere Strang hält einen formalen Prozess in KMU für ungeeignet und nicht innovationsförderlich. "Clearly many of the formal and structured approaches used in larger firms and prescribed in business school literature will be inappropriate in the case of the SME" (Hoffmann et al., 1998, S. 49). Beide Hypothesen besitzen jedoch bisher keine ausreichende empirische Validität.

Organisation

Bezüglich des Modellparameters Organisation erweisen sich insbesondere *Innovationskoope-rationen mit externen Partnern* als innovationsbegünstigend. „Empirical evidence supports the argument that SMEs which are aware of and use external information perform significantly better in terms of innovation success than those firms which do not" (de Jong & Marsili, 2006, S. 221). Der positive Zusammenhang von Kooperationen mit dem Innovationserfolg wird durch die Mehrheit der relevanten Studien bestätigt und erscheint über die relevanten Studien konsistent (Bougrain & Haudeville 2002, S. 740; de Jong & Vermeulen, 2006, S. 599 ff.; Freel, 2003, S. 766 f. ; Hadjimanolis 2000, S. 240 f.; Hauschildt & Walther, 2003, S. 12; Romijn & Albaladejo, 2002, S. 1064 f.). Als relevante Kooperations-partner im Innovationszusammenhang werden Forschungseinrichtungen, Zulieferer und öffentliche Fördereinrichtungen identifiziert. Jedoch wird anhand der Studien nicht spezifiziert, wie diese Kooperationen in KMU konkret ausgestaltet worden sind (Hoffmann et al., 1998, S. 40). Daher ist z.B. fraglich, ob eine hohe Netzwerkintensität durch viele unterschiedliche Kooperationen oder die Kooperation mit wenigen ausgewählten Partnern als erfolgversprechender zu betrachten ist. Rogers (2004, S. 147 f.) Ergebnisse weisen darauf hin, dass Innovationskooperationen in jedem Fall formalisiert werden müssen, um eine positive Wirkung auf die Innovativität zu haben.

Als weiteres relevantes Erfolgskriterium für die Innovativität von KMU erscheint die starke *Kundenorientierung* (de Jong & Vermeulen, 2006, S. 599 ff.; Freel, 2003, S. 766 f.). "In particular, a strong customer orientation appears to be closely linked to the success of small firms in developing innovative products and services" (de Jong & Marsili, 2006, S. 220). Diese wird im wissenschaftlichen Diskurs als besondere Qualität der Unternehmensführung von KMU betont. Hieraus ist anzunehmen, dass eine aktive Nutzung enger Kundenorientie-rung den Blick einer Organisation für kundengerechte Innovation schärft. Die Gewinnung von Referenzkunden, die bereits zu Beginn des Innovationsprozesses in die Entwicklung eines Innovationsvorhabens einbezogen werden, gilt ebenfalls in KMU als erfolgsförderlich (Hauschildt & Walther, 2003, S. 18). Nur die Ergebnisse von Romijn und Albaladejo (2002, S. 1063) können diesen positiven Zusammenhang nicht bestätigen. Demnach besitzt die

Kundennähe – hier spezifiziert als hohe Frequenz des Austauschs mit Kunden – keinen signifikanten Einfluss auf die Innovativität.

Interessant erscheint über die benannten Erfolgsfaktoren des Modellparameters hinaus, wie die Zusammenarbeit in Bezug auf Innovationen in KMU, die mehrheitlich keine eigene Forschungs- und Entwicklungsabteilung besitzen, organisiert wird. "For the vast majority of firms there is no separate R&D department and to be precise one should speak of various types of development rather than research" (Hadjimanolis, 2000, S. 242). Es gibt somit in vielen KMU keine organisationalen Einheiten, die sich unter einem Forschungsansatz ausschließlich um Innovationen kümmern (von Au 2011, S. 115). Diese Fragen erscheinen durch die bisherige Erarbeitung KMU-spezifischer Erfolgsfaktoren ebenso wenig erörtert, wie die Frage, inwieweit die allgemeine Organisationstruktur von KMU die Innovativität beeinflusst.

Innovationsklima

Die *Einbindung von MitarbeiterInnen an vorderster Linie (frontline employees) in Innovationsprozesse* wird in einer einzigen Studie als signifikanter Erfolgsfaktor für die Innovativität von KMU benannt. Gemeint sind hier diejenigen MitarbeiterInnen, die im direkten Kundenkontakt tätig sind. "Innovation in small firms is regarded to be a collaborative effort that needs the 'involvement of frontline employees'. Those who are in sales and service delivery have the best view on unsatisfied needs of customers and new initiatives of competitors" (de Jong & Vermeulen, 2006, S. 594). Betrachtet die Unternehmensführung die Innovationstätigkeit als kollektive Aufgabe, zu der sowohl die Geschäftsführung als auch die Belegschaft beizutragen hat, müssen die MitarbeiterInnen zwingend in das Innovationssystem eingebunden werden.

Strebt die Unternehmensführung an, in der Organisation ein kollektives Innovationssystem zu verankern, muss diese freie Kapazitäten (sogenannte Slack resources, siehe hierfür Abschnitt 4.2.5) für die eingebundenen MitarbeiterInnen (z.B. aus dem Vertrieb) bereitstellen (Hauschildt & Walther, 2003, S. 12). Die Autoren vermuten, dass „freie Kapazitäten, um unerwartet auftretende Engpässe im Innovationsprozess überwinden zu können" notwendig sind, um die Innovativität in KMU zu verstetigen. Diese Hypothese bezüglich der Bereitstellung von Slack resources lässt sich durch die Autoren empirisch nicht verifizieren. Auch fehlen bislang Konzepte, wie die Einbindung der Belegschaft in Organisationen ohne Forschungs- und Entwicklungsabteilungen tatsächlich umgesetzt werden kann.

Als weiterer Erfolgsfaktor des Modellparameters Innovationsklima wird die *Durchführung von Trainingsmaßnahmen* identifiziert (de Jong & Vermeulen, 2006, S. 594; Rogers, 2004, S. 147 f.). Durch die individuelle Erweiterung der Wissensbasis durch Trainingsmaßnahmen wird somit die Grundlage für Innovationen geschaffen. "The presence of formal education and/or training programmes to keep up the knowledge and skill level may enhance product innovation in small firms" (de Jong & Vermeulen, 2006, S. 594). Festzustellen ist jedoch, dass beide Studien Trainingsmaßnahmen auf unterschiedlichen Ebenen ansprechen. Während Rogers (2004, S. 147 f.) Trainingsmaßnahmen auf der Ebene des Managements als Erfolgsfaktor identifiziert, bestätigen de Jong und Vermeulen (2006, S. 594) Trainingsmaßnahmen auf MitarbeiterInnenebene eine positive Wirkung auf die Innovativität von KMU.

4.4 Zwischenfazit

Auf Grundlage des in Abschnitt 3 identifizierten Defizits in Bezug auf die Operationalisierung des theoretischen Konzepts der dynamischen Fähigkeiten wurde in diesem Abschnitt eine Konzeptualisierung eines handlungsorientierten Bezugsrahmens abgeleitet, welche eine Operationalisierung der Innovationsfähigkeit vornimmt. Dieser Bezugsrahmen wird anhand der Innovationserfolgsfaktorenforschung abgeleitet. Es lassen sich fünf innovationsbezogene Modellparameter (Top Management, Innovationsstrategie, Innovationsprozess, Organisation und Innovationsklima) organisationaler Innovationssysteme identifizieren. Deutlich wurde, dass in Bezug auf die Erfolgsfaktorenforschung in Großunternehmen eine reichhaltige empirische Datengrundlage vorzufinden ist. Im Gegensatz dazu zeigt die Innovationsforschung im KMU-Zusammenhang einen Mangel an empirischen Erfolgsfaktorenstudien (Dömötör, 2011, S. 73). Die Diskussion KMU-spezifischer Erfolgsfaktoren des vorangegangenen Abschnitts weist darauf hin, dass aufgrund fehlender Systematisierung und Konsolidierung bisherige Forschungsergebnisse keine eindeutigen Aussagen zur Reichweite der in Tabelle 13 benannten Erfolgsfaktoren zulassen. Dies liegt nicht zuletzt an dem Defizit KMU-spezifischer Erfolgsfaktorenforschung. Aus diesem Defizit ergibt sich der Forschungsbedarf weitere potenzielle Erfolgsfaktoren in KMU abzuleiten und bereits diskutierte Erfolgsfaktoren des Abschnitts 4.3 empirisch zu validieren, um Wirkungsmechanismen der Black Box der organisationalen Fähigkeit in KMU freilegen zu können. „Searching for mechanisms means opening black boxes" (Martin, Weisenfeld & Bekmeier-Feuerhahn, 2009, S. 119). Der nachfolgende Analyseschritt (Abschnitt 5) verfolgt das Ziel, weitere Erfolgsfaktoren über die bereits identifizierten Erfolgsfaktoren einschlägiger KMU-spezifischer Studien (Tabelle 13) hinaus zu identifizieren und die Erklärungskraft bereits identifizierter Erfolgsfaktoren zu verifizieren. Diese Ableitung erfolgt anhand des aus der Erfolgsfaktorforschung abgeleiteten Bezugsrahmens. Im folgenden Abschnitt 5 soll zunächst erörtert werden, wie methodisch vorgegangen wird, um die skizzierte Forschungsfrage zu beantworten.

5 Methodik der empirischen Untersuchung

5.1 Quantitative, qualitative und Mixed-Method-Forschung

Quantitative und qualitative Forschungsmethoden verfolgen unterschiedliche Ausrichtungen und Erkenntnisziele. Tabelle 14 fasst diese Unterschiede anhand signifikanter Schwerpunkte nach Brüsemeister (2008, S. 48) zusammen.

Quantitative Forschung	Qualitative Forschung
Theorieüberprüfende Forschungslogik	Theorieentdeckende Forschungslogik
Überprüfung und Operationalisierung von als gültig unterstellten Theoriehypothesen	Entwicklung neuer Theoriehypothesen, Sensibilisierung durch Vorab-Hypothesen
Aggregate/Variablenbezug	Einzelfallbezogenheit/einzelfallanalytisches, fallkonstruktives Vorgehen
Eigenarten einer Grundgesamtheit sind bekannt	Unbekannte Subkultur
Variablenanalyse/Wahrscheinlichkeitsaussagen zwischen Variablen bzw. Merkmalen einer Grundgesamtheit	Rekonstruktion von Deutungs- und Handlungsmustern
Genauer Erhebungs- und Auswertungsplan	Plan plus relative Offenheit gegenüber Daten bzw. aus dem Feld „emergierende" Hypothesen
Erkenntnisgegenstand sind Variablen	Erkenntnisgegenstand sind Deutungs- und Handlungsmuster sowie Prozesslogiken
Statistisches Sample	Theoretisches Sample
Deduktive Schließlogik	Induktion, qualitative Induktion, Abduktion als Schließlogiken
Richtige Operationalisierung und Messung	Gegenstandsangemessenheit

Tabelle 14: Unterschiede zwischen quantitativen und qualitativen Forschungsmethoden (Brüsemeister, 2008, S. 48 zitiert nach Lamnek, 2010, S. 243)

Quantitative Forschungsmethoden werden herangezogen, um vorhandene Theoriekonstrukte einer empirischen Validierung zu unterziehen. Demnach steht die „Überprüfung und Operationalisierung von als gültig unterstellten Theoriehypothesen" (Lamnek, 2010, S. 242) im Zentrum des Erkenntnisinteresses. Theoriehypothesen werden deduktiv aus der Empirie abgeleitet, durch Variablen operationalisiert und anhand von vor der Untersuchung festgelegten und standardisierten Erhebungs- und Auswertungsmethoden durchgeführt. Durch die statistische Überprüfung der ex ante definierten und deduktiv abgeleiteten Hypothesen können Wahrscheinlichkeitsaussagen bezüglich der untersuchten Variablen generiert werden (Kuckartz, 2012, S. 14). Diese Analysen werden im Idealfall an Zufallsstichproben (repräsentativen Stichproben) durchgeführt, welche die Übertragung der Wahrscheinlichkeitsaussagen auf eine größere Population als die untersuchte Stichprobe zulässt. Quantitative Methoden sind durch das Vorwissen des Forschers prädeterminiert und sind durch ein „starres

Vorgehen" (Lamnek, 2010, S. 242) gekennzeichnet. Forscher weisen im Forschungsprozess eine Distanz zum Forschungssubjekt auf und verfolgen das Ziel, die Forschungsobjekte ohne unmittelbaren Kontakt (z.b. durch großzahlige schriftliche Erhebung) zum Forschungsfeld ‚objektiv' zu untersuchen.

Qualitative Forschungsansätze sind durch ein exploratives Vorgehen gekennzeichnet und orientieren sich an den ‚subjektiven' Perspektiven der Befragten. „Qualitative Forschung ist von anderen Leitgedanken als quantitative Forschung bestimmt. Wesentliche Kennzeichen sind dabei die Gegenstandsangemessenheit von Methoden und Theorien, die Berücksichtigung und Analyse unterschiedlicher Perspektiven sowie der Reflexion des Forschers über die Forschung als Teil der Erkenntnis" (Flick, 2007, S. 26)

Erkenntnisziel ist es, durch eine explorative Herangehensweise neue Theoriehypothesen zu generieren. Im Gegensatz zu der statistischen Stichprobenwahl der quantitativen Methodik nutzen qualitative Methoden eine theoretische Stichprobenwahl. Forschungssubjekte werden erkenntnisorientiert im Verlauf des Forschungsprozesses selektiert (Strauss & Corbin, 1996, S. 148). Dabei zeigt sich, dass Datenerhebung und Datenanalyse eng miteinander verwoben sind. Der Forschungsprozess ist erkenntnisgeleitet und iterativ. Das Sampling wird beendet, sobald das Kriterium der theoretischen Sättigung erfüllt ist und das untersuchte Phänomen durch die vorliegende Datengrundlage hinreichend erklärt werden kann (Strauss & Corbin, 1996, S. 165). Die untersuchten Phänomene werden im Kontext ihrer Entstehung betrachtet, um eine hinreichende externe Validität sicherzustellen. Es handelt sich um „nicht-experimentelle[...] Design[s] in einer lebensnahen Umgebung [...], in dessen Rahmen verbale (mündliche bzw. geschriebene) Berichte erstattet werden, die die persönlichen Nachbildungen der Teilnehmer von für den Forscher interessanten Aspekten ihrer Lebenswelt (ihrer ‚Realität') enthalten und die mittels einer Inhaltsanalyse analysiert werden" (Cropley, 2008, S. 24 f.). Qualitative Methoden orientieren sich an den Relevanzsystemen der Forschungssubjekte.

Wenngleich quantitative und qualitative Forschungsansätze auf Basis der vorangegangenen dichotomen Darstellung als gegensätzlich und nicht kombinierbar erscheinen, wirkt diese Gegensätzlichkeit vor allem aus dem normativen Blickwinkel als problematisch. In der Forschungspraxis lassen sich mit Bernard und Ryan (2010, S. 4) neben den Reinformen qualitativer (Quadrant A) und quantitativer (Quadrant D) Forschung Mischformen beider Forschungsparadigmen unterscheiden. Demnach beinhaltet die Interpretation quantitativer Daten stets eine qualitative Deutung der erzielten Resultate (siehe Quadrant B der Tabelle 15). Wenngleich Resultate quantitativer Verfahren nicht selten als objektiv angesehen werden, bedarf die Interpretation dieser Daten jedoch zwingend einer qualitativen Einordung der Bedeutung von Resultaten und der zugrunde liegenden Kausalitäten von statistischen Effekten.

Analyse	Daten	
	Qualitative	Quantitative
Qualitative	*Quadrant: A* Interpretative Textauswertung, Hermeneutik, Grounded Theory etc.	*Quadrant: B* Suche und Darstellung der Bedeutung von Resultaten quantitativer Verfahren
Quantitative	*Quadrant: C* Transformation von Worten in Zahlen, klassische Inhaltsanalyse, Worthäufigkeiten, Wortlisten etc.	*Quadrant: D* Statistische und mathematische Analyse numerische Daten

Tabelle 15: Quantitative und qualitative Daten und Analyse (Bernard & Ryan, 2010, S. 4 zitiert nach Kuckartz, 2012, S. 15)

Gleichermaßen können qualitative Daten quantitativ ausgewertet werden (siehe Quadrant C), indem Textmaterial nach festgelegten Standards (z.b. in Form einer quantitativen Inhaltsanalyse) quantifiziert wird, um diese nachfolgend quantitativen Auswertungsverfahren zuführen zu können. „Es besteht also kein Grund zu der Annahme eines tiefen Grabens zwischen qualitativer und quantitativer Perspektive" (Kuckartz, 2012, S. 15). Die vorliegende Untersuchung beruht auf einer qualitativen Auswertung von qualitativen und quantitativen Daten und bezieht sich vorrangig auf die Quadranten A und B. Sie trianguliert auf diese Weise qualitative mit quantitativen Forschungsansätzen. Der Ablauf der Untersuchung wird in der Erörterung des Forschungsdesigns dargestellt (Abschnitt 5.3).

5.2 Gütekriterien qualitativer Forschung

Gütekriterien definieren Standards für die Durchführungsqualität des gewählten Forschungsansatzes. In der quantitativen Forschung werden diese Kriterien für die Objektivität, Reliabilität und Validität in quantifizierbaren Gütekriterien abgebildet. Gemäß der Auffassung von Strauss und Corbin (1996, S. 214 f.) können Gütekriterien der quantitativen Forschung nicht unreflektiert in die qualitative Forschung übernommen werden.

„Bei der Übernahme dieser Kriterien durch qualitative Forscher sind folgende Gefahren zu vermeiden: die eher positivistischen Konnotation dieser Kriterien und die zu wörtliche Übernahme von Konzepten aus der physikalischen oder biologischen wissenschaftlichen Literatur. Es besteht kein Grund, derlei Konzepte in Übereinstimmung mit quantitativer Sozialforschung zu definieren und anzuwenden. Jede Art von Entdeckung entwickelt ihren eigenen Standard – und eigene **Verfahren**, um diesen Standard zu erreichen" (Strauss & Corbin, 1996, S. 214 f.; Hervorheb. i. Orig.)

Auf dieser Grundlage fordern die Autoren die Etablierung eines eigenständigen, methodenkonformen Verfahrens zur Güteprüfung qualitativer Forschung. Als Ausdruck der Bestrebungen des qualitativen Forschungsstrangs etablierten sich neben den bekannten ‚klassischen' Gütekriterien quantitativer Forschung eigene ‚neue' Qualitätskriterien qualitativer Forschung. Kuckartz (2012, S. 166) stellt die Gütekriterien beider Ansätze einander gegenüber.

‚Klassische' Gütekriterien quantitative Forschung	‚Neue' Gütekriterien für die qualitative Forschung nach Miles und Hubermann
Objektivität	Bestätigbarkeit
Reliabilität	Verlässlichkeit
Interne Validität	Glaubwürdigkeit
Externe Validität	Übertragbarkeit

Tabelle 16: Gütekriterien in quantitativer und qualitativer Forschung (in Anlehnung an Kuckartz, 2012, S. 166)

Im quantitativen Forschungsparadigma wird gemäß der hypothetiko-deduktiven Betrachtung versucht, die Objektivität der Forschungsergebnisse sicherzustellen. Dies setzt allerdings voraus, dass bezüglich des beforschten Untersuchungsgegenstands tatsächlich eine Objektivität besteht. Anders als im Beispiel dieser positivistischen Forschungsausrichtung versteht das qualitative Forschungsparadigma gemäß dem konstruktivistischen Ansatz Forschungsergebnisse nicht als objektivierbare Tatsachen, sondern vielmehr als Konstruktionen des Forschers bezüglich der geäußerten Konstruktionen der Beforschten. „Bei empirisch-qualitativer Forschung lautet die zentrale Frage, inwieweit die Konstruktionen des Forschers in der Konstruktion der Beforschten begründet sind" (Kuckartz, 2012, S. 166). Demnach müssen Interpretationen des Forschenden bezüglich der untersuchten Konstruktionen der Beforschten intersubjektiv durch andere Forschende zu bestätigen sein. Auf diese Weise wird keine Objektivität in der quantitativen Logik, sondern ein intersubjektiver Konsens bezüglich der Interpretation des erforschten Sachverhalts erreicht. Diese konsensuale Intersubjektivität kann in der Forschungspraxis z.B. durch regelmäßig stattfindende Expertengespräche erreicht werden. Gemäß Kuckartz (2012, S. 169) kann die Güte qualitativer Forschung durch folgende Maßnahmen der Qualitätssicherung sichergestellt werden:

Bezeichnung der Maßnahmen	Beschreibung der Maßnahmen
Expertengespräche	Unter Expertengesprächen sind regelmäßige Treffen und regelmäßiger Austausch mit kompetenten Personen außerhalb des Forschungsprojekts zu verstehen. Diese Experten nehmen zur Vorgehensweise und zu den ersten Ergebnissen des Projekts Stellung und lenken die Aufmerksamkeit ggf. auf Phänomene/ Tatbestände, die leicht übersehen werden.
Kommunikative Validierung	Besprechungen bezüglich der Analyseergebnisse werden mit den Forschungsteilnehmenden selbst geführt, um so im Sinne kommunikativer Validierung eine qualifizierte Rückmeldung zu den Forschungsresultaten zu erhalten. Auch ein längerer Aufenthalt im Feld bzw. eine Rückkehr ins Feld kann dabei helfen, voreilige Diagnosen und Fehlschlüsse bei einer Analyse des fixierten Materials zu vermeiden.
Triangulation verschiedener Datenarten	Durch Techniken der Triangulation und Kombination verschiedener Forschungsmethoden ergeben sich vielfältigere Perspektiven auf den Forschungsgegenstand und damit auch die Möglichkeit, die Verallgemeinerbarkeit zu erhöhen.
Erkenntnisbezogene Fallauswahl	Die Fallauswahl erfolgt erkenntnisorientiert und auf Basis dargelegter Kriterien. Der inhaltliche Zusammenhang zwischen der Forschungsfrage und der Fallauswahl ist erkennbar.
Transparente Datenerhebung und -sicherung	Interviews werden in den bisherigen Forschungsstand eingegliedert und auf Basis geltender methodischer Standards durchgeführt. Dies beinhaltet die Wahl der Erhebungsmethode (z.B. offenes oder teilstrukturiertes Interview) und die sorgfältige Definition von Dokumentationsstandards (z.B. Transkriptionsstandards).
Nachvollziehbare Datenauswertung	Interviews werden auf Basis einer wissenschaftlichen Methode ausgewertet. Dabei wird offen gelegt, ob die Auswertung computerbasiert oder manuell ausgewertet wird. Zudem werden die einzelnen Schritte der Auswertungsmethode expliziert und die Kategorien/Subkategorien der codierten Interviews nachgehalten.

Tabelle 17: Maßnahmen der Qualitätssicherung qualitativer Forschung (in Anlehnung an Kuckartz, 2012, S. 169)

Die Güte der Untersuchungsergebnisse lässt sich in diesem Prozess durch eine kommunikative Validierung verifizieren, um Fehlschlüsse in der Interpretation der Forschenden zu vermeiden. Darüber hinaus ermöglicht die Triangulation unterschiedlicher Datenquellen eine Multiperspektive in Bezug auf den beforschten Gegenstand. Die Zuverlässigkeit und Glaubwürdigkeit der vorliegenden Untersuchung lässt sich zudem steigern, indem transparent gemacht wird, auf welche Weise die Fallauswahl betrieben wurde, wie die Daten erhoben und auf welche Weise das Datenmaterial durch einen wissenschaftlich anerkannten Standard ausgewertet wurde. Die externe Validität kann vor allem durch intensiven Austausch mit den Beforschten und den Kontakt zum Forschungsfeld sichergestellt werden. Festzustellen bleibt jedoch, dass die Basis einer erkenntnisorientierten Fallauswahl keinen Inferenzschluss zulässt und somit keinen Anspruch auf Repräsentativität besitzt (Kuckartz, 2012, S. 169). Die Leistungsfähigkeit dieser Untersuchung gilt daher folgendem Anliegen: Unterschiede der Innovativität der vorliegenden Stichprobe zu erörtern und auf Basis des erhobenen Datenmaterials begründete Theoriehypothesen abzuleiten. Die Antwort auf die Frage, ob diese Theoriehypothesen auf eine erweiterte Stichprobe übertragbar sind, macht jedoch eine konfirmatorische Überprüfung der abgeleiteten Hypothesen notwendig (Lamnek, 2010, S. 243).

5.3 Forschungsdesign der Untersuchung

Nach der Erörterung unterschiedlicher Forschungsansätze in Abschnitt 5.1 wird im nachfolgenden Abschnitt das Forschungsdesign dargelegt. „Ein Forschungsdesign ist ein Plan für die Sammlung und Analyse von Anhaltspunkten, die es dem Forscher erlauben, eine Antwort zu geben – welche Frage er auch immer gestellt haben mag. Das Design einer Untersuchung berührt fast alle Aspekte der Forschung von den winzigen Details der Datenerhebung bis zur Auswahl der Techniken der Datenanalyse" (Flick, 2011, S. 173 zitiert nach Ragin, 1994, S. 191). Das Forschungsdesign beschreibt demnach, wie der Forschende die formulierte Forschungsfrage durch ein regelgeleitetes und methodisch kontrolliertes Vorgehen in der Forschungspraxis umsetzt, um eine sorgfältige Fallauswahl, Datenerhebung und die Datenauswertung sicherzustellen (Kuckartz, 2012, S. 23).

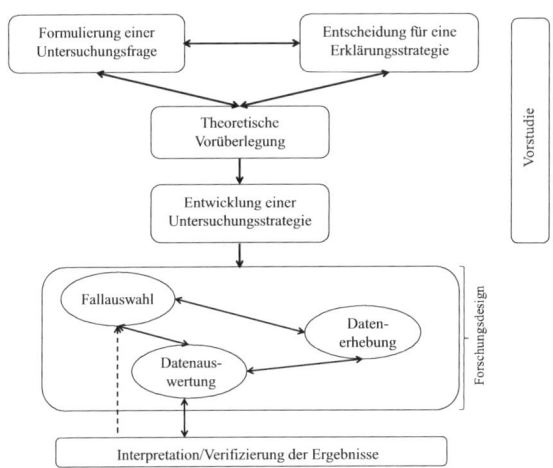

Abbildung 25: Entwicklung des Forschungsdesigns (Gläser & Laudel, 2006, S. 32)

Das Forschungsdesign entsteht dabei aus der Interaktion von Forschungsfrage, Erklärungsstrategie und den theoretischen Vorüberlegungen des Forschenden. Durch die Durchführung der Vorstudie werden Überlegungen zum Forschungsdesign in der aktiven Auseinandersetzung mit dem Forschungsfeld konkretisiert. „Als Vorstudien bezeichnet man im Umfang begrenzte empirische Untersuchungen, die für die eigentliche Untersuchung notwendiges Wissen beschaffen sollen" (Gläser & Laudel, 2006, S. 104), oder die Güte der eingesetzten Untersuchungsmethoden vor Beginn der eigentlichen Erhebungsphase testen, um erste Rückschlüsse auf die Qualität der eingesetzten Methoden zuzulassen. Wenngleich der Einsatz von Vorstudien vor allem zur Qualitätsprüfung von quantitativen Erhebungsmethoden (z.B. in der Güteprüfung von standardisierten Fragebögen) angewendet wird, finden sich solche Vorstudien mit Hinweis auf die Möglichkeit zur „Anpassung im Erhebungsprozess" (Gläser & Laudel, 2006, S. 105) im Bereich der qualitativen Erhebungsmethoden selten. In dieser Arbeit wird die Auffassung verfolgt, dass die Durchführung einer Vorstudie auch die Qualität der eingesetzten Untersuchungsmethoden beeinflusst. Daher wurde eine Vorstudie[37] (Seeger, 2010, S. 93 ff.) durchgeführt, die den Prozess der Fallauswahl und Datenerhebung dieser Studie validieren sollte (siehe hierfür Abschnitte 5.3.1 und 5.3.2). Nachfolgende Abschnitte erörtern die einzelnen Komponenten des Forschungsdesigns: die Fallauswahl, Datenerhebung und Datenauswertung.

5.3.1 Fallauswahl

Im ersten Schritt wurden durch das Forschungsteam 47 KMU der Region identifiziert und telefonisch kontaktiert. Nach einem telefonischen Kurzinterview, in dem das Forschungsanliegen vorgestellt wurde, erklärten 41 Unternehmen die Bereitschaft, sich an der Studie beteiligen zu wollen. Mit jedem dieser 41 Unternehmen wurde ein teilstrukturiertes, qualitatives Interviews (Innovationsaudit) von ca. dreistündiger Dauer mit der Geschäftsführung durchgeführt, innovationsrelevante Erfolgskennziffern auf Organisationsebene erhoben, sowie eine standardisierte, schriftliche Befragung psychologsicher innovationsrelevanter Konstrukte auf individueller Erhebungsebene durchgeführt, um eine solide Datenbasis für die Datenanalyse zu erlangen (Abschnitt 5.3.2).

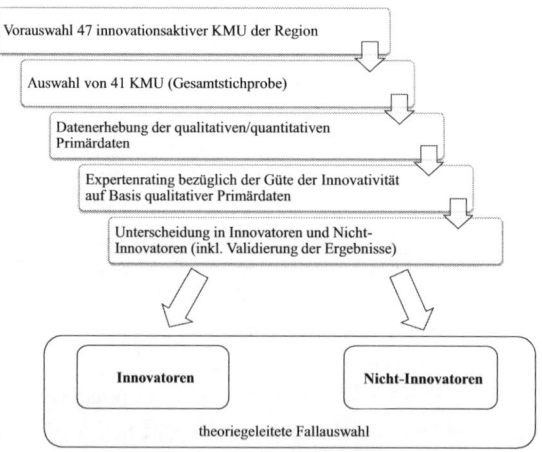

Abbildung 26: Ablauf des mehrstufigen Prozesses der Fallauswahl

---

[37] Diese Vorstudie wurde im Rahmen der Masterthesis des Verfassers dieser Studie durchgeführt (Seeger, 2010, S. 93 ff.). Diese Masterthesis hat die Evaluierung des Innovationsgeschehens von kleinen und mittelständischen Unternehmen zum Gegenstand und stellt die Grundlage für das Forschungsdesign dieser Untersuchung dar. Die Vorstudie wurde mit fünf KMU durchgeführt.

Gegenstand dieser Untersuchung sind unterschiedlich innovative KMU in moderat dynamischen Märkten der Wirtschaftsregion Lüneburg. Ziel der Arbeit ist es, Erfolgsfaktoren/Konfigurationen zu identifizieren, welche die Innovativität dieser KMU begünstigen/behindern. Dieses Vorgehen setzt voraus, dass die Gesamtstichprobe in stark innovative und weniger innovative[38] Unternehmen differenziert wird, um die Ausprägung von Erfolgsfaktoren der beiden Teilstichproben zu ermitteln. "If you are interested [...] in the links between the capability of firms to manage strategic and operational change and their relative competitive performance, then one needs to select sites which illustrate high and low performance" (Pettigrew, 1990, S. 275). Gleichermaßen soll untersucht werden, ob innerhalb der beiden Teilstichproben der Innovatoren und Nicht-Innovatoren stabile Muster bezüglich der wirkenden Erfolgsfaktoren und deren Konfigurationen vorzufinden sind.

Auf Basis der qualitativen Innovationsaudits wird nach Abschluss aller 41 Interviews durch drei Beteiligte des Forschungsteams ein sogenanntes Expertenrating der Innovativität durchgeführt, um die Stichprobe in Innovatoren und Nicht-Innovatoren zu unterteilen. Eine valide Einschätzung der Innovativität setzt voraus, dass alle Beurteiler ein umfangreiches Bild über Innovationsaktivitäten des zu beurteilenden Unternehmens besitzen. Aus diesem Grund werden ausschließlich Beurteiler berücksichtigt, die am Innovationsaudit teilgenommen haben. Zusätzlich besitzen die Rater Zugang zu allen erhobenen Primär- und Sekundärdaten der Innovationsstudie. Die Experten bewerten die Innovativität jedes der 41 Unternehmen unabhängig voneinander auf einer fünfstufigen Likert-Skala mit den Extrempolen ‚wenig innovativ' und ‚stark innovativ'. Auf Basis der unabhängigen Ratings der Beurteiler wird nachfolgend ein additiver Innovationsindex gebildet, der die Innovativität anhand eines numerischen Innovativitätsratings quantifiziert. „Wenn subjektive Maße unvermeidbar sind, sollten sie intersubjektiv kontrolliert sein, z.B. durch die unabhängige Einschätzung mehrerer Fachkundiger" (Hauschildt & Salomo, 2005, S. 14). Durch dieses intersubjektive Innovativitätsrating wird kontrolliert, ob eine hinreichende Beurteilerübereinstimmung der unabhängigen abgegebenen Experteneinschätzung (Interraterreliabilität) vorliegt.

Die Wahl eines angemessenen Reliabilitätsmaßes wird auf Grundlage des zur Bewertung genutzten Skalenniveaus getroffen. Ratingskalen (wie die hier verwendete fünfstufige Likert-Skala) sind mit Wirtz & Caspar (2002, S.33) als intervallskalierte Skalen zu betrachten. Zwar lassen sich die Abstände nicht quantifizieren und die numerischen Intervalle überprüfen, dennoch entsprechen „die einzelnen Skalenpunkte [der Ratingskala...] hier normalerweise diskrete[n] Ausprägungen einer kontinuierlichen unterliegenden latenten, d.h. nicht direkt beobachtbaren Merkmalsdimension" (Wirtz & Caspar, 2002, S. 33). Auf Basis dieser Einschätzung kann die Intraklassenkorrelation (ICC) bestimmen, ob die vorgenommenen

---

[38] Im Verlaufe diese Arbeit werden stark innovative KMU als Innovatoren und weniger innovative KMU als Nicht-Innovatoren bezeichnet. Diese Begriffswahl dient der eindeutigen Unterscheidung beider Stichproben im Verlaufe der Auswertung. Trotz der Bezeichnung ‚Nicht-Innovatoren' gilt demnach, dass auch die so bezeichneten KMU bestimmte, jedoch nicht hinlängliche/erfolgsrelevante Innovationsaktivitäten zeigten.

Beurteilungen der Experten als reliabel einzuschätzen sind (Wirtz & Caspar, 2002, S. 157). Der Intraklassenkorrelation kann Werte zwischen null und eins annehmen und wie standardisierte Korrelationskoeffizienten interpretiert werden. Ist die Intraklassenkorrelation Null, gibt es keine Übereinstimmung der Beurteiler, je mehr der ICC-Koeffizient sich dem Wert Eins annähert, desto höher ist die Zuverlässigkeit der Beurteilungen (Wirtz & Caspar, 2002, S. 157). In der Statistik wird „eine Intraklassenkorrelation von mindestens 0,7 als Indiz für ‚gute' Reliabilität angesehen" (Wirtz & Caspar, 2002, S. 160). Die Berechnung der Intraklassenkorrelation für die Beurteilungen der zugrundeliegenden Gesamtstichprobe ergibt einen Wert von ICC=0,97 und erreicht auf diese Weise eine hohe Reliabilität. Auf Basis dieser Ausprägung der Intraklassenkorrelation lässt sich das Expertenrating der Innovativität als zuverlässig betrachten.

Nachfolgende Tabelle 18 zeigt die Übersicht über die Beurteilung der Innovativität aller Unternehmen der Gesamtstichprobe aller Beurteiler sowie die Resultate des ermittelten unternehmensspezifischen Innovativitätsratings.

Unternehmen Nr.:	Beurteiler 1	Beurteiler 2	Beurteiler 3	Innovativitätsrating	Interview in Audiominuten
Unternehmen 1	2	2	2	2,00	127
Unternehmen 2	4	4	4	4,00	134
Unternehmen 3	3	3	3	3,00	167
Unternehmen 4	5	5	5	5,00	keine Aufzeichnung
Unternehmen 5	5	5	4	4,67	205
Unternehmen 6	3	3	2	2,67	166
Unternehmen 7	4	4	4	4,00	190
Unternehmen 8	2	2	2	2,00	151
Unternehmen 9	1	1	1	1,00	134
Unternehmen 10	3	4	3	3,33	145
Unternehmen 11	1	1	1	1,00	109
Unternehmen 12	2	2	2	2,00	97
Unternehmen 13	2	2	2	2,00	163
Unternehmen 14	3	3	3	3,00	140
Unternehmen 15	4	4	4	4,00	202
Unternehmen 16	3	2	2	2,33	209
Unternehmen 17	4	4	4	4,00	162
Unternehmen 18	3	3	3	3,00	121
Unternehmen 19	1	1	2	1,33	107
Unternehmen 20	2	2	2	2,00	123
Unternehmen 21	2	2	2	2,00	128
Unternehmen 22	2	2	2	2,00	135
Unternehmen 23	3	3	3	3,00	164
Unternehmen 24	4	4	4	4,00	166
Unternehmen 25	3	3	3	3,00	163
Unternehmen 26	2	2	2	2,00	204
Unternehmen 27	3	3	4	3,33	168
Unternehmen 28	1	1	1	1,00	156
Unternehmen 29	4	3	3	3,33	162
Unternehmen 30	4	4	4	4,00	147
Unternehmen 31	3	3	3	3,00	142

Unternehmen 32	2	2	2	2,00	151
Unternehmen 33	2	2	2	2,00	158
Unternehmen 34	2	2	3	2,33	133
Unternehmen 35	2	2	2	2,00	187
Unternehmen 36	4	4	4	4,00	108
Unternehmen 37	4	4	4	4,00	117
Unternehmen 38	4	4	4	4,00	139
Unternehmen 39	4	3	4	3,67	102
Unternehmen 40	2	2	2	2,00	169
Unternehmen 41	4	3	4	3,67	126
arithmetisches Mittel				2,85	146
Summe					99h37min

Tabelle 18: Übersicht über Innovativitätsratings aller befragten Unternehmen

Das arithmetische Mittel der Gesamtstichprobe besitzt den Wert 2,85. Nachfolgend werden die Unternehmen der Stichprobe anhand ihres Innovativitätsratings entweder der Teilstichprobe[39] (Innovativitätsrating $\geq$ 4) der Innovatoren oder Nicht-Innovatoren (Innovativitätsrating $\leq$ 2) zugeordnet. Die nachfolgende Zuordnung zeigt die Übersicht[40] von Innovatoren und Nicht-Innovatoren.

---

[39]Die Trennung der Stichprobe bei den Innovativitätsratings ist festgelegt, um einen gleichmäßigen Besatz der Teilstichproben der Innovatoren und Nicht-Innovatoren sicherzustellen. Auf dieser Basis kann im Folgenden das Datenmaterial in Bezug auf die Innovativität transparent hierarchisiert werden.
[40]Die Innovatoren werden weiterhin gemäß Tabelle 18 fortlaufend nummeriert, allerdings wird für die nachfolgende Auswertung durch die Bezeichnung Innovator und Nicht-Innovator deutlich gemacht, welcher Teilstichprobe diese Unternehmen zuzuordnen waren.

Nicht-Innovator	Ranking	Innovator	Ranking
Nicht-Innovator 1	2,00	Innovator 2	4,00
Nicht-Innovator 8	2,00	Innovator 4	5,00
Nicht-Innovator 9	1,00	Innovator 5	4,67
Nicht-Innovator 11	1,00	Innovator 7	4,00
Nicht-Innovator 12	2,00	Innovator 15	4,00
Nicht-Innovator 13	2,00	Innovator 17	4,00
Nicht-Innovator 19	1,33	Innovator 24	4,00
Nicht-Innovator 20	2,00	Innovator 30	4,00
Nicht-Innovator 21	2,00	Innovator 36	4,00
Nicht-Innovator 22	2,00	Innovator 37	4,00
Nicht-Innovator 26	2,00	Innovator 38	4,00
Nicht-Innovator 28	1,00		
Nicht-Innovator 32	2,00		
Nicht-Innovator 33	2,00		
Nicht-Innovator 35	2,00		
Nicht-Innovator 40	2,00		

Tabelle 19: Übersicht der Unternehmen der Teilstichproben der Innovatoren und Nicht-Innovatoren[41]

Aus diesen beiden Teilstichproben werden erkenntnisorientiert Innovatoren und Nicht-Innovatoren nach den Prinzipien der theoriegeleiteten Fallauswahl (theoretisches Sampling) ausgewählt (Strauss & Corbin, 1996, S. 148). Es werden bewusst Unternehmen der Teilstichproben ausgewählt, die eine theoretische Relevanz für die untersuchten Forschungsfragen besitzen. Um zielgemäß Unterschiede zwischen Innovatoren und Nicht-Innovatoren in der Ausprägung/Konfiguration der Erfolgsfaktoren herausarbeiten zu können, ist diese theoretische Fallauswahl anders als die vorausgegangenen Schritte der Fallauswahl nicht durch quantitative, sondern qualitative Kriterien gekennzeichnet. "Theoretical sampling simply means that cases are selected because they are particularly suitable for illuminating and extending relationships and logic among constructs" (Eisenhardt & Graebner, 2007, S. 27). Diese theoriegeleitete Fallauswahl wird bewusst durch den Forscher gesteuert und besitzt nicht den Anspruch auf Repräsentativität der untersuchten Stichprobe. Die Fallauswahl und Datenauswertung überlappen[42], „Sampling-Entscheidungen ergeben sich **während** des Forschungsprozesses selbst" (Strauss & Corbin, 1996, S. 163). Durch die Interaktion des Forschers mit dem Datenmaterial wird induktiv bestimmt, welche Fälle nachfolgend in Bezug auf die Forschungsfragen das größte Aufklärungspotenzial besitzen. Dieses Prinzip der Fallauswahl erfolgt, bis eine sogenannte theoretische Sättigung im Auswertungsprozess

---

[41] Die grau eingefärbten Felder kennzeichnen die vollumfänglich transkribierten Interviews. Nichtsdestotrotz wurden die anderen Interviews in die Datenanalyse mit einbezogen.

[42] An dieser Stelle sei für Einzelheiten der Datenauswertung auf Abschnitt 5.3.3 verwiesen, um Redundanzen in der Beschreibung der Datenauswertung zu verhindern.

erreicht wird (Strauss & Corbin, 1996, S. 165). Diese Sättigung ist erreicht, wenn die Auswertung weiterer Fälle in Bezug auf die Beantwortung der Forschungsfragen keine weiteren Erkenntnisse zu Tage bringen würden und der Grenznutzen der nächsten Auswertungseinheit als marginal betrachtet wird.

5.3.2 Datenerhebung

Die erhobenen und für die Auswertung genutzten Daten lassen sich in Primär- und Sekundärdaten unterscheiden, die wiederum qualitativ oder quantitativ sind. Nachfolgende Übersicht zeigt alle genutzten Daten in Hinblick auf diese Dimensionen als eine grafische Übersicht.

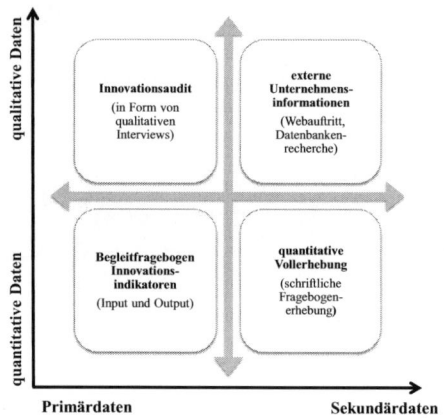

Abbildung 27: Übersicht über die erhobene Datengrundlage

Die Triangulation quantitativer und qualitativer Forschungsansätze wird in dieser Untersuchung als wesentlicher Beitrag zur „Ergänzung verschiedener Blickwinkel zu einem einheitlichen Bild" des untersuchten Phänomens verstanden (Kelle & Erzberger, 2007, S. 308). Folglich werden quantitative und qualitative Daten dieser Studie als komplementär zueinander betrachtet und werden in die Datenauswertung integriert. Der Schwerpunkt dieser Untersuchung liegt auf der Analyse der Primärdaten.

Primärdaten

Es erfolgt eine induktive Ableitung von Erfolgsfaktoren und deren erfolgskritischen Konfigurationen aus dem erhobenen Interviewmaterial. Ein induktives Vorgehen bedeutet jedoch nicht, dass der bisherige Forschungsstand ausgeblendet werden darf. Kuckartz (2012, S. 23) stellt vielmehr fest, dass induktive Vorgehensweisen in der Forschungspraxis nicht selten dazu herangezogen werden, um den bestehenden Forschungsstand mit einem Verweis auf Offenheit des Forschungsprozesses bewusst zu ignorieren oder gar als „forschungsmethodisch kontraproduktiv" (Kuckartz, 2012, S. 23) zu bezeichnen. Der Verfasser dieser Arbeit teilt die nachfolgend zitierte Auffassung von Kuckartz (2012, S. 52 f.), wonach das Ignorieren von bisherigen Forschungsergebnissen seitens der Wissenschaftsgemeinschaft trotz einer induktiven Vorgehensweise zu hinterfragen ist.

„Auf Seiten der Forschenden wäre eine Offenheit im Sinne des Prinzips ‚ohne jegliche Forschungsfrage und ohne Konzept an das Projekt herangehen' nicht nur bloße Fiktion (denn wir operieren immer auf der Basis von Vorwissen und Vorurteilen und einem jeglicher Beobachtung vorgelagerten Weltwissen), sie wäre auch ignorant gegenüber der Scientific Community, in der man sich bewegt" (Kuckartz, 2012, S. 52 f.)

Eine differenzierte Auseinandersetzung des Forschenden mit dem bisherigen Forschungsstand ist die notwendige Grundlage für die Exploration neuer sogenannter Theorien mittlerer Reichweite. Festzustellen ist, dass weder qualitative noch quantitative Forschung in der Forschungspraxis in den seltensten Fällen ein streng induktives bzw. ein streng deduktives Vorgehen aufweisen. Vielmehr sind in der Forschungspraxis Mischformen dieser Dichotomien anzutreffen. Wenngleich qualitative Forschungsdesigns per se keine streng deduktive Ableitung von einem Untersuchungsmodell vorsehen, ist es dennoch notwendig, einen Überblick über den bisherigen Stand der Forschung und geltende Wirkungszusammenhänge zu erlangen und zu kommunizieren. Auf diese Weise wird einem ‚Tabula-rasa-Denken' entgegen gewirkt (Kuckartz, 2012, S. 22).

Die qualitative Erhebung der Innovationsaudits dieser Untersuchung erfolgt anhand eines teilstrukturierten Interviewleitfadens (Weihe, 2011, S. 4). Dieser Leitfaden wird auf Basis der theoretisch-wissenschaftlichen Vorüberlegungen des in Abschnitt 4 abgeleiteten Bezugsrahmens begründet, der die einschlägige Erfolgsfaktorenforschung systematisiert und anhand KMU-spezifischer Studien spezifiziert. Durch die theoretisch-wissenschaftliche Ableitung eines Kategoriensystems kann sowohl die Befragung als auch die Analyse der erhoben Daten strukturiert werden:

„Durch den Leitfaden und die darin angesprochenen Themen erhält man ein Gerüst für die Datenerhebung und Datenanalyse, das das Ergebnis unterschiedlicher Interviews vergleichbar macht. Dennoch lässt es genügend Spielraum, spontan aus der Interviewsicht heraus neue Fragen und Themen einzubeziehen oder bei der Interviewauswertung auch Themen herauszufiltern, die bei der Leitfadenkonzeption nicht antizipiert wurden" (Bortz & Döring, 2006, S. 314).

Diese Art der Vorstrukturierung ist insbesondere von Bedeutung, wenn die Befragungseinheiten (hier: Unternehmen) untereinander gemäß deren Innovativitätsgraden verglichen werden sollen. Der Leitfaden unterstützt den Interviewer dabei, sich im Interview zu orientieren und alle Facetten des Bezugsrahmens hinreichend zu erörtern. Gleichzeitig ist durch die Offenheit und Subjektzentrierung der formulierten Fragen sichergestellt, dass den Sichtweisen und Narrationen der Befragten genügend Raum gelassen wird. "Each question is nevertheless sufficiently open-ended to allow open-ended exploration and the emergence of factors and issues which the researcher might not have previously thought about" (Holliday, 2007, S. 30). Das Interview orientiert sich auf diese Weise am Relevanzsystem der Beforschten und wird nicht durch den Forscher prädetermininiert. Durch die unmittelbare Interaktion zwischen Beforschten und Forscher werden zudem Unschärfen in der Fragestellung bemerkt. Die direkte Gesprächssituation ermöglicht dem Interviewer zu erkennen, „ob die Befragten nicht irgendwelche falsch verstandene Fragen beantworten" (Sedlmeier & Renkewitz, 2008, S. 85).

Die Interviews sollen das Verständnis für die Funktionsweise organisationaler Innovationsfähigkeit in KMU beleuchten. Von besonderer Bedeutung sind in dieser Untersuchung zum einen die Maßnahmen, die durch die Geschäftsführung initiiert werden, um die Innovationsfähigkeit zu fördern, aber vor allem wie diese Maßnahmen konkret umgesetzt werden. Die Erörterungen dieser Sachverhalte erfordert eine umfangreiche Schilderung der organisationalen Praxis aus Sicht der Betroffenen. Da alle Interviews mit der Geschäftsleitung durchgeführt werden, ist auch dieser Aspekt interessant. Auf Basis der in Abschnitt 2.2.2 erläuterten Charakteristika von KMU besitzt die Geschäftsleitung eine exponierte Stellung und erscheint in Bezug auf die Forschungsfrage geeignet, um dezidierte Aussagen zu Praktiken im Innovationszusammenhang und zur Funktionsweise des Innovationssystems zu treffen.

Die geführten Interviews wurden als digitale Audioaufzeichnung gesichert. Insgesamt wurden im Rahmen des Forschungsprojekts 99 Stunden und 37 Minuten Primärdaten erhoben und bedarfsgerecht transkribiert (Kuckartz et al., 2008, S. 25 ff.). Dabei folgte der Verfasser dieser Arbeit der durch Strauss und Corbin (1996, S. 14) formulierten Faustregel der selektiven Transkription:

„Die allgemeine Faustregel, nur so viel wie nötig zu transkribieren. Das ist aber nicht unbedingt leicht zu entscheiden, vor allem nicht, bevor man mitten im Forschungsprojekt steckt [...]. Die tatsächliche Transkription (die beträchtliche Zeit, Energie und Geld in Anspruch nehmen kann) sollte **selektiv** sein" (Strauss & Corbin, 1996, S. 14; Hervorheb.i.O.).

In dieser Untersuchung wurden daher ausschließlich die Interviews transkribiert, die anhand des theoretischen Samplingprozesses (Abschnitt 5.3.1) als relevant für die Auswertung erachtet wurden. Die Transkriptionen erfolgten in enger Anlehnung an das Regelwerk[43] von Kuckartz et al. (2008, S. 27 f.). Demnach wird in hochdeutscher Schriftsprache verschriftlicht. Diskurspartikel (wie z.B. ‚ahh', mhh') und grammatikalische Unsauberkeiten werden sprachlich geglättet, um die Lesbarkeit zu verbessern. Pausen werden erst nach einer Dauer

---

[43]Eine detaillierte Darstellung des verwendeten Transkriptionsregelwerks wird jedem der transkribierten Interviews vorangestellt. Einen detaillierten Überblick über dieses Regelwerk bietet Kuckartz et al. (2008, S. 27 f.).

von fünf Sekunden gekennzeichnet, oder wenn diese für das inhaltliche Verständnis zwingend erforderlich sind. Alle transkribierten Interviews wurden gemäß der mit den an der Studie teilnehmenden Unternehmen geschlossenen Verschwiegenheitserklärung anonymisiert und alle Textpassagen, die eine unmittelbare Rückverfolgung zu Unternehmen zulassen, wurden verfremdet (Kuckartz et al., 2008, S. 27). Sowohl diese Transkripte als auch die nicht-transkribierten Interviews stellen die Grundlage der qualitativen Datenauswertung und der Theoriebildung dar. Erst durch die Durchführung der 41 Interviews wird der Forschende für die Besonderheiten einzelner Innovatoren im Vergleich zu weniger innovativen KMU sensibilisiert und kann zwischen relevanten und beliebigen Forschungsphänomenen unterscheiden.

Sekundärdaten

Neben den erörterten Primärdaten wurde im Rahmen der Lüneburger Innovationsstudie durch das Forschungsteam eine quantitative ‚Vollerhebung' durchgeführt, die alle MitarbeiterInnen und die Geschäftsführung umfasst (siehe hierfür Fischer, 2012, S. 9 ff.; Weihe, 2011, S. 4). Insgesamt nahmen 39 der 41 Unternehmen aus der Stichprobe an der schriftlichen Vollerhebung teil. Zwei Unternehmen der Stichprobe konnten aufgrund von Zeitmangel oder Insolvenz nicht an der schriftlichen Befragung[44] teilnehmen. Die Fragebögen für MitarbeiterInnen und Führungskräfte unterscheiden sich. Beispielsweise umfasst der Fragebogen der Führungskräfte Konstrukte des strategischen Managements, die ausschließlich durch die Geschäftsführung beantwortet werden können. Im Rahmen dieser schriftlichen Befragungen wurden 560 Fragebögen aus der Belegschaft und 61 Fragebögen aus der Geschäftsführung an das Forschungsteam zurückgesendet. Dies entspricht einer Rücklaufquote von 85 Prozent (Fischer, 2012, S. 32 f.). Diese quantitativen Daten ermöglichen eine Triangulation unterschiedlicher Betrachtungsebenen, hier der Geschäftsführungsebene und der MitarbeiterInnenebene. Die Triangulation wiederum ermöglicht es, den Forschungsgegenstand aus verschiedenen Perspektiven zu betrachten und kann auf diese Weise die Verallgemeinerbarkeit erhöhen (Kuckartz, 2012, S. 169).

Neben den durch das Forschungsteam der Innovationsstudie erhobenen Daten wurden vor jedem Interview unternehmensspezifische Informationen zur Vorbereitung der Erhebung der Primärdaten eingeholt. Diese Recherche umfasst das Studium von Homepageinformationen, bereitgestellter Geschäftsberichte und Produktbroschüren sowie die Nutzung von Datenbanken (hier: Hoppenstedt[45]) zur Erlangung allgemeiner Unternehmensdaten. Trotz der Vorbereitung der Interviews wurden alle im Vorfeld anhand von Sekundärquellen erhobenen Daten im Interview mit der Geschäftsführung verifiziert, um die Richtigkeit der Daten sicherzustellen. Bei dieser Verifizierung zeigte sich, dass in Datenbanken veröffentlichte

---

[44] Eine detaillierte Dokumentation der verwendeten Skalen und Befragungsitems sind der Originalquelle zu entnehmen (Fischer, 2012, S. 33 ff.).
[45] http://www.hoppenstedt.de/xist4c/web/Produktinformationen-Firmeninformationen_id_43_.html

Informationen (z.B. bezüglich der Mitarbeiteranzahl) nicht selten von dem tatsächlichen Status Quo abwichen. In diesem Fall der Abweichung wurden die erhobenen Primärdaten als Datenbasis genutzt.

5.3.3 Datenauswertung

Die Auswertung erfolgt in dieser Untersuchung durch eine qualitative Inhaltsanalyse. Mayring (2008, S. 13) beschreibt die qualitative Inhaltsanalyse als ein systematisches und regelgeleitetes Vorgehen, um fixierte Kommunikation theoriegeleitet zu analysieren und gezielte Rückschlüsse in Bezug auf die formulierte Forschungsfrage zu ziehen. Gemäß Kuckartz (2012, S. 72 ff.) lassen sich unterschiedliche Arten der qualitativen Inhaltsanalyse zu drei Basismethoden zusammenfassen: die inhaltlich strukturierende Inhaltsanalyse, die evaluative qualitative Inhaltsanalyse und die typenbildende Inhaltsanalyse. Ziel der Datenauswertung ist es, das vorliegende Datenmaterial auf dessen Relevanz für die Beantwortung der Forschungsfragen zu evaluieren und das Material so zu reduzieren, dass die innere Struktur der Daten freigelegt und interpretierbar wird. Ziel ist es, die „Materialmenge auf ein überschaubares Maß zu kürzen und [dabei gleichzeitig] die wesentlichen Inhalte zu erhalten" (Mayring, 2008, S. 74). Es erfolgt eine inhaltlich-reduktive Auswertung der erhobenen Daten auf Basis einer inhaltlich strukturierenden Inhaltsanalyse.

Der Auswertungsprozess beinhaltet dabei sieben Schritte, die nachfolgend in enger Anlehnung an Kuckartz (2012, S. 78) beschrieben werden.

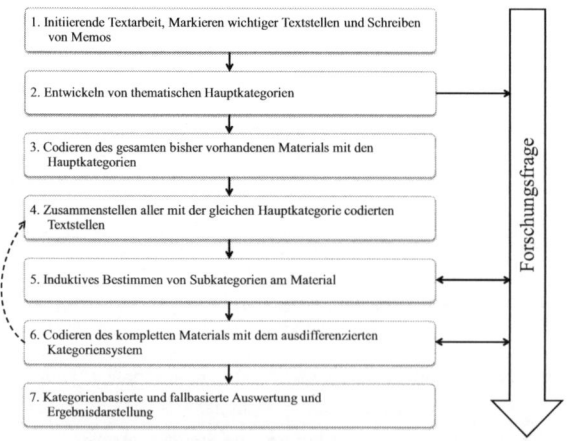

Abbildung 28: Auswertungsprozess einer inhaltlich strukturierenden Inhaltsanalyse (in Anlehnung Kuckartz, 2012, S. 78)

In der Phase der initiierenden Textarbeit werden das vorhandene Textmaterial gelesen, relevante Textstellen markiert und Erkenntnisse dieses ersten Auswertungsschritts in Form von sogenannten Memos festgehalten. Für die *Bildung* thematischer Hauptkategorien „gilt, dass sie häufig mehr oder weniger direkt aus der Forschungsfrage abgeleitet werden können und sie bereits bei der Erhebung von Daten leitend waren" (Kuckartz, 2012, S. 79). Durch den Interviewleitfaden besitzt die Datenauswertung auf diese Weise bereits eine Vorstrukturierung, die im Verständnis dieser Untersuchung als Modellparameter eines organisationalen Innovationssystems (Abschnitt 4) zu verstehen ist. Diese Hauptkategorien dienen als Gerüst für eine grobe Kategorisierung des Textmaterials. Anhand der im zweiten Schritt gebildeten Hauptkategorien wird das vorliegende Material codiert.

„Der *erste Codierprozess* wird zweckmäßigerweise so gestaltet, dass man den Text sequenziell, d.h. Zeile für Zeile vom Beginn bis zum Ende durchgeht und Textabschnitte den Kategorien zuweist. Es muss also jeweils entschieden werden, welche der thematischen Kategorien in dem betreffenden Textabschnitt angesprochen wird bzw. werden – diese Kategorie wird dann zugeordnet" (Kuckartz, 2012, S. 80).

Textstellen, die in Bezug zur Forschungsfrage keine Relevanz besitzen, werden nicht codiert. Codierte Textstellen können dabei gleichzeitig mehreren Kategorien zugeordnet werden, falls diese inhaltliche Schnittmengen besitzen. Der Codierprozess wird mit der Hilfe einer Software zur qualitativen Datenanalyse (MaxQDA) vorgenommen. Zu erwähnen ist, dass dieses Softwaretool nicht die Theorieentwicklung des Forschenden ersetzt, vielmehr unterstützt MaxQDA[46] in der systematischen Erfassung des Codierprozesses, Memos und erleichtert die Verwaltung/ den Abruf ausgeführter Codiervorgänge. Durch diese softwarebasierte Unterstützung erlangt der Forschende Kapazitäten, um die eigene Aufmerksamkeit auf den eigentlichen Codiervorgang und die Auswertung der codierten Textstellen zu richten. In diesem Codiervorgang wird das gesamte Textmaterial anhand der Hauptkategorien codiert. Mit Beendigung des ersten Codiervorgangs können codierte Textpassagen der gleichen Hauptkategorie gruppiert werden.

In einem weiteren Auswertungsschritt wird das Kategoriensystem durch die induktive Ableitung gruppenspezifischer Subkategorien ausdifferenziert. „Bei einer inhaltlich strukturierenden Inhaltsanalyse [wird] nach dem ersten Codierprozess eine Ausdifferenzierung der zunächst noch relativ allgemeinen Hauptkategorien vorgenommen" (Kuckartz, 2012, S. 93). Auf Basis dieses ausdifferenzierten Kategoriensystems erfolgt ein erneuter Codiervorgang. Der Codierungsprozess ist also iterativ strukturiert, umfasst mehrere Codierzyklen und wird mit fortschreitender Analyse präzisiert: „Je mehr Material man durchgearbeitet hat, desto klarer wird der analytische Blick und desto deutlicher die Unterscheidung zwischen bloß singulären Themen und solchen, die für die Analyse der Forschungsfrage eine signifikante Bedeutung haben (können)" (Kuckartz, 2012, S. 79 f.). Auf Basis dieses analytischen Blicks werden die entwickelten Subkategorien entweder inhaltlich ausdifferenziert oder zusammengefasst. Wichtig erscheint jedoch, dass bei signifikanten

---

[46]Für eine detaillierte Übersicht der Funktionen von MaxQDA sei auf die Darstellung von Kuckartz (2010, S. 12 ff.) verwiesen.

Veränderungen der Subkategorien das gesamte Textmaterial wiederum anhand des modifizierten Kategoriensystems codiert werden muss (Kuckartz, 2012, S. 88).

Als letzter Schritt erfolgt die kategorienbasierte und fallbasierte Auswertung des vollständig kodierten Textmaterials.

Tabelle 20 zeigt den schematischen Ablauf des Auswertungsprozesses.

	Modellparameter Top Management	Modellparameter Innovationsstrategie	Modellparameter Innovationsprozess	Modellparameter Organisation	Modellparameter Innovationsklima	
Unternehmen 1	Textstellen von Unternehmen 1 zum Modellparameter Top Management	Textstellen von Unternehmen 1 zum Modellparameter Innovationsstrategie	Textstellen von Unternehmen 1 zum Modellparameter Innovationsprozess	Textstellen von Unternehmen 1 zum Modellparameter Organisation	Textstellen von Unternehmen 1 zum Modellparameter Innovationsklima	Fallzusammenfassung Unternehmen 1
Unternehmen 2	Textstellen von Unternehmen 2 zum Modellparameter Top Management	Textstellen von Unternehmen 2 zum Modellparameter Innovationsstrategie	Textstellen von Unternehmen 2 zum Modellparameter Innovationsprozess	Textstellen von Unternehmen 2 zum Modellparameter Organisation	Textstellen von Unternehmen 2 zum Modellparameter Innovationsklima	Fallzusammenfassung Unternehmen 2
Unternehmen 3	Textstellen von Unternehmen 3 zum Modellparameter Top Management	Textstellen von Unternehmen 3 zum Modellparameter Innovationsstrategie	Textstellen von Unternehmen 3 zum Modellparameter Innovationsprozess	Textstellen von Unternehmen 3 zum Modellparameter Organisation	Textstellen von Unternehmen 3 zum Modellparameter Innovationsklima	Fallzusammenfassung Unternehmen 3
	Auswertung des Modellparameter Top Management	Auswertung des Modellparameter Innovationsstrategie	Auswertung des Modellparameter Innovationsprozess	Auswertung des Modellparameter Organisation	Auswertung des Modellparameter Innovationsklima	

Bestimmung von Erfolgsfaktoren innovativer Unternehmen (Abschnitt 6.1)

Tabelle 20: Matrix zur kategorienbasierten und fallbasierten Auswertung (in Anlehnung an Kuckartz, 2012, S. 90)

Die Matrix kombiniert Textstellen der kategorienbasierten und fallbasierten Betrachtung. „Durch diesen Schritt der systematischen thematischen Zusammenfassung wird das Material zum einen komprimiert, zum anderen pointiert und auf das für die Forschungsfrage wirklich relevante reduziert" (Kuckartz, 2012, S. 89), um somit auf den Kern des Erkenntnisinteresses der Untersuchung zu fokussieren. Die Darstellung der Untersuchungsergebnisse erfolgt in zwei Schritten. Zunächst erfolgt die Bestimmung der Erfolgsfaktoren (Abschnitt 6.1), im zweiten Schritt erfolgt die Bestimmung von Konfigurationen von Erfolgsfaktoren innovativer Unternehmen (Abschnitt 6.2.). Der zweite Schritt ist als vertiefende Analyse von Idealtypen zu verstehen, welche die Analyse von Zusammenhängen zwischen den Modellparametern auf der Betrachtungsebene eines Innovationssystems ermöglicht. „Typenbildung heißt nicht, komplexe Sachverhalte auf einzelne Variablen oder Variablenkonstellationen zu reduzieren; vielmehr wird eine eher ganzheitliche weil realitätsgerechtere Sicht gepflegt. Generalisierung soll durch typische Fälle und nicht durch viele zufällige Fälle ermöglicht werden" (Lamnek, 2010, S. 167).

Erkenntnisse dieser beiden Auswertungsschritte werden in einem Ergebnisbericht getrennt ausgeführt, dokumentiert und anschließend durch die Integration der kategorien- und fallbasierten Betrachtung zusammengeführt (Abschnitt 6.3). Ergebnisse der Auswertung können entweder durch die Zitation von Ankerbeispielen aus den Interviewdaten entnommen werden, oder durch die inhaltlichen Zusammenfassungen des Forschenden (Paraphrasierungen) illustriert werden. Diese Textbelege ermöglichen es, die Argumentationslinie des Forschenden nachzuvollziehen. Zudem werden in der fallbasierten Auswertung 6.2 Mittelwertsvergleiche der betrachteten Konfigurationen mit der Gesamtstichprobe eingesetzt, um die Funktionsweisen der dargestellten Konfigurationen zu illustrieren.

5.4 Zwischenfazit

In der Gegenüberstellung des quantitativen und des qualitativen Forschungsparadigmas wurde dargelegt, auf welche Weise diese nicht selten als gegensätzlich betrachteten Paradigmen zielführend kombiniert werden können. Zudem werden Gütekriterien qualitativer Forschungsmethoden dargestellt. Die Beantwortung der eingangs skizzierten Forschungsfragen wird im vorliegenden Forschungsdesign durch die Triangulation von quantitativen und qualitativen Forschungsansätzen realisiert. Diese Triangulation dient dazu, den Forschungsgegenstand möglichst umfassend aus unterschiedlichen Blickwinkeln (hier: der Geschäftsführung und der MitarbeiterInnen) zu erfassen. Das Forschungsdesign wird anhand der Fallauswahl, der Datenerhebung und der Datenauswertung beschrieben. Die Fallauswahl erfolgt anhand eines mehrstufigen Verfahrens. Zunächst wird die Gesamtstichprobe durch ein Expertenrating in stark innovative und weniger innovative KMU unterteilt. Aus diesen beiden Teilstichproben werden dann anhand einer erkenntnisgetriebenen Fallauswahl ('theoretical sampling') anhand der zu beantwortenden Fragestellung Fälle ausgewählt, bis die theoretische Sättigung erreicht wird. Das verwendete Datenmaterial lässt sich in Primär- und

Sekundärdaten unterscheiden. Die Primärdaten setzen sich zusammen aus qualitativ erhobenen Daten und quantitativ abgefragten Innovationsindikatoren. Die Sekundärdaten beinhalten die quantitative Innovationsbefragung auf Unternehmensebene und öffentlich zugängliche Unternehmensinformationen. Die Datenauswertung wird auf Grundlage des gesamten Datenmaterials durchgeführt.

6 Ergebnisse der empirischen Untersuchung

6.1 Kategorienbasierte Auswertung zur Bestimmung von Erfolgsfaktoren der Innovationsfähigkeit

Zur Beantwortung der ersten Forschungsfrage erfolgt zunächst die Darstellung der kategorienbasierten Auswertung. Diese erörtert Erfolgsfaktoren, deren Ausprägungen unterschiedliche Innovativitätsgrade der untersuchten KMU beeinflussen, wobei die Struktur dem vorgestellten konzeptionellen Bezugsrahmen entspricht. Ziel ist eine idealtypische Darstellung aller kritischen Erfolgsfaktoren, die sich auf der Ebene der Teilstichproben identifizieren lassen.

6.1.1 Top Management

Innovationsorientierte Persönlichkeitsstruktur

Innovatoren weisen eine Persönlichkeitsstruktur auf, die durch Experimentierfreudigkeit, Eigeninitiative und einen kreativitätsgeprägten kognitiven Stil gekennzeichnet ist. Die vorliegende Untersuchung zeigt, dass Unternehmer mit einer innovationsorientierten Persönlichkeitsstruktur den Drang besitzen, sowohl im privaten als auch geschäftlichen Umfeld neue Erfahrungen zu sammeln. Dieser Drang (auch: Neugier) begünstigt die Auseinandersetzung der Geschäftsführung mit innovativen Problemlösungen und Innovationen im organisationalen Kontext. Innovator 38 zeigt die Motivation, Innovationsimpulse aus seinem Umfeld aufzunehmen und sich für neue Ideen zu begeistern.

> „Von meiner Persönlichkeitsstruktur nehme ich relativ schnell neue Ideen wahr und lasse mich auch sehr schnell für neue Ideen begeistern" (Innovator 38).

Der Unternehmensführer stellt ein Bindeglied zwischen der Umwelt und dem Innovationssystem dar und nimmt eine individuelle Bewertung der Marktsituation vor. Die Einschätzung der Marktsituation für das Unternehmen wird daher maßgeblich durch die Persönlichkeitsstruktur der Unternehmensführung geprägt. Die Untersuchung zeigt, dass Innovatoren und Nicht-Innovatoren der Stichprobe unterschiedliche Motivationen für die Beschäftigung mit neuen Ideen aufweisen. Während Nicht-Innovatoren erst beim Verspüren des Wettbewerbsdrucks beginnen, neue Ideen zu verfolgen, zeigen Innovatoren ein persönlich motiviertes, gleichsam inhärentes Interesse, auch ohne Druck des Wettbewerbs nach innovativen Lösungen für organisationale Fragestellungen zu suchen: Nicht-Innovatoren warten, bis innovative Problemlösungen erforderlich werden, Innovatoren sind kontinuierlich innovativ. Innovatoren als Unternehmer ähnlich dynamischer Branchen reagieren somit auf Basis ihrer Persönlichkeitsstruktur unterschiedlich sensibel auf die Marktsituation/-veränderung. Dies beeinflusst auch, wie frühzeitig und ‚selbststartend' die Geschäftsführung neue Markttrends erkennt und aufgreift und sogar eigene Markttrends initiiert, um das Unternehmen zukunftsfähig zu machen.

Sich wiederholende, regelgeleitete Tätigkeiten haben auf Unternehmer mit einem ausgeprägten kreativitätsorientierten Arbeitsstil eine geringe Anziehungskraft. Sie zeigen eine Präferenz für innovationsorientierte Tätigkeiten und betrachten kreativitätsorientierte Aufgaben als Herzensangelegenheit.

> „Also, was mir wirklich am meisten am Herzen liegt und woran ich auch am meisten Freude habe, ist schon die Zukunft des Unternehmens zu entwickeln […]. Das reine Umsetzen, also die Dinge dann auch wirklich zu machen, das ist weniger mein Ding" (Innovator 2).

Die Untersuchung zeigt jedoch, dass ein solcher kreativitätsgeprägter kognitiver Stil nicht zwangsläufig zu einer Förderung der Innovativität auf organisationaler Ebene führt. Offensichtlich müssen Innovatoren bereits in den frühen Innovationsphasen Konzepte im Umgang mit ihrer eigenen Kreativität entwickeln bzw. ausgearbeitete Handlungskonzepte nutzen, um die eigenen Ideen zeitnah auf deren Umsetzungspotenzial zu prüfen.

> „Ich verfolge sie [die Ideen] sehr schnell und gehe lieber einen Schritt weiter mit einer Idee und verwerfe sie dann, als dass ich mich zu früh von ihr trenne" (Innovator 38).

Innovator 38 verfährt gemäß dem Handlungskonzept „fail often, fail early". Durch den Versuch, Ideen zeitnah zu realisieren, werden Schwächen bereits in den frühen Phasen des Innovationsprozesses aufgedeckt. Durch das frühe Aufdecken dieser Schwächen werden negative Fehlerkonsequenzen in späteren Innovationsphasen reduziert (Abschnitt 4.2.5). Innovatoren planen Rückschläge in den frühen Phasen des Innovationsprozesses ein und begreifen diese Erfahrungswerte als Lerngewinne. Diese Lerngewinne führen zu einem erweiterten Wissenstand, auf dessen Basis die Unternehmensführung versucht, die frühen Phasen des Innovationsprozesses erneut zu durchlaufen.

Auffällig ist, dass erfolgreiche Innovatoren trotz der eigenen Experimentierfreudigkeit klare Konzepte zum Ausstieg aus Kreativitätsprozessen entwickeln, d.h. sie verfügen über die Bereitschaft, sich von nicht durchsetzbaren oder weniger erfolgversprechenden Ideen zu trennen. Wird festgestellt, dass eine Idee trotz einer angemessenen Zeit des Experimentierens nicht umsetzbar erscheint, trennt sich das Management konsequent von dieser Idee. Auf diese Weise wird verhindert, dass Unternehmer zu viele Ressourcen in den späteren Phasen der Innovation binden. In Anbetracht der in KMU herrschenden Ressourcenknappheit erscheint dieses Vorgehen sinnvoll.

Nicht-Innovatoren hingegen beginnen die Umsetzung von Ideen oftmals nicht, da sie keine Handlungskonzepte im Umgang mit ihrer eigenen Kreativität besitzen. Durch dieses Defizit verfangen sich Nicht-Innovatoren darüber hinaus oft in schwer umsetzbaren Ideen (notleidenden Projekten) und blockieren ggf. parallel ablaufende Innovationsprojekte. So kann durch die geringe Verfügbarkeit von Ressourcen bereits ein notleidendes Projekt zu einem sogenannten Bottle-Neck-Effekt führen. Die Geschäftsführung schafft es in diesem Fall trotz des grundsätzlichen Innovationswillens nicht, notwendige Innovationsprojekte in die organisationale Realität zu überführen.

Erfolgsfaktor 1.1: *Innovatoren zeigen Persönlichkeitsstrukturen, die innovationsförderliche oder zumindest innovationsverträgliche Wirkung besitzen. Sie sind Veränderungen gegenüber aufgeschlossen, sind experimentierfreudig, besitzen einen kreativitätsorientierten kognitiven Stil und haben Handlungskonzepte im Umgang mit der eigenen Kreativität entwickelt (innovationsorientierte Persönlichkeitsstruktur).*

Korrektiv

Die Geschäftsführung hat in KMU in Bezug auf die strategische Ausrichtung des Unternehmens eine Monopolstellung. Entscheidungen müssen nicht zwingend mit anderen Mitgliedern der Organisation abgestimmt werden, da sie keinen Kontrollgremien wie beispielsweise Aufsichtsräten unterliegen. Dies bietet der Geschäftsführung auf der einen Seite die Möglichkeit, aussichtsreiche Projekte ohne langwierige Entscheidungsprozesse zeitnah und konsequent durchzuführen. Auf der anderen Seite birgt die Konzentration dieser Entscheidungsgewalt jedoch die Gefahr, dass persönliche Präferenzen der Geschäftsführung zu Fehleinschätzungen führen. Innovatoren schaffen daher eine Umgebung des kritischen Nachfragens, um sich selbst vor Fehleinschätzungen zu schützen.

> „Ich sehe mich da häufiger in einer Rechtfertigungsposition, die ich selbst anbringen möchte, weil ich eigentlich kein dummes Gefolge haben möchte, sondern durchaus Leute haben möchte, die auch kritisch hinterfragen, was ich sage und das auch durchaus in einer großen Gruppe so kommunizieren, solange das den richtigen Stil hat. Deswegen habe ich, glaube ich, im Moment noch zumindest nicht diesen Leidensdruck, dass ich zu konservativ werde in der Denkweise" (Innovator 38).

Es ist daher notwendig, dass die Geschäftsführung ein Korrektiv besitzt, das Unternehmer davon abhält, pfadabhängige Entscheidungen zu treffen und auf diese Weise getroffene (Fehl-)Entscheidungen zu replizieren. Innovatoren schaffen Strukturen, um eigene Entscheidungen zu plausibilisieren und auf diese Weise pfadabhängige Entscheidungen zu verhindern. Interne Gremien, Beiräte, Partnerversammlungen oder persönliche Netzwerke zeigen sich bei Innovatoren als geeignete Strukturen, um strategisch relevante Entscheidungen durch Dritte zu evaluieren. Diese Netzwerke beinhalten sowohl unternehmensexterne als auch -interne Wissensträger.

Erfolgsfaktor 1.2: *Innovatoren besitzen Korrektive, die unternehmerische Entscheidungen der Geschäftsführung evaluieren. Bei Korrektiven handelt es sich um unternehmensexterne* *oder -interne Wissensträger, zu denen die Geschäftsführung einen vertrauensvollen Umgang pflegt (Korrektiv).*

Innovationskompetenz

Neben der Entwicklung von Handlungskonzepten im Umgang mit der eigenen Kreativität, die vor allem die frühen Innovationsphasen betreffen, benötigt die Geschäftsführung ein Grundverständnis bezüglich des Ablaufs eines Innovationsprozesses und innovationsförderlicher Kontextfaktoren, um Innovationsaktivitäten systematisch initiieren, begleiten und fördern zu können. Die Untersuchung zeigt, dass Unternehmer mit einem Grundverständnis über den Ablauf eines Innovationsprozesses in der Lage sind, sowohl ihre eigene Innovationstätigkeit zu strukturieren als auch Innovationsaktivitäten der Belegschaft zu begleiten. Innovatoren verfügen über eine kognitive Landkarte vom generellen Ablauf eines Innovationsprozesses. Auf Basis dieses Grundverständnisses ist es für sie möglich, Unsicherheiten im Management von Innovationsprozessen zu reduzieren.

Umgekehrt lähmt ein fehlendes Grundverständnis bezüglich des Ablaufs eines Innovationsprozesses das Innovationssystem. Trotz eines generellen Innovationswillens kann dieser Wille nicht in die Realität umgesetzt werden. Wie das folgende Zitat widerspiegelt, kann auch der Fall vorliegen, dass dieses Grundverständnis nur im Sinne vieler Fragen zur Ausgestaltung des Innovationsprozesses besteht, die jedoch unbeantwortet bleiben:

> „Wie geht es von der Idee und des ‚ich möchte gern' dann weiter […]? Wie entwickle ich das, wie ist die Strategie dahinter, wie sieht der Markt da draußen aus, wie verhält sich das mit der Kostensituation und all diese Dinge, die da mit reinspielen […]? Wie vermarkte ich das, wie viel muss ich davon tatsächlich dann umsetzen und über welche Kanäle wird das wirklich publik" (Nicht-Innovator 32).

Solche Unternehmensführer agieren mit fehlender Innovationskompetenz. Aufgrund dieser Defizite im Innovationsmanagement werden Innovationsaktivitäten in der Mehrheit aller Fälle gar nicht erst begonnen oder wiederholt abgebrochen. Als problematisch erscheint hierbei zudem, dass sich die auf Prozesse gerichtete Innovationskompetenz der Geschäftsführer in KMU vor allem durch die erfolgreiche Durchführung von Innovationsprojekten entwickeln kann. Ein (wiederholter) Abbruch von Innovationsprojekten hat einen negativen Dominoeffekt auf nachfolgende Innovationsprojekte, da das Selbstvertrauen, erfolgreich Innovationen etablieren zu können, unterminiert wird.

Erfolgsfaktor 1.3: *Innovatoren besitzen ein grundlegendes Verständnis über den Ablauf von Innovationsprozessen und können dieses Verständnis in praktische Handlungsschritte übertragen. Dieses Verständnis kann sowohl durch betriebliche Erfahrungen (z.B. Durchführung von Innovationsprojekten/Gründungserfahrungen) als auch durch gezielte Trainingsmaßnahmen entwickelt worden sein (Innovationskompetenz).*

Selbstverständnis als Innovator

Die Untersuchung zeigt, dass Unternehmer unterschiedliche Selbstbilder in Bezug auf die eigene Geschäftstätigkeit entwickeln. Innovatoren vertrauen auf die Stärke der eigenen Innovationskraft und entwickeln ein Selbstverständnis als Innovator. Das Selbstverständnis des Innovators 36 trägt die Überzeugung, Innovationen trotz auftretender Widerstände umsetzen zu können.

> „Das ist nie ein Thema gewesen, dass man sagt, das [Umsetzung von Innovationsprojekten] schafft man nicht oder das geht nicht. Das ist eigentlich nur eine Fleißaufgabe letztendlich" (Innovator 36).

Diese Aussage beinhaltet zum einen die Überzeugung, kreative Lösungsansätze für bestehende organisationale Situationen bzw. Problemstellungen zu entwickeln (kreative Selbstwirksamkeit) und zum anderen, diese durch eine entsprechende Innovationskompetenz in den betrieblichen Alltag überführen zu können (umsetzungsorientierte Selbstwirksamkeit).

Zeigt der Unternehmensführer eine innovationsförderliche Persönlichkeitsstruktur, ist er beispielsweise offen für kreative Problemlösungen und hat er bereits positive Erfahrungen mit Innovationsprojekten gesammelt, stärkt dies zugleich sein Selbstbild als Innovator. Durch dieses Selbstbild wächst das Vertrauen, nachhaltig Innovationen zu erbringen und auf diese Weise gegenüber der Konkurrenz dauerhafte Wettbewerbsvorteile durch die eigene Innovationskraft aufbauen zu können.

> „Deswegen ist unsere Stellung, unsere Position, die wir in letzten Jahren, Jahrzehnten aufgebaut haben, plötzlich so spannend, weil wir jetzt natürlich ein nach außen sehr innovatives Unternehmen [...] sind mit der richtigen Technologie und dem richtigen Ansatz" (Innovator 15).

Innovator 15 zeigt, dass sich durch vorangegangene Innovationserfolge ein Selbstverständnis als Innovator verstetigen lässt, indem sich auch die Ambition, sich als Innovationsführer zu positionieren, manifestiert.

Erfolgsfaktor 1.4: Innovatoren zeigen ein Selbstverständnis als Innovator. Dieses Selbstverständnis beinhaltet die Überzeugung, Innovationserfolge trotz Widerständen replizieren zu können (Selbstverständnis als Innovator).

Unternehmerische Orientierung

Bei der überwältigenden Mehrheit der Befragten herrscht ein grundsätzliches Bewusstsein, dass die Bedeutung von Innovationen für die Erlangung nachhaltiger Wettbewerbsvorteile bekräftigt. Die Untersuchung zeigt, dass Innovatoren eine höhere Proaktivität, stärkere Wettbewerbsorientierung und größere Bereitschaft aufweisen, kalkulierbare Risiken einzugehen.

Innovatoren haben das Ziel, sich kontinuierlich weiterzuentwickeln und zu den bestehenden Geschäftsfeldern weitere Wachstumsfelder zu generieren. Sie begreifen Wandel als kontinuierlichen Prozess und versuchen, Marktveränderungen frühzeitig zu erkennen, um auf diese unmittelbar reagieren zu können.

> „Wenn wir gar keine Innovationen vornehmen würden, wären wir ganz schnell weg vom Fenster, dann würden wir gar nichts verkaufen. Wenn ich jetzt die Forschung komplett einstellen würde, könnten wir vielleicht noch 3 Jahre überleben, dann hätten uns alle anderen eingeholt" (Innovator 5).

Innovatoren erkennen, dass bestehende Wettbewerbsvorteile im Zeitverlauf erodieren und ausschließlich eine fortlaufende Erbringung von Innovationen einen nachhaltigen Wettbewerbsvorteil sichern kann. Eine ausgeprägte Wettbewerbsorientierung und der Wunsch, sich mit anderen Mitbewerbern messen zu wollen, ist Grundvoraussetzung zur Verstetigung der unternehmerischen Orientierung. Die Untersuchung zeigt dabei, dass Innovatoren nicht unbedingt als Innovationsführer am Markt aktiv Impulse setzen müssen, um erfolgreich zu innovieren. Jedoch müssen Unternehmensführer in der Lage sein, den oder die Innovationsführer in ihrem Marktumfeld zu identifizieren und anstreben, diese(n) Mitbewerber als Benchmark zu betrachten.

> „Dadurch, dass sich die Dienstleistungen so schnell ändern und auch immer neue hinzukommen werden, ist das schon wichtig, auch immer mit der Zeit mitzugehen oder immer vorne mit dabei zu sein" (Innovator 37).

Innovatoren erschließen latente Kundenbedürfnisse, noch bevor diese am Markt nachgefragt werden, um sie in eine marktfähige Lösung zu verwandeln. Nicht-Innovatoren hingegen haben die Neigung, Innovationschancen erst dann aufzugreifen, wenn der Kunde sie einfordert. Für Nicht-Innovatoren steht der sofortige Verwertungsaspekt des Kundenbedarfs im Vordergrund.

> „Wenn man von Innovation spricht, gibt es wohl irgendwo eine große Innovation. […] Die interessiert uns noch gar nicht, solange die noch nicht beim Kunden angekommen ist" (Nicht-Innovator 8).

In der Folge können Nicht-Innovatoren zumeist ausschließlich defizitorientiert auf Marktveränderungen reagieren. Sie erkennen erst dann, dass sie einen Innovationssprung verpasst haben, wenn ihre Wettbewerbsposition bereits beeinträchtigt ist und sie Marktanteile verloren haben. Diese passive Haltung (Reaktion statt proaktives Handeln) führt im Zeitverlauf zu einer kontinuierlichen Verschlechterung der Wettbewerbssituation. Nicht-Innovatoren werden Getriebene der Innovationsdynamik ihrer Mitbewerber und haben zunehmend das „Gefühl", ihre Wettbewerbssituation nicht mehr durch die eigene Innovationskraft beeinflussen zu können.

> „Im Moment habe ich das Gefühl, dass wir wieder etwas wegsacken" (Nicht-Innovator 12).

Im Gegensatz zu einer proaktiven Haltung bei Innovatoren dominiert bei Nicht-Innovator 12 eine passive Haltung. Das vage geäußerte „Gefühl" kann sich durchaus in einer konkreten Lähmung manifestieren.

Innovatoren sind trotz der bereits erörterten Ressourcenknappheit von KMU bereit, kalkulierbare Risiken einzugehen. Nach einer Abwägung von Chancen und Risiken werden Innovationsentscheidungen getroffen und Innovationsimpulse konsequent in die Realität überführt. Die Geschäftsführung akzeptiert, dass Innovationen risikobehaftet sind und dass Innovationsaufwendungen eine Risikoinvestition darstellen.

Zur Erreichung der Innovationsziele müssen unternehmerische Risiken eingegangen werden. Innovatoren beschreiten daher auch unkonventionelle Wege, um Innovationen zu realisieren und zeigen eine hohe Akzeptanz z.b. von finanziellen Risiken, wenn sie von den eigenen Innovationsvorhaben überzeugt sind.

> „Dann haben wir das irgendwo zusammengeliehen. Ich weiß nicht mehr, wo wir es dann letztendlich herbekommen haben […], die Banken waren extrem zurückhaltend. Die konnten sich das natürlich nicht vorstellen, dass man auf so einem Dorf hier [ein Unternehmen] gründen soll. Wie soll das funktionieren?" (Innovator 24).

Das erfolgreiche Beispiel eines eigenfinanzierten Innovationsvorhabens mit hohen Risiken darf allerdings nicht darüber hinwegtäuschen, dass ein nachhaltiges Innovationsmanagement in KMU vor allem einen bewussten Umgang mit Ressourcen erfordert. Wichtig erscheint hierbei in KMU insbesondere, dass die Unternehmensführung Konzepte zur Begrenzung von Risiken entwickelt. Zwar kann anhand der Untersuchung in beiden Teilstichproben kein formales Risikomanagement nachgewiesen werden, allerdings können bei Innovatoren Handlungskonzepte auf der Ebene der Geschäftsführung identifiziert werden, die zum Ziel haben, das Risiko von Innovationsprojekten zu begrenzen. Ein aussichtsreiches Handlungskonzept besteht z.B. darin, Risikokapital durch erwirtschaftete Gewinne für Innovationzwecke bereitzustellen. Eine solche Vorfinanzierung von Innovationsvorhaben hat den Vorteil, dass Misserfolge in Innovationsprojekten keine Bestandsgefährdung des Unternehmens zur Konsequenz haben.

Erfolgsfaktor 1.5: *Innovatoren zeigen eine unternehmerische Grundhaltung. Diese Grundhaltung beinhaltet eine starke Wettbewerbsorientierung, die Bereitschaft, kalkulierbare Risiken einzugehen und die Ambition, die Wettbewerbssituation aktiv durch eigene unternehmerische Handlungen zu beeinflussen (unternehmerische Orientierung).*

Innovationsdisziplin

Geschäftsführer von KMU handeln im Spannungsfeld des operativen Geschäfts und der Gestaltung der zukünftigen Geschäftsausrichtung, die als zentrales Element die Innovationstätigkeit umfasst. Festzustellen ist, dass die Innovationsdisziplin eine kritische

Funktion innerhalb des Modellparameters Top Management einnimmt. Nur wenn die Geschäftsführung die individuelle Bereitschaft zu innovieren tatsächlich in organisationales Handeln überträgt, können Innovationen dauerhaft erbracht werden. Dazu muss das Thema Innovation neben operativen Tätigkeiten als Alltagsaufgabe verankert werden und Kapazitäten für Innovationsaufgaben müssen bereitgestellt werden.

Innovatoren besitzen auch die Disziplin, das Innovationsgeschäft als Alltagsaufgabe zu verankern und interne Innovationsprojekte mit Kundenprojekten gleichzustellen.

> „Wir wollen uns selbst disziplinieren, dass wir nicht auf jeden Zug aufspringen und jede Gelegenheit, ein neues Projekt zu bekommen, verfolgen, sondern dass wir gezielt unsere internen Projekte gleichwertig sehen zu Kundenprojekten" (Innovator 38).

Die hier zitierte Aussage differenziert auf interessante Weise zwischen internen Projekten und Kundenprojekten, sodass sie den Anspruch einer umfassenden Innovationsdisziplin gut veranschaulicht. Die Untersuchung zeigt, dass diese Innovationsdisziplin auch bedeuten kann, dass sich die Unternehmensführung im operativen Geschäft weitestgehend entbehrlich machen muss, um Kapazitäten für strategische Führungsaufgaben zu gewinnen. Erfolgskritisch erscheint deshalb, inwieweit in KMU die Abhängigkeit des Unternehmens von der Geschäftsführung in der operativen Leistungserbringung besteht.

Innovatoren schaffen Strukturen der Kontrolle und Steuerung, in denen das operative Geschäft so abgewickelt wird, dass die Geschäftsführung Kapazitäten erhält, um die strategische Ausrichtung des Unternehmens zu gestalten. Hierfür bedarf es konkreter Maßnahmen, die oft auch den Einsatz finanzieller Ressourcen erfordern:

> „Ich habe mir einen Coach besorgt, einen Persönlichkeitscoach, mit der Zielsetzung, dass ich mich mehr aus dem operativen Tagesgeschäft raushalten möchte. Er unterstützt mich dabei, damit ich mehr Freiraum für Innovation und Erneuerung im Unternehmen habe" (Innovator 24).

Innovatoren sorgen im Gegensatz zu Nicht-Innovatoren deshalb frühzeitig für eine Grundlage, um operative Tätigkeiten aus dem eigenen Verantwortungsbereich auszugliedern und Verantwortlichkeiten an die Belegschaft zu delegieren.

> „Wir haben sehr früh gesagt, wir müssen die Verantwortlichkeiten an die Mitarbeiter auch abgeben, und mittlerweile ist es so" (Innovator 15).

Festzustellen ist, dass viele Geschäftsführer die Notwendigkeit zur Distanzierung vom Tagesgeschäft nicht zwingend erkennen oder in die Tat umsetzen können. Nicht-Innovatoren schaffen es nicht, Strukturen zu etablieren, die der Geschäftsführung die Freiräume schaffen, um sich der Innovationstätigkeit zu widmen. Zwar gelingt es ihnen, sich kurzzeitig vom Druck des operativen Geschäfts zu befreien, in wirtschaftlichen Krisensituationen oder auch bei erhöhter Arbeitsbelastung durch eine gute Auftragslage werden sie jedoch wieder (vollumfänglich) durch das operative Geschäft vereinnahmt. Dieser Sachverhalt verhindert die Verstetigung der Innovationsbestrebungen. Nicht-Innovator 32 illustriert diese Problemstellung:

„Also immer, wenn ein bisschen Ruhe ist und man kann sich kümmern, dann ist es okay. Aber wenn das Tagesgeschäft dann mehr wird, ist das das Erste, was dann in der Schublade liegen bleibt. Ja, das mache ich morgen, und dann ist wieder ein Monat um, das Jahr ist plötzlich vorbei, und du hast nichts geändert" (Nicht-Innovator 32).

Es wird deutlich, dass das Innovationsgeschäft bei Nichtverrichtung anders als das operative Geschäft zunächst keinen Handlungsdruck erzeugt. Nicht verrichtete Innovationstätigkeiten werden Nicht-Innovatoren zumeist erst dann offenbar, wenn die Wettbewerbskraft nicht mehr ausreicht, um im Tagesgeschäft erfolgreich zu bestehen. In dieser Krisensituation besitzen KMU zumeist jedoch nicht mehr die Ressourcen, um den Innovationsvorsprung der Wettbewerber aufzuholen.

Auffällig ist zudem, dass eine starke Einbindung der Geschäftsleitung in das Tagesgeschäft zusammen mit der Ausfüllung strategischer Tätigkeiten nicht selten eine Überlastung mit sich bringt.

„Ich habe nur noch gearbeitet […]. Ich habe gemerkt, ich habe gar keine Lust mehr auf Neues. Ich war froh, wenn ich meine Sache abgearbeitet habe, wirklich nur abgearbeitet, und dann war Feierabend und gut. Da ist keine Innovation und nicht mal ein Gedanke an irgendwelche neuen Ideen mehr möglich gewesen" (Nicht-Innovator 33).

Reiben sich Unternehmensführer zu stark im operativen Geschäft auf, unterminiert dies die Innovationskraft. Dies führt nicht selten zu einem schleichenden Prozess, in dem sie stetig an Innovationskraft einbüßen.

Entscheidend ist daher die Ausgewogenheit zwischen der herzustellenden Distanz zu operativen Tätigkeiten und dem Kontakt zu relevanten Innovationsfeldern. Im Rahmen der oben angesprochenen Strukturen der Kontrolle und Steuerung muss die Geschäftsführung periodisch einen eigenen direkten Kundenkontakt herstellen, um das Gespür für eine kundengerechte Erbringung von Produkten/Leistungen nicht zu verlieren. Dies setzt eine enge und vertrauensvolle Kooperation mit marktnahen Funktionen der Organisation (wie z.B. Vertrieb und Marketing) voraus und bedeutet auch, dass der Kontakt zu allen für die Innovationstätigkeit relevanten Stakeholdern nicht abreißen darf. Hierbei geht es auch darum, Stakeholder in ihrer Annahme zu bestärken, dass die ungeteilte Aufmerksamkeit des Unternehmens der Wahrung ihrer Interessen gilt.

Erfolgsfaktor 1.6: Innovatoren besitzen die nachhaltige Disziplin, der Innovation eine exponierte Stellung in ihrem Arbeitsalltag einzuräumen. Innovatoren reduzieren dazu die Abhängigkeit des Unternehmens von der Geschäftsführung, indem sie der Belegschaft

Verantwortungen für operative Tätigkeiten übertragen, um Kapazitäten für Innovation zu erlangen. Trotz dieses 'Ausstiegs' aus der operativen Alltagsarbeit schaffen sie Vorkehrungen, die ihnen einen vitalen Kontakt zum Marktgeschehen erhalten (Innovationsdisziplin).

Präsenz in Innovationsprozessen

Innovatoren zeigen über den gesamten Innovationsprozess Präsenz und sind für die Belegschaft bei Fragen zugänglich. Die Untersuchung zeigt, dass Unternehmer mit einer innovationsorientierten Persönlichkeitsstruktur und einer starken unternehmerischen Orientierung gleichzeitig den Willen aufweisen, Innovationsprojekte über den gesamten Innovationsprozess zu begleiten. Die Präsenz von Innovatoren zeigt sich insbesondere in für den Fortlauf von Innovationsprojekten erfolgskritischen Entscheidungsprozessen. Ähnlich verhält es sich mit der Zugänglichkeit des Managements bei Innovationsfragen. Setzt der Unternehmer einen Fokus auf Innovationen, ist die Führung in der Regel gegenüber der Belegschaft offen für Fragen bezüglich der Innovationstätigkeit. Anders als in Großunternehmen, in denen Top-Manager aufgrund der räumlichen oder hierarchischen Differenz in vielen Fällen nicht für innovationsrelevante Fragen zur Verfügung stehen, ist die Zugänglichkeit der Unternehmensführung in KMU aus dieser Perspektive als unproblematisch zu erachten. Allerdings sollte die Unternehmensführung deutlich machen, dass eine solche Inanspruchnahme seitens der Mitarbeiterschaft ausdrücklich gewünscht ist. Haben Mitarbeiter das Gefühl, dass die Geschäftsführung Innovationsimpulsen tendenziell indifferent bis ablehnend gegenübersteht, kann dies zu Verunsicherung oder Ängsten führen. Wichtig ist jedoch, dass die Geschäftsführung besonders in kritischen Situationen des Innovationsprozesses auch die Belegschaft zu Rate ziehen kann.

Erfolgsfaktor 1.7: *Innovatoren zeigen Präsenz im Verlauf des gesamten Innovationsprozesses. Diese Präsenz beinhaltet sowohl die Zugänglichkeit des Managements bei innovationsbezogenen Problem-/Fragestellungen als auch die Einbindung in strategierelevante Entscheidungen im Verlauf von Innovationsprojekten (Präsenz in Innovationsprozessen).*

Führungskonzepte

Die Unternehmensführung von KMU benötigt ein schlüssiges Konzept, um eine innovationsgerechte Führung zu etablieren. Festzustellen ist, dass die Unternehmensführung zunächst erkennen muss, dass kreativitäts- und umsetzungsorientierte Innovationsphasen unterschiedliche Führungskonzepte erfordern. Nicht-Innovator 1 beschreibt dies als Spagat zwischen einer stringenten Prozessorientierung und der Förderung von Kreativität:

> „Wenn wir das tägliche Geschäft ansehen, [geht es für mich] als Unternehmensleiter um die Kunst, einen vernünftigen Ausgleich zu finden zwischen einer stringenten Prozessorganisation und genau dem Gegenteil, um Kreativität aufrechtzuerhalten" (Nicht-Innovator 1).

Innovatoren begegnen diesen Anforderungen mit einem situativen Führungsstil. Dieser Führungsstil enthält sowohl transaktionale als auch transformationale Elemente. In kreativitätsorientierten Innovationsphasen zeigen erfolgreiche Unternehmensleiter einen innovationsförderlichen und in umsetzungsorientierten Phasen einen innovationsverträglichen Führungsstil. Nachfolgend werden die kritischen Erfolgsfaktoren des innovationsförderlichen und -verträglichen Führungskonzepts sowie des konsistenten Führungsverhaltens erläutert.

Innovationsförderliche Führungskonzepte

Innovatoren zeigen grundsätzlich einen kooperativen und partizipativen Führungsstil, der eine positive Wirkung auf das Innovationsverhalten der Belegschaft aufweist. Innovator 37 betrachtet eine kooperative Haltung als Grundvoraussetzung für die Beteiligung der Belegschaft in Innovationsprozessen.

> „Wenn wir nur von oben herab mehr oder weniger […] Befehle ausgeben würden, glaube ich nicht, dass die Leute an uns herantreten und sagen, das und das könnten wir doch vielleicht so und so umsetzen" (Innovator 37).

Innovatoren versuchen, durch die Verfolgung eines Bottom-up-Ansatzes die Erbringung neuer Ideen aus der Belegschaft aktiv zu fördern und sind auch marginalsten Verbesserungsvorschlägen gegenüber aufgeschlossen. So zeigen sie immer eine grundsätzliche Wertschätzung gegenüber der eingereichten Idee, egal, ob sie den Vorstellungen der Geschäftsführung entspricht oder nicht. Die Untersuchung zeigt, dass Innovatoren diese Wertschätzung nicht ausschließlich auf Innovationserfolge, sondern vielmehr auf innovationsförderliches Verhalten an sich beziehen. Sie fordern und fördern das Vertrauen der MitarbeiterInnen in die eigene Kreativität und die Eigeninitiative, auch indem sie für deren Entwicklung Freiräume abseits einer stringenten Prozessorientierung schaffen.

> „Ich weiß, ich muss mich zurücknehmen den Mitarbeitern gegenüber, ich muss ihnen auch einfach diesen Freiraum lassen, damit sie kreativ sind, damit sie diese Freude am Unternehmen haben" (Nicht-Innovator 1).

Das vorangegangene Zitat bringt zum Ausdruck, dass sich das Management in den kreativitätsorientierten Innovationsphasen bewusst zurücknehmen muss, um die Bereitschaft zur Kreativität in der Belegschaft zu stärken. Der Zurücknahme liegt demnach eine Selbstkontrolle zugrunde, ergänzend zu einer kooperativen Grundhaltung. Zudem muss das Management signalisieren, dass Innovationen aus der Belegschaft tatsächlich erwünscht sind (Abschnitt 4.2.1), bzw. es muss diese Ideen sehr nachdrücklich und direkt einfordern:

> „Wir treten zwar auf die Leute zu und bitten extra darum, Ideen einzubringen, aber ich glaube, mit einem wesentlich strengeren oder einem sehr strengen Führungsstil würde das sich anders verhalten" (Innovator 37).

Wie diese Aussage widerspiegelt, müssen Innovatoren den MitarbeiterInnen einen im-/expliziten Innovationsauftrag erteilen, um diese zur Beteiligung in Innovationsprozessen anzuregen.

Nicht-Innovator 12 hingegen verhindert bewusst die Auseinandersetzung der Belegschaft mit Ideen und rückt die operative Leistungserstellung in den Vordergrund. Auf diese Weise wird eine nachhaltige Kreativitätsorientierung innerhalb der Belegschaft bereits in den frühen Innovationsphasen „ausgebremst".

> „Wir haben ja auch noch eine Produktion. Da muss ich aufpassen und immer in die Bremsen gehen, damit wir uns hier nicht nur in Ideen vertiefen" (Nicht-Innovator 12).

Die Untersuchung zeigt, dass als ungerecht empfundene Zurückweisungen von Ideen beträchtliche negative Auswirkungen auf die Beteiligung in zukünftigen Innovationsprozessen zur Folge haben.

Erfolgsfaktor 1.8: *Innovatoren zeigen in den kreativitätsorientierten Phasen des Innovationsprozesses einen innovationsförderlichen Führungsstil, der zu Partizipation, Kooperation und Experimentierfreudigkeit der Belegschaft anregt (innovationsförderliche Führungskonzepte).*

Innovationsverträgliche Führungskonzepte

Im wissenschaftlichen Diskurs wird insbesondere kreativitätsfördernden Elementen der Führung positive Wirkung auf die Innovativität zugeschrieben. Aus der vorliegenden Untersuchung geht jedoch hervor, dass in KMU insbesondere Führungsqualitäten zur Strukturierung und Steuerung von Innovationsprozessen erfolgskritisch sind, mit denen sich Innovationsimpulse tatsächlich in Innovationen umsetzen lassen. Die frühen Phasen des Innovationsprozesses sind durch die Erzeugung möglichst vieler, unter Umständen auch divergenter Lösungsansätze geprägt. In den umsetzungsorientierten Innovationsphasen müssen Konzepte gefunden werden, um divergentes in konvergentes Denken zu überführen. Diese Zusammenführung muss auf innovationsverträgliche Weise geschehen, denn ohne diese Zusammenführung kann der Innovationsprozess nicht systematisch gesteuert werden.

> „Das [die Kreativität der Belegschaft] auszuleben und die Leute laufen zu lassen, das ist ja die einfache Übung. Die schwierigere ist, ihnen dann eine Barriere hineinzulegen oder gegebenenfalls das Ende irgendeines Projektes anzusagen und das aber auf eine Art und Weise zu machen, ohne dass die Leute darüber völlig entsetzt oder demotiviert darüber sind" (Nicht-Innovator 1).

Während es für Unternehmer weniger problematisch erscheint, der Belegschaft Eigenverantwortung für die Kreativität zu übertragen, haben Nicht-Innovatoren Defizite in der Fähigkeit, die Komplexität in Innovationsprozessen durch Konvergenzstrategien innovationsverträglich zu reduzieren.

Innovatoren besitzen Handlungskonzepte im Umgang mit Komplexität und erkennen, wann unstrukturierte Kreativität einem geordneten Prozess zugeführt werden muss. Neben der innovationsförderlichen Facette des Führungsstils erscheint somit die Fähigkeit als erfolgskritisch, Teilaufgaben des Innovationsprozesses konsequent an Innovationsakteure zu delegieren, sie aufgabenspezifisch zu kontrollieren und transparent Entscheidungen zu treffen.

> „Also irgendwann muss man dann auch mal sagen: So ist es jetzt. Auch wenn […] wir dann merken, dass sie – dadurch dass sie selbstständig so viel machen können und dürfen und auch sollen – dann manchmal unzufrieden sind, weil sie etwas umsetzen müssen, was nicht eigentlich ihren Vorstellungen entspricht. Wenn das zu oft passiert, von oben, dann ist Frustration bei den Mitarbeitern da" (Innovator 17).

Wenngleich der Kontrolle eine innovationsabträgliche Wirkung in den kreativitätsorientierten Phasen der Innovation unterstellt wird, ist Kontrolle in den umsetzungsorientierten Phasen erfolgskritisch, um den Fortschritt von Innovationsprozessen voranbringen und steuern zu können. Innovatoren kontrollieren Teilaufgaben ergebnisorientiert und greifen ein, wenn die Erreichung von Meilensteinen gefährdet scheint.

Das Management muss richtungsweisende Innovationsentscheidungen innerhalb eines Innovationsprojekts transparent und überzeugend begründen. Die Transparenz in der Entscheidungsfindung beinhaltet, dass den MitarbeiterInnen eine nachvollziehbare Begründung bezüglich der Innovationsentscheidung kommuniziert wird. Die Ablehnung oder Nicht-Beachtung von eingereichten Ideen aus der Belegschaft kann ansonsten eine Unterminierung der Kreativitätsanstrengungen der Belegschaft verursachen, falls diese nicht per se durch objektive Kriterien zu rechtfertigen ist. Innovatoren lösen diese Problematik durch die Stimulierung einer ausgeprägten Feedbackkultur:

> „Und da kriegen sie [die MitarbeiterInnen] auch ein klares Feedback, wo sie stehen. Das empfinde ich als sehr positiv, und das wird auch von den Mitarbeitern als sehr positiv empfunden" (Innovator 24).

Eine innovationsverträgliche Führung erfordert die Trennung der persönlichen und der fachlichen Ebene. Die Geschäftsführung muss sicherstellen, dass Entscheidungen nicht auf Basis persönlicher Präferenzen, sondern auf der Grundlage objektiver Kriterien getroffen wurden, die auch für die Belegschaft transparent sind.

Erfolgsfaktor 1.9: *Innovatoren zeigen in den umsetzungsorientierten Phasen des Innovationsprozesses einen innovationsverträglichen Führungsstil, der Innovationsentscheidungen transparent macht und eine aufgabenbezogene Kontrolle ermöglicht, ohne das*

Innovationsengagement der Belegschaft zu unterminieren (innovationsverträgliche Führungskonzepte).

Konsistentes Führungsverhalten

Innovatoren kombinieren innovationsverträgliche und innovationsförderliche Führungsstile. Die Unternehmensführer achten insbesondere in den kreativitätsorientierten Innovationsphasen darauf, Freiräume für die Beteiligung der MitarbeiterInnen zu schaffen. Gleichzeitig verfügen sie über Konvergenzstrategien, um die heterogenen Innovationsimpulse der Belegschaft zu integrieren und Synergien zu nutzen. Innovator 17 beschreibt das eigene Führungsverhalten im Innovationszusammenhang wie folgt:

> „Als kooperativ, aber stringent in bestimmten Situationen. Also, es ist wirklich so wie eine Erziehung bei Kindern" (Innovator 17).

Das Führungsverhalten von Innovator 17 zeigt die Kombination einer kooperativen Grundhaltung und einer situationsgerechten Stringenz.

Nicht-Innovatoren hingegen scheitern dabei, innovationsförderliche und -verträgliche Führungsstile zu kombinieren. Dabei weisen sie nicht selten ebenfalls zumindest Facetten eines innovationsförderlichen Führungsverhaltens auf. Jedoch sind ihre Defizite in der Fähigkeit entscheidend, aus einer Vielzahl heterogener Lösungsansätze und unterschiedlichen Perspektiven der Belegschaft einen integrativen Lösungsansatz zu entwickeln und im Innovationsprozess anfallende Teilaufgaben zu delegieren. Die Nicht-Innovatoren zeigen Defizite darin, in den umsetzungsorientierten Phasen des Innovationsprozesses innovationsverträglich zu führen.

Zudem zeigt sich, dass ein stark auf Kontrolle ausgerichtetes Führungsverhalten Innovationsprozesse signifikant beeinträchtigt. In diesem Fall können Unternehmer keine innovationsförderliche Führung etablieren. Während eine aufgabenbezogene Kontrolle in den späteren Phasen des Innovationsprozesses eine positive Wirkung auf den Innovationserfolg hat, bedarf diese Kontrolle in den frühen Phasen des Innovationsprozesses höchster Sensibilität.

Nicht-Innovator 12 zeigt ein ausgeprägtes Kontrollverhalten. Alle Teilaufgaben des Innovationsprozesses werden durch die Geschäftsführung kontrolliert. Sie korrigiert die Aufgaben der Innovationsakteure und greift in den Arbeitsprozess ein. Nicht-Innovator 12 hat ein geringes Vertrauen in die Belegschaft, dass diese die übertragenen Teilaufgaben selbstständig lösen können.

> „Das geht bei mir über den Tisch, ganz einfach. Ich sage nur, das muss größer oder muss kleiner sein. Das heißt, ich muss die [MitarbeiterIn] auch korrigieren. Und wenn ich sie alleinlassen würde, habe ich am nächsten Tag einen Kunden, habe einen Anruf und der fragt: Warum haben Sie es denn nicht gleich ein bisschen größer gemacht?" (Nicht-Innovator 12).

Dieses Misstrauen gegenüber der eigenen Belegschaft und eine fehlende Feedbackkultur verhindert eine Verstetigung der Innovationsbemühungen. Innovator 17 zeigt einen Gegenentwurf zu diesem Verhalten. Die Geschäftsführung überlässt den Innovationsakteuren in schwierigen Situationen die Verantwortung und fungiert in Konflikten als Moderator. In diesen Fällen werden Meetings mit den Verantwortlichen von Teilaufgaben durchgeführt und Probleme konsensual gelöst. Ausschließlich in „Extremsituationen", die den Fortlauf des Prozesses gefährden, übernimmt die Geschäftsleitung die Verantwortung.

> „Aber es ist höchstens so in Extremsituationen, wo wir einschreiten, wo wir sagen: Das habe ich jetzt mit dem Kunden aber so vereinbart, auch wenn ihr das nicht gut findet, das wird jetzt so gemacht" (Innovator 17).

Jedoch werden auch in solchen Situationen Entscheidungen transparent begründet.

Von höchster Bedeutung ist ein konsistentes Verhalten der Führung im Umgang mit Innovationen. Die Innovationsorientierung der Belegschaft kann sich nur dann nachhaltig entwickeln, wenn die Führungskraft eine Vorbildfunktion einnimmt. Innovator 15 betont die positive Wirkung eines Vorbilds:

> „Als Vorbildfunktion und durch die Leistung, die man erbringt, färbt extrem viel ab. Das heißt also, das Positive überwiegt statt dem Negativen. Also, es ist mitreißend. So empfinden das viele Mitarbeiter, die mich jetzt kennen, oder die im unmittelbaren Umfeld mit mir sind, die sagen eben: Der fordert uns. Der fördert uns. Der will mit uns die Reise nach oben bringen" (Innovator 15).

Innovatoren fungieren dabei ebenfalls nicht selten als Rollenmodell für die gesamte Belegschaft, indem sie die eigene Ambition, das Unternehmen kontinuierlich verbessern zu wollen, auf die MitarbeiterInnen übertragen. Innovator 15 beschreibt seinen Führungsstil dabei als eine Mischung aus einer gleichermaßen fordernden und fördernden Haltung:

> „Klar kooperativ, klar. Zu viel Druck. Zu fordernd. Permanent unzufrieden. Begeisternd. Nach vorne strebend" (Innovator 15).

Neben der bereits erörterten Kooperativität zeigt sich in der Untersuchung, dass insbesondere eine fordernde Führung gepaart mit Begeisterung eine gestärkte innovationsorientierte Haltung in der Belegschaft hervorrufen kann. Wenngleich eine überhöhte Erwartungshaltung der Unternehmensführung an die MitarbeiterInnen Überforderung begünstigt, ist es grundsätzlich von zentraler Bedeutung, den Ist-Zustand permanent zu hinterfragen und eine Verbesserung des Status Quo anzustreben. Eine innovationsförderliche und -verträgliche Führung kann nur dann erfolgreich transportiert werden, wenn die Geschäftsführung diese durch innovationsorientierte Handlungen glaubhaft transportiert.

Erfolgsfaktor 1.10: *Innovatoren zeigen trotz eines situativen Führungsstils ein konsistentes Führungsverhalten. Innovationsverträgliche und -förderliche Elemente fügen sich in ein* *schlüssiges Gesamtkonzept und erscheinen für die Belegschaft als solches (konsistentes Führungsverhalten).*

6.1.2 Innovationsstrategie

Strategische Handlungsfähigkeit

Die Untersuchung zeigt, dass Innovatoren im Gegensatz zu Nicht-Innovatoren überzeugt sind, ihre zukünftige Wettbewerbsposition durch die eigene strategische Handlungsfähigkeit selbst beeinflussen zu können. Innovator 36 setzt sich frühzeitig mit zukünftigen Geschäftsfeldern auseinander, sondiert Wachstumschancen und nimmt somit frühzeitig Einfluss auf die Steuerung der Geschäftsausrichtung.

> „Man fängt schon jetzt an, das Produkt für die nächsten drei Jahre zu definie-ren, und in dieser Zeit sammelt man natürlich alle Punkte, wie das Produkt auszusehen hat. Und irgendwann kommt man halt in den Schritt, wo man dann das Fein-Tuning oder eine Studie oder irgendeine Umsetzung vollzieht" (Innovator 36).

Die Auseinandersetzung mit der eigenen Innovationsstrategie ist dabei weniger eine bis ins letzte Detail vorbestimmte Umsetzungsplanung, sondern erscheint als eine Grobplanung, die Eckpfeiler der zukünftigen Geschäftsausrichtung umfasst und im Zeitverlauf spezifiziert wird. Durch die aktive Beschäftigung mit strategierelevanten Fragestellungen etabliert die Geschäftsführung des Innovator 38 ein Bewertungskonzept, anhand dessen die Innovationstä-tigkeit ausgerichtet und Innovationschancen bewertet werden. Auf Grundlage dieses Bewertungskonzepts definiert die Geschäftsführung, auf welche Fragestellungen das Unternehmen in der Zukunft Antworten liefern will.

> „Auf welche Fragen wollen wir Antworten liefern und wo investieren wir Zeit und Geld, um uns gezielt weiterzuentwickeln, das Produktportfolio […] weiterzuentwickeln" (Innovator 38).

Innovator 38 strebt die gezielte Weiterentwicklung der bisherigen Geschäftstätigkeit durch Innovationen an. Dies setzt eine effektive Auswahl von Innovationsvorhaben voraus. Die bewusste Wahl von Innovationsvorhaben ist somit das Ergebnis einer vorangegangenen Auseinandersetzung mit strategierelevanten Aspekten und stellt die Grundvoraussetzung für die systematische Bewertung von Innovationschancen dar.

> „Wir reden davon, dass wir das richtig bewerten. Wenn wir so ein Thema [hier gemeint: Innovationsthema] komplett falsch bewerten würden, oder nicht schnell genug auf dieses Thema umlenken könnten, dann sind wir ganz schnell eine antiquierte [Geschäftsführung], die nur die alten Themen verfolgt und die man zu neuen Themen nicht fragen darf" (Innovator 38).

Innovatoren besitzen das Bewusstsein, dass bestehende Geschäftsfelder tendenziell erodieren und die zukünftige Ausrichtung des Unternehmens aktiv gestaltet werden muss. Innovator 38 nimmt deshalb bewusst frühzeitig Einfluss auf die zukünftige Geschäftstätigkeit und entwickelt dadurch eine strategische Handlungsfähigkeit.

Nicht-Innovator 13 hingegen betrachtet die zukünftige Geschäftsausrichtung als nicht durch das Management beeinflussbar. Vielmehr agiert er nach der Maßgabe, dass Kunden des bestehenden Kerngeschäfts darüber bestimmen, welche Innovationsfelder zukünftig dominieren.

> „Aber es ist eben nicht dieses – das muss man sagen – es ist nicht dieses Strategische zu sagen, wir wollen im nächsten Jahr das Projekt A durchführen und wir machen da jetzt einen Plan. Also, ich denke, ganz anders als Sie es wahrscheinlich in der Theorie sagen, wie es optimal wäre. Sondern es ist eben wirklich immer dieses ‚kundengetriebene'" (Nicht-Innovator 13).

Die zukünftige Ausrichtung ist in diesem Fall nicht strategiegesteuert, sondern kundengetrieben. Das Management nimmt gegenüber der zukünftigen Ausrichtung der Unternehmung eine passive Haltung ein und kann folglich auf diese Weise langfristig keine Alleinstellungsmerkmale durch eine gezielte Steuerung der Innovationstätigkeit schaffen. Passivität bzw. rein reaktives Handeln statt proaktiver Planung der zukünftigen Geschäftstätigkeit zeigt sich auch bei Nicht-Innovator 32.

> „Bis jetzt war es immer so, dass wir mäßig gewachsen sind. Wenn nun irgendwo die supertolle Idee kommt und wir auch die Möglichkeit haben, stark zu wachsen, dann sind wir nicht so aufgestellt, dass wir das nicht machen wollen. Nur bis jetzt war es eben so, dass es immer ein Schritt nach dem nächsten [war]" (Nicht-Innovator 32).

Nicht-Innovator 32 hat durchaus Wachstumsambitionen, hält das Wachstum des Unternehmens jedoch nicht für beeinflussbar durch die eigene strategische Handlungsfähigkeit. Aus seiner fehlenden strategischen Handlungsfähigkeit resultiert daher das Fehlen einer lang-/ oder mittelfristigen Planung der Innovationstätigkeit.

Erfolgsfaktor 2.1: Innovatoren sind überzeugt, die zukünftige Wettbewerbsposition durch die eigene strategische Handlungsfähigkeit positiv beeinflussen zu können und setzen sich deshalb frühzeitig mit strategierelevanten Fragen auseinander (strategische Handlungsfähigkeit).

Strategische Fokussierung

Die Auseinandersetzung mit der eigenen Innovationsstrategie fördert das Bewusstsein des Top Managements, in welchen Kompetenzfeldern nachhaltige Wettbewerbsvorteile durch Innovation entstehen können. Die Analyse zeigt, dass KMU bei der Wahl von Innovationsvorhaben, die nicht unmittelbar an ihr bisheriges Kompetenzfeld anschließen, durch ihre geringe Marktmacht und Ressourcenausstattung Probleme haben, diese Vorhaben erfolgreich durchzuführen. Unternehmer hingegen, die ihre Kernkompetenzen konsequent erweitern, um sie gezielt auf neue Geschäftsfelder/Kundenkreise zu übertragen, schaffen Synergien zwischen ihren bestehenden und neuen Geschäftsfeldern.

Innovatoren fokussieren sich daher auf Innovationsfelder[47], die sich an die bisherigen Kernkompetenzen anschließen lassen. Durch diese bewusste strategische Fokussierung stellen sie sicher, dass sie in den Innovationsfeldern über eine hinreichende Expertise verfügen. Diese bewusste Wahl von Innovationsfeldern setzt jedoch große Klarheit der Geschäftsführung voraus, in welchen Kompetenzfeldern das Unternehmen Alleinstellungsmerkmale in Bezug auf seine Wettbewerber besitzt. Innovatoren unterscheiden hier Kompetenzen, mit denen sie durch die eigene Expertise Alleinstellungsmerkmale aufbauen können und austauschbare Kompetenzen, die gleichermaßen durch die Konkurrenz bedient werden können.

> „Wir [wollen] immer eine saubere Trennlinie haben […], was sind unsere Kernkompetenzen, was sind nicht unsere Kernkompetenzen und auf welche Modetrends wollen wir springen, zu welchen Fragen wollen wir Antworten definieren können und welche […L]ösung wollen wir auf genau diese Themen aufbauen" (Innovator 38).

Als eine Konsequenz dieser strategischen Fokussierung lehnen Innovatoren Innovationsvorhaben ab, die nach eigener Einschätzung keine Passung zu den definierten Innovationsfeldern aufweisen. Die Untersuchung zeigt, dass Innovatoren der Stichprobe mit einer Vielzahl potenzieller Innovationschancen konfrontiert werden, jedoch auf Basis der vorhandenen Ressourcenknappheit nur einen geringen Anteil dieser Chancen verfolgen können. Insbesondere für solche Geschäftsführer, die aufgrund ihrer innovationsorientierten Persönlichkeitsstruktur und ihrer unternehmerischen Orientierung die grundsätzliche Präferenz besitzen, eine Vielzahl unterschiedlicher Innovationschancen wahrnehmen zu wollen, ist es erfolgskritisch, die Innovationstätigkeit anhand der organisationalen Kernkompetenzen zu fokussieren, um gezielt zu innovieren. Ihre Strategie fungiert zugleich als Kontrollmechanismus, der eine effektive Wahl von Innovationsprojekten sicherstellt. Dieser Mechanismus gewährleistet eine Passung zwischen den angestrebten Innovationsvorhaben und den existierenden Kernkompetenzen und ist ebenso grundlegend für die strategiekonforme Ideenbewertung (Abschnitt 6.1.3).

Innovator 7 besitzt ein klares Verständnis über das eigene Kompetenzfeld und nutzt die Strategie, um zielgerichtet zu innovieren. Durch eine strategische Fokussierung werden die Ressourcen für aussichtsreiche Innovationsfelder gebündelt. Innovationsfelder außerhalb des definierten Handlungsfeldes werden als Not-To-Do-Felder aufgrund fehlender strategischer Passung betrachtet und daher abgelehnt.

---

[47] Innovationsfelder sind als potenzielle zukünftige Geschäftsfelder aufzufassen, in denen Unternehmungen bewusst Innovationen anstreben.

„Deshalb haben wir natürlich auch ganz viele Ablehnungen [von Innovationsimpulsen], weil wir häufig auch sagen müssen, das passt einfach nicht in die Strategie. Dann ist das Neinsagen eben auch die Kunst" (Innovator 7).

Nicht-Innovator 1 hingegen zeigt keine ausreichende strategische Fokussierung. Es werden gleichzeitig unterschiedliche Innovationsvorhaben verfolgt, die eine geringe Anschlussfähigkeit zu den bisherigen Kernkompetenzen aufweisen und auch untereinander keine Synergieeffekte erzeugen. Diese Art von Innovationsvorhaben macht den Erwerb neuer organisationaler Wissensstrukturen/Kompetenzen nötig, da sie nicht mit der bestehenden Belegschaft durchgeführt werden kann.

„Man muss auch ganz klar sagen, dieses Know-how ist in der Belegschaft noch nicht implementiert. Also im Wesentlichen ist das im Moment ein Know-how, was bei mir liegt und was bei den Partnern, mit denen ich extern zunächst einmal diese ganzen Dinge angegangen bin, [...] weniger in der Belegschaft" (Nicht-Innovator 1).

Nicht-Innovator 1 müsste daher für die erfolgreiche Durchführung der Innovationsvorhaben neue Personalstrukturen aufbauen. Das Beispiel dieses Nicht-Innovators zeigt auch die mögliche Folge einer fehlenden strategischen Fokussierung, dass sich Unternehmen in mehreren Innovationsfeldern engagieren, die keine hinreichende Anschlussfähigkeit zur bisherigen Geschäftstätigkeit aufweisen. Als Resultat geht die Durchführung der Innovationsvorhaben mit einer hohen Ressourcenbindung einher, auch mit dem Risiko, dass Projekte aufgrund von Ressourcenknappheit nicht weitergeführt werden können.

Erfolgsfaktor 2.2: *Innovatoren fokussieren ihre Innovationsaktivitäten auf ausgewählte Innovationsfelder, die eine Anschlussfähigkeit mit ihren Kernkompetenzen aufweisen. Grundlage hierfür ist eine realistische Einschätzung der eigenen Kernkompetenzen (strategische Fokussierung).*

Konzeptionalisierung der Innovationsstrategie

Verfolgt ein Unternehmen eine klar definierte Wachstumsstrategie, muss es festlegen, wie es das angestrebte Wachstum realisieren möchte. Innovatoren spezifizieren globale Wachstumsziele der allgemeinen Unternehmensstrategie, indem sie anhand einer bewussten Auseinandersetzung mit strategierelevanten Aspekten bestimmen, welche Innovationsziele angestrebt werden und wie diese Ziele erreicht werden sollen. Die Zielformulierung beinhaltet auch eine Aussage darüber, wie zukünftige Wettbewerbsvorteile gesichert werden sollen: durch die Ausbeutung der bestehenden (Exploitation) oder die Erkundung neuer Geschäftsfelder (Exploration). Innovatoren definieren frühzeitig, welche Bedeutung die Exploration neuer Geschäftsfelder im Kontext der allgemeinen Geschäftstätigkeit einnimmt. Innovator 38 z.B. begrenzt den Umfang des Tagesgeschäfts, um zeitliche Ressourcen für die Erkundung zukünftiger Geschäftsfelder vorzuhalten.

„Jeder Mitarbeiter von uns hat eine Restriktion, wie viel er eigentlich beim Kunden sein darf und wie viel Zeit er investieren soll in neue Themen […]. Das ist ganz wichtig, denn ansonsten würden wir stagnieren […und] nur den kurzfristigen Umsatz sehen" (Innovator 38).

Innovatoren konkretisieren die Bedeutung neuer Geschäftsfelder und entwickeln Maßnahmen, um neue Geschäftsfelder langfristig neben den bestehenden Geschäftsfeldern zu etablieren. Innovator 7 nutzt das bestehende Geschäftsfeld gezielt zur Refinanzierung, um in noch nicht profitable Innovationsfelder investieren zu können und diese kontinuierlich weiterzuentwickeln.

„Das Geld, das wir eigentlich im Bereich [hier gemeint: das bestehende Geschäftsfeld] primär vielleicht noch immer mitverdienen, [wollen wir] in diesen anderen Bereich investieren, um […] diesen Bereich weiter zu pushen" (Innovator 7).

Innovator 7 hat offenbar einkalkuliert, dass das neue Geschäftsfeld zum jetzigen Zeitpunkt noch nicht profitabel ist. Es wird konsequent weiterentwickelt, da es gemäß der Einschätzung des Managements langfristig das Potenzial besitzt, zukünftige Wettbewerbsvorteile sicherzustellen. Innovatoren beachten ein ausgewogenes Verhältnis zwischen der Ausbeutung bisheriger und der Erkundung neuer Geschäftsfelder.

Nicht-Innovator 33 hingegen setzt einseitige Schwerpunkte auf das bestehende Geschäftsfeld. Wenngleich eine effiziente Ausbeutung der bestehenden Geschäftsfelder nicht per se als negativ zu betrachten ist, kann diese einseitige Fokussierung zu einer kritischen Vernachlässigung von Innovationsaktivitäten führen.

„Also, ich denke, das ist sehr wichtig […] da so eine konservative Linie zu fahren und zu sagen, ich setze da auf eine Qualität und auf Dinge, die ich lange kenne" (Nicht-Innovator 33).

Die bewusste Auseinandersetzung mit der Frage, wie das Unternehmen in der Zukunft Wettbewerbsvorteile erlangen kann, wird durch die konservative Haltung der Geschäftsführung nicht erörtert. Es wird davon ausgegangen, dass bisherige Wettbewerbsvorteile auch ohne Innovation fortbestehen. Unternehmen, die keine Klarheit über die eigene strategische Ausrichtung besitzen, haben Schwierigkeiten zu definieren, durch welche Alleinstellungsmerkmale in Zukunft Wettbewerbsvorteile gegenüber den Konkurrenten aufgebaut werden können.

Auch bei Nicht-Innovator 13 ist keine konsistente strategische Ausrichtung zu erkennen.

„In der Anfangszeit [haben wir es] eigentlich schwerpunktmäßig über den Preis versucht und haben jetzt aber gemerkt, dass wir da an die Grenzen stoßen, dass wir also doch nur versuchen können, jetzt bei neuen Kunden doch qualitativ zu punkten" (Nicht-Innovator 13).

Als Reaktion auf den Wettbewerbsdruck versucht Nicht-Innovator 13, von einer Kosten- zur Qualitätsführerschaft überzugehen. Diese Abkehr ist jedoch kein Ausdruck einer bewussten strategisch gesteuerten Veränderung, vielmehr wird dieser Strategiewechsel durch den Markt getrieben. Nicht-Innovator 13 besitzt zudem keine Klarheit, welche Innovationsschritte die Kernkompetenzen kurz- bis mittelfristig verändern können, um diese strategische Transformation erfolgreich zu vollziehen und signifikante neue Alleinstellungsmerkmale zu erzeugen.

Erfolgsfaktor 2.3: *Innovatoren besitzen ein klares Konzept bezüglich der eigenen Innovationsstrategie. Dieses Konzept beinhaltet die begründete Wahl einer Wachstumsstrategie, eine Vorstellung darüber, inwieweit Tagesgeschäft (Exploitation) und Innovationsgeschäft (Exploration) gleichberechtigt sind und durch welche Maßnahmen dieser Gleichberechtigung Rechnung getragen wird (Konzeptionalisierung der Innovationsstrategie).*

Organisationale Verankerung der Innovationsstrategie

Die Verankerung der Innovationsstrategie ist bedeutsam, um die Innovationsabsicht von der Top Management-Ebene auf die Belegschaft zu übertragen und die Bedeutung der Innovation neben dem Tagesgeschäft zu akzentuieren. Als Grundvoraussetzung für eine Verankerung auf organisationaler Ebene muss das Top Management selbst Klarheit über die strategische Ausrichtung des Unternehmens besitzen. Festzustellen ist, dass sowohl Innovatoren als auch Nicht-Innovatoren der Stichprobe ihre Innovationsstrategien nicht schriftlich niedergelegt haben. Zwar haben einige der Innovatoren vereinfachte Dokumentationen der eigenen Innovationsplanung, diese werden der Belegschaft jedoch nicht zur Verfügung gestellt. Die Verankerung der Innovationsstrategie erfolgt somit nicht wie in Großunternehmen durch die explizite Formulierung einer Innovationsstrategie. Die Untersuchung zeigt jedoch, dass Innovatoren Innovationsstrategien insbesondere durch informelle Kommunikationskanäle durchaus konkret im Unternehmen verankern.

> „Ich weiß, dass es in großen Firmen solche großen, schriftlichen Äußerungen gibt. So etwas gibt es bei uns nicht […]. Wir vermitteln es […] anhand gemeinsamer Gespräche, gemeinsamer Sitzungen, gemeinsamer Diskussion, wohin die Reise des Unternehmens geht, was wir als nächstes machen wollen. Wir haben es nicht aufgeschrieben, aber […] die Geschäftsführung informiert die Mitarbeiter, was wir machen, welche Innovationen geplant sind. Letztendlich sollen auch alle daran arbeiten" (Innovator 5).

Innovator 5 erkennt die Wichtigkeit, strategierelevante Informationen der Belegschaft gegenüber zu kommunizieren, um die Belegschaft an der zukünftigen Ausrichtung des Unternehmens zu beteiligen. Durch diese fortlaufende Kommunikation der Innovationsstrategie kann eine Verstetigung des Innovationsgedankens in der Belegschaft entstehen.

Nicht-Innovatoren beteiligen die Belegschaft nicht an der zukünftigen strategischen Ausrichtung des Unternehmens. Geplante Innovationsfelder, welche die zukünftige Wettbewerbsfähigkeit des Unternehmens sicherstellen sollen, bleiben für die Belegschaft zunächst unbemerkt. Es herrscht eine strikte Trennung von Verantwortlichkeiten: Während strategierelevante Aspekte ausschließlich dem Top Management vorbehalten sind, sind MitarbeiterInnen für die Verrichtung der operativen Tätigkeiten abgestellt. Die Belegschaft enthält keine Botschaft bezüglich der zukünftigen Geschäftsausrichtung.

> „Was ich Ihnen gerade beschrieben habe, diese Zukunft [hier gemeint: zukünftige Ausrichtung des Unternehmens...]. Da wissen auch alle, dass ich mich intensiv damit beschäftige und dass das etwas ist, was für das Unternehmen langfristig Bedeutung hat. Das ist aber nichts, was im Alltag die Leute [...] von ihrer Arbeit abhält" (Nicht-Innovator 1).

Die Innovationsstrategie ist nicht hinreichend in der Belegschaft verankert. Als problematisch ist zu erachten, dass die Belegschaft so keinen Bezug zu den zukünftigen Geschäftsfeldern aufbauen kann. Spätestens bei der Umsetzung dieser Innovation kann es zu einem ‚Fremdeln‘ der Belegschaft mit den neuen Geschäftsfeldern kommen. Durch eine Einbindung der Belegschaft kann diesem ‚Fremdeln‘ entgegengewirkt werden, da die Empathie für die Notwendigkeit von Innovation gegenüber der Belegschaft frühzeitig gestärkt wird.

Erfolgsfaktor 2.4: Innovatoren verankern ihre Innovationsstrategie in der Belegschaft. Dabei muss die Innovationsstrategie in KMU nicht zwingend schriftlich kommuniziert werden, wichtiger erscheint, dass die Unternehmensführung die Innovationsstrategie durch informelle Kommunikationswege und ein konsistentes Führungsverhalten „erlebbar" macht (organisationale Verankerung der Innovationsstrategie).

Reflexion der Innovationsstrategie

Innovatoren reflektieren die eigene Innovationsstrategie periodisch. Die Strategiefindung wird als ein fortlaufender Prozess betrachtet und dessen Ergebnis – die Innovationstrategie – durch einen fortlaufenden Abgleich mit den herrschenden Umweltbedingungen beständig evaluiert und bei Bedarf konkretisiert bzw. modifiziert. Innovator 38 betrachtet die Innovationsstrategie nicht als einen fixierten Status, sondern als Daueraufgabe, die einer fortlaufenden Revision bedarf.

> „Das [die Innovationsstrategie] ist kein Status, keine Strategie, die man jetzt festlegen kann, die für die nächsten fünf Jahre definiert ist, sondern [das ist tatsächlich aus dieser Position heraus das Ergebnis], was ich erwarte. Immer mit dem Blick auf die nächsten zwölf Monate, denn so kurzlebig ist unser Geschäft" (Innovator 38).

Eine Innovationsstrategie entsteht auf Basis eines iterativen Vorgehens, das gleichermaßen sowohl auf Erfahrungen der täglichen Geschäftstätigkeit als auch auf einer distanzierten Reflexion der bisherigen Innovationsentscheidungen gründet. Die Strategiefindung und

-überprüfung sind als interdependente Aktivitäten zu betrachten. Aus der Auseinandersetzung mit strategierelevanten Fragen, mit Innovationsentscheidungen und der kontinuierlichen Evaluation dieser Entscheidungen erwächst im Top Management eine zunehmende Reflexionskraft bezüglich des eigenen strategischen Handelns.

Erfolgsfaktor 2.5: Innovatoren unterziehen die Innovationsstrategie einer periodischen Reflexion, in der auf Basis einer durch Erfahrungen verbesserten Informationsgrundlage Elemente der Innovationsstrategie konkretisiert bzw. modifiziert werden (periodische Strategiereflexion).

6.1.3 Innovationsprozess

Integratives Ideenmanagement

Innovatoren betrachten Verbesserungsvorschläge seitens der Belegschaft, Kundenanregungen oder Kundenkritik sowie Lernchancen aus Fehlern als Innovationsimpulse. Innovatoren fordern Ideen von externen und internen Stakeholdern ein und stellen sicher, dass eingereichte Ideen dokumentiert werden. Signalisiert das Top Management Offenheit und Wertschätzung gegenüber neuen Innovationsimpulsen, nutzen MitarbeiterInnen die Möglichkeit, ihre Idee im direkten Dialog mit der Geschäftsführung einzusteuern.

> „Naturgemäß im kleinen Unternehmen, wenn ein Mitarbeiter eine Idee hat, versucht er natürlich beim Geschäftsführer diese Idee zu platzieren. Das heißt, dass […] sie diesen Kanal [zur schriftliche Einreichung von Ideen] aktiv nutzen, passiert wenig. Das muss man ehrlicherweise sagen. Es ist aber auch nicht die größte Notwendigkeit bei der Größe, da wollen wir auch nicht büro-kratischer sein" (Innovator 38).

Falls wie im Beispiel von Innovator 38 dennoch die Möglichkeit zur schriftlichen Einreichung von Ideen besteht – in Form von stationären „Ideenboxen" oder digitalen Plattformen – zeigt die Untersuchung, dass diese Kanäle durch die Belegschaft nicht frequentiert genutzt werden. Zu begründen ist dies vermutlich durch die räumliche Nähe der Organisationsmitglieder und den unmittelbaren Zugang der Belegschaft zur Geschäftsführung. Die Administration intranetbasierter Ideenmanagementsysteme mit individuellem Zugang für alle MitarbeiterInnen erscheint Innovator 38 auf Basis dieser Voraussetzung für Unternehmen seiner Größenordnung als zu bürokratisch und überdimensioniert.

Allerdings zeigt die Untersuchung, dass eine Vielzahl von eingereichten Ideen verloren gehen, wenn diese nicht unmittelbar durch das Management dokumentiert werden. Die Geschäftsführung muss deshalb sicherstellen, dass eingereichte Ideen nachgehalten werden. Innovatoren setzen Verfahren ein, um Ideen systematisch zu dokumentieren und einer geordneten Bewertung zuzuführen.

> „Wenn ein Mitarbeiter kommt und sagt uns, Mensch, das müsst Ihr mal so und so machen, habt Ihr nicht die und die Idee, oder ich hätte die und die Idee,

wollen wir das nicht mal machen, dieses Produkt? Dann nehmen wir das auf und besprechen das in diesem Arbeitskreis" (Innovator 7).

Die Geschäftsführung stellt hier sicher, dass Ideen umfassend dokumentiert werden. Dazu werden sie durch die einreichenden Personen oder die Geschäftsführung schriftlich zu Ideenskizzen ausformuliert und systematisch abgelegt, damit sie wieder aufgegriffen werden können. Diese Ideendokumentation kann sowohl digital als auch handschriftlich organisiert sein. Beide Arten der Dokumentation werden von Innovatoren genutzt, um den Ideenpool zu verwalten. Bei Innovator 2 sind die dokumentierten Ideen ausschließlich durch die Geschäftsführung einzusehen.

> „Also, ich mache es an sich so, dass ich die Ideen sichere, indem ich ein ABC-Register anlege. Und in das ABC-Register kommen die Ideen rein. Dort schreibe ich sie auf und sage, das müssten wir machen" (Innovator 2).

Aktivitäten im Umgang mit Innovationsimpulsen werden durch die Geschäftsführung überblickt und delegiert. Das Ideenmanagement ist zentralisiert.

Innovatoren, die aufgrund ihrer Geschäftätigkeit bereits eine EDV-Infrastruktur (wie z.b. Wiki-Systeme, vereinfachte Blogs und Bugtrackingsysteme) für ein organisiertes Wissensmanagement besitzen, nutzen diese Infrastruktur ebenfalls zur Dokumentation von Innovationsimpulsen und deren Verwaltung.

> „Dieses Bugtracking ist […] ein System, wo man auch Ideen einspeist, die dann da gelistet sind […Das] ist quasi eine Art Datenbank, in der alles drin ist" (Innovator 5).

Innovator 5 integriert Fehlerinformationen, Kundenbeschwerden und Verbesserungsvorschläge in einer einheitlichen Struktur und schafft einen einheitlichen Umgang mit Innovationsimpulsen unterschiedlicher Quellen.

Innovator 7 nutzt den Arbeitskreis FUDUB (Akronym für Fehler, Ursachen, Diagnose und Beseitigung), um Fehlerursachen zu analysieren und zu beseitigen. Aus diesem konstruktiven Umgang mit Fehlern resultieren Innovationschancen, die in gleicher Weise wie Kundenbeschwerden und Verbesserungsvorschläge als Innovationschance betrachtet werden.

> „Aus diesem Kreis kommen innovative Anregungen. Wenn ein Produkt fehlerhaft ist oder nicht funktioniert, dann entwickeln sich aus diesen Ideen heraus neue Produkte, oder wir ändern ein Produkt ab" (Innovator 7).

Diese Form des integrativen Ideenmanagements hat gegenüber einer isolierten Stand-alone-Lösung den Vorteil, dass alle Innovationsimpulse zentral gespeichert sind und Synergieeffekte von einer bereits bestehenden Infrastruktur genutzt werden können. Ist das Management von Fehlern, Kundenbeschwerden und internen Verbesserungsvorschlägen isoliert, würde es einen hohen koordinativen Aufwand bedeuten und kaum sicherstellen, dass verschiedene

Innovationsimpulse zusammengeführt werden können. Einzelne Prozesse würden „verwildern" und Ideenplattformen nicht oder nicht hinreichend durch die Belegschaft in Anspruch genommen.

Neben der Erfassung von Ideen ist es erfolgskritisch, diese so zu organisieren und zu kategorisieren, dass sie schnell auffindbar sind. Interessant ist das Ideenmanagementsystem bei Innovator 7. Hier sind Filter implementiert, anhand derer Ideen kategorisiert und geordnet werden können.

> „Das heißt, wir können Filter setzen und sagen, die Qualität des Produkts ist nicht in Ordnung. Dann filtern wir uns die alle [hier gemeint: alle Ideen zu diesem Produkt] heraus" (Innovator 7).

Entscheidend erscheint hierbei, dass ein Ideenmanagement den Umgang mit Ideen systematisch strukturiert und eine Verbindlichkeit schafft, sich Ideen wieder zuzuwenden. Innovator 7 greift Ideen in regelmäßig stattfindenden Arbeitskreisen auf, die mit der Geschäftsführung und der Belegschaft besetzt werden. Diese Arbeitskreise zur Evaluation neuer Produktideen finden wöchentlich wechselnd mit dem Arbeitskreis ‚Projektbesprechungen' statt, in dem der Fortschritt von Innovationsprojekten erörtert wird (siehe Innovationsroutinen Abschnitt 6.1.3). Durch diesen vitalen Austausch werden Ideen in den Köpfen der Belegschaft verankert. „Viele Ideen werden auch fast täglich diskutiert, und eigentlich bleibt das bei den Leuten im Gehirn" (Innovator 38). Grundsätzlich kann dieser Austausch informell oder in Arbeitskreisen erfolgen.

Nicht-Innovatoren hingegen pflegen keinen systematischen Umgang mit schriftlich eingereichten oder mündlich vermittelten Innovationsimpulsen. Durch diesen unsystematischen Umgang mit Ideen gehen Innovationsimpulse verloren und können auch später nicht oder nur sehr vage wieder aufgegriffen werden. Nicht-Innovator 8 beschreibt dieses Defizit wie folgt.

> „Das [hier gemeint: die Ideendokumentation] ist ein großes Defizit oder Problem oder wie auch immer. Genau das fällt manchmal unter den Tisch, und irgendwann durch Zufall kommt es wieder auf den Tisch" (Nicht-Innovator 8).

Nicht-Innovator 8 verpasst Chancen, Ideen von MitarbeiterInnen einzusteuern oder zu einem späteren Zeitpunkt wieder aufzugreifen, da Ideen nicht dokumentiert werden. Auch die Geschäftsführung des Nicht-Innovators 13 äußert zwar die Ambition, Ideen zu dokumentieren, jedoch gibt es nach eigener Einschätzung hierfür keine geordnete Verfahrensweise, diese wieder aufzunehmen und somit deren Umsetzung voranzutreiben.

> „[Der Umgang mit Ideen ist n]icht wirklich strukturiert. Das [geschieht] mehr auf Zuruf, oder es wird eben einfach eine Notiz gemacht im Kalender oder in meinem iPhone [...]. Das sollte man mal angehen" (Nicht-Innovator 13).

Die Ideen werden dabei in unterschiedlichen Medien (wie hier z.B. iPhone und Kalender) erfasst, es werden jedoch keine konkreten Follow-up-Maßnahmen festgelegt. Wenngleich die Geschäftsführung im Moment der Ideenäußerung fest davon überzeugt ist, diese Idee nicht vergessen zu wollen und sie auch ohne Dokumentation aufgreifen zu können, zeigt die Untersuchung, dass Ideen ohne systematische Dokumentation flüchtig sind und im Tagesgeschäft untergehen.

> „Dann haben sie [die MitarbeiterInnen] welche [Ideen] eingebracht und ich habe gesagt, ja, das werden wir prüfen. Und dann habe ich es vergessen. Ich habe gemerkt, das ist tödlich" (Nicht-Innovator 33).

Im Gegensatz zu den bereits erörterten Verhaltensweisen der Innovatoren ist das Management des Nicht-Innovator 33 im Umgang mit Ideen von einer passiven Haltung geprägt. Wenn MitarbeiterInnen das Gefühl haben, dass der Empfänger eingereichte Ideen nicht in wertschätzender Weise behandelt, unterminiert dies die Motivation der Belegschaft, weiterhin Ideen vorzulegen.

Das Top Management muss daher die hohe Bedeutung von Innovationsimpulsen für die Organisation klarstellen und selbst Interesse an der Dokumentation von Ideen zum Ausdruck bringen. Wird hier systematisch verfahren, kann sich die Geschäftsführung jederzeit einen Überblick über eingesteuerte Ideen verschaffen. Die Geschäftsführung des Nicht-Innovator 33 besitzt keine Übersicht über den organisationalen Ideenordner.

> „Ich könnte jetzt nicht sagen, wo [diese Ideen dokumentiert werden], das muss ich gestehen, ich müsste ihn [unseren Ideenbeauftragten] fragen. […] Es fällt nicht mehr unter den Tisch, aber es wird oftmals nur abgelegt und das war es dann" (Nicht-Innovator 33).

Ideen von potenziell strategischer Relevanz sind in diesem Fall für die Geschäftsführung nicht ersichtlich und können daher nicht zielgerichtet aufgegriffen werden. Der hier eingesetzte „Ideenbeauftragte" bildet noch kein vitales Ideenmanagement, vor allem durch die fehlende Absprache zwischen ihm und der Geschäftsführung.

Erfolgsfaktor 3.1: *Innovatoren verstehen Kundenbeschwerden, Fehler und Verbesserungs-vorschläge als Innovationsimpulse und dokumentieren diese Impulse systematisch, um sie einem geordneten Bewertungsprozess zuzuführen (integratives Ideenmanagement).*

Strategiekonforme Ideenauswahl

Die Untersuchung zeigt, dass Innovatoren der Stichprobe eine Vielzahl sehr verschiedener Innovationsideen dokumentieren. Jedoch können nicht alle dieser dokumentierten Ideen umgesetzt werden, wenn das Ideenaufkommen die Kapazitäten, die zu deren Umsetzung benötigt werden, übersteigt.

„Ich komme gar nicht hinterher, sie [die dokumentierten Ideen] umzusetzen, weil viele Ideen natürlich auch enorm kapitalintensiv oder auch personalbindend sind" (Innovator 2).

Innovatoren müssen deshalb die Anzahl der Ideen strategiekonform reduzieren, um Ressourcen für ausgewählte Projekte bündeln zu können. Wie in Abschnitt 6.1.2 erörtert, müssen die ausgewählten Innovationsprojekte eine Passung mit der Innovationsstrategie aufweisen, um die Effektivität des Innovationssystems sicherzustellen. Innovatoren entwickeln daher aus der vorangegangenen Auseinandersetzung mit der eigenen Strategie Konzepte, um Ideen zu bewerten.

„Und genau das sollte in dieses Konzept hineinkommen, wie wir Innovationsthemen bewerten. Und genau für diese Diskussion, es ist ja keine Ja- oder Nein-Frage, sondern das sind durchaus Themen, die man auch kontrovers diskutieren kann und sollte. Doch genau dafür muss natürlich diese Zeit dann auch aufgebracht werden" (Innovator 38).

Die Bewertung von Ideen wird dabei entweder allein durch die Geschäftsführung oder durch einen Arbeitskreis vorgenommen, der jedoch in der Regel auch die Geschäftsführung umfasst. Innovator 38 etabliert auf Basis der Innovationsstrategie Bewertungskriterien, die eine Diskussionsgrundlage darstellen, um die Vielzahl der Ideen strategiekonform zu reduzieren.

„Ich will es möglichst objektiviert haben, dass wir nicht jede Idee aufgreifen und jeder beleidigt sein muss, wenn seine Idee mal nicht die Idee ist, die wir intensiv weiterverfolgen, sondern ich will da objektive Kriterien entwickeln" (Innovator 38).

Tatsächlich sind objektive Kriterien in der Ideenbewertung und -auswahl sehr bedeutsam, um die Ideenauswahl transparent zu begründen. Die notwendige Objektivität steht in enger Korrelation mit der Unternehmensstrategie, die sich wiederum aus objektivierten betriebswirtschaftlichen Überlegungen ableitet. Ein klares Verständnis bezüglich der abgeleiteten Innovationsstrategie stellt somit eine Grundvoraussetzung für die Etablierung objektiver Kriterien dar. Innovatoren stellen durch diese Kriterien sicher, dass die Ideenbewertung und -auswahl nicht auf Basis persönlicher Präferenzen und Intuition, sondern anhand eines strategiekonformen Bewertungskonzepts – wenn möglich kollektiv – erfolgt.

Erfolgsfaktor 3.2: Innovatoren etablieren Kriterien zur Bewertung von Innovationsimpulsen und den daraus entstehenden Innovationsideen. Diese Kriterien werden auf Basis der Innovationsstrategie abgeleitet und zur Bewertung herangezogen. Ergebnis ist eine strategiekonforme Ideenauswahl (strategiekonforme Ideenauswahl).

Iterative Innovationsplanung

Die Untersuchung zeigt, dass Innovatoren Innovationsprojekte erfolgreich durchführen, da sie klare Regelungen im Umgang mit Innovationsvorhaben definieren und Innovationsprojekte mit derselben Ernsthaftigkeit durchführen wie Kundenprojekte. Dies beinhaltet eine zeitliche

Grobplanung von Innovationsvorhaben. Innovator 36 definiert verbindliche Meilensteine eines Innovationsprojekts und gibt anhand einer Grobplanung ein ,hartes' Zeitraster vor.

> „Wir haben auch [...] ein ganz hartes Zeitraster, in dem wir uns vornehmen so eine Produktidee durchzuziehen. Und das Zeitraster ist ziemlich hart, das sind maximal zwei bis drei Wochen" (Innovator 36).

Innovator 36 strukturiert auf diese Weise den zeitlichen Ablauf von Innovationsprojekten und stellt sicher, dass vereinbarte Fristen eingehalten werden. Die Geschäftsführung des Innovator 17 ist sich darüber bewusst, dass Innovationsprojekte aufgrund von Unsicherheiten nicht exakt von Beginn bis zum Abschluss eines Vorhabens vorauszuplanen sind. Innovator 17 strukturiert die Innovationsplanung deshalb in Planungszyklen, um nach den einzelnen Zyklen durch Feedbackschleifen die eigene Planungstätigkeit zu optimieren und bei Veränderungen der Rahmenbedingungen agil reagieren zu können.

> „Es muss geplant werden, es muss geguckt werden, wie viel wird denn tatsächlich verarbeitet, also was wird verbraucht an Arbeit. Ja, und dann muss man wieder schauen, hat die Planung mit den tatsächlichen Aufwänden übereingestimmt, damit ich beim nächsten Planungszyklus besser werde" (Innovator 17).

Nach Abschluss jedes Planungszyklus wird die eigene Planung reflektiert, um sie für zukünftige Planungsperioden zu optimieren. Beginnend mit einer Grobplanung wird die Planung mit zunehmendem Fortschritt des Innovationsvorhabens spezifiziert. Durch dieses Vorgehen wird die Agilität im Management von Innovationsvorhaben gewährleistet, ohne die grobe Zeitplanung aus den Augen zu verlieren. Dies schafft eine hohe Verbindlichkeit im Umgang mit Innovationsvorhaben.

Nicht-Innovator 1 behandelt Innovationsprojekte nicht mit derselben Priorität wie Kundenprojekte. Während für Kundenprojekte verbindliche Fertigstellungstermine abgestimmt werden, gilt für die Fertigstellung von Innovationsprojekten eine ,eingebaute Flexibilität'.

> „Wir sind auch schnell in den Dingen, die wir liefern. Das ist ein bisschen anders in den eigenen Entwicklungsarbeiten, die dann in dem Produkt münden. Da ist es tatsächlich so, dass ich sage, es ist mir relativ egal, ob das einen Monat früher oder zwei Monate später kommt, damit entscheide wir jetzt kein Rennen. [...] Die eingebaute Flexibilität ist immer in den eigenen Entwicklungen. Und gerade in dem, was wir jetzt speziell für Kunden schon tun, wo schon Kunden existieren, da müssen wir dann aber minutiös die Dinge einhalten" (Nicht-Innovator 1).

Auffällig ist, dass Innovationsprojekte an Dynamik verlieren, sobald keine verbindlichen Termine für die nächste Fortschrittskontrolle vereinbart werden. Absprachen sind freibleibend und die kontinuierliche Akquisition von Kundenprojekten bindet weitere Ressourcen. Durch die fehlende Systematik zur regelgeleiteten Umsetzung von Innovationen werden so die Fortführung bzw. der zeitliche Ablauf solcher Projekte dem Zufall überlassen.

„Also, wir haben das noch nicht standardisiert für uns. Wenn wir eine Idee umsetzen wollen, dann nutzen wir die nächste Chance [...]. Das heißt, ich bin nicht so groß, dass ich richtig Innovationen planen kann" (Nicht-Innovator 33).

Es zeigt sich, dass sich auf Basis dieser fehlenden Systematisierung nicht nur Einführungs-zeitpunkte für Innovation verspäten, sondern bereits durch eine fehlende zeitliche Verbindlichkeit wird die notwendige Dynamik in Innovationsprojekten verhindert. Die Haltung, dass Innovationsprojekte – als interne Projekte – keine Dringlichkeit, sondern eine ‚eingebaute Flexibilität' besitzen, kann daher schon als Passivität gedeutet werden.

Erfolgsfaktor 3.3: *Innovatoren nutzen einfache Methoden der Zeitplanung, um eine Verbindlichkeit in Innovationsprojekten herzustellen und Innovationsprojekte zeitlich zu strukturieren. Sie planen in Zyklen und konkretisieren/modifizieren die Planung im Fortgang des Innovationsprozesses, um flexibel auf Veränderungen reagieren zu können (iterative Innovationsplanung).*

Innovationsroutinen

Innovatoren benötigen eine Systematik, wie eine selektierte Idee in eine Innovation überführt werden kann. Wie in Abschnitt 6.1.1 auf der Ebene des Top Managements erörtert, besitzen Innovatoren eine Innovationskompetenz auf organisationaler Ebene. Die Innovationskompe-tenz beinhaltet eine konkrete Vorstellung, welche Arbeitsschritte im Verlauf des Innovationsprozesses zu vollziehen sind. Zur strukturierten Steuerung von Innovationsprozes-sen nutzen Großunternehmen u.a. die in Abschnitt 4.2.3 erläuterten vorstrukturierten Prozessmodelle, anhand derer sie die Steuerung von Innovationsprozessen standardisieren und ökonomisieren. Die grundsätzliche Annahme ist hierbei, dass sich Innovationsvorhaben anhand eines linearen Modells steuern lassen. Beispiele hierfür sind der Stage-Gate-Prozess nach Cooper (2008, S. 213 ff.) und der ISO-Standard. Die Analyse zeigt, dass derartige Strukturierungen in KMU eine Ausnahme darstellen. Ausschließlich Innovatoren mit einer starken strategischen Fokussierung, die ähnliche Innovationen mit geringem Neuigkeitsgrad replizieren, um Skaleneffekte zu erzielen, nutzen derartig formalisierte Prozessmodelle (siehe Konfiguration prozessorientierter Expertenteams).

„Wir planen ganz genau ein, wenn wir ein neues Produkt entwickeln. [...] Im Februar fließen Kosten für den Prototyp, im April fließen Kosten für die Erstserie, im Juli für den weiteren Lageraufbau und dann haben wir die Werte genau in unserer monatlichen und in unserer Jahresplanung, sodass wir eigent-lich darüber auch die Liquidität genau planen können" (Innovator 7).

Innovator 7 besitzt gemäß ISO-Zertifizierung 9000 einen formalisierten Innovationsprozesses, der alle im Innovationsprozess anfallenden Tätigkeiten EDV-technisch abbildet, einzelne Tätigkeiten Verantwortlichen zuweist, den Fortschritt unterschiedlicher Innovationsvorhaben ausweist und einzelne Tätigkeiten (Teilschritte) integriert. Die übrigen Unternehmen der

Stichprobe – gleichgültig ob Innovatoren oder Nicht-Innovatoren – besitzen keine derartigen formalisierten Prozessabläufe eines Innovationsprozesses.

Die Untersuchung zeigt allerdings, dass Innovatoren trotz fehlender formaler Innovationsprozesse eingeübte Verhaltensweisen (Routinen) aufweisen, mit denen sie Innovationsvorhaben effizient steuern. Dieses Innovationsprozessmanagement ist dabei weniger prozessgetrieben, sondern personengetrieben.

> Weil „wir ein kleines Unternehmen sind, brauchen wir auch nicht zu sehr einen strengen Prozess. Bei uns läuft sehr viel über Kommunikation" (Innovator 38).

Der Fortschritt personengetriebener Innovationsprozesse wird durch Routinen im Innovationszusammenhang sichergestellt. Diese Routinen beinhalten die Festlegung von Verantwortlichkeiten, Definition von Fristen und Kommunikationswegen sowie die Etablierung einer Fortschrittskontrolle.

Die interne Zusammenarbeit der Innovationsakteure ist so zu organisieren, dass eine geregelte Koordination z.B. Informationsasymmetrien in der Projektdurchführung verhindert. Innovatoren wissen das und schaffen daher neben dem informellen Informationsaustausch zusätzlich eine verbindliche Meetingkultur, um alle Beteiligten in Innovationsprojekten zu vernetzen. Erfolgskritisch erscheint dabei, dass Innovationsakteure in regelmäßigen Zeitabständen zusammentreffen, um den Status der Innovationsprojekte zu diskutieren und Follow-up-Maßnahmen festzulegen. Innovator 17 hält regelmäßig sogenannte Standup-Meetings ab, die der Synchronisierung des Innovationsteams und der Koordination von Teilaufgaben im Innovationsprozess dienen.

> „Wir haben auch unsere Standup-Meetings [...] zweimal in der Woche für eine Viertelstunde. [...Da fragen wir:] Wo stehen wir gerade? [...] Was sind die Probleme, grün, orange, rot und dann wird eben schnell entschieden" (Innovator 17).

Diese Standup-Meetings stellen sicher, dass Probleme in Innovationsprojekten frühzeitig identifiziert und der Status der jeweiligen Innovationsvorhaben definiert wird. Andere Innovatoren bilden die oben angesprochenen Arbeitskreise, um den Fortschritt von Innovationsprojekten zu überprüfen. Der Status von Innovationsprojekten wird jedoch nicht ausschließlich in Standup-Meetings oder Arbeitskreisen thematisiert. Darüber hinaus stellen Innovationsteams durch eine effiziente Selbstkontrolle sicher, dass Informationen und Arbeitspakete rechtzeitig und insgesamt anforderungsgerecht zur Verfügung stehen.

> „Das Team kontrolliert sich selber. Da wird nicht von oben herab aus der Geschäftsführung gesagt: Was hast du da gemacht? Warum dauert das so lange? Weil die Arbeitspakete in sich auch verzahnt sind und wenn der eine nicht performt, wartet der andere, das heißt der zweite, der irgendwo auf ein Arbeitsergebnis wartet, sorgt automatisch dafür, dass der, von dem er abhängig

ist, letztendlich seine Leistung erbringt. Und das ist natürlich nochmal eine ganz gute Selbstkontrolle aus dem Team heraus. Das heißt, dass ganze Team wird mündiger dadurch" (Innovator 17).

Wichtig erscheint ebenso, dass Innovationsteams durch zunehmende Erfahrungen in der Durchführung von Innovationsprojekten Verhaltensweisen erlernen, als Team eine effiziente Selbstkontrolle auszuüben. Innovator 7 bezeichnet diese Art der Selbstkontrolle als „Teamcontrolling". Die Geschäftsführung – soweit sie nicht selbst zum Team gehört – wird dennoch zu allen wesentlichen Meilensteinen in das Projekt einbezogen, das tägliche Projektgeschäft wird jedoch durch das Innovationsteam selbst geplant und gesteuert. Gut funktionierende Innovationsteams entwickeln die Bereitschaft, projektspezifische Informationen einzufordern und kein Akteur lässt Fristüberschreitungen zu, ohne nachzufragen.

„Diese Bereitschaft, sich die Informationen selber zu holen und die Verantwortung zu übernehmen Informationen selbst zu erlangen [...dafür] habe ich auch eine Eigenverantwortung. Das ist nicht etwas, was man mir gefälligst bringen muss. Und wenn es mir keiner bringt, dann mache ich es auch nicht" (Innovator 24).

Die Teammitglieder übernehmen dabei selbst Verantwortung für den Erhalt projektspezifischer Informationen. Die Informationspolitik dieser Innovationsteams ist durch eine empfundene Holschuld gekennzeichnet, aus der vermutlich auch eine Bringschuld resultiert. Durch dieses selbstregulierende Koordinationsverhalten der Teammitglieder wird ein termin- und qualitätsgerechter Austausch von Informationen in Innovationsprozessen gewährleistet, sodass Innovationsprojekte effizient gesteuert werden.

Nicht-Innovator 32 zeigt Defizite in der Regelung von Kommunikationswegen und Verantwortlichkeiten im Management von Innovationsprozessen. Es existiert keine geordnete Struktur, in der Innovationsprozesse geregelt ablaufen. Durch die fehlende Regelung der Kommunikationswege entstehen Informationsasymmetrien, die im Verlauf des Projektablaufs die Wahrscheinlichkeit von Fehlern erhöhen und auch zu einem erhöhten Koordinationsaufwand seitens der Geschäftsführung führen.

„Das heißt, ich [hier gemeint: die Geschäftsführung] muss viel mehr kommunizieren. Das ist halt, diese Stille Post, da passieren immer Fehler, und das können wir noch nicht. Das haben wir irgendwie nie gelernt, dass wir gesagt haben, okay, wir müssen delegieren [...], aber die Struktur gibt das noch nicht so her" (Nicht-Innovator 8).

Durch die fehlende Selbstkontrolle und fehlende Eigeninitiative der Innovationsteams muss die Geschäftsführung über den gesamten Innovationsprozess steuernd eingreifen, um die Defizite in der Kommunikation zu kompensieren. Abgesehen davon, dass diese notwendige Kompensation verhindert werden könnte, kann sie nur dann gelingen, wenn die Geschäftsführung eine ausgeprägte Innovationskompetenz besitzt und über genügend

Kapazitäten für das Management von Innovationsvorhaben verfügt (siehe Erfolgsfaktoren Abschnitt 6.1.1)

> „Die [MitarbeiterInnen] wollen alle persönlich mit mir immer solche Sachen klären. Untereinander bremsen die sich schon mal aus. Das ist auch die Gefahr bei mir im Betrieb, dass die Leute alles mit mir klären wollen. Wenn ich mit denen was ausarbeite, hat das eine andere Dimension, als wenn die im Kollektiv was hinkriegen" (Nicht-Innovator 12).

Im Falle des Nicht-Innovator 13 haben sich durch die fehlende Erfahrung im kollektiven Umgang mit Innovationen keine organisationalen Routinen zu deren Steuerung eingeübt.

Erfolgsfaktor 3.4: *Innovatoren zeigen ein systematisches Vorgehen bei der Planung und Steuerung von Innovationsvorhaben. Hierbei erscheint es nicht zwingend, dass Innovationsprozesse anhand formaler Prozessdefinition (Stage-Gate-Prozess/ISO 9000) ablaufen. Vielmehr werden Innovationsprozesse in personengetriebenen Innovationssystemen durch organisationale Routinen (z.B. in Form von Standup Meetings, regelmäßigen Innovationskreisen) strukturiert (Innovationsroutinen).*

6.1.4 Organisation

Vorhandensein eines Prozesspromotors

Ideen- und Innovationsmanagementsysteme sind, wie in den voranstehenden Ausführungen beschrieben, in KMU in der Regel personengetrieben. Zwar haben die KMU der untersuchten Stichprobe keine formalen Innovationsmanager, die per Stellenbeschreibung vollumfänglich für Innovationszwecke abgestellt sind. Dennoch besitzen Innovatoren Prozesspromotoren, welche die Funktion eines informellen Innovationsmanagers[48] ausfüllen. Diese informellen Innovationsmanager besitzen den Überblick über alle in der Organisation ablaufenden Innovationsprozesse, von der Idee bis zu Einführung der Innovation. Sie sind für die Belegschaft als zentraler Ansprechpartner für Innovationsfragen erkennbar.

> „Machen wir es vielleicht mal fest an diesem Innovationsmanager. Bei dem sollten diese Themen eigentlich kanalisiert werden. Und zu seinen Aufgaben gehört auch natürlich, von den Mitarbeitern auch Ideen mit zu übernehmen und sie zu verwerten" (Innovator 38).

Informelle Innovationsmanager haben auf das Innovationssystem eine integrative Wirkung. Insbesondere in personengetriebenen Innovationsprozessen ist es erfolgskritisch, dass Aktivitäten von Innovationsakteuren durch Prozesspromotoren koordiniert und zusammengeführt werden. Zwar nutzen Innovationsteams eigene Formen der Selbstregulierung, projektübergreifend sind jedoch parallel ablaufende Innovationsvorhaben zu synchronisieren und der Fortschritt der Projekte ist zu überprüfen. Der informelle Innovationsmanager von

---

[48]Nachfolgend werden die Begriffe des Prozesspromotors und des informellen Innovationsmanagers aufgrund ihrer inhaltlichen Deckungsgleichheit synonym verwendet.

Innovator 17 koordiniert Innovationsvorhaben „projektteamübergreifend" (Innovator 17). Prozesspromotoren übernehmen bei Innovator 7 die Verantwortung für termingerechte Entscheidungen in Innovationsprojekten und kooperieren dabei eng mit den Macht- und Fachpromotoren der Organisation.

> „Das heißt, die [hier gemeint: informelle InnovationsmanagerIn] ist dafür verantwortlich, dass sie zu uns kommt und fragt: Wollen wir einen Prototypen bauen, ja oder nein? Und wenn wir [darüber] entschieden haben [...], dann kommt ein Häkchen, dass die Entscheidung getroffen wurde" (Innovator 7).

Der Prozesspromotor erweitert die strategische Spitze des Innovator 7. Die Funktionen des Macht- und Prozesspromotors werden auf diese Weise getrennt. Anhand des Beispiels von Innovator 7 wird deutlich, dass der informelle Innovationsmanager mit der Geschäftsführung eine zugkräftige Allianz bei der Steuerung von Innovationsvorhaben bildet. Wenngleich nicht nominell, so nimmt der Innovationsmanager doch faktisch die Position einer Assistenz der Geschäftsleitung wahr. Innovationsthemen werden durch den Innovationsmanager identifiziert, bewertet und der Geschäftsführung in regelmäßigen Abständen präsentiert. Die Geschäftsführung entscheidet als Machtpromotor, welche der vorgeschlagenen Innovationsthemen tatsächlich umgesetzt werden.

Voraussetzung hierfür ist jedoch, dass das Top Management MitarbeiterInnen identifizieren kann, die sowohl die Kompetenz als auch die Motivation besitzen, diese Funktion auszufüllen.

> „Ich habe die Verantwortung [für die Steuerung von Innovationsprozessen] an bestimmte Mitarbeiter delegiert, von denen wir glauben, die können es und wollen es" (Innovator 7).

Kann die Funktion des Prozesspromotors nicht durch MitarbeiterInnen aus der Belegschaft ausgefüllt werden, muss die Geschäftsführung selbst Verantwortung für das Management von Innovationsprozessen übernehmen. Damit die Geschäftsführung diese Funktion selbst ausfüllen kann, benötigt sie ebenfalls eine ausgeprägte Motivation und Innovationskompetenz (Abschnitt 4.2.1). Wichtig erscheint, dass die Geschäftsführung bei gleichzeitiger Ausfüllung unterschiedlicher Promotorenrollen Rollenkonfusionen vermeidet.

Nicht-Innovator 33 verfügt in der Belegschaft über keinen Prozesspromotor, der alle Innovationsprojekte überblickt und unterschiedliche Projekte zusammenführen kann.

> „Ich müsste, glaube ich, leider sagen, dass es keiner so wirklich von uns ist. Ich bilde mir ein, dass ich den weitesten Überblick habe. Aber es gibt Bereiche, die habe ich nicht im Blick [...] Also, es ist nicht so, dass einer von uns das hundertprozentig weiß" (Nicht-Innovator 33)

Bei Nicht-Innovator 13 wird die Funktion des Prozesspromotors weder durch die Geschäftsführung noch durch einen Mitarbeiter ausgefüllt.

„So in dem Sinne gibt es ihn [den Innovationsmanager] nicht. Das ist dann eher ein Sammelsurium. Ich sage mal, dass ich immer wieder [Projekte] anstoße oder sage, was ist jetzt eigentlich damit? Und dass ich eben dann den Projektverantwortlichen anspreche [...]. Wenn aber kein besonderer Druck herrscht, dann akzeptiere ich das [die Verzögerung] und dann liegt es erst mal wieder weiter" (Nicht-Innovator 13).

Zwar versucht der Geschäftsführer des Nicht-Innovator 13 gelegentlich mit den verantwortlichen Projektleitern den Status von Innovationsvorhaben zu erörtern, jedoch geschieht dies nicht in stringenter und systematischer Weise. Aufgrund des fehlenden Prozesspromotors besteht die Gefahr, dass Innovationsvorhaben „versanden".

Erfolgsfaktor 4.1: *Innovatoren verfügen über Prozesspromotoren, die Verantwortung für die Steuerung der Innovationsprozesse übernehmen. Diese Promotoren fungieren für die Belegschaft als Ansprechpartner für innovationsrelevante Fragen, delegieren Teilaufgaben im Innovationsprozess und überblicken alle im Unternehmen ablaufenden Innovationsprozesse. Diese Promotorrolle kann sowohl durch die Geschäftsführung als auch durch MitarbeiterInnen wahrgenommen werden (Vorhandensein eines Prozesspromotors).*

Selbstregulierendes Wissensmanagement

Innovatoren erkennen, dass Innovationen nicht in Isolation entstehen. Obwohl die Mehrzahl der untersuchten KMU durch kurze Wege zwischen den MitarbeiterInnen gekennzeichnet sind und die Geschäftsführung für MitarbeiterInnen zugänglich ist, schaffen Innovatoren Kommunikationsbereiche, um den fachlichen und überfachlichen Austausch der Belegschaft zu fördern.

„Wir [schaffen] den Raum, dass man über so etwas reden kann, über solche Möglichkeiten, über solche Innovation. [...] Wir haben hier ein großes Büro, in dem viele kreative [Köpfe] zusammensitzen, das ist auch gerade so gewollt, dass nicht jeder in seinem Kämmerlein sitzt und sich kreative Köpfe miteinander unterhalten. Und wenn einer eine Idee hat oder auch ein Problem hat, an dem er arbeitet, dann kann er das direkt sagen, und er hat sofort einige Zuhörer hier, und manchmal entsteht dann direkt eine Diskussion" (Innovator 5).

Innovator 5 nutzt die räumliche Nähe der MitarbeiterInnen, um einen projektspezifischen Austausch der Projektbeteiligten zu fördern und projektrelevante Wissensträger miteinander zu vernetzen. Durch dieses Vorgehen können Problemstellungen zeitnah durch einen unmittelbaren fachlichen Austausch diskutiert werden.

Innovator 5 nutzt die flexible Unternehmensstruktur, um darüber hinaus Kommunikationsprozesse in Bezug auf spezifische Problemstellungen zu optimieren und ein effizientes Wissensmanagement sicherzustellen.

„Je nach Problemstellung gibt es verschiedene Mitarbeiter, die miteinander arbeiten müssen. Die setzen sich dann zusammen und wir verändern auch Sitzgruppen [...]. Diese Instrumente nutze ich eben auch, wenn ich Prozesse innerhalb der Firma verändern möchte. Wenn ich z.B. Kommunikationsprozesse verändern möchte, wenn ich will, dass bestimmtes Know-how mit einem anderen Know-how besser korrespondiert, dann setze ich diese Leute näher zusammen" (Innovator 5).

Neben der Optimierung des fachlichen Austausches bezüglich projektspezifischer Aufgabenstellungen schaffen Innovatoren Kommunikationsbereiche für eine bessere überfachliche Vernetzung der MitarbeiterInnen. Diese Kommunikationsbereiche dienen der Begegnung und geben MitarbeiterInnen die Möglichkeit, Ideen und Probleme in einer informellen Umgebung zu erörtern. Innovator 17 fördert bewusst diesen informellen Austausch unter der Belegschaft.

> „Das ist sehr stark gewollt, dass die Leute einfach auch kommunizieren [...] Wir sind auch nicht diejenigen, die dann sagen: Ihr steht jetzt schon da eine Viertelstunde und quatscht über das Wetter! Das tun die Leute eh nicht" (Innovator 17).

Bemerkenswert erscheint, dass Innovator 17 diese informellen Kommunikationszonen als positiv für die Innovativität erachtet. Andere Unternehmer hingegen befürchten, dass informelle Kommunikation der Belegschaft sich eher negativ auf die Produktivität auswirkt. Die Untersuchung bestätigt diese Befürchtung nicht.

Informelle Kommunikation fördert den Austausch unter den MitarbeiterInnen und verhindert u.a., dass Informationsasymmetrien entstehen. Auf diese Weise wird einem kontraproduktiven Abteilungsdenken entgegengewirkt und die Bereitschaft gestärkt, in den Dialog zu treten. Die Anregung des informellen Austausches verhindert dabei nicht nur die Entstehung von Informationsasymmetrien, sondern hat nach den Erfahrungen des Innovator 37 eine positive Wirkung auf das Innovationsklima.

> „Das trägt auch sicherlich positiv zum Klima bei, dass wir nahe an den Mitarbeitern sind. [Es gibt...] keine großen Türen [...] oder keine großen Schranken" (Innovator 37).

Alle Innovatoren der Stichprobe versuchen, durch die Schaffung von Kommunikationsbereichen eine informelle Gesprächskultur zu fördern. Innovator 7 gestaltet die Architektur der Geschäftsräume bewusst in der Weise, dass Knotenpunkte entstehen, an denen sich MitarbeiterInnen begegnen und in Interaktion treten können. Ziel der Maßnahme ist es, fachbereichsspezifische Isolation zu verhindern. Innovatoren erkennen, dass Kommunikationsbereiche eine positive Wirkung auf den Informationsfluss innerhalb der Belegschaft haben und dass die Interaktion durch die räumliche Gestaltung gezielt beeinflussbar ist.

Die Geschäftsführung des Nicht-Innovator 12 hingegen betrachtet den informellen Kommunikationsaustausch unter den MitarbeiterInnen als produktivitätshemmend. Die kollektive Zusammenarbeit und der informelle Austausch interdisziplinärer Art ist für die Geschäftsführung unerwünscht. Sie trennt zwischen informeller und fachspezifischer

Kommunikation und erkennt hier keine Synergiepotenziale. Informelle Kommunikationsbereiche werden bewusst nicht geschaffen, um informelle Begegnungen innerhalb der Belegschaft zu verhindern.

Erfolgsfaktor 4.2: Innovatoren schaffen Kommunikationsbereiche, um den fachlichen und überfachlichen Austausch innerhalb der Belegschaft zu fördern. Durch ein solches selbstregulierendes Wissensmanagement werden Informationsasymmetrien abgebaut bzw. verhindert (selbstregulierendes Wissensmanagement).

Kundenorientierung in der Ideengenerierung

In Abschnitt 6.1.1 wurde bereits erörtert, dass KMU anders als Großunternehmen über eine enge Kunden- und Marktnähe verfügen. Die Untersuchung zeigt, dass dem Kundenkontakt bezüglich des Innovationsgeschehens in den Unternehmen der Stichprobe unterschiedliche Bedeutung eingeräumt wird. Nicht-Innovator 12 versucht mittels einer standardisierten Kundenzufriedenheitsabfrage Defizite seiner Leistungsangebote zu erfassen. Dabei erweist sich allerdings, dass diese Kontaktmöglichkeit durch die Kunden kaum genutzt wird.

> „Wir haben eine Kundenzufriedenheitsabfrage permanent, grundsätzlich bei unseren Rechnungen, aber die meisten [Kunden] beantworten so etwas ja nicht. Wenn die Sache [der Kundenauftrag] gut gelaufen ist, dann landet die gar nicht mehr bei mir. Das wäre zu viel, kann ich gar nicht leisten" (Nicht-Innovator 12).

Neben dem geringen Rücklauf der Zufriedenheitsabfragen führt Nicht-Innovator 12 deren Ergebnisse keiner einheitlichen Auswertungssystematik zu. Die quantitative Befragung der Kundenzufriedenheit wird auch nicht über persönliche Kontakte durch qualitative Elemente ergänzt. Nicht-Innovator 12 verpasst auf diese Weise die Chance durch eine intensivere Zusammenarbeit mit Kunden deren latente Bedürfnisse für Innovation nutzbar zu machen.

Auch Nicht-Innovator 32 besitzt trotz der generellen Kundennähe kein Konzept, um Kundenbedürfnisse zu evaluieren.

> „Der Kontakt zu den Kunden ist dann schon da. Und wenn irgendetwas schlecht gelaufen ist, dann kriegen wir das relativ zügig auch von den Kunden als Feedback" (Nicht-Innovator 32).

Ein Kontakt zum Kunden entsteht erst dann, wenn der Kunde eigeninitiativ auf das Unternehmen zugeht, um Reklamationen zu äußern. Hier wird sichtbar, dass sich Nicht-Innovator 32 in Bezug auf die Evaluation von Kundenbedürfnissen reaktiv verhält. Der Umgang mit Kunden und mit deren Bedürfnissen ist durch Passivität geprägt. Um über Beschwerden hinausgehende Innovationsimpulse zu bekommen, ist Nicht-Innovator 32 auf die Initiative seiner Kunden angewiesen.

Innovatoren hingegen nutzen proaktive Prozesse, um einen kontinuierlichen Fluss kundenspezifischer Informationen sicherzustellen und diese im Innovationszusammenhang nutzbar zu machen. Die Geschäftsführung des Innovator 17 erkennt beispielsweise, dass Neukunden einen ‚frischen' Blick auf die Produkte besitzen und deshalb eine wertvolle Quelle für Innovationimpulse darstellen.

> Wir „versuchen immer auch die neuen Kunden erstmal aus der Geschäftslei-
> tung mit zu begleiten, weil ein neuer Kunde […] noch vor Ehrgeiz und Innova-
> tion" sprüht (Innovator 17).

Innovator 17 nutzt Neukunden systematisch, um Innovationsimpulse und Anregungen für die Verbesserung des bestehenden Leistungsangebots zu generieren. Auf diese Weise vertieft und bewahrt er das Gespür für die (latenten) Bedürfnisse seiner Kunden. Durch den direkten Kundenkontakt können sowohl qualitative als auch quantitative Informationen erhoben und zu einem ganzheitlichen Problemverständnis zusammengeführt werden.

Auch Innovator 36 nutzt bewusst die Impulse seiner Kunden zur Dynamisierung des Innovationsgeschehens. Er integriert die Kundenwünsche in die Produktentwicklung, um kundengerechte Innovationen zu schaffen und um das Optimierungspotenzial des bestehenden Leistungsangebots zu erkennen.

> „Der [hier gemeint: der Kunde] ist natürlich einer, der sagt, wo man das
> Produkt ständig verbessern könnte. Das lassen wir schon mit einfließen. Es
> sind schon viele Wünsche mit hineingekommen, weil letztendlich ja die Idee
> mehr oder weniger vom Kunden kommt. Entweder äußert er sie, oder man hat
> sie dort gesehen" (Innovator 36).

Die Geschäftsführung des Innovator 36 hält hierfür periodisch Kontaktzeiten zu Kunden vor. Andere Beispiele bestätigen, dass auch dem Vertrieb eine erfolgskritische Rolle beim Aufspüren latenter Kundenbedürfnisse und aktueller Marktentwicklungen zukommt. Die Kooperation zwischen Vertrieb und Innovationsakteuren erscheint vor allem deshalb bedeutsam, da der Vertrieb die stärkste Marktnähe besitzt und auf diese Weise als indirekter Zugang zum Markt begriffen werden kann.

Das Beispiel des Innovator 38 zeigt, wie auf Grundlage von Kundengesprächen Anknüpfungspunkte für innovative Problemlösungen entstehen.

> „Nach meiner Erfahrung habe ich meine besten Ideen aus Kundengesprächen
> rausgeholt. Wenn ein Kunde mir einfach erzählt hat: Ich habe folgende Prob-
> leme und ich weiß nicht, wie ich damit umgehen soll. Bei drei Themen muss
> man ihm dann auch sagen, [das weiß ich auch nicht]. Aber vielleicht habe ich
> bei dem einen Thema eine Idee. Und daraus entwickeln sich die besten Ideen"
> (Innovator 38).

Trotz der Wertschätzung von Kundenanregungen zeigt sich, dass Innovatoren nicht Getriebene der Kundenvorstellungen sind. Vielmehr erlangen sie eine valide und marktgerechte Einschätzung potenzieller Innovationschancen. Anregungen von Kunden aufzugreifen und Kundenbedürfnissen mit innovativen Problemlösungen zu begegnen erscheinen als transparente Handlungsziele. Grundlage für die Selektion der Innovationschancen bleibt die in Abschnitt 6.1.3 erörterte strategiekonforme Ideenauswahl.

Erfolgsfaktor 4.3: Innovatoren beziehen Kunden proaktiv in ihre Informationsprozesse ein, um latente Kundenbedürfnisse aufzuspüren und diese in marktgerechte Leistungsangebote umzusetzen. Sie erlangen diese Informationen über persönliche Kundenkontakte/Vor-Ort-Besuche und ein systematisches Kundenbeschwerdemanagement (Kundenorientierung in der Ideengenerierung).

Kooperation mit Lead-Kunden

Die Untersuchung verdeutlicht, dass Innovatoren vor allem zwei wirkungsvolle Konzepte nutzen, um Kunden in den Innovationsprozess zu integrieren: zum einen den in Abschnitt 6.1.4 erörterten informellen Kontakt zu einer heterogenen Kundenstruktur und zum anderen die Etablierung einer Lead-Kunden-Kooperation mit einem Projektpartner, mit dessen Hilfe Marktbedarfe frühzeitig erkannt und antizipiert werden können. Vor allem die Kombination beider Konzepte erlaubt einen differenzierten und daher höchst effektiven Überblick über Kundenbedürfnisse. Während der Kontakt zu unterschiedlichen Kunden einen Querschnitt über alle Facetten heterogener Kundenwünsche erlaubt, lassen sich intensive Lead-Kooperationen zu Kunden nutzen, um ein ausgewähltes Innovationsprojekt mit einem Kunden durchzuführen, der besondere Lernchancen in einem spezifischen Innovationsfeld ermöglicht.

Langfristige Innovationsvorhaben werden bei Innovator 38 deshalb als Lead-Kunden-Projekte durchgeführt. So erhält der Innovator frühzeitige Rückmeldung des Lead-Kunden bezüglich der Innovation und kann die neue Produktidee bereits während des Entwicklungsprozesses unter marktähnlichen Situationen testen und weiterentwickeln.

> „Im Kundenprojekt kann man am besten neue Ideen tatsächlich verwerten und auch direkt ausprobieren. Alles andere ist sehr viel Theorie. Wir wollen es ja faktisch machen, das heißt, in dem Projekt stellen sie am Ende dann fest, ja, das ist unser Thema, oder wir verbiegen uns da unglaublich und wir wollen es dann vielleicht nicht weiter multiplizieren […]. Wir wollen ungern langfristige interne Projekte ohne Kundenbezug machen, weil da fehlt dann der Beweis auf der Kundenseite" (Innovator 38).

Die Untersuchung zeigt, dass Innovatoren durch eine bewusste Selektion der Lead-Kunden sicherstellen, dass das Innovationsvorhaben eine Passung zur Innovationsstrategie aufweist und dass Kernkompetenzen konsequent weiterentwickelt werden. Befinden sich Lead-Kunden-Projekte abseits der eigenen strategischen Fokussierung, lassen sich Ergebnisse dieser Projekte nicht auf weitere Anwendungsfelder übertragen. Innovatoren müssen daher vordringlich gewährleisten, dass Ergebnisse aus dieser Kooperation (z.B. Produktinnovation) mit Lead-Kunden auch auf andere Kunden übertragbar sind. Innovator 36 erzeugt

Synergieeffekte, indem er durch Lead-Kooperationen entwickelte Innovationen auch für weitere Kunden verwertbar macht.

> Das Produkt wird „auch noch auf einem zweiten Kanal mit vertrieben, unter einem anderen Label. Also, man guckt immer, dass man das noch mehrfach nutzen kann, nicht nur bei dem einen Kunden" (Innovator 36).

In Anbetracht der in KMU herrschenden Ressourcenknappheit erscheint die Lead-Kunden-Kooperation als sinnvolles Vorgehen, sowohl aus inhaltlicher als auch aus finanzieller Perspektive. Innovatoren können Lead-Kunden verminderte Tagessätze in Rechnung stellen und Innovationsvorhaben so zumindest anteilig refinanzieren. Damit entsteht eine Gewinner-Gewinner-Situation, die Kooperationsbeziehungen auch für die Zukunft belastbar macht.

Erfolgsfaktor 4.4: *Innovatoren führen Innovationsprojekte mit Lead-Kunden durch, um die Kundenorientierung in allen Phasen des Innovationsprozesses sicherzustellen. Dabei kommt es zu einer engen Kooperation in der gesamten Entwicklungs- und Erprobungsarbeit (Kooperation mit Lead-Kunden).*

Innovationskooperation

Innovatoren pflegen ein Netzwerk von potenziellen Kooperationspartnern, mit denen sie einen vertrauensvollen Umgang pflegen. Die Untersuchung zeigt, dass KMU unterschiedliche Kooperationspartner – wie Unternehmensberatungen, Subunternehmer/Zulieferer, Forschungseinrichtungen (hier zumeist Hochschulen) und Wettbewerber gern in Anspruch nehmen. Sie verfolgen das Ziel, aus diesem Netzwerk anlassbezogen geeignete Kooperationspartner zu gewinnen, die sie optimal in ihren Innovationsprozess einbinden können. Die Untersuchung zeigt, dass formale und langfristige Innovationskooperationen für KMU aufgrund der Ressourcenbindung selten auf Dauer aufrechterhalten werden. Dies gilt insbesondere, wenn Innovationsvorhaben nicht auf einer regelgeleiteten Basis, sondern anlassbezogen durchgeführt werden. Kooperationen in KMU sind häufig durch eine bedarfsgerechte Inanspruchnahme von Partnern für spezifische Innovationsvorhaben gekennzeichnet. Insbesondere die Zusammenarbeit mit Hochschulen und Zulieferern/Subunternehmern werden durch Innovatoren in Anspruch genommen.

Innovator 38 verfügt über ein Netzwerk von Subunternehmern/freien MitarbeiterInnen, die für unterschiedliche Fragestellungen bedarfsgerecht in Anspruch genommen werden, falls diese außerhalb der Expertise des Unternehmens liegen.

> „Egal, welche Beschwerde da ist, es muss gelöst werden. Wenn wir es nicht mit eigenen Mitteln lösen können, haben wir einen Kreis von freien Mitarbeitern oder möglichen Subunternehmern, die wir dann hinzuziehen können" (Innovator 38).

Innovation erfordert die Bereitschaft zur Zusammenarbeit mit externer Expertise zur Flankierung der eigenen Kernkompetenzen. Innovatoren stellen durch die gezielte Vergabe von Teilaufgaben im Innovationsprozess an kompetente Partner sicher, dass Innovationen in der gewünschten Qualität und zu vertretbaren Kosten realisiert werden können. So nutzt z.B. Innovator 38 Sublieferanten, die als ‚Technologiepartner' betrachtet werden.

> „Das sind ganz wichtige Gespräche, wo wir darauf angewiesen sind, dass technische Plattformen bereitgestellt werden, [um Kompetenzen zu nutzen], die wir nicht selbst beisteuern wollen und wo wir letztendlich einen abgestimmten Weg dann mit diesen Technologiepartnern auch gehen wollen. Das funktioniert relativ gut" (Innovator 38).

Auch Innovator 2 nutzt die Expertise seiner Partner, indem er seine Sublieferanten frühzeitig in Innovationsvorhaben einbezieht.

> „Wir haben viele Subunternehmer [...]. Die pieken wir auch immer an, das wissen die auch mittlerweile, dass wir immer an Neuigkeiten interessiert sind und sagen, wir brauchen etwas Neues [...]. Also da arbeiten wir viel mit Subunternehmern zusammen und steuern hier im Prinzip auch die Innovation darüber ein" (Innovator 2).

Innovator 2 kann auf diese Weise Teillösungen unterschiedlicher Kooperationspartner zu einer innovativen Gesamtleistung zusammenführen und den Neuigkeitsgrad des Endprodukts erhöhen. Ein weiterer Vorteil entsteht dadurch, dass Entwicklungsaufwendungen für Innovationen zu Teilen auf Kooperationspartner ausgelagert werden und sich die für den Kunden sichtbare organisationale Kompetenz mithilfe externer Partner erweitert.

Innovator 37 nutzt darüber hinaus die niedrigschwellige Kooperation zu der ansässigen Hochschule. Dabei werden sowohl regelmäßig Lehraufträge übernommen als auch Abschlussarbeiten betreut.

> „Wir sind da [an der Universität] in der Lehre beteiligt, wo wir in Interaktion mit den Studierenden treten. Und wir haben auch Masterarbeiten und Diplomarbeiten [...] innerhalb der letzten zwei Jahre [betreut], die uns auch Erkenntnisse gebracht haben, die wir natürlich wieder an die Kunden weitergeben können. Und sehr viele unserer Konkurrenzunternehmen die sind da, soweit wir wissen, eigentlich nicht tätig" (Innovator 37).

Durch den Kontakt zur ansässigen Hochschule werden belastbare Beziehungen zu Fachexperten genutzt und neue wissenschaftliche Erkenntnisse für das eigene unternehmerische Wirkungsfeld frühzeitig gewonnen. Der regelmäßige fachliche Austausch mit Hochschulangehörigen und eine revolvierende Beschäftigung von Studierenden belebt das Innovationssystem. Studierende können durch ihren unvoreingenommenen, unternehmensunabhängigen und doch bereits (partiell/punktuell) geschulten Blick auf die Geschäftsprozesse und das Leistungsangebot wertvolle Innovationsimpulse beisteuern und wirken so einer organisationalen Betriebsblindheit/Rigidität entgegen. Darüber hinaus nutzen Innovatoren diese Kontakte, um High Potentials, die ihre Fähigkeit im Rahmen eines Praktikums/einer Werkstudententätigkeit bereits unter Beweis gestellt haben, zu rekrutieren. Insbesondere die

Rekrutierung von fähigen MitarbeiterInnen stellt in KMU nicht selten einen Engpassfaktor für deren Innovativität dar. Innovatoren erkennen die Hochschule als Zugang zu Innovationsressourcen und bemühen sich aktiv um einen Austausch.

Während Innovatoren bewusst den Kontakt zu potenziellen Kooperationspartnern suchen, zeigen Nicht-Innovatoren eine eher kritische Haltung hinsichtlich der Öffnung des Innovationsgeschehens gegenüber externen Partnern. Nicht-Innovator 13 sucht nicht aktiv nach Kooperationsmöglichkeiten mit Hochschulen und Unternehmensberatern, da die Geschäftsführung solche Kollaborationen nicht als erfolgversprechend erachtet.

> „Da ist es wirklich mal Zufall, ob da [von der Hochschule] mal einer da ist, der sich auch wirklich für uns interessiert. [...] Bei Unternehmensberatern sind wir eigentlich sehr reserviert, weil das eigentlich schnell immer mit sehr viel Geld verbunden und auch nicht immer unbedingt von Erfolg gekrönt ist" (Nicht-Innovator 13).

Voraussetzung für funktionierende Kollaborationen ist ein vertrauensvoller Umgang mit den Kooperationspartnern, der die Erwartung rechtfertigt, dass delegierte Leistungen wie vereinbart erbracht werden. Nicht-Innovatoren, die über kein durch gemeinsame Erfahrungen gefestigtes Netzwerk zu Kooperationspartnern verfügen, müssen Innovationsprojekte mit wechselnden Dienstleistern gestalten, was erfahrungsgemäß ein höheres Risiko mit sich bringt.

Erfolgsfaktor 4.5: *Innovatoren pflegen ein Netzwerk potenzieller Kooperationspartner. An diese werden Teilaufgaben außerhalb der eigenen Kernkompetenzen delegiert, oder ihre Expertise wird genutzt, um die eigenen Kernkompetenzen zu flankieren (Innovationskooperationen).*

6.1.5 Innovationsklima

Vitales Lernklima

Unternehmen von Innovatoren sind durch ein Klima des permanenten Lernens gekennzeichnet, in dem die Belegschaft darin bestärkt wird, eigenständig Problemlösungen für Fragestellungen ihres Verantwortungsbereiches zu erarbeiten. Dazu gehört, dass sich die Geschäftsleitung bewusst zurücknimmt, um Lernprozesse der MitarbeiterInnen zu ermöglichen.

> „Es ist eigentlich ja so [...]: Wir diktieren nichts von oben herab. Wir wollen eigentlich, dass sie selbst denken, selbst Lösungen erarbeiten und dann hören wir uns das gerne an" (Innovator 17).

Die Entwicklung eines innovationsorientierten Verhaltens wird dann möglich, wenn MitarbeiterInnen selbst Verantwortung für Tätigkeitsfelder übernehmen können. Dazu gehört ebenfalls die Chance, Ideen autonom im eigenen Arbeitsbereich (Mikroinnovation) umzusetzen, wenn dies arbeitsplatzübergreifende Prozessabläufe nicht beeinträchtigt. Solche gezielt geschaffenen Gestaltungsräume fördern individuelle Lernprozesse.

Von Innovatoren werden MitarbeiterInnen zunehmend in komplexe Fragestellungen einbezogen, um im Umgang mit Innovationsprojekten ihre Problemlösungskompetenz weiterzuentwickeln.

> „Also, wenn wir hier so sitzen und sagen: Mensch, wissen wir jetzt auch nicht mehr weiter, dann sagen wir: [...] Mensch, macht Euch mal Gedanken und nächste Woche präsentiert Ihr uns das mal [...]. Dann wird sich nochmal richtig reingekniet und dann kommen auch immer super Ergebnisse dabei heraus" (Innovator 7).

Auch auf diesem Weg verstetigt sich der Umgang mit Innovationen und es wird die Bereitschaft der Belegschaft gefördert, sich in Innovationsprozessen zu engagieren. Unterstützend wirkt der Zugang zu Weiterbildungsaktivitäten (wie z.B. Messen, Workshops, Kongressen), um eine Lernorientierung (Lebenslanges Lernen) der Belegschaft sicherzustellen. Innovator 37 betrachtet diese Art der Weiterbildung als Grundvoraussetzung dafür, dass die entsprechenden MitarbeiterInnen Innovationschancen erkennen.

> „Wir versuchen, unsere Mitarbeiter so zu schulen, dass sie aus allen Bereichen irgendwann gewisse Kompetenzen haben. Um einfach auch dann selbständig eher zu erkennen, dass es da vielleicht Möglichkeiten gibt, neue Dienstleistungen oder weitere Dienstleistungen anzubieten" (Innovator 37).

Die Untersuchung zeigt, dass Innovatoren die Entwicklung individueller Kompetenzen der MitarbeiterInnen vorantreiben, um Wissensstrukturen unterschiedlicher Bereiche zu vernetzen und organisationale Fähigkeiten weiterzuentwickeln. Neben der fachlichen Perspektive zeigen insbesondere überfachliche Weiterbildungsaktivitäten eine positive Wirkung auf die Innovativität.

> „Wir nehmen und nahmen alle an Trainings [...] zum Selbstmanagement teil. [...] Das sind halbe Wochentrainings, an denen jeder Mitarbeiter einmal teilnimmt, wo er seine eigenen Vorgehensweisen in Frage stellt und neue Vorgehensweisen lernt, und so etwas wiederholen wir auch" (Innovator 5).

Die erlangte Selbstmanagementkompetenz erhöht die Selbstwirksamkeit bezüglich der Ausführungsqualität der eigenen Leistungserstellung. Durch die reflektierte Betrachtung und Optimierung der eigenen Arbeitsabläufe erreichen die MitarbeiterInnen einen höheren Wirkungsgrad in der Abwicklung der im Tagesgeschäft anfallenden Tätigkeiten und generieren Freiräume für Innovationstätigkeiten. Durch die Teilnahme aller MitarbeiterInnen an „Trainings" können zudem Synergien in der Zusammenarbeit erreicht werden.

Innovator 2 betrachtet die Entsendung von MitarbeiterInnen dabei als Wertschätzung und bringt dies gegenüber der Belegschaft konkret zum Ausdruck.

„Wir schicken verschiedene Mitarbeiter zu Workshops. Ich betrachte dies übrigens als Auszeichnung, wenn wir jemanden losschicken [...]. Die Regelung bei solchen Workshops ist so: Die Zeit investiert der Arbeitnehmer und alle Kosten übernehme ich" (Innovator 2).

Durch eine wertschätzende Haltung der Geschäftsführung gegenüber Weiterbildungsaktivitäten wird transparent gemacht, dass die persönliche Entwicklung der einzelnen MitarbeiterInnen gefördert werden soll. Jedoch zeigt sich in der Praxis, dass ein permanentes Lernklima erst dann wirksam verankert ist, wenn die Belegschaft aktiv von Weiterbildungsangeboten Gebrauch macht. Innovator 38 fordert die Belegschaft auf, relevante Weiterbildungsfelder zu identifizieren und Weiterbildungsangebote nach Absprache mit der Geschäftsführung in Anspruch zu nehmen.

„Das läuft zurzeit auf die Bereitstellung von genau dieser freien Zeit hinaus, um sich darin schlau zu machen. Jeder Mitarbeiter ist aufgefordert, wenn er dazu dann ein Seminar findet, das er besuchen möchte, das auch zu buchen" (Innovator 38).

Aus der Untersuchung geht auch hervor, dass die Akzeptanz von Weiterbildungsaktivitäten zunimmt, sobald MitarbeiterInnen Einfluss auf die Wahl der angebotenen Aktivitäten nehmen können. Innovatoren ermöglichen den MitarbeiterInnen, Verantwortung für die persönliche und berufliche Weiterentwicklung selbst zu tragen.

In jedem Fall behindert ein restriktiver Umgang bei der Freistellung von MitarbeiterInnen für Weiterbildungsaktivitäten die Verankerung eines vitalen Lernklimas. Nicht-Innovator 13 äußert sich zu Weiterbildungsaktivitäten zwar generell aufgeschlossen, fördert jedoch nicht die Bereitschaft seiner MitarbeiterInnen, diese tatsächlich in Anspruch zu nehmen. Die Verwendung des Begriffs „Bildungsurlaub" veranschaulicht seine eher antiquierte Auffassung zum Wert solcher Maßnahmen.

„Es gibt ja diese Bildungsurlaubsregelung. Und wenn jetzt wirklich jeder ‚ankommen' würde und sagt, ich will jetzt jedes Jahr oder jedes zweite Jahr [eine Weiterbildung] machen, dann würde ich irgendwann mal sagen, das sprengt den finanziellen Rahmen" (Nicht-Innovator 13).

Als Konsequenz äußern MitarbeiterInnen dieses Unternehmens selten den Wunsch nach Weiterbildungsaktivitäten.

Wichtig erscheint daher, dass Unternehmen den Stellenwert eines Lernklimas erkennen, organisational verankern und durch die Aufforderung stärken, Weiterbildungsaktivitäten in Anspruch zu nehmen.

Erfolgsfaktor 5.1: *Innovatoren schaffen ein vitales Lernklima. Dieses Klima fördert die Bereitschaft der MitarbeiterInnen, in neuen Aufgabenfeldern Verantwortung zu übernehmen, Weiterbildungsmöglichkeiten zu ergreifen und das erlangte Wissen im Unternehmen einzubringen (vitales Lernklima).*

Förderung von innovationsorientierten MitarbeiterInnen

Innovatoren verfügen über MitarbeiterInnen, die intrinsisch motiviert Innovationen durch kreative Impulse anschieben und/oder deren Umsetzung unterstützen. „Wir haben schlaue Strategen hier, die die Innovation einfach [in sich haben], die entwickeln sich permanent auch weiter" (Innovator 17). Diese Intrapreneure übernehmen die Funktion von Fachpromotoren, die inhaltliche Innovationsimpulse für das Innovationsgeschehen liefern und es auf diese Weise dynamisieren. Während Prozesspromotoren als informelle Innovationsmanager zu begreifen sind, die den Überblick über alle Innovationsvorhaben besitzen und diese koordinieren, liefern innovationsorientierte MitarbeiterInnen fortlaufend kreative Impulse und/oder übernehmen Verantwortung für deren Umsetzung. Diese Fachpromotoren zeichnen sich durch ein langfristiges Engagement im Innovationssystem aus. Durch ihren Einsatz übertreffen sie die Erwartungen der Geschäftsführung, indem sie ohne expliziten Auftrag Verantwortung für Innovationen übernehmen.

> „Die [hier gemeint: zwei Mitarbeiter] sind ständig auf der Suche und wollen ständig die Firma nach vorne bringen. Die sind permanent dabei, ihre Arbeit zu analysieren: Was machen wir, machen wir das richtig, was wir da machen und warum machen wir das überhaupt? Also, die hinterfragen sich ständig" (Innovator 7).

Mitarbeiter mit solchen Fähigkeiten sind für das Innovationssystem unersetzlich. Innovator 38 nennt speziell einen innovationsorientierten Mitarbeiter, der latente Kundenbedürfnis erkennt und diese in marktfähige Lösungen umwandeln kann.

> „Seine Wahrnehmung, was der Kunde von ihm erwartet oder womit er für einen Kunden schnell einen Nutzen erzeugen kann, diese Sensibilität hat er einfach. Das heißt, wenn er einen Tag beim Kunden war, bin ich mir relativ sicher, dass ich abends von ihm einen Anruf bekomme mit einem Thema, das der Kunde ihm nun aufgezeigt hat; mit einem Problem, das gelöst werden muss und wozu er auch schon seine Gedanken gemacht hat. Der zweite Schritt ist das Wesentliche. Probleme wahrnehmen können viele, aber sich auch schon die Gedanken zur Lösung zu machen, das können leider weniger Leute" (Innovator 38).

Der Intrapreneur hat in Bezug auf die Erbringung von Innovationsimpulsen eine erfolgskritische Funktion. Im Kontext der eigenen Verpflichtungen im operativen Geschäft fungiert er zugleich als Treiber von Innovationsaktivitäten. Intrapreneure agieren eigenständig oder in selbstgebildeten Innovationsnetzwerken. Insbesondere wenn sich Intrapreneure untereinander oder mit weiteren innovationsbereiten MitarbeiterInnen der Organisation zusammenschließen, entwickeln sich leistungsstarke Innovationsteams bzw. Innovationsnetzwerke. In diesen Netzwerken äußern MitarbeiterInnen eigene Ideen und diskutieren sie. Dies geschieht in den frühen Phasen des Innovationsprozesses in Teilgruppen und zumeist ohne Kontakt zur Geschäftsführung.

„Und dann unterhalten die sich natürlich auch untereinander und kriegen irgendwie darüber auch wieder neue Anregungen aus der ganzen wissenschaftlichen Gemeinschaft heraus. Und das funktioniert sehr gut. Also manchmal kommen die wirklich mit sprudelnden Ideen hierher und sind ganz euphorisch: Wir müssen dies machen, wir müssen das machen. Das ist manchmal natürlich viel zu viel. Wir haben aber auch schon eine Liste, wo so etwas [festgehalten wird] in einer Art Datenbank" (Innovator 5).

Diese informellen Innovationsnetzwerke des Innovator 5 koordinieren sich in den frühen Phasen des Innovationsprozesses selbst und konkretisieren bzw. verbessern vorliegende Ideen im Team. Durch den gegenseitigen Austausch werden Ideen angereichert und unterschiedliche Perspektiven auf eine spezifische Problemlösung erörtert. Diese Innovationsnetzwerke sind eine weitere Quelle von Innovationsimpulsen und entlasten die Geschäftsführung in Bezug auf die Dynamisierung des Innovationssystems. Von Bedeutung erscheint, dass diese Netzwerke mit Fortschritt des Innovationsprozesses die Geschäftsführung/Prozesspromotor in den Innovationsprozess einbinden, um eine strukturierte Umsetzung des Innovationsimpulses sicherzustellen. Die Umsetzung kann sowohl durch die informellen Innovationsnetzwerke begleitet oder an andere Innovationsakteure delegiert werden.

Nicht-Innovator 33 verfügt demgegenüber nicht über MitarbeiterInnen (Intrapreneure), die eigeninitiativ und ohne Auftrag der Geschäftsführung Innovationsbeiträge einbringen und diesen zur Umsetzung verhelfen. Das Verhalten der Belegschaft im Innovationszusammenhang ist durch Passivität gekennzeichnet, d.h. nur durch direkte Aufforderung der Geschäftsführung ist eine Beteiligung zu erwarten.

„Aber sie sind es gewohnt, dass ich so ein paar spleenige Ideen habe, dass sie sowieso alle sehen müssen, dass sie mit mir mitkommen. Das ist hier leider so" (Nicht-Innovator 33).

Fehlen Intrapreneure, muss die Fachpromotorenrolle durch die Geschäftsführung wahrgenommen oder an die MitarbeiterInnen delegiert werden.

Erfolgsfaktor 5.2: *Innovatoren erkennen den erfolgskritischen Beitrag von innovationsorientierten MitarbeiterInnen für die Dynamisierung des Innovationssystems und schaffen Handlungsspielräume, in denen diese ihre Stärken entfalten können (Förderung von innovationsorientierten MitarbeiterInnen).*

Authentische Anreize

Möchte das Management ein förderliches Innovationsklima erzeugen, muss es Anreize schaffen, die es potenziellen Innovationsakteuren lohnenswert erscheinen lässt, sich in Innovationsprozesse einzubringen. Diese Anreize haben die Funktion, die Aufmerksamkeit der Belegschaft auf Aktivitäten im Innovationszusammenhang zu richten und auf diese Weise für das Thema Innovation neben dem operativen Geschäft einen eigenen Raum zu schaffen.

Innovatoren gelingt dies durch eine ausgewogene Kombination von materiellen und immateriellen Anreizen.

Unter den immateriellen Anreizen erscheint insbesondere die soziale Anerkennung als wichtige Triebfeder für das Engagement von Akteuren. Innovator 37 erzeugt solche immateriellen Anreize, indem in Gruppenmeetings und/oder informellen Gesprächssituationen das positive Wirken einzelner Akteure im Innovationszusammenhang herausgestellt wird.

> „Wir haben jede Woche ja auch ein Gruppenmeeting, bewusst wird die Person hervorgehoben, gesagt, so, das war seine Idee, die hat er eingebracht […]. Oder wenn generell ein Projekt umgesetzt wurde, das wird dann schon genannt, das war das Projekt von diesen Personen, damit sie auch in der Gruppe genannt werden" (Innovator 37).

Mit diesem Ansatz belohnen Innovatoren nicht nur Innovationserfolge, sondern vor allem innovatives Verhalten, z.B. die Erbringung von Innovationsimpulsen aus der Belegschaft. Es ist dabei erfolgskritisch, auch (kleinste) inkrementale Impulse zu würdigen. Wichtig erscheint zudem, dass Anreizinstrumente langfristig ausgerichtet sind und durch MitarbeiterInnen als authentisch in Bezug auf das herrschende Unternehmensklima erlebt werden.

Innovator 7 nutzt neben materiellen auch langfristige, karrierebezogene Anreize für MitarbeiterInnen, damit sie sich dauerhaft als Innovationsakteure engagieren. Das Beispiel von Innovator 7 zeigt, dass innovative KMU über Promotionskonzepte für exponierte Innovationsakteure verfügen, die durch ihr nachhaltiges Engagement in Innovationsprozessen für das Unternehmen unersetzlich geworden sind.

> Die Anreize sind „einmal immateriell, […indem man sie] lobt, oder dass man sagt, du bist jetzt hier [hier gemeint: Assistenz des Geschäftsführung]. Sie merken auch, dass sie hier in einem Bereich sitzen, auf einem Posten, wo sie wichtig sind […] und natürlich auch materiell" (Innovator 7).

Innovator 7 kombiniert materielle und immaterielle Anreize, um die Beteiligung der Belegschaft zu fördern und erzeugt durch karrierebezogene Anreize Rollenmodelle, die leistungsbereiten MitarbeiterInnen im Innovationszusammenhang einen interessanten Karriereweg bieten. Durch diese Anreize macht Innovator 7 deutlich, dass das Innovationsgeschehen im Unternehmen eine exponierte Position einnimmt und dass Engagement belohnt wird. So hat sich durch die Beförderung des informellen Innovationsmanagers und zwei weiterer Innovationsakteure ein leistungsfähiges Innovationsteam etabliert. Die Untersuchung zeigt insgesamt, dass materielle Anreize durch eine stetige immaterielle Wertschätzung flankiert werden müssen, um nachhaltig zu wirken. Innovator 37 bindet das Anreizsystem für Innovation in ein ganzheitliches Konzept ein.

> „Obwohl man aber auch sagen muss, das ist erst entstanden, nachdem wir probierten, das Ganze [hier gemeint: Beteiligung der Belegschaft in Innovationsprozessen] zu fördern. In den Jahresabschlussgesprächen, die wir hier

geführt haben, haben wir das auch nochmal ganz [...] deutlich gemacht, dass [...] gewünscht ist, dass die Mitarbeiter sich hier einbringen" (Innovator 37).

Pflegt die Geschäftsführung im täglichen Umgang keine Wertschätzung gegenüber Innovationsleistungen, fungieren singuläre materielle Belohnungen Einzelner nicht als Anreize für andere MitarbeiterInnen und führen auch nicht dauerhaft zur Verankerung eines Innovationsbewusstseins. Die oben zitierte Aussage zeigt, wie wichtig es ist, Förderungen und Forderungen zu explizieren, anstatt etwa davon auszugehen, dass allein das Beispiel eines geförderten und „belobigten" Mitarbeiters genügend Ausstrahlungskraft besitzt.

Nicht-Innovatoren der Stichprobe, die keine Systematik im Umgang mit Anreizen nutzen oder deren Anreize einseitig auf materielle Belohnungen gerichtet sind, können meist keine nachhaltige Förderung des Innovationsgedanken erzeugen. Dies gilt insbesondere dann, wenn diese Anreize in Bezug auf das herrschende Unternehmensklima von der Belegschaft nicht als authentisch empfunden werden. Nicht-Innovator 12 z.B. ist auf materielle Anreize fokussiert, die er in seltenen Fällen anlassbezogen und ohne System ausschüttet.

„Der kriegt dann 100 Euro. Recht frei, aus dem Bauch heraus. Ein System haben wir da nicht direkt" (Nicht-Innovator 12).

Die Belohnungen für Innovationsbeiträge sind in diesem Fall nicht als festes Element im Innovationssystem verankert und werden dementsprechend auch nicht als ein verlässliches und wirkungsvolles Anreizsystem wahrgenommen.

Erfolgsfaktor 5.3: *Innovatoren nutzen Anreize, um Innovationsbeiträge der Belegschaft zu würdigen und ein Innovationsbewusstsein in der Belegschaft zu fördern. Anreize sind dabei unternehmensindividuell ausgestaltet. Sie passen zur allgemeinen Unternehmenskultur und werden von der Belegschaft als authentisch wahrgenommen (authentische Innovationsanreize).*

Anlassbezogene Ressourcenausstattung

Die Durchführung von Innovationsprojekten ist zeit- und personalintensiv. Es müssen Ressourcen bereitgestellt werden, um Innovationsprojekte neben dem operativen Geschäft durchführen zu können. Dies ist insbesondere dann notwendig, wenn Innovationsaktivitäten – wie in der betrachteten Stichprobe im Gegensatz zu vielen Großunternehmen – nicht durch eine Forschungs- und Entwicklungsabteilung abgewickelt werden, in der Teile der Belegschaft ausschließlich für Innovation abgestellt sind und ein Innovationsbudget zur Verfügung steht. Erschwerend kommt hinzu, dass Innovationsvorhaben in KMU oft nicht dauerhaft von denselben Akteuren neben dem Tagesgeschäft ausgeführt werden, sondern zumeist anlassbezogen und unregelmäßig. Aus diesem Grund hält Innovator 37 Kapazitäten für interne Projekte vor, um Teile der Belegschaft im Bedarfsfall für Innovationsaufgaben einsetzen zu können.

„Das wird sozusagen in den Arbeitsablauf mit eingeplant, dass dafür Zeit freigeräumt wird. Das ist also eine ganz normale Tätigkeit, die eben nicht dem Kunden dient, sondern uns" (Innovator 37).

Darüber hinaus können Innovationsressourcen durch die Zuteilung eines Zeitbudgets in der Stellenbeschreibung für einzelne MitarbeiterInnen verankert werden. Innovator 38 stellt dem informellen Innovationsmanager ein zeitliches Innovationsbudget zur Verfügung und formuliert dieses explizit in der Stellenbeschreibung.

> „Es gibt ein zeitliches Budget. In Dienstleistungen messen Sie fast alles in Zeit. Wir haben relativ wenige Investitionen in Form von Anschaffungen. Deswegen ist es im Wesentlichen ein zeitliches Kontingent. Und wir haben den Mitarbeiter [hier gemeint: informeller Innovationsmanager] für ein Drittel seiner Zeit komplett für dieses Innovationsthema abgestellt" (Innovator 38).

Oft wird eine Fixierung von Innovationszeiten ausschließlich für MitarbeiterInnen vereinbart, die eine exponierte Rolle im Innovationssystem einnehmen. Die Zuweisung eines Zeitbudgets für Innovationszwecke für die gesamte Belegschaft konnte in den untersuchten KMU bei Innovatoren und Nicht-Innovatoren nicht festgestellt werden.

Vielmehr stellen Innovatoren anlassbezogen Innovationsressourcen bereit, die sich auf konkrete Innovationsvorhaben beziehen. Innovator 17 entbindet MitarbeiterInnen kurzfristig von operativen Tätigkeiten, um eingesteuerte Ideen auf ihre Realisierbarkeit zu überprüfen. „Beschäftige dich da mal zwei Tage mit, probiere [das] mal aus" (Innovator 17). Diese Vorgehensweise bewährt sich insbesondere dann, wenn MitarbeiterInnen in die Lage versetzt werden, selbst eingebrachte Ideen weiterzuverfolgen.

Auch Innovator 24 schafft anlassbedingt Freiräume für Innovationsakteure, indem er ihnen ermöglicht, Anteile ihrer operativen Tätigkeiten an andere Mitarbeiter zu delegieren. Auf diese Weise sind alle MitarbeiterInnen gehalten, Flexibilität zu zeigen, um Ressourcen für Innovationsvorhaben freizumachen.

> Der Mitarbeiter/die Mitarbeiterin „hat dann auch die Möglichkeit [...], seine Arbeit, sein Tagesgeschäft [...] an andere Mitarbeiter ein Stück weit abzugeben" (Innovator 24).

Diese Art von anlassbezogener Bereitstellung erscheint in KMU von erfolgskritischer Bedeutung, da Innovationsvorhaben gelegentlich sehr kurzfristig geplant und umgesetzt werden müssen. Wenn nicht vorausschauend Ressourcen reserviert werden können, ist ein flexibler Umgang mit der Aufgabenverteilung erforderlich, damit die ungeplante Inanspruchnahme von Personalkapazitäten möglich wird. Eine unkompensierte zusätzliche Belastung der Innovationsakteure wird auf Dauer den Enthusiasmus engagierter Beteiligter bremsen.

Die Untersuchung zeigt, dass Nicht-Innovatoren durch eine permanente Vollauslastung der Belegschaft im operativen Geschäft ihre Innovationsaktivitäten limitieren. Sie besitzen keine

Konzepte, um kurzfristig Ressourcen für Innovationsvorhaben bereitzustellen. So hält z.B. Nicht-Innovator 32 keine Ressourcen für Innovationsvorhaben vor. MitarbeiterInnen sind mit Aufträgen des Tagesgeschäfts ausgelastet und können nicht für Innovationsvorhaben zur Verfügung gestellt werden.

> „Und das Tagesgeschäft läuft eben auch […]. Wir sind in der Besetzung des Personals eigentlich so getaktet, es ist keiner übrig oder doppelt besetzt. Die Plätze sind alle immer nur einmal da und […] die Firma hat Aufträge, so wie jetzt zurzeit, dann ist keine Zeit für so etwas" (Nicht-Innovator 32).

Das Tagesgeschäft belegt auf Dauer alle Kapazitäten der MitarbeiterInnen. Durch die Vollauslastung bleibt kein Raum für Innovationsideen. Werden dennoch Ideen eingesteuert, erweist sich ihre Nicht-Beachtung als außerordentlich schädlich. MitarbeiterInnen werden es aufgeben, Innovationsimpulse preiszugeben.

Erfolgsfaktor 5.4: Innovatoren entbinden Innovationsakteure anlassbezogen von operativen Tätigkeiten, um Kapazitäten für Innovationsvorhaben bereitzustellen und statten sie mit den erforderlichen weiteren Ressourcen aus. Weniger verbreitet ist die feste Budgetierung von Innovationszeiten unabhängig von spezifischen Innovationsprojekten (anlassbezogene Ressourcenausstattung).

Konstruktives Fehlerklima

Innovationsvorhaben sind risikobehaftet und erhöhen die Wahrscheinlichkeit des Auftretens von Fehlern. Festzustellen ist, dass Fehler aus betriebswirtschaftlicher Perspektive zunächst vor allem negative Konsequenzen (wie z.B. wirtschaftlicher Verlust, Reputationsverlust) zu haben scheinen. Innovatoren erkennen jedoch, dass Fehler Bestandteile des betrieblichen Wirkens und deshalb unvermeidbar sind.

> „Fehler sind unvermeidbar. Sie gehören schlicht und ergreifend dazu, […wenn wir] über die Leistung eines Menschen sprechen" (Innovator 38).

Fehler sind auch in Unternehmen mit einem konstruktiven Fehlerklima sicherlich nicht erwünscht, es wird jedoch toleriert, dass Fehler trotz allen Bemühens nicht ausgeschlossen werden können. Als erfolgskritisch erweist sich die Bereitschaft, aus entstandenen Fehlern zu lernen. Im Rahmen eines konstruktiven Fehlerklimas werden Fehler trotz möglicher wirtschaftlicher Nachteile als unverzichtbare Lernchancen betrachtet. Verluste der Vergangenheit werden durch künftige Gewinne kompensiert, die individuelle und organisationale Wissensbasis entwickelt sich weiter.

> „Das haben wir ständig, dass wir aufgrund von Fehlern – und seien sie noch so klein – überlegen, wie können wir es in Zukunft einfach besser machen […]. Wenn wir […] feststellen, dass da immer wieder gleiche Fehler gemacht werden, setzen wir eine Art Leitfaden auf, wie man in Zukunft damit umzugehen hat" (Innovator 37).

Das Beispiel des Innovator 37 zeigt, wie systemischen Fehlern (die wiederholt auftreten) durch die Etablierung eines strukturierten Vorgehens begegnet werden kann.

Innovatoren schaffen insgesamt ein konstruktives Klima im Umgang mit Fehlern. Fehler werden offenbart, analysiert, und die Ergebnisse dieser Analyse werden kommuniziert. Insbesondere das Verhalten des Top Managements hat bei der Verankerung eines konstruktiven Fehlerklimas erfolgskritische Bedeutung. Die Geschäftsführung muss gewährleisten, dass entstandene Fehler möglichst schnell entdeckt und kommuniziert werden, um weitere negative Fehlerfolgen auszuschließen.

> „Ich versuche immer zu suggerieren: Sagt mir bitte die Fehler, weil wenn ihr schneller damit auf den Tisch kommt, können wir es schneller abstellen" (Innovator 15).

Durch den konstruktiven Umgang mit Fehlern wird der Angst vor Fehlern und der Fehlervertuschung entgegengewirkt und sichergestellt, dass aus entstandenen Fehlern gelernt werden kann. Sicherlich ist der offene Umgang von Innovationsakteuren mit den eigenen Fehlern und die Kommunikation dieser Fehler eine herausfordernde Aufgabe. Sie ist zu meistern, um Fehlerketten frühzeitig aufzubrechen. Nur durch diese Vorgehensweise können weitreichende negative Konsequenzen reduziert werden.

Innovator 24 belohnt die offensive Bekanntgabe durch die Fehlerverursachenden und begleitet den Analyseprozess, der dann gleichermaßen in einen Lernprozess für alle Beteiligten mündet.

> „Wenn der Fehler offensiv bekannt wird, dann komme ich eher lobend dazu und sage: Ich finde gut, dass du das erkannt hast! Ich frage ihn dann, was er daraus lernen kann, und wie er es beim nächsten Mal besser machen will. Wenn Fehler verschleiert werden, dann werde ich echt genervt und sauer. Dann bin ich auch nicht mehr so kooperativ" (Innovator 24).

Wichtig erscheint, dass die Fehlerverursachenden selbst an der Ursachenanalyse beteiligt werden. Diese Beteiligung erfolgt bei den untersuchten Innovatoren durch einen Dialog mit der Geschäftsführung, oder die Analyse wird in einem Team vorgenommen. Vor allem bei systemischen Fehlern, die nicht durch Einzelne, sondern durch konzeptionelle Fehlleistungen begründet sind, werden Ursachen bei Innovator 24 im Team analysiert.

> „Also, wenn ich erkenne, das ist wirklich ein strukturell komplett falsch laufendes Ding, dann bilde ich gerne ein Team. Wenn das jetzt schon mal bei der Teamleitung ist, z.B. aus der Logistik, dann sage ich: Nimm dir doch deine Teamleiter aus dem Bereich..., meinetwegen Retouren mit dazu und dann setzen wir uns hin und überlegen gemeinsam, was läuft da grundsätzlich falsch, wie können wir das besser machen" (Innovator 24).

Nicht-Innovator 12 hingegen beteiligt die Verursachenden von Fehlern nicht am Aufklärungsprozess. Es fällt in diesem Unternehmen zudem auf, dass Fehler mehrheitlich durch die Kunden und nicht durch die eigene Belegschaft gemeldet werden. Es herrscht eine Tendenz, Fehler aus Angst vor Konsequenzen vertuschen zu wollen. Die Geschäftsführung tritt in direkten Dialog mit den Kunden und betreibt die Fehleranalyse.

„Meistens ruf ich [beim Kunden] selber an und dann gibt es auch eine Begründung für [den Fehler]. Die wird hier im Haus besprochen und Fehler dürfen sich nicht wiederholen. Das ist das oberste Gebot" (Nicht-Innovator 12).

Ergebnisse der Fehleranalyse werden nachfolgend mit den Verantwortlichen des Fehlers erörtert und Sanktionen für den Fall der Wiederholung ausgesprochen. Problematisch hierbei erscheint, dass der Verursachende an der Analyse nicht beteiligt wird und in der Folge auch für die Beseitigung der entstandenen Konsequenzen keine Verantwortung übernimmt. Dies begrenzt die Möglichkeit der Fehlerverantwortlichen, Ursachen des eigenen Fehlers zu reflektieren und daraus zu lernen.

Zugleich hat die Sanktionierung von Fehlern negative Auswirkung auf das Verhalten von MitarbeiterInnen im Innovationszusammenhang, der besonders fehleranfällig ist. Fehleraversion führt dazu, dass Akteure keine Bereitschaft zeigen, Risiken einzugehen oder dazu neigen, entstandene Fehler zu vertuschen, insbesondere wenn diese Fehler in Bezug auf die eigene Reputation im Unternehmen als bedrohlich empfunden werden. Am Beispiel des Nicht-Innovator 13 wird deutlich, dass sich ein angstvolles Klima im Umgang mit Fehlern etabliert hat.

„Also, wir versuchen das [Auftreten von Fehlern] zu vermeiden […] Die Mitarbeiter haben immer Angst, dass etwas passiert. Aber da habe ich, auch wenn es mal ein schwerwiegender Fehler ist, keinem Mitarbeiter irgendwie einen Strick daraus gedreht. Was anderes ist es, wenn er zwei-bis dreimal den gleichen Fehler macht. Dafür habe ich dann wenig Verständnis" (Nicht-Innovator 13).

Die Angst der Belegschaft, Fehler zu machen, blockiert die Offenheit für neuartige Problemlösungen. Als Konsequenz präferieren MitarbeiterInnen Aufgabenfelder, für die sie bewährte Lösungskonzepte besitzen, ohne dass es längeren Nachdenkens bedarf. Diese Haltung konterkariert die Ansprüche innovativen Handelns. Bei Fehleraversion wird es keine Bereitschaft geben, Verantwortung für Innovationsaufgaben zu übernehmen.

Erfolgsfaktor 5.5: Innovatoren verfügen über ein konstruktives Fehlerklima, das einen offenen Umgang mit Fehlern fördert und die empfundene Fehlerbelastung der Belegschaft reduziert. Durch ein konstruktives Fehlerklima werden Fehlerkonsequenzen reduziert und kollektive Lernprozesse ermöglicht. Die Verminderung von Fehlerängsten fördert die Bereitschaft, Fehlerrisiken bei der Bearbeitung von Innovationsprojekten auf sich zu nehmen (konstruktives Fehlerklima).

6.2 Fallbasierte Auswertung zur Bestimmung von Konfigurationen der Innovationsfähigkeit

Nachdem im vorangegangenen Abschnitt kritische Erfolgsfaktoren auf Ebene der Teilstichproben dargestellt wurden, sollen nun zur Beantwortung der zweiten Forschungsfrage drei Konfigurationen leistungsfähiger Innovationssysteme erörtert werden, denen alle untersuchten Innovatoren zugeordnet werden können. Es werden mit dem *dominierenden Alleininnovator*, dem *prozessorientierten Expertenteam* und dem *routinierten Kollektivisten* drei unterschiedliche Konfigurationen vorgestellt. Anhand von Fallstudien der Innovatoren 2, 7 und 17, die jeweils eine Konfiguration idealtypisch repräsentieren, können konfigurationsspezifische Ausprägungen von Erfolgsfaktoren beschrieben werden.

6.2.1 Konfiguration des dominierenden Alleininnovators (Innovator 2)

Der dominierende Alleininnovator wird durch Innovator 2 idealtypisch repräsentiert. Das Unternehmen ist in die Größenklasse der Kleinunternehmen (10-20 MitarbeiterInnen) einzuordnen. Es wurde Mitte der achtziger Jahre gegründet. Innovator 2 begrenzt die Geschäftstätigkeit auf den regionalen Raum. Die Unternehmensführung wird durch einen Geschäftsführer repräsentiert, der gleichzeitig Gründer des Unternehmens ist. Sie strebt ein gemäßigtes Wachstum an und weist in den vergangenen drei Geschäftsjahren einen positiven Gewinntrend auf. Die Innovationsaufwendungen betragen 1,79% des durchschnittlichen Umsatzes der vergangenen Berichtsperioden und sind im Vergleich zur Gesamtstichprobe als gering einzustufen. Die Innovationsquote lag im Berichtsjahr 2010 bei 10%, während die Kostenersparnis durch Prozessinnovation 4% bezogen auf die Gesamtkosten darstellt. Neben diesen input- und outputorientierten Indikatoren soll nun nachfolgend die Black Box der organisationalen Innovativität geöffnet und die Ausgestaltung der Modellparameter erörtert werden.

Top Management

Der Geschäftsführer des Innovator 2 ist das Musterbeispiel für einen rastlosen Entrepreneur, der sich fortwährend auf der Suche nach neuen Geschäftsideen befindet, um unternehmerisches Wachstum zu generieren. Innovator 2 hat seit Beginn seiner Tätigkeit aus einem Unternehmen mit einem bestehenden Geschäftsfeld zusätzliche Geschäftsfelder erschlossen und seine Kompetenzen konsequent erweitert.

Innovator 2 begreift die Innovationstätigkeit des Unternehmens als Chefsache und traut sich zu, alle damit verbundenen Planungsaufgaben eigenständig ausfüllen zu können. Der

Geschäftsführer ist gleichermaßen sowohl in den kreativitäts- als auch in den umsetzungsorientierten Innovationsphasen beteiligt[49] (Abbildung 29).

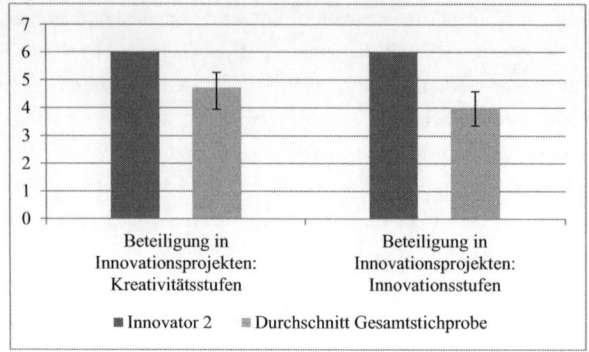

Er betrachtet sich als Innovator und Taktgeber des organisationalen Innovationssystems und besitzt das Selbstverständnis, Innovationen dauerhaft und auf Grundlage seiner eigenen Kreativleistung erbringen zu können. Nicht die Erbringung von Innovationsimpulsen an sich, sondern die Ressourcen für deren Umsetzung sind die Engpassfaktoren für die Einführung weiterer Innovationen.

> „Ich komme gar nicht hinterher, sie umzusetzen, weil viele Ideen natürlich auch enorm kapitalintensiv sind oder auch personalbindend sind".

Der Geschäftsführer besitzt einen hohen Grad an Experimentierfreudigkeit und eine Offenheit für neue Erfahrungen. Seine Experimentierfreudigkeit ist eine Grundvoraussetzung, um neue Ideen zu generieren. Zugleich zeigt er eine hohe Wirksamkeit, selektierte Ideen in die Tat umzusetzen. Er sieht seine Stärken darin, das Unternehmen durch die fortlaufende Erbringung von neuen Impulsen innovativer zu machen. Grundlage hierfür ist eine ausgeprägte Kreativität, die es ihm ermöglicht, eine Vielzahl unterschiedlicher Ideen hervorzubringen.

---

[49] Die Datengrundlage der verwendeten Diagramme stammt aus der von Fischer (2012, S. 32 f.) durchgeführten quantitativen Vollerhebung (Abschnitt 5.3.2). Die Skalierung ist in allen Diagrammen positiv in Bezug auf die betrachtete Dimension gepolt. Abbildung 29 zeigt, dass Innovator 2 stark an Innovationsprojekten beteiligt ist. Diese Lesart gilt in gleicher Weise für alle Diagramme dieses Abschnitts. Dem Wert für eine Dimension des Innovator 2 wird das arithmetische Mittel der Gesamtstichprobe gegenübergestellt (siehe Diagrammlegende). Zusätzlich zum Durchschnitt der Gesamtstichprobe sind das obere Quartil (0,75-Quartil) und das untere Quartil (0,25-Quartil) ausgewiesen, um eine bessere Einordnung des betrachteten Innovators in Bezug zur Gesamtstichprobe zu erlauben. Die Bewertung der dargelegten Ausprägungen der Dimension wird nachfolgend unternehmensspezifisch und in Relation zur Gesamtstichprobe eingeordnet. Im Vergleich zur Gesamtstichprobe können die Ausprägungen der Dimension überdurchschnittliche/unterdurchschnittliche Werte annehmen. Befindet sich die Ausprägung der betrachteten Einheit im oberen/unteren Quartil, soll nachfolgend von einer stark überdurchschnittlichen /unterdurchschnittlichen Ausprägung gesprochen werden.

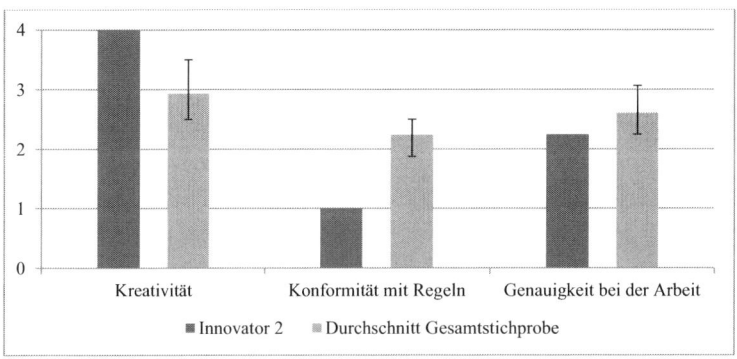

Abbildung 30: Kognitiver Stil der Geschäftsführung von Innovator 2

Bei Betrachtung des kognitiven Stils des Geschäftsführers zeigt sich seine Präferenz für kreativorientierte Tätigkeiten. Im Gegensatz zu seiner hohen Ausprägung im Bereich der Kreativität ist er im Vergleich zu den anderen Geschäftsführern der untersuchten Stichprobe durch eine niedrigere Ausprägung bei der Konformität mit Regeln und der Genauigkeit bei der Verrichtung seiner Tätigkeiten gekennzeichnet. Nachfolgendes Zitat zeigt die reflektierte Haltung des Unternehmers bezüglich der eigenen Schwächen:

„Meine Hauptschwäche z.B. ist: Ich habe nicht genügend Sitzfleisch. Es fällt mir schwer, längere Zeit am Schreibtisch zu sitzen, dann wird mir langweilig".

In seiner Eigenschaft als Geschäftsführer kompensiert er die eigenen „blinden Flecken" durch die Einbindung der Belegschaft in den umsetzungsorientierten Innovationsphasen.

Innovator 2 besitzt eine überdurchschnittliche Neigung, sich mit konkurrierenden Unternehmen messen zu wollen (Wettbewerborientierung), weist ein überdurchschnittliches Bestreben auf, neue Produkte und Prozesse etablieren zu wollen (Innovationsfokus) und zeigt in Bezug auf die Stichprobe eine stark überdurchschnittliche Proaktivität. Außerdem zeigt Innovator 2 eine stark überdurchschnittliche Bereitschaft, kalkulierbare Risiken einzugehen, um Innovationserfolge zu realisieren.

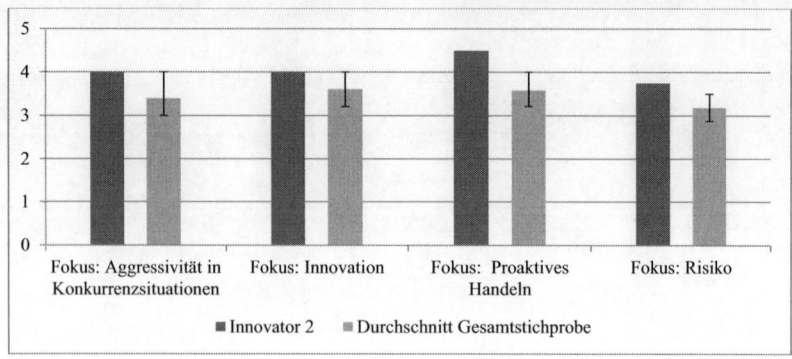

Abbildung 31: Ausprägung der unternehmerischen Orientierung der Geschäftsführung von Innovator 2

Bei Betrachtung der überdurchschnittlichen Ausprägung der *unternehmerischen Orientierung* erscheint es nur wenig überraschend, dass Innovator 2 versucht, die operativen Tätigkeiten des Tagesgeschäfts und die Umsetzung einzelner Teilschritte des Innovationsprozesses konsequent an die Belegschaft zu übertragen, um Freiräume für die eigene Innovationstätigkeit zu schaffen (Innovationsdisziplin).

Die Geschäftsführung versteht sich als Architekt des Innovationsmanagements, der sicherstellt, dass alle wesentlichen Prozessschritte termingerecht und in der gewünschten Qualität vollzogen werden, um den Fortschritt der Innovation zu gewährleisten. Grundlage hierfür ist die ausgeprägte Innovationskompetenz des Innovators. Die Delegation von Teilaufgaben erfolgt bidirektional und ist top-down orientiert. Auf diese Weise werden Kommunikationsschnittstellen im Innovationsprozess reduziert. Die Geschäftsführung ist trotz eines stark transaktional geprägten Führungsstils darauf ausgerichtet, dass Mitarbeiter in ihren eigenen Verantwortungsbereichen Arbeitsabläufe hinterfragen und Verbesserungspotenziale identifizieren.

> „Ich sage denen […] nicht explizit, wie sie was machen. Sondern ich sage ihnen, was wir gerne erreichen wollen. Ich sage ihnen nur, was erledigt werden muss. Das, was wir gerne haben möchten. Wie sie den Weg gehen, wie sie sich das einteilen, wann sie das machen, ist mir eigentlich gleichgültig".

Dieses Beispiel zeigt, dass der Innovator die Arbeitsbereiche der MitarbeiterInnen als deren autonome Bereiche betrachtet. Innovator 2 kontrolliert die Arbeit ergebnisorientiert und aufgabenspezifisch, um sicherzustellen, dass die von ihm vergebenen Teilziele tatsächlich qualitäts- und termingerecht erreicht werden (Fortschrittskontrolle).

> „Ich möchte nur von denen dann hören: Das ist erledigt. Und ich mag eine Sache nicht gern, dann werde ich bisschen komisch, wenn sie mir sagen, das ist fertig, bis auf…. Entweder es ist fertig oder nicht fertig".

Der Arbeitsfortschritt wird durch persönliche Koordinierungsanstrengungen sichergestellt. Es dominiert ein innovationsverträglicher Führungsstil.

Innovationsstrategie

Der Geschäftsführer des Innovator 2 gibt an, durch die Erschließung neuer Geschäftsfelder ein moderates, dafür aber nachhaltiges Wachstum erzielen zu wollen. Er betrachtet sich in Bezug auf sein Wettbewerbsumfeld als Marktführer, der die Fähigkeit besitzt, neue Trends als erster auf dem Markt zu etablieren und hierdurch nachhaltige Wettbewerbsvorteile zu erlangen (First-Mover-Strategie). Nachfolgende Äußerung zeigt das Selbstverständnis eines Innovationsführers, der in der Lage ist, auf Innovationsimpulse der Konkurrenz jederzeit reagieren zu können.

> „Wenn ein anderer das [unsere Innovation] nachbauen würde, dann fällt uns etwas Neues ein, damit wir beim nächsten Projekt wieder die Nase vorn haben".

Die Geschäftsführung sieht die eigene Kompetenz vor allem darin, neue Geschäftsfelder zu erkunden und auf Basis dieser Erkundungen Innovationen hervorzubringen. Im Vergleich zur befragten Gesamtstichprobe legt das Management somit einen deutlich stärkeren Schwerpunkt auf die Exploration neuer Geschäftsfelder (Abbildung 32). Ein weniger starker Fokus wird auf die Ausbeutung bereits bestehender Geschäftsfelder gelegt. Neue Geschäftsfelder werden zeitnah in einen Regelbetrieb überführt und weitestgehend unabhängig von der Geschäftsführung betrieben.

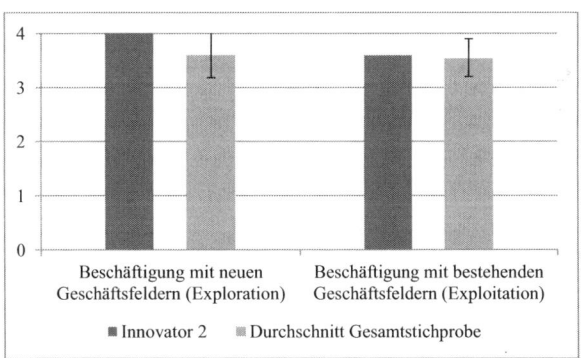

Abbildung 32: Strategische Orientierung von Innovator 2

Auf Basis der Gründungserfahrungen und der bisherigen innovationsrelevanten Ereignisse ist das Verständnis für die eigenen Stärken und das Vertrauen in die eigene Kernkompetenz gewachsen. Anhand dieser Kernkompetenz möchte die Unternehmung gezielt innovieren, um neben den bisherigen Geschäftsfeldern neue Wachstumsfelder zu erschließen.

Innovator 2 besitzt eine gemäßigte strategische Fokussierung. Die Innovationsfelder werden durch die Kernkompetenzen festgelegt, Innovationen werden durch die Verbesserung und/oder Neukombination bisheriger Fähigkeiten unterstützt. Diese Fokussierung stellt sicher, dass Innovationen an die bisherigen Kernkompetenzen anschlussfähig sind und vorhandene Stärken auch auf neue Innovationsprojekte übertragen werden können. Innovationen außerhalb der definierten Kernkompetenzen werden nicht verfolgt. Trotz der strategischen Fokussierung betont der Geschäftsführer, keinen „Dogmen" im Umgang mit Innovationen zu unterliegen. Die bisherige strategische Position wird fortlaufend hinterfragt.

Die strategische Planung der Innovation wird ausschließlich von dem Geschäftsführer des Innovator 2 betrieben. Er vergleicht die Innovationsplanung mit einem Schachspiel. Es wird davon ausgegangen, dass Innnovationstätigkeiten für mehrere Züge im Vorhinein geplant werden können, um gegenüber der Konkurrenz Wettbewerbsvorteile zu erlangen.

> „Wie beim Schachspiel überlegen auch wir: Wie viele Züge können wir vorausplanen? Beim Schachspiel kann ich vielleicht zwei Züge machen und beim Unternehmen kann man ein paar Sachen schon machen, man kann Schwerpunkte setzen und sagen: Geh da mal hinterher, da machen wir etwas draus".

Innovator 2 betrachtet die Innovationstätigkeit als planbar und erachtet es als zwingend, Kapazitäten freizuhalten, um die Zukunft des Unternehmens zu planen (strategische Handlungsfähigkeit).

Der Geschäftsführer entwickelt auf Basis dieser Überlegungen jährlich ein ‚Strategiepapier' in Form einer MindMap, indem das Wachstum bestehender Umsatzträger geplant und neue Geschäftsfelder definiert werden. Dazu zieht sich der Geschäftsführer aus dem operativen Geschäft zurück und unternimmt einen ‚Strategieurlaub', um Abstand vom Unternehmensalltag zu gewinnen und bisherige Innovationserfahrungen zu reflektieren. Diesen Abstand betrachtet Innovator 2 als notwendig, um neue Innovationsprojekte anzustoßen. Dieser Strategieurlaub erfolgt jährlich, um getroffene Innovationsentscheidungen an veränderte Marktbedingungen anpassen zu können (periodische Strategiereflexion).

> „[Der Strategieurlaub führt dazu, dass] wir über das Gewesene […] und über die Zukunft nachdenken. Ich mache es regelmäßig so, dass ich alleine wegfahre und über die erreichten Schritte und nächsten Ziele nachdenke".

So entsteht ein Strategiepapier in Form einer Strategy Map. Diese ist das Ergebnis einer klaren Konzeptionalisierung der Innovationsstrategie aufseiten des Managements.

Die Strategy Map wird der Belegschaft nicht offengelegt. Die Verschriftlichung dient ausschließlich dem Geschäftsführer zur Ergebnissicherung des Strategiefindungsprozesses.

> „Das Unternehmen ist noch nicht so groß, dass wir sagen, wir haben da ein Strategiepapier, denn ich habe bedauerlicherweise auch die Erfahrung gemacht, dass es die Mehrzahl der Mitarbeiter nicht interessiert, wenn man sagt,

man hat dies und dies vor, sondern sehr viele sind da eher [an der Frage] interessiert: Werde ich meinen Arbeitsplatz behalten dabei und macht ihr das so schlau, dass auch weiterhin hier die Rechnungen bezahlt werden. Und das Strategiepapier ist nicht dafür [gedacht], dass es publiziert wird".

Die Geschäftsführung verzichtet bewusst darauf, ein Strategiepapier unternehmensintern zu veröffentlichen. Die Strategie wird auf Basis eines konsistenten Führungsverhaltens gegenüber der Belegschaft transportiert. Es handelt sich daher um eine gelebte Strategie.

Innovationsprozess

Innovator 2 hat nur wenige standardisierte Prozesse für Tätigkeiten des operativen Geschäfts implementiert. Eine Standardisierung dient dem geordneten Ablauf repetitiver Arbeitsabläufe, die für die Belegschaft in Form eines sogenannten Rezeptbuchs bereitgestellt wird.

„Wie [V]erträge abgeschlossen werden und wann was gemacht wird, ist standardisiert. Das haben wir auch niedergeschrieben und ab und zu gucken wir dort hinein, wie das geht. Wir haben das aufgebaut wie ein Rezeptbuch, dass man schnell erkennt, was man braucht. Das entspricht Checklisten, die man abarbeiten kann".

Ein derartiger formalisierter Ablauf ist für Innovationsprozesse nicht formuliert. Der Innovationsprozess wird ausschließlich durch ein personengetriebenes Ideen- und Innovationsmanagement strukturiert. Das Ideen- und Innovationsmanagement von Innovator 2 ist als Selbstmanagementsystem der Geschäftsführung zu betrachten und bildet den gesamten Innovationsprozess von der Ideengenerierung, -auswahl sowie der Implementierung ab (Innovationskompetenz).

Der Manager schildert, dass die Generierung von Ideen selten in einer kontrollierten Umgebung, z.B. am Schreibtisch stattfindet.

„Das liegt aber auch daran, dass ich immer sage: Wagen Sie das äußerste und denken Sie auch mal nach, und das passiert natürlich auch abends, wenn ich spazieren gehe. Aber ich könnte nicht sagen, dass ich jetzt am Schreibtisch sitze und sage: Jetzt beschäftige ich mich ausschließlich mit Innovation".

Ideen sind Rohstoffe der Innovation und müssen gesichert werden. Innovator 2 schreibt die Ideen bei deren Auftreten nieder und überträgt sie in ein individuelles Ordnungssystem.

„Also ich mach es an sich so, dass ich die Ideen sichere, indem ich ein ABC-Register anlege. Und in das ABC-Register kommen die Ideen rein. Dort schreibe ich sie auf und sage, das müssten wir machen".

Innovator 2 hat insgesamt ca. 200 Ideen in diesem Ordnungssystem festgehalten. Der Engpassfaktor für die Unternehmung ist laut Innovator 2 nicht, Ideen zu generieren, sondern diese Ideen auch tatsächlich umzusetzen. Aus diesem Grund hat er Filterstufen in sein Ordnungssystem integriert, welche die Vielzahl von Ideen reduzieren sollen. Die Aufnahme in den Chancenordner des Ordnungssystems findet statt, wenn der Geschäftsführer eine Idee mittel- bis langfristig für aussichtsreich erachtet. Der Chancenordner enthält ca. 20 Ideen, die anhand weiterer Filterstufen reduziert werden.

„Den Chancenordner halte ich bewusst etwas kleiner, weil man sich sonst tatsächlich verzettelt".

Der Chancenordner wird als Speicher genutzt. Bieten sich günstige Rahmenbedingungen, um eine dieser Ideen umzusetzen, wird ein Umsetzungsplan anhand von MindMaps erarbeitet. Im Geschäftsjahr 2010 wurden 8 Ideen aus dem Chancenordner aufgegriffen. Mit der Erstellung dieser MindMaps verschafft sich der Manager einen vereinfachten Überblick über die im Verlauf des Umsetzungsprozesses anfallenden Prozessschritte. Zusätzlich wird ein grober Ablaufplan erstellt, um einen „vereinfachten Überblick über den zeitlichen Ablauf zu bekommen" (Innovator 2). Diese grobe Ablaufplanung wird mit Fortschritt des Innovationsprojekts zunehmend spezifiziert.

Die Innovationsprozesse werden ausschließlich durch die Geschäftsführung gesteuert und überwacht. Es gibt kein explizites idealtypisches Prozessmodell, das die wesentlichen Prozessschritte oder organisationsspezifischen Meilensteine formalisiert (z.B. Stage-Gate-Prozess). Der Fortschritt eines Innovationsprozesses ist für die Belegschaft auf diese Weise nicht ersichtlich. Das Management von Ideen und Innovationsprozessen ist in diesem Fall in höchstem Maße personengetrieben. Das Innovationsmanagement des Innovator 2 ist von der Planungs- und Führungsqualität des Managements abhängig. Verliert die Geschäftsführung wesentliche Projektschritte aus den Augen, gibt es keine Monitoringsysteme, die unterstützend eingreifen können.

Organisation

Innovator 2 verfügt aufgrund der geringen Beschäftigtenzahl zwar über funktional unterteilte Aufgabenbereiche, jedoch nicht über getrennte Abteilungen. Die Innovationsaktivitäten sind durch eine starke Zentralisierung gekennzeichnet. Der Geschäftsführer ist Projektleiter aller Innovationsprojekte. Wenngleich er seine Art des Innovationsmanagements nicht als professionelles Projektmanagement bezeichnet, kommt seine Funktion der eines Projektleiters gleich. Es herrscht eine klare Regelung der Verantwortlichkeiten. Zum einen gilt der Geschäftsführer für alle Fragen des Innovationsprozesses als Ansprechpartner, zum anderen hat er eine ausgeprägte Kenntnis von den Fähigkeiten seiner Mitarbeiter, sodass er (nach seiner Auffassung) geeignete MitarbeiterInnen für die jeweiligen Arbeitspakete abstellen kann. Innovator 2 ist in Innovationsprozessen die alleinige Schnittstelle zwischen den Beteiligten und delegiert Arbeitspakete an MitarbeiterInnen oder Sublieferanten (top-down-orientierte Koordination).

Das Innovationsgeschehen ist so ausgestaltet, dass unternehmensexterne Partner Einfluss auf das Innovationssystem besitzen. In den kreativitätsorientierten Phasen der Innovationsprozesse werden externe Vertraute der Geschäftsführung in die Evaluation und in Machtbarkeitsanalysen von Innovationsvorhaben einbezogen. Die Gründung des Innovator 2 erfolgte auf Basis einer Diplomarbeit. Seither gibt es regelmäßige Kooperationsverhältnisse mit Hochschulen. Diese Kooperationsbeziehungen, aber vor allem der Rat von fachfremden Personen (z.B. des Bekanntenkreises) werden besonders in der Kreativphase genutzt, um eine Validierung der eigenen Idee herbeizuführen. Kooperationsbeziehungen im Innovationszusammenhang besitzen einen niedrigen Formalisierungsgrad. Eine angemessene Markt- und Kundenorientierung wird durch informelle Austauschformen sichergestellt.

> „Wir sprechen immer wieder Menschen an und sagen, uns schwebt das so und so vor, was meinst du denn dazu. Und wir hören dann eine ganze Menge Meinungen, dann auch, ob etwas geht […]. Ich habe übrigens überhaupt keine Bedenken, mit anderen über meine Ideen zu sprechen, weil es mich wahnsinnig interessiert, was denken die Leute".

Innovator 2 zeigt einen offenen Umgang mit den eigenen Ideen. Diese aufgeschlossene Art, eigene Ideen extern zu validieren, erscheint insbesondere in Bezug auf ein durch die Geschäftsführung monopolisiertes Innovationsgeschehen von erfolgskritischer Bedeutung. Innovator 2 besitzt auf diese Weise ein Korrektiv außerhalb des Unternehmens, das Ideen frühzeitig bewertet.

Eine wichtige externe Güteprüfung für ein angestoßenes Innovationsprojekt bietet die im Rahmen der Fremdkapitalaufnahme benötigte Darstellung von Innovationsvorhaben. Aus Sicht des Geschäftsführers setzt eine Fremdkapitalfinanzierung eine detaillierte Darstellung des eigenen Innovationsvorhabens voraus.

> „Wir müssen uns immer sehr präzise ausdrücken, wenn wir zur Bank gehen, was wir eigentlich wollen. Von daher sind diese Gedanken recht ausgereift und schließlich kommen sie dafür auch aufs Papier".

Mit dem Fortschritt des Innovationsprozesses wird die Kooperation mit externen Partnern zunehmend auf die Verrichtung einzelner Arbeitsschritte durch Subunternehmer begrenzt. Festzustellen ist, dass Innovator 2 laut eigener Aussagen keine Kooperationen mit externen Partnern eingeht, die er als intensiv und dauerhaft bezeichnet. Vielmehr setzt Innovator 2 auf kurzzeitige Liaison-Beziehungen mit unterschiedlichen unternehmensexternen Partnern. Abbildung 33 zeigt, dass Innovator 2 im Innovationszusammenhang insbesondere mit wechselnden Zulieferern und Sublieferanten Kooperationen pflegt, welche die Geschäftsführung als intensiv bezeichnet.

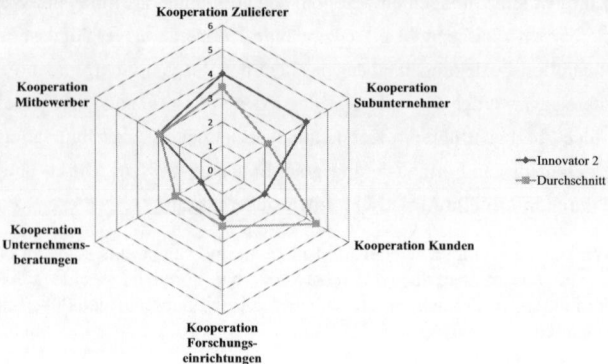

Abbildung 33: Kooperationsintensität in Bezug auf unterschiedliche Kooperationspartner von Innovator 2

Innovator 2 versucht, dieses Netzwerk der potenziellen Partner lebendig zu erhalten und bedarfsgerecht Impulse und Feedback zu innovationsrelevanten Fragen einzufordern.

Wenngleich Innovator 2 mit Kunden keine intensiven und dauerhaften Kooperationen (wie z.b. Lead-Kooperationen) eingeht, wird der Kunde als weitere externe Quelle während des gesamten Innovationsprozesses für Impulse zu Rate gezogen.

„Das ist erst mal so, dass wir den Kunden zuhören. Das ist ganz wichtig. Oder wir fragen, was will der uns eigentlich sagen. Wo drückt es denn? Und das können wir in unsere Leistung einbinden und ihm eine Lösung anbieten. Das ist im Unternehmen weit verbreitet, dass wir fragen, wie wir dem Kunden nutzen".

Auf diese Weise versucht Innovator 2 latente Kundenbedürfnisse aufzuspüren, da diese die Grundlage bilden, um neue kundengerechte Lösungen zu generieren. Durch die kundenahe Entwicklung von Innovationen möchte der Innovator 2 eine kontinuierliche Evaluation der Kundenbedürfnisse sicherstellen.

Innovationsklima

Anhand der Ausgestaltung des Modellparameters Top Management wurde die Dominanz der Geschäftsführung im Innovationszusammenhang bereits deutlich gemacht. Nur die Unternehmensführung besitzt ein klares Bild davon, wie Innovationsvorhaben von der Idee bis in die Realisierung abgewickelt werden. Innovator 2 delegiert alle Einzelschritte des Innovationsprozesses an die Belegschaft, ohne dass die Verantwortlichen des Arbeitspakets zwingend ein klares Verständnis davon besitzen, welches Ergebnis aus der Vielzahl von Einzelschritten entstehen soll.

Trotz seiner Dominanz im Innovationszusammenhang benötigt er in den Umsetzungsphasen des Innovationsprozesses die Unterstützung der Belegschaft. Der Geschäftsführer ist darauf angewiesen, dass die Belegschaft seine blinden Flecken – z.B. die fehlende Geduld bei der Umsetzung von Innovationen – kompensiert. Aus dieser Sicht besteht eine klare Rollenverteilung zwischen der Geschäftsführung und der Belegschaft. Diese Erkenntnis hat ebenfalls Auswirkung auf die Personalauswahl:

> „Früher war ich der Meinung, es wäre am besten für das Unternehmen, wenn ich noch mehr [kreative] Typen hätte so wie ich. Die brauche ich aber ganz bestimmt nicht. Sondern ich brauche genau Menschen, die meine Schwächen […] ausgleichen".

Aus diesem Grund verfolgt er das Anliegen, MitarbeiterInnen einzustellen, deren Verhalten komplementär zu den eigenen ist, deren Stärken also in der gewissenhaften Umsetzung von Innovationsvorhaben liegen.

Bei Betrachtung des kognitiven Stils der Belegschaft fällt auf, dass die Werte für die Kreativität als durchschnittlich anzusehen sind, während die Konformität mit Regeln und die Genauigkeit bei der Arbeit in Bezug auf die Gesamtstichprobe als stark überdurchschnittlich zu betrachten sind (Abbildung 34). Die Belegschaft weist somit in den blinden Flecken der Geschäftsführung hohe Ausprägungen auf.

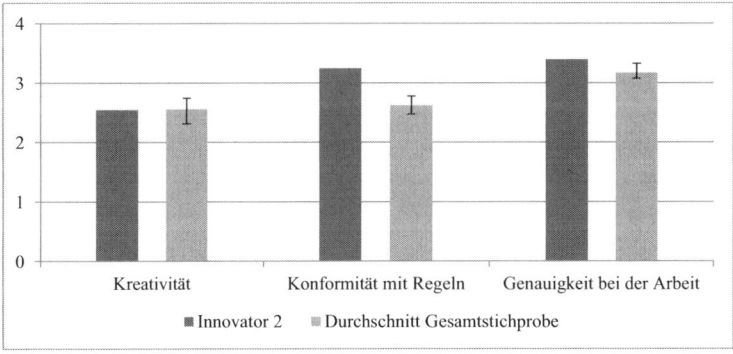

Abbildung 34: Kognitiver Stil der Belegschaft von Innovator 2

Dabei erscheinen der Genauigkeitsgrad bei der Durchführung von Tätigkeiten und ein regelgeleitetes Umsetzen von delegierten Tätigkeiten insbesondere in den Implementierungs-phasen von Innovationen bedeutungsvoll. Zudem fällt auf, dass sich die Belegschaft in der Implementierungsphase eines Innovationsprojekts am intensivsten beteiligt. Die Intensität der Beteiligung ist sowohl im Vergleich zu den übrigen Prozessphasen als auch in Bezug auf den Durchschnittswert der Gesamtstichprobe deutlich. Dies deckt sich mit der Einschätzung der Geschäftsführung, die Belegschaft maßgeblich in der Implementierungsphase und weniger in den kreativitätsorientierten Phasen des Innovationsprozesses einzubeziehen.

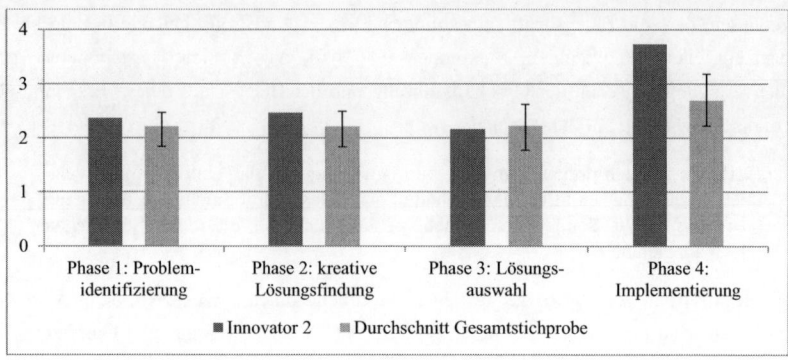

Abbildung 35: Beteiligung der Belegschaft in Innovationsprozessen von Innovator 2

Der Geschäftsführer hat sein persönliches Selbstverständnis, das einen starken Innovationsfokus und Vertrauen in die eigene Innovationsstärke aufweist, auf das Unternehmen übertragen. Obwohl die Mitarbeiter keine Kenntnis vom Strategiepapier der Unternehmung haben und das Innovationsgeschehen durch die Geschäftsführung monopolisiert wird, herrscht in der Belegschaft überdurchschnittlich starkes Vertrauen, dass das Unternehmen Innovationen hervorbringen kann.

Dies ist insbesondere deshalb erstaunlich, da Innovator 2 keine bewussten Anreize schafft, die Belegschaft in größerem Umfang an den frühen Phasen des Innovationsprozesses zu beteiligen. Innovator 2 verfügt nicht über ein formalisiertes Anreizsystem, das auf systematische Weise die Ideeneinreichung aus der Belegschaft fördert. Allerdings werden Ideenvorschläge aus der Belegschaft anlassbezogen materiell belohnt.

> „Also ich habe den Vorteil, dass ich die Leute sofort mit Barem belohnen kann. Also wenn einer eine gute Idee hat, ist es relativ einfach, das Portemonnaie aufzumachen und ihm 50 Euro in die Hand zu drücken. Das wirkt tatsächlich erheblich".

Auf diese Weise versucht das Management, die Kreativität der Belegschaft in ihren autonomen Arbeitsbereichen zu stärken, ohne ein formales Anreizsystem zu etablieren. In diesen Bereichen sind kleinschrittige Veränderungen (Mikroinnovationen/Arbeitsplatzinnovation) erwünscht, die den Ablauf operativer Prozesse erleichtern. Diese sind jedoch nur für einzelne MitarbeiterInnen von Bedeutung und beeinflussen dabei die gesamtorganisatorischen Abläufe nicht. Diese Mikroinnovationen müssen nicht durch die Geschäftsführung koordiniert und können von MitarbeiterInnen in Eigenverantwortung implementiert werden.

Die Geschäftsführung versucht zudem, anknüpfend an das eigene Fehlerverständnis, ein Klima zu schaffen, das den offenen Umgang mit Fehlern fördert und die individuell empfundene Belastung durch Fehler gering hält.

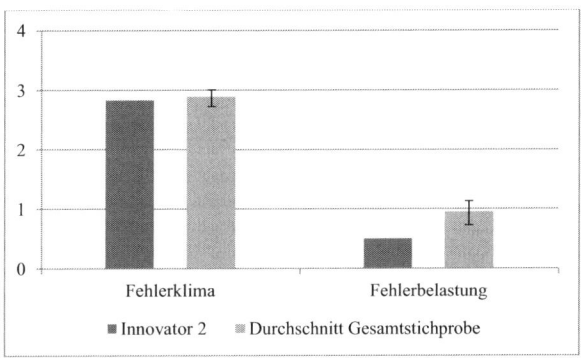

Abbildung 36: Fehlerklima und Fehlerbelastung von Innovator 2

Während das Fehlerklima eine durchschnittliche Ausprägung aufweist, empfindet die Belegschaft eine geringe Belastung, Fehler gegenüber der Geschäftsführung zu kommunizieren. Dies erscheint insbesondere von Bedeutung, da die Kommunikationsprozesse in diesem Unternehmen grundsätzlich durch einen top-down-orientierten und bidirektionalen Informationsaustausch gekennzeichnet sind, Fehler jedoch bottom-up gegenüber der Geschäftsführung kommuniziert werden müssen.

Wenngleich Innovator 2 selbst angibt, bewusst kein innovationsförderliches Innovationsklima schaffen zu wollen, stellt die Geschäftsführung jedoch sicher, dass ein angenehmes Betriebsklima herrscht. Ein solches Betriebsklima trägt dazu bei, dass MitarbeiterInnen die Innovationsprojekte der Geschäftsführung in der Umsetzung motiviert unterstützen. Der Geschäftsführer drückt seine Vorstellung eines angenehmen Betriebsklimas wie folgt aus:

„Arbeit ist Lebenszeit, und es ist wichtig, dass die Mitarbeiter diese Zeit auch
als lohnende Zeit empfinden".

Auf diese Weise erzeugt Innovator 2 ein gemäßigtes Innovationsklima, indem Mitarbeiter zwar den Ablauf der eigenen Tätigkeit durch Mikroinnovation verbessern und gegenüber Innovationen aufgeschlossen bleiben, sie jedoch nicht speziell dazu angeregt werden, kreative Impulse größeren Umfangs zu erbringen.

6.2.2 Konfiguration des prozessorientierten Expertenteams (Innovator 7)

Die Konfiguration des prozessorientierten Expertenteams wird durch den Innovator 7 idealtypisch repräsentiert. Das Unternehmen wurde Mitte der neunziger Jahre von den jetzigen Geschäftsführern gegründet und ist ein Kleinunternehmen mit 20-30 MitarbeiterInnen. Innovator 7 vertreibt seine Produkte vorrangig auf dem nationalen Markt und zeigt einen gemäßigten Wachstumskurs. Der Gewinn des Unternehmens ist in den vergangenen fünf Jahren beträchtlich angestiegen. Die prozentualen Innovationsaufwendungen bezogen auf den durchschnittlichen Umsatz der letzten drei Berichtsperioden betrugen im Jahr 2010 10,25%. 10% des Gesamtumsatzes wurden im Berichtsjahr 2010 mit Produktinnovationen erwirtschaftet und 5% der Gesamtkosten durch Prozessinnovationen eingespart. Nachfolgend werden die konfigurationsspezifischen Merkmale des prozessorientierten Expertenteams erörtert.

Top Management

Die Geschäftsführer von Innovator 7 räumen dem Umgang mit Innovation eine exponierte Stellung in ihrem betrieblichen Wirken ein. Sie besitzen einen nachhaltigen Innovationsfokus und zeigen in den kreativitäts- und umsetzungsorientierten Innovationsphasen im Vergleich zur Stichprobe stark überdurchschnittliche Präsenz.

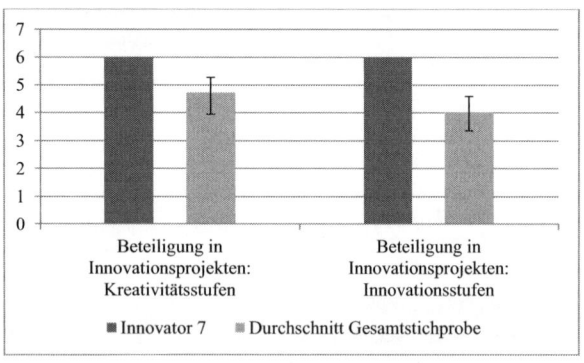

Abbildung 37: Beteiligung der Geschäftsführung von Innovator 7 in Innovationsprozessen

Die Geschäftsführung erfüllt neben der Rolle des Machtpromotors ebenfalls die Rolle des Fachpromotors. Die Rolle des Fachpromotors nimmt die Geschäftsführung zusammen mit einem Expertenkreis wahr, zu dem drei weitere MitarbeiterInnen gehören. Nach Aussage der Geschäftsführer entwickeln sich Innovationsideen vor allem dann, wenn abseits der ‚normalen' Geschäftstätigkeit Zeit für eine Reflexion des eigenen betrieblichen Handelns besteht.

> „Wir beide merken immer, wenn wir mal die Zeit finden, zusammen irgend-
> wohin zu fahren. Wir sitzen manchmal acht Stunden im Auto irgendwo, auch

nicht mal ganz bewusst, und plötzlich kommen wir mit drei neuen Ideen zurück, wo wir sagen, Mensch, die müssen wir jetzt wirklich forcieren".

Ideen werden zumeist in Situationen generiert, die sich den Ansprüchen der normalen Betriebstätigkeit entziehen. Innovationen basieren auf der fachlichen Kompetenz des Expertenkreises, der eine Vielzahl von Innovationsimpulsen liefert. Zusätzliche Impulse anderer MitarbeiterInnen werden ebenfalls im Expertenkreis erörtert und bewertet.

Dieser Expertenkreis wird als Keimzelle von Innovationen gesehen. Die Geschäftsführung behält sich jedoch vor, in letzter Instanz als Machtpromotor die Entscheidung bezüglich der Umsetzung von Innovationen zu treffen.

> „Im Arbeitskreis wird es besprochen, die Entscheidung treffen wir eigentlich dann im Endeffekt".

Die Geschäftsführung begleitet auch die erfolgskritischen Meilensteine der Umsetzung von Innovationsvorhaben. Die operative Steuerung wird hingegen durch Prozesspromotoren übernommen. In der ersten Zeit nach der Gründung wurden Innovationsprozesse allein durch die Geschäftsführung gesteuert.

> „Ich sag mal, im Entwicklungsbereich haben wir beide [zu Beginn der Geschäftstätigkeit] alles abgesprochen. Ich habe die Umsetzung gemacht, wie das [Produkt] entwickelt wird".

Während die Geschäftsführung die Innovationsaktivitäten in der Vergangenheit dominierte, hat sich im Verlauf der vergangenen Jahre für die Durchführung von Innovationsaktivitäten ein innerbetrieblicher Expertenkreis entwickelt. In der Zeit nach der Gründung hat die Geschäftsführung eine Innovationskompetenz aufgebaut und verfügt heute über ein umfassendes Verständnis des Ablaufs von Innovationsprozessen.

Der kognitive Arbeitsstil der Geschäftsführung weist eine im Vergleich zur Gesamtstichprobe überdurchschnittliche Ausprägung aller Facetten auf. Hier zeigt sich, dass die Facetten des kognitiven Stils nicht zwingend als Dichotomie zwischen Adoptor und Innovatoren zu verstehen sind.

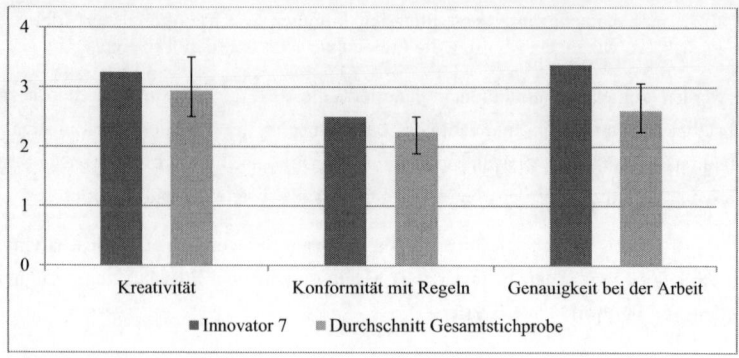

Abbildung 38: Kognitiver Stil der Geschäftsführung von Innovator 7

Im Gegensatz zum stark kreativitätsorientierten kognitiven Stil des dominierenden Alleininnovators zeigt sich bei der Geschäftsführung von Innovator 7 keine Dominanz einzelner Aspekte. Vielmehr besteht eine Gleichberechtigung zwischen den einzelnen Facetten mit einem Fokus auf der Genauigkeit bei der Aufgabenverrichtung.

Diese Genauigkeit spiegelt sich auch in der Durchführung von Innovationsvorhaben wider. Die Geschäftsführung legt einen Schwerpunkt auf die strukturierte Planung und Durchführung und regelt Verantwortlichkeiten im Innovationsprozess eindeutig. Zu Beginn des Innovationsvorhabens werden alle wesentlichen Prozessschritte definiert. Die Steuerung von Innovationsvorhaben wird nicht der Intuition und Selbstregulierung der Innovationsakteure überlassen, sondern mit Unterstützung eines formal definierten Prozesses gewährleistet.

Die Geschäftsführung verfügt über eine ausgeprägte unternehmerische Orientierung. Sowohl die Aggressivität gegenüber den Wettbewerbern als auch der Fokus auf Innovation und proaktives Handeln sind im Vergleich zur Stichprobe stark überdurchschnittlich ausgeprägt.

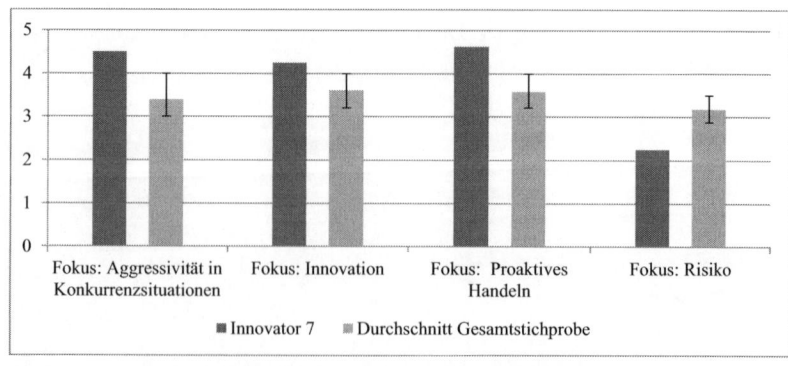

Abbildung 39: Ausprägung der unternehmerischen Orientierung der Geschäftsführung von Innovator 7

Die Geschäftsführung zeigt in Relation zur Stichprobe lediglich eine geringere Bereitschaft, Risiken einzugehen. Diese Risikoaversität hat Auswirkungen auf die Innovationsstrategie. Alle Innovationen werden ohne die Aufnahme von Fremdkapital finanziert. Es werden Innovationsprojekte mit gemäßigtem Neuigkeitsgrad bevorzugt und Risiken durch die parallele Durchführung verschiedener Projekte diversifiziert.

Beide Geschäftsführer haben trotz des Rückzugs aus dem operativen Geschäft regelmäßig Kontaktzeiten (z.b. in Form von Kundenkontakten, Messen, Patentrecherchen) zu den Innovationsfeldern, um das Gespür für die Bedürfnisse der Kunden nicht zu verlieren.

> „Klassisch ist eben, dass wir beide natürlich auch im Außendienst tätig sind, besuchen auch Kunden, gehen […] auch auf Messen […]. Da wird analysiert, geguckt, beobachtet. Das ist das eine. Dann über Publikationen, also aus den Medien wird analysiert […]. Man macht Patentrecherchen, guckt, was ist Stand der Technik, oder wie arbeiten die anderen. Was gibt es an aktuellen Patenten?"

Die Geschäftsführung gibt an, die Wettbewerbssituation aktiv durch eigenes unternehmerisches Handeln beeinflussen zu wollen. Eine wichtige Grundlage für diese Handlungsfähigkeit stellt eine ausprägte Kunden- und Marktorientierung dar.

Innovationsstrategie

Die im vorangegangenen Abschnitt erörterte Risikoaversität beeinflusst die strategische Ausrichtung von Innovator 7. Das Wachstum durch Innovation soll ein gesundes Wachstum sein. Eine Fremdkapitalaufnahme zur Finanzierung von Innovationsvorhaben wird abgelehnt.

> „Wir machen ein gesundes Wachstum. Wir machen kein Wachstum auf Kredit, sondern eigentlich, das Wachstum, das wir bisher erwirtschaftet haben, wird immer wieder reinvestiert. Also, wir stellen eigentlich auch nur die Leute ein oder entwickeln Produkte, die wir uns auch leisten können".

Dies spiegelt sich auch in den Entscheidungen des Managements wider, Innovationen über inkrementale Schritte und mit einem längeren Zeithorizont realisieren zu wollen.

Neben der Risikoaversität des Top Managements haben auch die beruflichen Vorerfahrungen der Geschäftsführer einen maßgeblichen Einfluss auf die strategische Ausrichtung. Die Geschäftsführer gründeten das Unternehmen als gemeinsame Ausgründung aus einem Unternehmen, das in derselben Branche tätig war. Die Geschäftsführer besaßen branchenspezifische Vorerfahrungen in dem Wirkungsfeld ihrer neuen Unternehmung. Durch diese Vorerfahrungen und die Reflexion der strategischen Geschäftsausrichtung des vorherigen Arbeitgebers, identifizierten die Gründer von Innovator 7 die fehlende strategische Fokussierung auf spezifische Innovationsfelder als zentrales Hemmnis für die erfolgreiche Geschäftstätigkeit.

„Langfristig war die Firma [hier gemeint: der vorherige Arbeitgeber] strategisch nicht richtig ausgerichtet. Also, die hätte mittelfristig sowieso extreme Probleme gehabt, da bin ich ganz sicher. [...] Die hat einfach auf zu vielen Baustellen gearbeitet, und Sie können nicht mit 40 Mann Innovation betreiben, in vier verschiedenen Produktbereichen. Das funktioniert einfach nicht. Dafür haben Sie gar nicht die Ressourcen".

Diese Einsicht hat einen nachhaltigen Einfluss auf die Innovationsstrategie. Die Geschäftsführung ist der Überzeugung, dass die strategische Fokussierung und die frühzeitige Auseinandersetzung mit strategierelevanten Aspekten die eigene Handlungsfähigkeit stärkt. Ergebnis dieser Überlegungen ist eine strategische Fokussierung auf ein eng umrissenes Innovationsfeld „mit einem viel kleineren Marktsegment, aber eben sehr viel spezieller[em Produktbereich]".

Das Innovationsfeld wird als eine spezifische Produktgruppe aufgefasst, die in Funktion und Gestalt ähnliche Produkte beinhaltet. Diese Produktgruppe wird fortlaufend erweitert und etablierte Produkte werden verbessert. Das Produktportfolio befindet sich in einem fortlaufenden Innovationsprozess. Innovator 7 strebt innerhalb des definierten Innovationsfeldes kompetenzstärkende und inkrementale Innovationen an. Es werden jährlich mehrere Innovationen mit begrenztem Neuigkeitsgrad realisiert. Das Unternehmen stellt dank dieser strategischen Fokussierung eine Anschlussfähigkeit an bisherige Kernkompetenzen sicher. Teile des erwirtschafteten Gewinns werden als Risikokapital in Innovationsaktivitäten reinvestiert. Dieses Verhalten prägt die Innovationsdisziplin. Innovationsvorhaben werden mit den erforderlichen Ressourcen ausgestattet, ohne dass Gewinnziele aus den Augen verloren werden.

„Wir haben uns sogar damals [hier gemeint: zum Zeitpunkt der Gründung] überlegt, ob wir eine bestehende Produktgruppe mitnehmen, [...] weil wir beide so geimpft waren und gesagt haben, eigentlich müssen wir uns auf eine Produktgruppe fokussieren und dürfen uns gar nicht so sehr diversifizieren. Aber nun gut, nun muss man auch am Anfang ein bisschen Geld verdienen".

Innovationsaktivitäten sind neben dem Tagesgeschäft verankert. Das Management setzt seinen Fokus gleichermaßen auf die Erkundung neuer Produktbereiche und die Ausbeutung bisheriger Leistungsangebote.

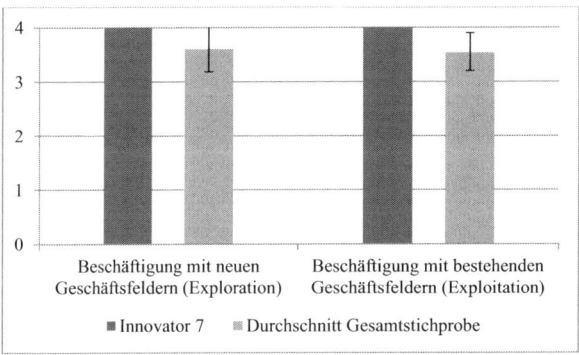

Abbildung 40: Strategische Orientierung von Innovator 7

Innovator 7 besitzt eine schlüssige Konzeptualisierung seiner Innovationstrategie und überführt Innovationsziele in einen systematischen Planungsprozess. In diesem Prozess werden Maßnahmen mit Beginn des Innovationsvorhabens definiert und Verantwortlichkeiten sowie Meilensteine festgelegt.

> „Wir planen ganz genau ein, wenn wir ein neues Produkt entwickeln. [...] Im Februar fließen Kosten für den Prototyp, im April fließen Kosten für die Erstserie, im Juli für den weiteren Lageraufbau und dann haben wir die Werte genau in unserer monatlichen und in unserer Jahresplanung, sodass wir eigentlich darüber auch die Liquidität genau planen können".

Neben der strategischen Fokussierung reflektiert Innovator 7 periodisch seine Strategie. Dies geschieht in internen Besprechungen in dem Expertenkreis, durch Gespräche mit ausgewählten MitarbeiterInnen (z.B. AußendienstmitarbeiterInnen) und mit externen Stakeholdern.

> „Klar, man hat sein Bild, seine Vorstellung, seine Strategie, wie man an die Dinge herangeht, aber manchmal ist es auch nicht schlecht, wenn man einen Dritten dazu hört, ...was der darüber denkt [...], externer Input ist manchmal auch ganz gut".

Diese periodische Reflexion erscheint insbesondere bei einer strategischen Fokussierung als bedeutsam, da sich durch die Beschränkung auf ein Innovationsfeld bei disruptiven Entwicklungen Kernkompetenzen in Rigiditäten wandeln können, wenn Entwicklungen nicht rechtzeitig erkannt werden. Die Geschäftsführung betreibt diese periodische Reflexion bezüglich der strategischen Ausrichtung durch den Austausch mit externen Partnern (wie z.B. Unternehmensberatern) und durch Strategiegespräche mit ausgewählten MitarbeiterInnen (z.B. AußendienstmitarbeiterInnen).

Innovationsprozess

Innovator 7 zeigt einen systematischen Umgang mit eingesteuerten Innovationsimpulsen. Ideen aus der Belegschaft und vor allem aus dem Expertenkreis werden aufgeschlossen wahrgenommen und regelmäßig dokumentiert. Die Erfassung erfolgt durch die Geschäftsführung. Bei Ideen größerer Komplexität werden von den MitarbeiterInnen schriftlich ausformulierte Ideenskizzen eingefordert, um diese auf der Grundlage einer fundierteren Beschreibung bewerten zu können.

> „Wenn ein Mitarbeiter kommt und sagt uns, Mensch, das müsst Ihr mal so und so machen, habt Ihr nicht die und die Idee, oder ich hätte die und die Idee, wollen wir das nicht mal machen, dieses Produkt? Dann nehmen wir das auf und besprechen das in diesem Arbeitskreis".

Der Expertenkreis evaluiert Verbesserungsvorschläge der Belegschaft, Kundenbeschwerden und Fehler. Alle Innovationsimpulse werden durch ein integratives Ideenmanagement gesichert und einem einheitlichen Bewertungsprozess zugeführt.

> „Also, da wird sondiert, katalogisiert und dann wird gesagt, okay, was können wir davon umsetzen".

In einem weiteren Arbeitskreis zu Projektbesprechungen werden Fortschritte bei aktuellen Innovationsvorhaben und Maßnahmen zur Dynamisierung von Innovationsprojekten erörtert.

Innovator 7 realisiert in festgelegten Innovationsfeldern mehrere Innovationen jährlich, die einen begrenzten Neuigkeitsgrad besitzen. Durch eine strategiekonforme Auswahl der Innovationsimpulse wird sichergestellt, dass nur solche Innovationen umgesetzt werden, die eine Anschlussfähigkeit zu den bisherigen Kernkompetenzen besitzen. Innovationsentscheidungen werden dabei durch die beschriebenen Arbeitskreise auf Basis der in der Innovationsstrategie festgelegten Kriterien getroffen.

Festzustellen ist, dass es durch die Vielzahl gleichzeitig ablaufender Innovationsvorhaben in der Vergangenheit zunehmend schwieriger wurde, den Überblick über die nächsten Projektschritte zu behalten. Alle Aktivitäten im Innovationszusammenhang wurden durch direkte Koordinierung der Geschäftsführung gestaltet. Durch komplexere und umfangreichere Innovationsprozesse wurden zunehmend Kapazitäten der Geschäftsführung gebunden. Dies führte zur Überlastung der Geschäftsführung. Die Funktion des Prozesspromotors konnte durch sie nicht mehr sichergestellt werden. Tätigkeiten und Verantwortlichkeiten wurden nicht rechtzeitig delegiert oder schlicht vergessen.

> „Wir haben zu dem Zeitpunkt auch schon gemerkt, dass wir in Phasen kommen, wo wir mehr beschreiben müssen. Wir beide hatten nicht die Zeit, alles zu beschreiben [… und] den Mitarbeitern ständig genau aufzuschreiben, wie sie arbeiten sollen und das auch immer anzupassen".

Aus diesem Grund etablierte Innovator 7 eine formale Prozessdefinition für die Steuerung von Innovationen, basierend auf der ISO 9000-Zertifizierung. Insbesondere bei der wiederholten Durchführung ähnlicher Innovationsvorhaben kann eine formale Prozessdefinition genutzt werden, um Abläufe zu standardisieren und zu ökonomisieren. Im Vergleich zu anderen Unternehmen der Stichprobe, die in der Mehrheit personengetrieben sind, ist das Innovationssystem bei Innovator 7 prozessgetrieben. Jede Produktentwicklung durchläuft diesen standardisierten Prozess.

Der eingeführte Standard wird als unterstützend empfunden, um die Vielzahl von Innovationsprojekten durchführen zu können und wirkt komplexitätsreduzierend. Die Zertifizierung wird nicht als einmaliges Ereignis aufgefasst, vielmehr wird die regelmäßige Nachzertifizierung als wesentliche Quelle für Innovationsimpulse auf der Prozessebene verstanden.

> „Man muss da schon ständig dran arbeiten. Immer wieder verfeinern, verbessern. Auch [die Belegschaft einbinden], was wir eingangs schon sagten, dass die Mitarbeiter kommen und selber merken, da läuft etwas nicht gut, das müssen wir mal planen, durchstrukturieren, wie es in der Zukunft zu laufen hat, damit wir unsere Arbeitsprozesse effizienter strukturieren".

Im Gegensatz zum dominierenden Alleininnovator werden Innovationsvorhaben und zu leistende Arbeitsschritte nicht ausschließlich im Kopf der Geschäftsführung geplant. Alle Teilschritte des Innovationsprozesses und deren Abfolge sind definiert. Diese Abfolge beinhaltet alle Schritte der Umsetzung von der ersten Dokumentation einer Projektbezeichnung, Termine zur Testung des Prototyps bis zur Neuproduktschulung der marktnahen Unternehmensfunktionen (wie z.B. Vertrieb). Alle Informationen werden in einem intranetbasierten Ordnersystem dokumentiert und Innovationsakteuren zugänglich gemacht. Alle Innovationsvorhaben werden in Projektplänen abgebildet, die einem standardisierten Vorgehen folgen.

> „Das steht ja im Projektplan. Das sind dann Projektschritte, wenn andere Mitarbeiter das mitbekommen sollen. Auch das ist ja als Schritt in dem Projekt festgehalten [...]. Und zwei Mitarbeiter kümmern sich darum, dass diese Punkte abgehakt werden".

Diese Meilensteine strukturieren das Projekt zeitlich und ermöglichen eine Fortschrittskontrolle. Jedes Innovationsvorhaben unterliegt damit einer verbindlichen Zeitplanung. Eventuelle Abweichungen dieser Planungen werden in den regelmäßig stattfindenden Projektbesprechungen erörtert. Durch den prozentualen Ausweis der einzelnen Projektfortschritte werden notleidende Projekte erkennbar. Diese Schnellindikation der Projektstati ist vor allem aufgrund der Vielzahl gleichzeitig ablaufender Projekte hilfreich, damit Innovationsakteure den Überblick über das gesamte Spektrum der Aktivitäten behalten.

„Von null bis hundert Prozent. Wenn [der Status] die 100% erreicht hat, dann schieben wir die [Aufgabe] raus, in einen Ordner, als erledigt. Und wir gehen dann da durch und gucken vor allem bei denen, die ganz unten sind, bei null immer, [und fragen:] Was müssen wir eigentlich tun, damit das mal losgeht? Und bei denen, die ganz oben sind, kurz vor dem Ende und dann kaum fertig werden. [Dann fragen wir:] Was müssen wir eigentlich tun, dass die jetzt mal richtig abgeschlossen sind?"

Mithilfe eines integrierten Kommunikationstools können beteiligten Innovationsakteuren über ‚Telegramme' projektspezifische Informationen zugestellt werden.

„Wir haben so ein internes Telegrammsystem, womit unterschiedliche Verteilergruppen informiert werden".

Auf diese Weise wird eine hinreichende Vernetzung zwischen den Innovationsakteuren sichergestellt. Durch die Definition von Verteilergruppen findet ein spezifischer Informationsaustausch statt, der bedarfsgerecht die Innovationsakteure vernetzt, die für die Verrichtung der jeweiligen Prozessphase notwendig sind.

Organisation

Diese Prozessstruktur wurde im Rahmen einer Diplomarbeit entwickelt und durch eine Kooperation mit der ansässigen Hochschule implementiert. Aus dieser Kooperation hat sich eine Professionalisierung des Innovationsmanagements ergeben. Der Diplomand, der in Zusammenarbeit mit dem Lehrstuhl für Prozessoptimierung die ISO-Zertifizierung durchführte, konnte als Vollbeschäftigter im Funktionsbereich Controlling gewonnen werden und hat das Prozessmanagement von Innovationsvorhaben übernommen. Er wird von der Geschäftsführung als informeller Innovationsmanager eingesetzt, der den Überblick über alle parallel ablaufenden Innovationsprozesse behält.

Er hat das Projektmanagementtool „so umprogrammiert, dass da die Prozentzahl des Fortschritts der Projektmappe angezeigt wird". Durch diese bedarfsgerechte Anpassung können die Prozesse so gestaltet werden, dass sie sich an den betrieblichen Notwendigkeiten orientieren und nicht andersherum. Die Steuerung von Innovationsprozessen weist somit eine Passung mit den sonstigen Geschäftsprozessen auf.

Innovator 7 verfügt wie geschildert über ein professionelles Management von Innovationsvorhaben, das auch die formale Definition eines Innovationsmanagementprozesses einschließt. Aber auch prozessgetriebene Innovationssysteme benötigen zwischenmenschliche Koordination, also ein funktionierendes Schnittstellenmanagement, das klare Verantwortlichkeiten im Innovationsprozess festlegt und Teilaufgaben unterschiedlicher Innovationsakteure zusammenführt. Innovator 7 verfügt neben dem eher für Prozessinfrastrukturen zuständigen informellen Innovationsmanager über zwei weitere Prozesspromotoren, die beide auch dem bereits erwähnten Expertenkreis angehören.

Diese MitarbeiterInnen „sind ja über die Projekte an allen wesentlichen Punkten, nicht nur produktspezifisch, auch was Strukturen anbelangt, […] involviert […]. Die wissen ja eigentlich alles. Die sind ja die bestinformierten Mitarbeiter schlechthin".

Alle drei Akteure haben neben ihrer Tätigkeit in den Arbeitskreisen auf unterschiedliche Weise einen erfolgskritischen Einfluss auf Innovationsaktivitäten. Während ein Prozesspromotor den gesamten Innovationsmanagementprozess informationstechnisch abbildet, für die EDV-basierte Infrastruktur sorgt und fortlaufend eigeninitiativ diese Infrastruktur verbessert, stellen die weiteren Prozesspromotoren eine projektspezifische und projektübergreifende Koordination der einzelnen Teilaufgaben sicher. Die Geschäftsführung beschreibt diese Koordination wie folgt:

„Koordination […] ist dafür verantwortlich, dass zum Beispiel eine Entscheidung getroffen wird, ob ein Prototyp gebaut wird. Sie soll hier einen Haken setzen, dass die Entscheidung getroffen wurde. […] Das heißt [die zweite Prozesspromotorin] ist dafür verantwortlich, dass sie zu uns kommt und fragt, wollen wir einen Prototypen bauen, ja oder nein".

Neben der Sicherung der reibungsverlustfreien Zusammenarbeit der internen Stakeholder kooperiert Innovator 7 auch mit externen Stakeholdern. Nachfolgende Abbildung zeigt, inwieweit die Kooperationspartner einen Einfluss auf die Innovativität des Unternehmens nehmen.

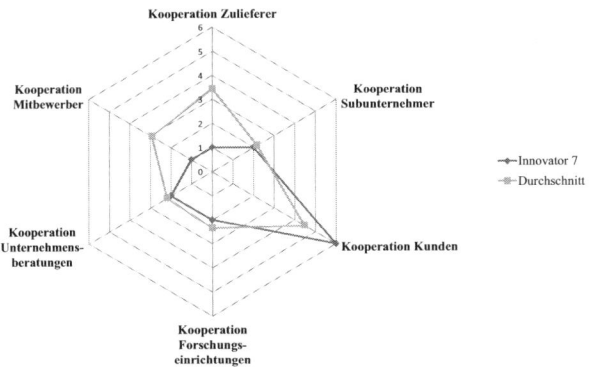

Abbildung 41: Kooperationsintensität in Bezug auf unterschiedliche Kooperationspartner von Innovator 7

Auffällig erscheint, dass Innovator 7 im Innovationszusammenhang ausschließlich mit Kunden und potenziellen Kunden eine intensive Kooperation eingeht. Andere Kooperationsverhältnisse (z.B. zu den Zulieferern) besitzen für das Innovationssystem nur eine untergeordnete Bedeutung und haben nach Einschätzung der Geschäftsführung keinen bedeutenden Einfluss auf die Innovativität, sondern beschränken sich auf das operative Geschäft.

> „Die Philosophie ist: Wir machen die Entwicklung, erstellen Zeichnungen, lassen die Einzelteile, nie eine Baugruppe und nie ein fertiges Produkt, sondern immer nur Einzelteile von Produkten von Lohnfertigern fertigen".

Die Kooperation mit Kunden ist für den Innovator 7 hingegen von zentraler Bedeutung für die Innovativität. Innovator 7 bezieht Kunden proaktiv ein und nutzt Lead-Kooperationen, um marktgerechte Produktentwicklungen sicherzustellen.

> „Wir haben Kunden, mit denen wir schon sehr detailliert am Anfang einer Produktentwicklung zusammenarbeiten".

Über Lead-Kooperationen hinaus arbeitet Innovator 7 mit einem systematischen Customer-Relationship-Management-System (CRM-Systeme). Dieses dient der proaktiven Einbindung aller betreuten Kunden und erfasst Kundenbeschwerden/-anfragen strukturiert.

> „Im CRM-System wird jeder Kontakt zum Kunden festgehalten, ob es telefonisch, schriftlich, wie auch immer ist. Und da wird angeklickt, ist es eine Beschwerde, ist es eine Reklamation – das heißt bei uns Reklamation – oder ist es etwas anderes […]. Wir haben dann am Jahresende immer eine Statistik aller Reklamationen, wie häufig diese aufgetreten sind und wie sie sich erhöht oder verringert haben".

Auf Basis der Reklamationen und deren statistischer Auswertung schafft Innovator 7 eine Datengrundlage für die Erörterung neuer Innovationschritte in der bestehenden/zukünftigen Produktpalette. Der systematische Umgang hat nicht nur Bedeutung für das Qualitätsmanagement, sondern auch für die Feststellung latenter Kundenbedürfnisse. Eine besondere Bedeutung hat neben der statistischen Auswertung des CRM-Systems vor allem die Durchführung qualitativer Kundenbefragungen.

> „Die meisten Erkenntnisse sammeln wir durch die Kundenbefragungen. Indem wir Kunden fragen, warum nimmst du unser Produkt eigentlich nicht?"

Diese Befragungen schließen Nicht-Kunden ein. Von besonderem Interesse für den Innovator 7 sind diese Nicht-Kunden, da sie sich gegen den Produkterwerb entschieden haben und damit Rückschlüsse auf Defizite eines Produkts zulassen. Auf Basis dieser Befragungen können Defizite und gleichermaßen Innovationsimpulse für das Produktportfolio identifiziert werden.

Innovationsklima

Bei Betrachtung des kognitiven Stils der Belegschaft zeigen sich im Vergleich zur Gesamtstichprobe durchschnittliche Ausprägungen bei der Genauigkeit in der Arbeitsverrichtung, leicht überdurchschnittliche Ausprägung der Kreativität und eine leicht unterdurchschnittliche Konformität mit Regeln. Im Vergleich zu den Ausprägungen des Top Managements zeigt sich jedoch eine geringere Kreativitätsorientierung.

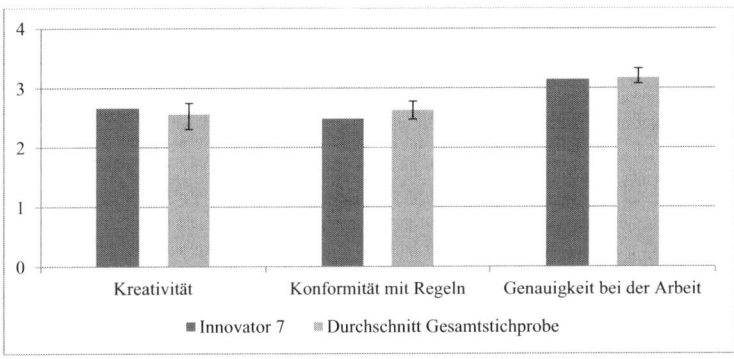

Abbildung 42: Kognitiver Stil der Belegschaft von Innovator 7

Während der kognitive Stil keine eindeutigen Schlüsse bezüglich des Innovationsverhaltens zulässt, zeigt die Belegschaft in allen Innovationsphasen in Relation zur Gesamtstichprobe eine stark unterdurchschnittliche Beteiligung.

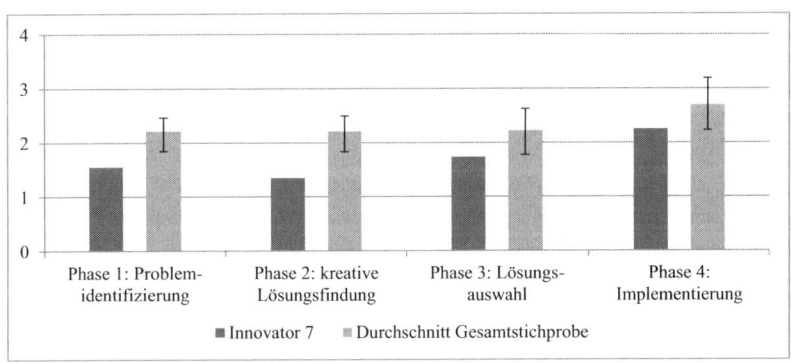

Abbildung 43: Beteiligung der Belegschaft in Innovationsprozessen von Innovator 7

Diese wird insbesondere in den frühen Innovationsphasen deutlich. Bei der Implementierung zeigt sich im Vergleich zu den übrigen Innovationsphasen die ‚stärkste' Beteiligung. Allerdings ist diese in Relation zur Gesamtstichprobe ebenfalls als stark unterdurchschnittlich zu bezeichnen. Diese geringe Beteiligung lässt sich vor allem dadurch erklären, dass Innovationsaktivitäten im prozessgetriebenen Innovationssystem durch wenige ‚Experten' gesteuert und dominiert werden. Ein kleiner Personenkreis trägt für die strukturierte Innovationsumsetzung die Verantwortung. Die Mehrheit der MitarbeiterInnen ist für die operativen Tätigkeiten zuständig. Es findet offensichtlich eine Trennung der Innovationstätigkeit und des operativen Geschäfts statt. Die technische innovationsunterstützende Infrastruktur ist nur für einen kleinen Teil der Belegschaft zugänglich.

„Eigentlich haben nur die Einsicht in die Projektmappen, die Zugriff auf die Partition haben […]. Aber ich sage mal, im Zweifel sind es jetzt die fünf Leute [des Expertenkreises]".

Innovationsaktivitäten werden durch wenige Akteure und durch den Einsatz professioneller Managementtools geprägt. Es handelt sich um ein gut funktionierendes Expertensystem.

Zwar versucht Innovator 7 die Lernorientierung der Belegschaft zu stärken, allerdings konzentrieren sich diese Weiterbildungsaktivitäten auf die Einführung von neuen Produkten und auf marktnahe Unternehmensfunktionen (wie z.b. den technischen Support). Diese Weiterbildungsaktivitäten dienen der Optimierung der innerbetrieblichen und marktlichen Einführung erfolgreich generierter Innovationen.

„Interne Schulungen gibt es ja permanent. Ich sage mal, so im Sinne eines Projektes. Ein neues Produkt, das wird eingeführt, dann wird [hierzu] zum Beispiel vom technischen Support geschult, sowohl für die internen Mitarbeiter als auch entsprechend für die Außendienstmitarbeiter".

Diese Weiterbildungsaktivitäten sind anlassbezogen und fokussieren sich auf einen Teil der Belegschaft. Die Geschäftsführung identifiziert Funktionen innerhalb des Unternehmens, die für eine gelungene Diffusion erfolgskritisch erscheinen. Auf diese Weise werden Innovationen aktiv beworben und deren Kundennutzen aufgezeigt, um die Nachfrage zu stimulieren. Diese Weiterbildung zielt nicht darauf ab, die Kreativitätsleistung der Belegschaft in Gänze zu fördern und hat auf das Engagement der Belegschaft im Innovationszusammenhang keinen Einfluss.

Das Führungsverhalten des Managements ist vor allem darauf ausgelegt, die Akteure des Expertenkreises so zu unterstützen, dass sie ihre Innovationskraft dem Unternehmen weiterhin zur Verfügung stellen. Das Management erkennt, dass diese Akteure durch ihre intrinsische Motivation einen erfolgskritischen Beitrag leisten und über die Steuerung von Innovationsprozessen hinaus wichtige Innovationsimpulse liefern.

„Die sind ständig auf der Suche und wollen ständig die Firma nach vorne bringen. Die sind permanent dabei, ihre Arbeit zu analysieren, was machen wir, machen wir das richtig […] und warum machen wir das überhaupt? Also, die hinterfragen sich einfach ständig".

Im Gegensatz zur übrigen Belegschaft gesteht das Management diesen MitarbeiterInnen einen erweiterten Handlungsspielraum für die Gestaltung der eigenen Arbeitszeit zu. Das Management ist überzeugt, dass die MitarbeiterInnen durch diese Freiräume zur Weiterentwicklung der Organisation beitragen. Es gibt keine festgelegten Quoten, die diesen Akteuren für Innovationszwecke zugewiesen sind, vielmehr wird die gesamte Arbeitszeit dieser MitarbeiterInnen in Eigenverantwortung geregelt. Zudem wird versucht diese Akteure von operativen Tätigkeiten freizustellen, indem ihnen weitere personelle Ressourcen zugeteilt werden.

„Der hat dann einen Auszubildenden bekommen, wo wir gesagt haben, der ist jetzt verstärkt an deiner Seite, der soll auch genau das lernen, was [der Innovationsmanager] da macht, damit wir da eventuell langfristig zwei Leute haben, das ist ja eine Ressource".

Die Würdigung der Innovationsleistung dieser MitarbeiterInnen zeigt sich auch in alternativen Karrieremustern. Die Akteure des Expertenkreises erfahren durch ihr Wirken im Innovationszusammenhang eine interne Promotion und gewinnen an Einfluss.

„Wir tun schon etwas dafür, weil wir die Mitarbeiter merken lassen, dass wir denen absolut vertrauen, [indem] wir sie eben speziell in Arbeitskreise einbeziehen, an denen wir beide teilnehmen und dann eben im Maximum ja diese drei. Sprich, die sind dann schon in einem sehr engen Kreis dabei, was eigentlich auch die Zukunft der Firma anbelangt. Irgendwo sitzen sie ja an Punkten, wo nochmal strukturell an der Firma gearbeitet wird […] und […] sind daran maßgeblich beteiligt".

Diese MitarbeiterInnen werden durch das Management als ‚Unterstützung der Geschäftsleitung‘ betrachtet. Sie sind an der strategischen Ausrichtung und an unternehmensrelevanten Grundsatzentscheidungen (‚Zukunft der Firma‘) beteiligt.

Innovator 7 besitzt einen Standard im Umgang mit Fehlern. Dieser standardisierte Prozess wird durch den Expertenkreis administriert.

„Wenn ein Fehler bei der Auftragsbearbeitung zum Beispiel ankommt, sind diese [MitarbeiterInnen] nicht im Arbeitskreis. Sie leiten solche Fehler weiter in den Arbeitskreis und […dort] wird der Fehler diagnostiziert. Dann wird das abgespeichert in einem System, in einem Softwaresystem. Wir entscheiden, ob sofort gehandelt wird oder nicht. Und wenn ein Fehler öfter auftaucht, dann haben wir da eine Datenbank, wo wir sagen können, jetzt ist der Fehler das fünfte Mal aufgetreten, jetzt müssen wir langsam mal handeln".

Die Belegschaft zeigt eine durchschnittliche Ausprägung des Fehlerklimas und der Fehlerbelastung. Dies erklärt sich daraus, dass die Belegschaft in der Regel nicht in die Analyseprozesse zur Aufklärung von Fehlern einbezogen wird. Die Mehrheit der Fehler wird durch Kunden eingesteuert oder durch ISO-zertifizierte Qualitätsmanagementprozesse aufgedeckt. Die Analyse und Beseitigung von Fehlern werden nicht als gesamtorganisatorische Aufgabe verstanden, sondern liegen im Verantwortungsbereich des Expertenkreises.

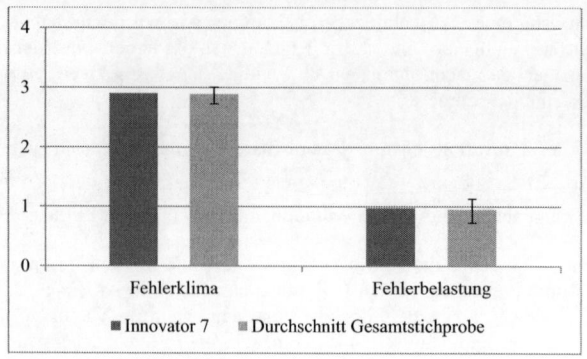

Abbildung 44: Fehlerklima und Fehlerbelastung von Innovator 7

Das Management zeigt keine Ambition, die Fehlerbelastung der Belegschaft zu reduzieren. Ein konstruktives Fehlerklima ist nicht intendiert, dennoch versteht Innovator 7 Fehler als wichtige Innovationsimpulse. Durch den systematischen Umgang mit Fehlern im Arbeitskreis sind wiederholt in der Vergangenheit Produktinnovationen entstanden.

> „Aus diesem Kreis kommen innovative Anregungen. Wenn ein Produkt fehlerhaft ist oder nicht funktioniert, dann entwickeln sich aus diesen Ideen heraus neue Produkte, oder wir ändern ein Produkt ab".

Wenngleich die Belegschaft nicht umfassender in die Innovationsprozesse einbezogen wird, hat das Management dennoch begründetes Vertrauen in die Kompetenz des Expertenkreises, Innovationen erbringen zu können.

6.2.3 Konfiguration des routinierten Kollektivisten (Innovator 17)

Die Konfiguration der routinierten Kollektivisten wird durch Innovator 17 idealtypisch repräsentiert. Das Unternehmen ist der Größenklasse der Kleinunternehmen zuzurechnen und verfügt über 20-30 Vollbeschäftigte. Es hat zwei Geschäftsführer, die das Unternehmen Ende der neunziger Jahre gründeten. Das Unternehmen ist vorrangig auf dem nationalen Markt tätig. Es verfolgt eine Wachstumsstrategie und konnte in den vergangenen fünf Jahren einen beträchtlichen Anstieg des Gewinns erzielen. Die prozentualen Innovationsaufwendungen betragen bezogen auf den durchschnittlichen Umsatz der letzten drei Berichtsperioden 11,90%. 12% des erzielten Umsatzes wurden dabei durch Innovation aus dem Produktbereich realisiert und 8% der Gesamtkosten konnten durch Prozessinnovation eingespart werden. Nachfolgend werden die konfigurationsspezifischen Ausprägungen der Modellparameter erörtert.

Top Management

Im Gegensatz zu den beiden vorangegangenen Konfigurationen kennzeichnet die Geschäftsführung von Innovator 17 eine geringe Beteiligung am Innovationsprozess. Sowohl in den kreativitäts- als auch in den umsetzungsorientierten Innovationsphasen zeigt die Geschäftsführung in Relation zur Gesamtstichprobe stark unterdurchschnittliche Präsenz.

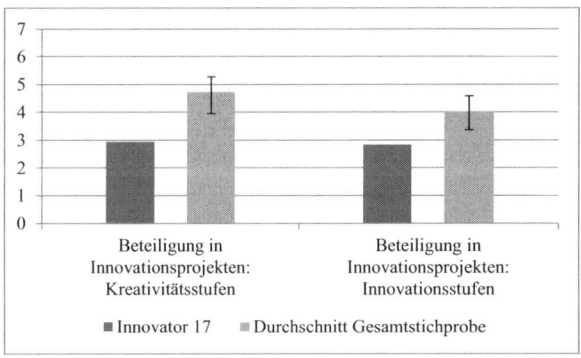

Abbildung 45: Beteiligung der Geschäftsführung von Innovator 17 in Innovationsprozessen

Den Arbeitsstil der Geschäftsführung prägt eine stark unterdurchschnittliche Kreativitätsorientierung, bei einer stark überdurchschnittlichen Genauigkeit bei der Arbeitsverrichtung. Die Konformität mit Regeln zeigt ebenfalls eine überdurchschnittliche Ausprägung. Dieser kognitive Arbeitsstil weist eine gemäßigte innovationsorientierte Ausprägung auf. Im Vergleich zu der Ausprägung des Geschäftsführers des dominierenden Alleininnovators ist ein nahezu inverses Bild der Ausprägung der Facetten des kognitiven Stils zu beobachten. Die Geschäftsführung ist auf der Adaptor-Innovator Skala eher dem Adaptor zuzurechnen. Sie bevorzugt inkrementale Veränderungen und scheut Innovation mit hohem Neuigkeitsgrad.

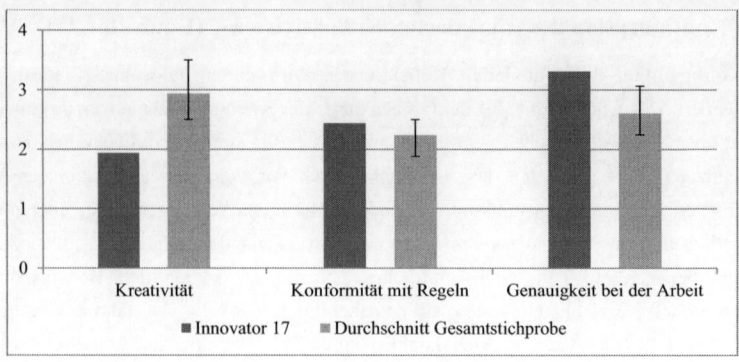

Abbildung 46: Kognitiver Stil der Geschäftsführung von Innovator 17

Passend zu der Ausprägung des kognitiven Stils betrachtet die Geschäftsführung sich nicht als Innovationsträger der Organisation.

> „Es ist auch bei uns nicht so, dass wir jetzt unbedingt der Innovationsträger sind".

Anders als in den vorherigen Konfigurationen nimmt die Geschäftsführung neben der Funktion des Machtpromotors keine weiteren Promotorenrollen wahr. Es zeigt sich, dass die Geschäftsführung von Innovator 17 keine ähnlich exponierte Stellung im Innovationssystem einnimmt wie die Innovatoren 2 und 7.

Dies bedeutet jedoch nicht, dass die Geschäftsführung als Machtpromotor Innovationen abgeneigt gegenübersteht. Sie zeigt Interesse an potenziellen Innovationschancen und versucht, trotz der geringen Kreativitätsneigung durch den vitalen Kontakt zum Marktgeschehen und die Einbindung anderer Innovationsakteure diesen Mangel zu kompensieren. Eine besondere Bedeutung kommt dabei den Neukunden zu.

> „Was ich auch für wichtig halte ist, den Kontakt zu den Kunden pflegen, also nicht nur zu delegieren und Projektleiter einzusetzen. Weil der Projektleiter als solcher nimmt sein Projekt wahr und guckt nicht über den Tellerrand [...]. Also versuchen wir immer auch die neuen Kunden erst mal aus der Geschäftsleitung mit zu begleiten. Ein neuer Kunde sprüht noch vor Ehrgeiz und Innovation".

Diese Neukunden sind nach Aussage der Geschäftsführung als Quelle für Innovationsimpulse zu verstehen. Neben regulären Kundenbesuchen ist es vor allem die Betreuung der Neukunden, durch die die Geschäftsführung Kontakt zu potenziellen Innovationsfeldern sucht.

Die Geschäftsführer betrachten sich als Unternehmer, die eine klare Vision von der zukünftigen Geschäftstätigkeit besitzen.

„Also man hat es, oder man hat es nicht, Unternehmertum zu leisten und da wir immer wissbegierig waren und auch Dinge gewagt haben […], hat sich bei uns eigentlich dann im Verlauf der Zeit einfach die Kompetenz erweitert und wir haben dann angefangen, Visionen zu erarbeiten".

Die unternehmerische Orientierung zeigt in der Wettbewerbsorientierung, dem proaktiven Handeln und dem Fokus auf Innovation eine überdurchschnittliche Ausprägung.

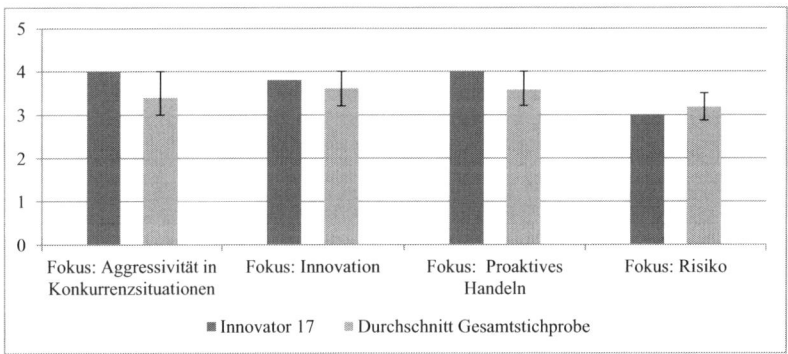

Abbildung 47: Ausprägung der unternehmerischen Orientierung der Geschäftsführung von Innovator 17

Die Bereitschaft, Risiken einzugehen, ist leicht unterdurchschnittlich ausgeprägt. In der Gründungsphase besaß das Unternehmen laut eigenen Aussagen eine äußerst konservative strategische Ausrichtung. Nicht das Unternehmenswachstum, sondern vielmehr die Sicherung eines angemessenen Einkommens war das Ziel. Die Gründer beschreiben dieses Verhalten zum Zeitpunkt der Gründung wie folgt:

„Wir sind da sehr, sehr konservativ auch vorgegangen. Weil unsere Idee war letztendlich, ein stabiles Einkommen zu schaffen, damit man darauf [gründend] sein Leben planen kann".

Durch die Einbindung neuer MitarbeiterInnen veränderte sich die Geschäftsausrichtung nachhaltig. Die anfängliche Konservativität ist einer Strategie des organischen Wachstums gewichen. Die Geschäftsführung beschreibt die Veranlassung des Strategiewechsels nicht als bewusst gesteuerten Vorgang, sondern vielmehr als eine glückliche Fügung.

„Wir waren manchmal an der richtigen Stelle zum richtigen Zeitpunkt und dadurch ist eben auch Wachstum entstanden".

Mit diesem Wachstum, das maßgeblich durch eine kollektive Anstrengung der Belegschaft entstand, entwickelte sich auch die Innovationsfähigkeit des Unternehmens.

Es erscheint für die Geschäftsführung erfolgskritisch, dass mündige Innovationsakteure sich aktiv in das Innovationssystem einbringen. Diese können sich wiederum nur dann herausbilden, wenn ihnen Handlungsspielraum zum eigenständigen Wirken überlassen wird.

„Es ist ja so [...]: Wir diktieren nichts von oben herab. Wir wollen, dass sie selbst denken, selbst Lösungen erarbeiten".

Durch innovationsförderliche Führungskonzepte regt die Geschäftsführung die Belegschaft zu Partizipation, Kooperation und Experimentierfreudigkeit in den kreativitätsorientierten Innovationsphasen an und schafft ein vitales Lernklima.

Trotz einer weitestgehend innovationsförderlichen Führung zeigt die betriebliche Praxis, dass die Geschäftsleitung in kritischen Phasen steuernd eingreift und an Meilensteinen richtungsweisende Entscheidungen trifft, um die Komplexität in Innovationsprozessen zu reduzieren. Diese Intervention wird ausschließlich in Extremfällen ausgeübt und erscheint innovationsverträglich.

> „Aber es ist höchstens so in Extremsituationen, wo wir dann einschreiten, wo wir sagen: Das habe ich jetzt mit dem Kunden aber so vereinbart, auch wenn ihr das nicht gut findet, das wird jetzt so gemacht. [...] Und auch wenn es dann unschön ist, was wir auch merken, dadurch dass sie selbstständig so viel machen können und dürfen und auch sollen".

In den umsetzungsorientierten Phasen führt die Geschäftsführung innovationsverträglich. Entscheidungen werden transparent begründet und mit den beteiligten Innovationsakteuren erörtert, um Frustrationen in der Belegschaft zu verhindern. Die Geschäftsführung hat die Erfahrung gemacht, dass Frustrationen in der Belegschaft zu einer verringerten Bereitschaft führen, sich in Innovationsprozessen zu engagieren.

> „Wenn das zu oft passiert von oben [hier gemeint: Intervention in Innovations-vorhaben durch die Geschäftsführung], dann ist Frustration bei den Mitarbei-tern da [...]. Dann sagen sie sich: Warum soll ich denn noch mitdenken, es wird ja sowieso immer alles anders gemacht".

Die Geschäftsführung von Innovator 17 zeigt in den kreativitätsorientierten Phasen innovationsförderliche und in den umsetzungsorientierten Phasen innovationsverträgliche Führungskonzepte. Diese Konzepte fügen sich in ein konsistentes Führungsverhalten. Die Geschäftsführung bezeichnet das konsistente Führungsverhalten „als kooperativ, aber stringent in bestimmten Situationen. Also es ist wirklich so wie die Erziehung bei Kindern".

Innovationsstrategie

Aus der anfänglich konservativen Unternehmensausrichtung zu Zeiten der Gründung hat sich im Laufe der Betriebstätigkeit eine ambitionierte Wachstumsstrategie entwickelt. Innovator 17 zeigt die Ambition, im nationalen Raum Marktführer im eigenen Marktsegment zu werden.

> „Wir möchten Marktführer in Deutschland werden [...]. Wir wissen, dass wir gegen einige Unternehmen nicht ankommen können. Es gibt [amerikanische] Unternehmen], die sind einfach viel größer, börsennotiert, die auch mit ganz anderen Kapitalgrößen arbeiten und auch eine, [...] Belegschaft in der Ent-

wicklung haben, die das Vielfache dessen ist, was wir haben. Aber in dem Bereich, auf den wir uns jetzt gerade [...] konzentrieren, wollen wir letztendlich hier in Deutschland die Pace machen".

Dieses Wachstum soll – wie in der Vergangenheit – ohne Fremdkapitalaufnahme erfolgen, um das Unternehmen gemäß der eigenen Vision selbstbestimmt führen zu können. Bei Betrachtung der strategischen Orientierung von Innovator 17 zeigt sich, dass der Erkundung neuer Geschäftsfelder und der Ausbeutung bestehender Geschäftsfelder die gleiche Bedeutung zukommt. Jedoch lässt sich feststellen, dass Innovator 17 in Bezug auf die Gesamtstichprobe hier stark unterdurchschnittliche Ausprägungen annimmt. Dies könnte ein Hinweis darauf sein, dass die Geschäftsführung sich weder intensiv mit der Erkundung neuer Geschäftsfelder noch mit der effizienten Ausbeutung bestehender Geschäftsfelder befasst.

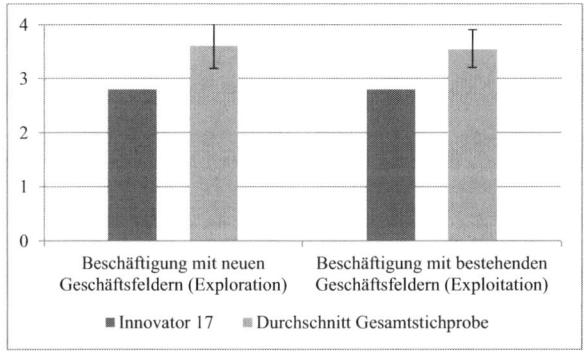

Abbildung 48: Strategische Orientierung von Innovator 17

Diese Annahme lässt sich jedoch durch die Betrachtung des qualitativen Datenmaterials nicht in vollem Umfang bestätigen. Zwar besitzt der Innovator 17 keine schriftlich niedergelegte Innovationsstrategie oder operationalisierte Innovationsziele, dennoch zeigt sich eine strategische Auseinandersetzung mit potenziellen Geschäftsfeldern. Ergebnis ist die Beschränkung der Innovationsaktivitäten auf ein breiter abgestecktes Innovationsfeld. Als Resultat lässt sich eine emergente Strategie konstatieren, die den strategischen Handlungen von Innovator 17 zu Grunde liegt. Im Gegensatz zu Innovator 7, der eine enge strategische Fokussierung aufweist und Innovationen langfristig plant, besitzt Innovator 17 eine gemäßigte strategische Fokussierung. Ziel ist die schrittweise Ausweitung der bisherigen Kernkompetenzen auf neue Leistungsangebote für bestehende Kundenkreise.

Innovationsprozess

Innovator 17 verfügt über Routinen im Umgang mit Innovationsimpulsen. Alle eingesteuerten Impulse werden in einem Ticketsystem gesichert. Die Dokumentation erfolgt unabhängig von der Tatsache, ob ein Innovationsimpuls kurzfristig umgesetzt werden kann oder nicht. Ziel ist die Dokumentation aller Innovationsimpulse, ohne eine Bewertung der Ideen vorzunehmen. Dabei werden unterschiedliche Innovationsimpulse (Verbesserungsvorschläge der Belegschaft, Kundenanregungen und Fehlermeldungen) in einem Ticketsystem verwaltet. Dieses Ticketsystem wird auch für die Steuerung von Kundenprojekten genutzt und ist allen MitarbeiterInnen vertraut. Anders als bei der Konfiguration des prozessorientierten Expertensystems, bei dem der Zugang dem Expertenteam allein vorbehalten ist, besitzen alle MitarbeiterInnen Zugang zu diesem Ticketsystem, um Ideen selbstständig erfassen und bearbeiten zu können.

> „Und damit eben nichts verloren geht und nichts nur auf dem Papier besteht, haben wir so ein System, wo wir dann ja auch manchmal sagen: Hier, ich habe beim Kunden etwas gesehen, ich trage das da mal eben ein. Und […] dann entscheidet man: Mach ich das jetzt oder nicht".

In dem Ticketsystem kann der Bearbeitungsstatus einer Idee dokumentiert und Verantwortlichkeiten zugeordnet werden, um die Umsetzung von Ideen zu koordinieren.

> „Also ein Ticketsystem ist ja dazu da, […] dass ein Mitarbeiter [Ideen] erfasst. Dann wird das Ticket mit einem Termin, mit einer Priorität, mit einer Anzahl Tagen und […] irgendwann jemandem zugeordnet und […] durchläuft verschiedene Stati".

Neben dem Umgang mit Innovationsimpulsen in den frühen Innovationsphasen haben sich beim Innovator 17 eingeübte Verhaltensweisen zur Umsetzung von Ideen ausgeprägt. Diese Routinen basieren auf agilen Verfahrensweisen, der breiten Beteiligung der Belegschaft und einem iterativen Vorgehen der Umsetzung und der Umsetzungsplanung.

> „Wir arbeiten mit agilen Methoden und agile Methoden sind auch kurzfristige. Aber wir haben hier natürlich eine Mechanik, wie wir diese ganze Sache geplant bekommen und wie auch die Mitarbeiter entsprechend eingesetzt werden. Also es ist so, dass wir sehr wohl einen Meilensteinplan haben […], der bis zu einem Zeitpunkt X reicht".

Die Verwendung von agilen Methoden ist aus Sicht der Geschäftsführung zwingend notwendig, um auf veränderte Marktbedingungen flexibel reagieren zu können. Die Festlegung einer ex ante-Zeitplanung zu Beginn des Innovationsvorhabens hält die Geschäftsführung aufgrund der Dynamik im Innovationsfeld nicht für umsetzbar. Demnach bedürfen iterative Innovationsprozesse einer agilen Steuerung. Sie werden schrittweise durchgeführt. Der Planungshorizont der Teilaufgaben ist kurz und der Fortschritt der einzelnen Arbeitspakete wird fortlaufend durch Standup-Meetings aller beteiligten Innovationsakteure überprüft.

> „Wir haben auch unsere Standup-Meetings […] zweimal in der Woche für eine Viertelstunde. […Da fragen wir:] Wo stehen wir gerade? […] Was sind die Probleme […] Also dadurch, dass wir jetzt diese Kommunikation sehr oft machen, versuchen wir immer die kurz zu halten, weil die ganze Mannschaft

da eine Stunde oder zwei Stunden in solchen Meetings zu platzieren ist natürlich nicht so produktiv".

Der Zyklus zwischen der Definition von Teilaufgaben und deren Durchführung/Überprüfung wird bewusst knapp gehalten. Die Meetings sind kurz, finden aber mehrmals in der Woche statt. Arbeitspakete sollen in zwei Wochen durch den Arbeitspaketbeauftragten abzuarbeiten sein. Entscheidend ist, dass der Arbeitspaketverantwortliche entscheidet, ob er das geplante Arbeitspaket entsprechend der Zeitvorgaben ausführen kann. Ist dies gemäß der Einschätzung des Verantwortlichen nicht möglich, erfolgt eine weitere Aufteilung des Arbeitspakets.

> „Das Team entscheidet, ob diese Arbeit innerhalb von zwei Wochen geleistet werden kann, wenn nicht, wird sie wieder zurückgegeben und sie muss so in kleine Stufen definiert werden. Dadurch verrennt man sich nicht [...]. Wir versuchen es eben zu filetieren in logische Schritte und dadurch blockieren die Mitarbeiter nicht".

Die Planung der übergeordneten Meilensteine wird durch die Geschäftsführung festgelegt, während die Zeitplanung der einzelnen Arbeitspakete im Verantwortungsbereich der Innovationsakteure liegt. Grundsätzlich werden Meilensteine jedoch nicht länger als 12 Monate im Voraus geplant. Anders als in der Konfiguration des prozessorientierten Expertenteams erfolgt die Zeitplanung nicht zu Beginn, sondern präzisiert sich im Verlauf des Innovationsvorhabens.

Organisation

Eine kollektive Durchführung von Innovationsvorhaben setzt eine kooperative Haltung und einen regelmäßigen Informationsaustausch unter den Innovationsakteuren voraus. Kollektive Innovationssysteme benötigen eine effiziente Selbstkontrolle, da Innovationsvorhaben im Gegensatz zu prozessorientierten Innovationssystemen nicht anhand einer vorab definierten Prozessstruktur abgewickelt werden. Die Innovationsprozesse sind durch Routinen der Innovationsakteure geprägt. Vor allem der Selbstkontrolle der Teams kommt für die effiziente Abwicklung von Innovationsvorhaben eine erfolgskritische Bedeutung zu.

> „Das Team kontrolliert sich selber. Da wird nicht von oben herab aus der Geschäftsführung gesagt: Was hast du da gemacht? Warum dauert das so lange? Weil die Arbeitspakete in sich auch verzahnt sind und wenn der eine nicht performt, wartet der andere, das heißt der zweite, der irgendwo auf ein Arbeitsergebnis wartet, sorgt automatisch dafür, dass der, von dem er abhängig ist, letztendlich seine Leistung erbringt. Und das ist natürlich nochmal eine ganz gute Selbstkontrolle aus dem Team heraus. Das heißt, dass ganze Team wird mündiger dadurch".

Gemäß dieser Äußerung ist die Selbstkontrolle das Ergebnis eines kollektiven Lernprozesses im Umgang mit der Durchführung von Innovationsvorhaben. Während der Informationsaustausch in personen- und prozessgetriebenen Innovationssystemen durch direkte Koordination der Geschäftsführung oder durch standardisierte Prozesse sichergestellt wird, bedarf es in kollektivistischen Innovationssystemen der selbstregulierten Koordination und des Wissensmanagements. Die Geschäftsführung etabliert Kommunikationsbereiche, um den fachlichen und überfachlichen Austausch innerhalb der Belegschaft zu stärken und auf diese Weise Informationsasymmetrien zu verhindern. Die Geschäftsräume sind so ausgestaltet, dass ‚unfreiwillige Meetingpoints' entstehen.

> „Das ist sehr stark gewollt, dass die Leute einfach auch kommunizieren [...] Wir sind auch nicht diejenigen, die dann sagen: Ihr steht jetzt schon da eine Viertelstunde und quatscht über das Wetter! Das tun die Leute eh nicht".

Über diese Meetingpoints hinaus verfügt Innovator 17 über Räumlichkeiten, die für Zusammentreffen im Innovationszusammenhang genutzt werden können. Diese Räumlichkeiten erlauben es, den ansonsten abstrakten Innovationsprozess visuell zu strukturieren und Teilaufgaben des Innovationsvorhabens anschaulich darzustellen.

> „Wir haben eine Dreiaufteilung [in diesem Raum], also große Whiteboards haben wir hinten, eine ganze Wand mit Whiteboards, wo es eigentlich um drei Sachen geht: Was sind die Aufgaben? Was ist in Arbeit? Was ist erledigt? Und das hat ein psychologisches Moment, weil die Leute sehen, hier wird es weniger, da ist schon etliches und es ist schon ganz viel fertig".

Während Innovationsvorhaben bei einem dominierenden Alleininnovator im Selbstmanagement der Geschäftsführung liegen, beim prozessorientierten Expertenteam durch standardisierte Prozesse gesteuert werden, erscheint bei einem kollektivistisch ausgerichteten Innovationssystem die allen Beteiligten zugängliche Visualisierung von Innovationsaktivitäten bedeutsam. Diese Visualisierung ermöglicht einen schnellen Überblick über Teilaufgaben und deren Fortschritt.

Neben informellen Kommunikationswegen können regelmäßige Standup-Meetings eine bedarfsgerechte Kommunikation sicherstellen. In kritischen Situationen finden solche Meetings neben den regelmäßigen Meetings mehrmals in der Woche statt, um bei Bedarf Korrekturmaßnahmen zu diskutieren.

> „Deshalb machen wir immer diese Standup-Meetings, wo wir dann genau fragen: Wie weit bist du mit deinen Tickets? Schaffst du das: ja oder nein? Kann da einer unterstützen, müssen wir das wegnehmen? Und dann sagt er: Ja, hier gestern kam ein kritischer Fehler rein. Ich bin nicht dazu gekommen".

Neben der internen Kooperation pflegt Innovator 17 ein Netzwerk zu externen Kooperationspartnern.

> „Wir haben ein Netzwerk, in dem wir agieren, und auch aus dem Netzwerk kommen natürlich Dinge [hier gemeint: Innovationsimpulse]".

Im Unterschied zum Kooperationsverhalten von Innovator 7 besitzt Innovator 17 neben den Kooperationen mit Kunden weitere Kooperationsverhältnisse zu Subunternehmern,

Zulieferern und Unternehmensberatungen, die alle Bedeutung für das Innovationssystem haben.

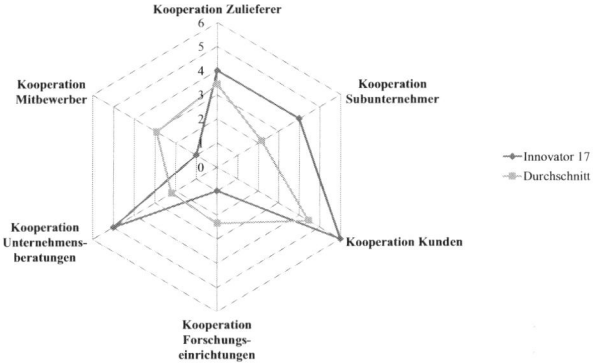

Abbildung 49: Kooperationsintensität in Bezug auf unterschiedliche Kooperationspartner von Innovator 17

Innovator 17 delegiert Teilaufgaben im Innovationszusammenhang gezielt an Zulieferer und Subunternehmer, um die Funktionalität der eigenen Produkte durch Innovationsimpulse Dritter zu erweitern.

> „Es gibt Partner, die uns auch ‚antriggern' und mit uns auch Ideen entwickeln".

Durch diese Unterstützung können Defizite in der eigenen Expertise kompensiert und Innovationsvorhaben mit externer Unterstützung effizienter abgewickelt werden.

Die größte Bedeutung innerhalb des Netzwerks hat die Kooperation mit Kunden. Innovator 17 entwickelt Innovationen gemeinsam mit Kunden, die an das Produkt spezielle Anforderungen stellen, zum Beispiel den Anspruch, weitere Funktionen in bestehende Produkte zu integrieren. Schon das erste Produkt des Innovator 17 wurde in einer engen Kooperation mit einem Kunden durchgeführt. Seither pflegt der Innovator Kooperationsverhältnisse zu Lead-Kunden. Diese Kooperationen erstrecken sich über die gesamte Entwicklungs- und Erprobungszeit bis hin zur Marktreife. Die Erkenntnisse aus diesen Kooperationen werden für die Lead-Kunden gewinnbringend eingesetzt und weiterhin dazu genutzt, das neu entwickelte, marktreife Produkt weiteren Kunden anbieten zu können.

Neben gezielten Lead-Kooperationen nutzt Innovator 17 konsequent die Markt- und Kundennähe seiner MitarbeiterInnen, um innovationsrelevante Informationen zu erlangen. Neben den Kontaktzeiten der Geschäftsführung zu Innovationsfeldern besteht für das Management in ‚Consulting-Meetings' eine wertvolle Quelle zur Identifizierung potenzieller Marktchancen. Durch einen regelmäßigen Austausch mit dem Vertrieb werden Marktinformationen für Innovationsaktivitäten nutzbar gemacht.

„Weil sie [hier gemeint: VertriebsmitarbeiterInnen] beim Kunden sitzen und hier nicht im Unternehmen sind, machen wir eben regelmäßig auch Consulting-Meetings […] und da werden dann diese Themen vorgestellt".

Innovator 17 nutzt darüber hinaus den Austausch zwischen dem Vertrieb und der Geschäftsführung, um seine Innovationsstrategie periodisch zu reflektieren. Innovationsimpulse von Kunden werden durch deren proaktive Einbindung in Innovationsprozesse nutzbar gemacht.

Innovationsklima

Die Betrachtung des kognitiven Stils der Belegschaft zeigt eine durchschnittliche Ausprägung in der Konformität mit Regeln und der Genauigkeit bei der Aufgabenverrichtung sowie eine leicht unterdurchschnittliche Ausprägung der kreativitätsorientierten Facette. Die Ausprägungen des kognitiven Stils des Top Managements und der Belegschaft sind als komplementär zu betrachten. Während die Ausprägung des Arbeitsstils der Geschäftsführung (Abbildung 46) eine deutliche Präferenz für die nicht-kreativitätsbezogenen Dimensionen aufweist, lässt sich in Bezug auf den kognitiven Stil der Belegschaft eine ähnliche Ausprägung aller Facetten wie bei der Gesamtstichprobe erkennen.

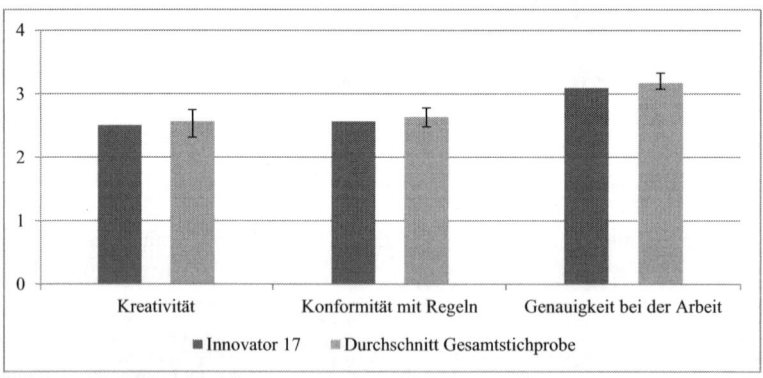

Abbildung 50: Kognitiver Stil der Belegschaft von Innovator 17

Festzustellen ist, dass die Belegschaft zwar im Unterschied zur Geschäftsführung eine stärkere Ausprägung der kreativitätsorientierten Facette des Arbeitsstils zeigt. Diese Ausprägung ist jedoch verglichen mit der Gesamtstichprobe als durchschnittlich zu betrachten. Augenscheinlich werden diese Defizite durch eine ausgeprägte Innovationsorientierung und ein starkes Engagement der Belegschaft im Innovationsgeschehen kompensiert, was auch durch Einlassung der Geschäftsführung bestätigt wird.

„Wir haben schlaue Strategen hier, die die Innovation einfach da haben, die entwickeln sich permanent auch weiter. Wir haben keine Leute, die nach Schema F sagen: Hier steht das drauf, ich muss das jetzt so machen".

214

Nach Einschätzung der Geschäftsführung hat sich in der Belegschaft eine kollektive Innovationsbereitschaft und Lernorientierung entwickelt.

Dies resultiert auch aus der Betrachtung der Innovationsbeteiligung der Belegschaft. In Relation zur Gesamtstichprobe zeigt sich in allen vier Innovationsphasen eine stark überdurchschnittliche Ausprägung. Im Vergleich zur Konfiguration des prozessorientierten Expertenteams, in dem sich die Belegschaft stark unterdurchschnittlich in Innovationsprozessen einbezogen fühlte, offenbart sich in Abbildung 51 ein überdurchschnittliches Engagement der Belegschaft.

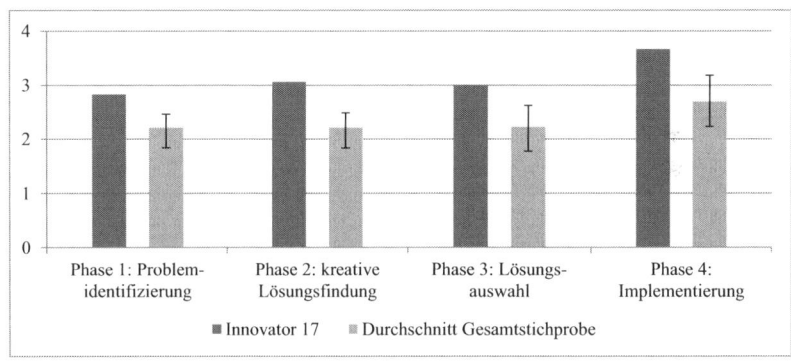

Abbildung 51: Beteiligung der Belegschaft in Innovationsprozessen von Innovator 17

Im Gegensatz zur Konfiguration des prozessorientierten Expertenteams und dominierenden Alleininnovators werden Innovationsaktivitäten in der Konfiguration der routinierten Kollektivisten als gemeinschaftliche Aufgabe verstanden. Dies setzt voraus, dass die Geschäftsführung durch ein konsistentes Führungsverhalten den Innovationsgedanken in der Belegschaft nachhaltig verankert. Zudem müssen organisatorische Rahmenbedingungen geschaffen werden, die den MitarbeiterInnen eine wirkungsvolle Zusammenarbeit im Innovationsalltag ermöglichen. Durch eine entsprechende Auswahl geeigneter MitarbeiterInnen versucht Innovator 17 sicherzustellen, dass eine vitale Kooperationsbereitschaft erhalten bleibt.

„Für uns ist es noch ganz wichtig, dass die Leute hier ins Team passen. Eine Grundaussage von uns ist: Wir brauchen Querdenker, keine Quertreiber".

Neben dieser kollektiven Verankerung der Innovationsbereitschaft gibt es zwei MitarbeiterInnen, die durch besondere Kreativitätsleistungen in den frühen Innovationsphasen herausragen. Diese Intrapreneure erscheinen für Innovator 17 erfolgskritisch, da die Geschäftsführung selbst nach eigener Einschätzung nicht als Innovationsträger innerhalb der Organisation fungiert.

„Wir verfügen über zwei MitarbeiterInnen [...], die hier sehr wohl Innovationsträger sind. Also die sorgen dafür, dass sie sich auch am Markt orientieren und gucken, was passiert denn da eigentlich auch von der Technologie her [...]. Sie sind eigentlich letztendlich mit uns im Schulterschluss dafür verantwortlich, in welche Richtung wir gehen. Das wird uns vorgestellt und wir verabschieden dann, in welche Richtung wir weitermachen".

Anders als in den bereits erörterten Konfigurationen ist die Funktion des Macht- und Fachpromotors nicht durch Exklusivität der Geschäftsführung gekennzeichnet. Die Aufgabe des Fachpromotors wird durch die Belegschaft und die Geschäftsführung gemeinsam erfüllt. Innovator 17 schafft Handlungsspielräume für Innovationsakteure, damit sie in Übereinstimmung mit ihren individuellen Begabungen Tätigkeiten wahrnehmen können.

„Wir sagen: Wenn ihr das entschieden habt, dann macht ihr das jetzt auch so [...]. Wir wollen ja nicht alles zerreden oder auch nicht bis ins Detail, dafür haben wir auch gar keine Zeit".

Zeigt eine Innovationsidee nach Einschätzung der Geschäftsführung Potenzial für eine erfolgreiche Realisierung, werden anlassbezogen Ressourcen bereitgestellt, um die Umsetzung zu unterstützen. Dies zeigt sich sowohl in der Zuweisung finanzieller Ressourcen als auch durch die zeitweise Entbindung der jeweiligen Innovationsakteure von operativen Aufgaben.

„Das wird gar nicht mit dem Tagesgeschäft belastet, weil wir sonst wissen: Die kommen nicht vorwärts".

Innovator 17 betrachtet Fehler als Lernchancen. Es wird angenommen, dass die Durchführung von Innovationsvorhaben die Wahrscheinlichkeit des Auftretens von Fehlern erhöht.

„Ich denke, wenn man neue Wege geht, dann werden auch Fehler gemacht [...]. Wir haben jetzt auch kürzlich einen ganz neuen Weg beschritten [...], wo wir dann gemerkt haben: Das geht nicht. Es war das erste Mal, dass wir in diese Richtung gehen. Dann wurde zurückgegangen und ein anderer Abzweig gewählt und dann klappte das".

Abbildung 52 zeigt ein überdurchschnittlich ausgeprägtes Fehlerklima und eine unterdurchschnittliche Fehlerbelastung.

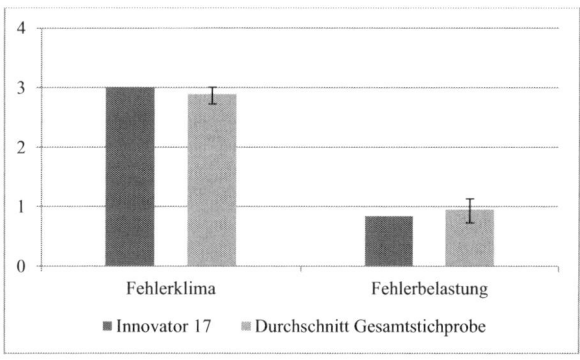

Abbildung 52: Ausprägung des Fehlerklimas und der Fehlerbelastung von Innovator 17

Konzeptionell werden Innovationsvorhaben in Iterationen geplant und durchgeführt. Nach kurzen Iterationsschritten wird der Projektfortschritt zeitnah kontrolliert. Fehler werden frühzeitig erkannt, wodurch weitreichendere Konsequenzen in der Regel ausgeschlossen werden können.

> „Und dann kann ich sofort gegensteuern, sonst sehe ich es vielleicht erst nach drei Monaten [...]. Das hat uns dazu bewogen, dass die Vorteile viel besser sind als die Nachteile".

Fehler werden in den Standup-Meetings erörtert und Korrekturmaßnahmen veranlasst. Durch die Gespräche und den offenen Umgang mit Fehlern werden kollektive Lernprozesse angestoßen.

6.3 Integration der kategorien- und fallbasierten Auswertung

In diesem Abschnitt werden die durch die vorgelegte Forschungsarbeit identifizierten Erfolgsfaktoren mit den Ergebnissen KMU-spezifischer Erfolgsfaktorenforschung kontrastiert. Weiterhin werden die Funktionsweisen der unterschiedlichen Konfigurationen erörtert, sowie deren Ausprägung auf Betrachtungsebene der Modellparameter einander gegenübergestellt. Abschließend werden die kategorien- und fallbasierten Betrachtungen in Bezug auf die Beantwortung der Forschungsfragen zusammengeführt.

Top Management

Vor allem das Top Management nimmt für das Innovationsgeschehen in KMU eine exponierte Stellung ein. Für diesen Modellparameter wurden in KMU-spezifischen Erfolgsfaktorenstudien zwei Faktoren identifiziert, denen ein positiver Einfluss auf die Innovativität zugeschrieben wird. Es sind *der Fokus der Geschäftsführung auf Innovation* (de Jong & Vermeulen, 2006, S. 593) und die Rolle der Unternehmensführung als *Machtpromotor in Innovationsprozessen* (Hauschildt & Walther, 2003, S. 19). Diese Erfolgsfaktoren lassen sich anhand der vorgestellten Studie ausweiten. Beispielsweise wurde deutlich, dass die Geschäftsführung von Innovatoren in der Mehrzahl der Fälle zusätzlich zur Rolle des Machtpromotors weitere Promotorenrollen übernimmt.

Die Erklärung innovationsorientierten Verhaltens auf Ebene der Unternehmensführung schließt in der vorgestellten Studie – anders als in der klassischen Erfolgsfaktorenforschung – eine Analyse innovationsrelevanter Faktoren auf individueller Ebene ein. Die Erfolgsfaktoren des Top Management beziehen sich demnach sowohl auf die individuelle Persönlichkeitsstruktur *(z.B. den kognitiven Arbeitsstil)* als auch auf das organisationale Verhalten *(z.B. in Form von innovationsförderlichen und- verträglichen Führungskonzepten).*

Abbildung 53 zeigt die identifizierten Erfolgsfaktoren des Modellparameters Top Management in Bezug auf deren Wirkungsebene (individuelle und organisationale Ebene).

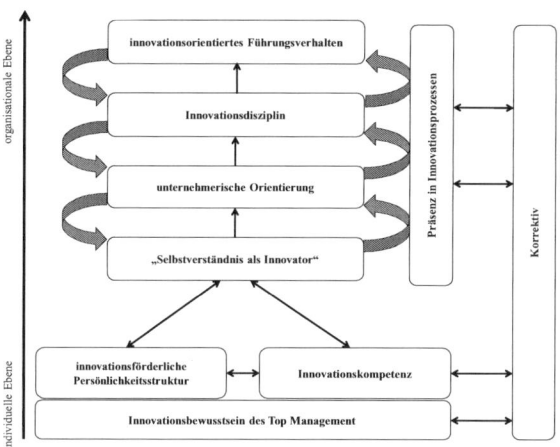

Abbildung 53: Wirkungsebenen der Erfolgsfaktoren des Modellparameters Top Management

Die Analyse des Modellparameters Top Management ergab, dass Unternehmer mit einer *innovationsorientierten Persönlichkeit* und einer ausgeprägten *Innovationskompetenz* dazu neigen, kreativitäts- und innovationsbezogene Tätigkeiten in den Mittelpunkt des eigenen beruflichen Wirkens zu stellen. Diese Unternehmer besitzen auf Basis ihrer Persönlichkeitsstruktur ein ausgeprägtes *Selbstverständnis als Innovator* (Abschnitt 6.2.1). Die Untersuchung ergab, dass Unternehmer auch ohne eine innovationsorientierte Persönlichkeit durch ein Innovationsbewusstsein in Verbindung mit erlernter Innovationskompetenz eine für das Innovationsgeschehen wirkungsvolle Ausprägung des Modellparameters Top Management erlangen können (Abschnitt 6.2.3). Zugleich wurde deutlich, dass eine *innovationsorientierte Persönlichkeitsstruktur* nicht zwangsläufig in ein innovationsorientiertes Verhalten auf organisationaler Ebene übertragen wird. Für die Umsetzung einer Innovationsorientierung von der individuellen auf die organisationale Ebene erscheinen eine *Innovationsdisziplin* und eine starke *unternehmerische Orientierung* hilfreich.

Erwartungsgemäß kann die Geschäftsführung wegen ihrer exponierten Stellung in den Innovationssystemen von KMU durch eine innovationsorientierte Haltung die Innovationsfähigkeit nachhaltig positiv beeinflussen. Die Untersuchung zeigt aber auch, dass eine eher innovationsfeindliche Haltung der Unternehmensführung die Innovativität negativ prägen und sogar eine abträgliche Ausstrahlung auf andere Modellparameter bewirken kann. Die Geschäftsführung ist als Machtpromotor in der Lage, Innovationsinitiativen auszubremsen und/oder Innovationsvorhaben durch unzureichende Ressourcenausstattung zu schwächen. Je weniger förderlich die Ausprägung des Modellparameters Top Management ist, desto mehr Promotorenrollen müssen von Innovationsakteuren aus der Belegschaft übernommen werden. Nur in Einzelfällen ergeben sich Konstellationen, in denen die Belegschaft gegen die Interessen der Geschäftsführung eine nachhaltige Innovativität erzwingen kann. Es erscheint wichtig, dass die Geschäftsführung Innovationswillen zeigt oder Innovationen in der Rolle des Machtpromotors zumindest offen gegenübersteht. Die Geschäftsführung kann nur dann eine Innovationsdynamik in der Organisation erzeugen, wenn sie die Bedeutung der organisationalen Innovationsfähigkeit für den Fortbestand des Unternehmens und für die Erlangung von Wettbewerbsvorteilen erkennt.

Innovationsstrategie

Die Untersuchung zeigt kontrastierend zu der allgemeinen und der KMU-spezifischen Erfolgsfaktorenforschung (de Jong & Vermeulen, 2006, S. 599 ff.; Hadjimanolis, 2000, S. 240 f.) die untergeordnete Bedeutung einer *schriftlichen Formulierung der Innovationsstrategie*. Sowohl bei Innovatoren als auch bei Nicht-Innovatoren wurden keine explizit formulierten Innovationsstrategien vorgefunden. Gleichwohl setzen sich innovative KMU mit der strategischen Wirkung ihres Handelns auseinander. Sie haben die Überzeugung, durch eine frühzeitige Auseinandersetzung mit strategierelevanten Fragen gegenüber Wettbewerbern Vorteile erlangen zu können (*strategische Handlungsfähigkeit*). Strategien sind dabei nicht das Ergebnis eines normativen und explizierten Strategiefindungsprozesses, sondern als emergente Strategien zu verstehen, die sich durch eine fortlaufende Reflexion der eigenen Innovationstätigkeit entwickeln.

Neben der strategischen Handlungsfähigkeit zeigen Innovatoren eine *strategische Fokussierung* ihrer Innovationsaktivitäten auf die eigenen Kernkompetenzen, um auf diese Weise Ressourcen für aussichtsreiche Innovationsfelder zu bündeln. Dies erscheint vor allem wegen der Ressourcenknappheit von KMU geboten. Zudem ist festzustellen, dass Innovationsstrategien in KMU aufgrund einer fehlenden Marktmacht und geringer Ressourcenausstattung keinen langfristigen, sondern eher einen mittelfristigen Planungshorizont aufweisen und allein aus diesen Gründen *periodisch reflektiert* werden müssen. Darüber hinaus muss die Unternehmensführung eine klare *Konzeptionalisierung der Innovationsstrategie* entwickeln. Sie legt dar, welche Innovationsfelder bearbeitet und inwieweit diese Aufgaben gleichberechtigt zum operativen Geschäft wahrgenommen werden sollen. Möchte die Unternehmensführung die Belegschaft umfassender in Innovationsprozesse einbeziehen, muss die Innovationsstrategie durch konsistentes Führungsverhalten für die MitarbeiterInnen erlebbar gemacht werden (*organisationale Verankerung der Innovationsstrategie*).

Innovationsprozess

In der KMU-spezifischen Erfolgsfaktorenforschung werden insbesondere ein *systematisches Marktforschungsverhalten* (de Jong & Vermeulen, 2006, S. 599 ff.; Hadjimanolis, 2000, S. 243; Rogers, 2004, S. 147 f.) und ein *fundiertes Planungsvermögen* (Hauschildt & Walther, 2003, S. 12) als bedeutsam für die Innovativität von KMU herausgestellt. Eine solche Marktforschung lässt sich auf Basis der Untersuchungsergebnisse ausschließlich in Form einer systematischen Marktbearbeitung und einer proaktiven Einbindung von Kunden in Innovationsprozesse nachweisen.

Im Gegensatz zu Großunternehmen, in denen vor allem ein stringentes Prozessmanagement von Innovationen z.b. anhand eines Stage-Gate-Prozesses und eines formalisierten Innovationscontrollings als *die* zentralen Erfolgsfaktoren dargestellt werden (Balachandra & Friar, 1997, S. 282; Ernst, 2002, S. 3; Henard & Szymanski, 2001, S. 367; Pattikawa et al., 2006, S. 1187), ist in den untersuchten KMU mit Ausnahme der Konfiguration des prozessorientierten Expertenteams (Abschnitt 6.2.2) keine formale Prozessstrukturierung vorzufinden (Hoffmann et al., 1998, S. 49). Innovationsprozesse sind in KMU bei der Mehrheit der Innovatoren personen- und nicht prozessgetrieben. Die fehlende Prozessstrukturierung wird durch erlerntes Verhalten im Innovationszusammenhang (*Innovationsroutinen*) kompensiert. Zudem zeigt sich, dass Innovationsprozesse selten – wie in Prozessmodellen dargestellt – linear ablaufen. Vielmehr sind diese Prozesse als iterativ zu betrachten und werden nicht mit statischen Methoden der Projektplanung ex ante vorausgeplant. Eine Vielzahl der Innovatoren nutzt iterative Planungsmethoden, die mit einer Grobplanung beginnen und im Verlauf des Innovationsprozesses auf Basis eines erweiterten Wissenstands spezifiziert werden (*iterative Innovationsplanung*).

Innovatoren nutzen ein *integratives Ideenmanagement*, das Fehler, Kundenbeschwerden und Ideen aus der Belegschaft systematisch dokumentiert und Innovationsimpulse zielgerichtet einem *strategiekonformen Ideenauswahlprozess* zuführt. Der Ideenauswahlprozess orientiert sich an der emergenten Innovationsstrategie, um Kriterien für eine effektive Auswahl von Innovationsvorhaben zur Verfügung zu haben. Wichtig erscheint in KMU zudem, dass solche Ideenmanagementsysteme auch informal über die Geschäftsführung eingereichte Ideen erfassen.

Organisation

In Bezug auf die Organisation der Zusammenarbeit in Innovationsprozessen können anhand der KMU-spezifischen Innovationsforschung die Erfolgsfaktoren *Innovationskooperation mit externen Partnern* (Bougrain & Haudeville, 2002, S. 740; de Jong & Vermeulen, 2006, S. 599 ff.; Freel, 2003, S. 766 f. ; Hadjimanolis, 2000, S. 240 f.; Hauschildt & Walther, 2003, S. 12; Romijn & Albaladejo, 2002, S. 1064 f.) und eine ausgeprägte *Kundenorientierung* (de Jong & Vermeulen, 2006, S. 599 ff.; Freel, 2003, S. 766 f.) identifiziert werden. Beide Erfolgsfaktoren können ebenfalls in der vorgestellten Studie nachgewiesen werden. Die Kundenorientierung wird durch Innovatoren dieser Stichprobe durch eine Einbindung von Kunden *bei der Ideengenerierung* und der *Kooperation mit Lead-Kunden* sichergestellt.

Darüber hinaus lassen sich zwei weitere Erfolgsfaktoren des Modellparameters Organisation identifizieren. Es ist das *Vorhandensein eines Prozesspromotors* und die *Schaffung eines selbstregulierten Wissensmanagements*.

Der Prozesspromotor nimmt in KMU gelegentlich die Rolle eines informellen Innovations-managers ein und kann die fehlende Professionalisierung (z.b. eine fehlende Forschungs- & Entwicklungsabteilung) teilweise kompensieren. Diese Prozesspromotoren sind anders als in Großunternehmen zumeist nicht vollumfänglich mit Innovationsaufgaben beschäftigt, sondern erfüllen diese Aufgaben in Kombination mit operativen Tätigkeiten. Als informelle Innovationsmanager haben sie einen Überblick über alle in der Organisation ablaufenden Innovationsprozesse, die sie steuern und dynamisieren.

Die Etablierung eines *selbstregulierten Wissensmanagements* fördert den Austausch der Innovationsakteure und schafft Situationen, die zu fachlichem und überfachlichem Austausch anregen. Dieser Austausch ist sowohl zur Förderung der Kreativität als auch für den unterstützenden Wissensaustausch in Umsetzungsprozessen bedeutsam. Die Annahme, dass Kommunikationsgelegenheiten in KMU durch die räumliche Nähe geradezu „von selbst" entstehen, kann anhand der vorliegenden Studie nicht bestätigt werden. Vielmehr bedarf es auch in KMU der bewussten Einflussnahme der Geschäftsführung, um diesen Austausch unter den MitarbeiterInnen durch bewusste Gestaltungsansätze zu fördern.

Innovationsklima

In der KMU-spezifischen Erfolgsfaktorenliteratur werden die *Durchführung von Trainingsmaßnahmen* (de Jong & Vermeulen, 2006, S. 594; Rogers, 2004, S. 147 f.), *die Bereitstellung freier Kapazitäten für Innovation (slack resources)* (Hauschildt & Walther, 2003, S. 12) und *die Mitarbeitereinbindung in Innovationsprozesse* (de Jong & Vermeulen, 2006, S. 594) im Modellparameter Innovationsklima expliziert. Diese drei Erfolgsfaktoren werden durch die Studie mit leichten Modifikationen verifiziert. Innovatoren zeichnen sich dadurch aus, dass sie die Durchführung von Trainingsmaßnahmen in einem übergeordneten *Lernklima verankern* und die Initiative der MitarbeiterInnen stärken, sich für neue Verantwortungsbereiche weiterzubilden. Zudem zeigt sich, dass das beschriebene Lernklima durch eine ausgeprägte ‚training on the job'- Kultur gestärkt wird.

Die Bereitstellung von freien Kapazitäten im Innovationszusammenhang erfolgt in den untersuchten KMU zumeist nicht pauschal in Form vorab definierter Zeitbudgets (wie z.b. die 15%-Regel bei 3M). Vielmehr werden MitarbeiterInnen *anlassbezogen mit Ressourcen ausgestattet*, sobald sie konkrete Innovationsprojekte bearbeiten. Erscheinen Innovationsvor-haben aus Sicht der Geschäftsführung erfolgversprechend, werden finanzielle und zeitliche Ressourcen (z.b. durch die zeitweise Entbindung vom Tagesgeschäft) für die Umsetzung des Projekts zur Verfügung gestellt.

Über diese Erfolgsfaktoren hinaus sind für die Förderung des Innovationsklimas die *Etablierung eines konstruktiven Fehlerklimas* und die *Bereitstellung authentischer Innovationsanreize* wirkungsvoll. Der konstruktive Umgang mit Fehlern und die Reduzierung von Ängsten (Fehlerbelastung) beim Auftreten von Fehlern eröffnen Innovationschancen und minimieren das Risiko von Folgefehlern. Die Würdigung von Innovationsleistungen durch Anerkennung und Belohnungen kann den Innovationswillen der Belegschaft schärfen. Beiden Erfolgsfaktoren ist gemeinsam, dass sowohl die Etablierung eines konstruktiven Fehlerklimas als auch die Verankerung von Innovationsanreizen durch die Belegschaft als authentisch wahrgenommen werden muss. Authentizität ergibt sich, wenn das Innovationsklima eine Passung zur sonstigen Unternehmenskultur aufweist. Nachfolgende Tabelle zeigt eine zusammenfassende Übersicht aller identifizierten Erfolgsfaktoren.

Modellparameter	Nr.	Beschreibung der Erfolgsfaktoren
	1.1	Innovatoren zeigen Persönlichkeitsstrukturen, die innovationsfördernde oder zumindest innovationsverträgliche Wirkung besitzen. Sie sind Veränderungen gegenüber aufgeschlossen, sind experimentierfreudig, besitzen einen kreativitätsorientierten kognitiven Stil und haben Handlungskonzepte im Umgang mit der eigenen Kreativität entwickelt. *(innovationsorientierte Persönlichkeitsstruktur)*
	1.2	Innovatoren besitzen Korrektive, die unternehmerische Entscheidungen der Geschäftsführung evaluieren. Bei Korrektiven handelt es sich um unternehmensexterne oder -interne Wissensträger, zu denen die Geschäftsführung einen vertrauensvollen Umgang pflegt. *(Korrektiv)*
	1.3	Innovatoren besitzen ein grundlegendes Verständnis über den Ablauf von Innovationsprozessen und können dieses Verständnis in praktische Handlungsschritte übertragen. Dieses Verständnis kann sowohl durch betriebliche Erfahrungen (z.B. Durchführung von Innovations- projekten/Gründungserfahrungen) als auch durch gezielte Trainingsmaßnahmen entwickelt worden sein. *(Innovationskompetenz)*
	1.4	Innovatoren zeigen ein Selbstverständnis als Innovator. Dieses Selbstverständnis beinhaltet die Überzeugung, Innovationserfolge trotz Widerständen replizieren zu können. *(Selbstverständnis als Innovator)*
	1.5	Innovatoren zeigen eine unternehmerische Grundhaltung. Diese Grundhaltung beinhaltet eine starke Wettbewerbsorientierung, die Bereitschaft kalkulierbare Risiken einzugehen und die Ambition, die Wettbewerbssituation aktiv durch eigene unternehmerische Handlungen zu beeinflussen. *(unternehmerische Orientierung)*
Top Management	1.6	Innovatoren besitzen die nachhaltige Disziplin, der Innovation eine exponierte Stellung in ihrem Arbeitsalltag einzuräumen. Innovatoren reduzieren dazu die Abhängigkeit des Unternehmens von der Geschäftsführung, indem sie der Belegschaft Verantwortungen für operative Tätigkeiten übertragen, um Kapazitäten für Innovation zu erlangen. Trotz dieses „Ausstiegs' aus der operativen Alltagsarbeit schaffen sie Vorkehrungen, die ihnen einen vitalen Kontakt zum Marktgeschehen erhalten. *(Innovationsdisziplin)*
	1.7	Innovatoren zeigen Präsenz im Verlauf des gesamten Innovationsprozesses. Diese Präsenz beinhaltet sowohl die Zugänglichkeit des Managements bei innovationsbezogenen Problem-/Fragestellungen als auch die Einbindung in strategierelevante Entscheidungen im Verlauf von Innovationsprojekten. *(Präsenz in Innovationsprozessen)*
	1.8	Innovatoren zeigen in den kreativitätsorientierten Phasen des Innovationsprozesses einen innovationsförderlichen Führungsstil, der zu Partizipation, Kooperation und Experimentierfreudigkeit der Belegschaft anregt. *(innovationsförderliche Führungskonzepte)*
	1.9	Innovatoren zeigen in den umsetzungsorientierten Phasen des Innovationsprozesses einen innovationsverträglichen Führungsstil, der Innovationsentscheidungen transparent macht und eine aufgabenbezogene Kontrolle ermöglicht, ohne das Innovationsengagement der Belegschaft zu unterminieren. *(innovationsverträgliche Führungskonzepte)*
	1.10	Innovatoren zeigen trotz eines situativen Führungsstils ein konsistentes Führungsverhalten. Innovationsverträgliche und -förderliche Elemente fügen sich in ein schlüssiges Gesamtkonzept und erscheinen für die Belegschaft als solches. *(konsistentes Führungsverhalten)*

Modellparameter	Nr.	Beschreibung der Erfolgsfaktoren
	2.1	Innovatoren sind überzeugt, die zukünftige Wettbewerbsposition durch die eigene strategische Handlungsfähigkeit positiv beeinflussen zu können und setzen sich deshalb frühzeitig mit strategierelevanten Fragen auseinander. *(strategische Handlungsfähigkeit)*
	2.2	Innovatoren fokussieren ihre Innovationsaktivitäten auf ausgewählte Innovationsfelder, die eine Anschlussfähigkeit mit ihren Kernkompetenzen aufweisen. Grundlage hierfür ist eine realistische Einschätzung der eigenen Kernkompetenzen. *(strategische Fokussierung)*
	2.3	Innovatoren besitzen ein klares Konzept bezüglich der eigenen Innovationsstrategie. Dieses Konzept beinhaltet die begründete Wahl einer Wachstumsstrategie, eine Vorstellung darüber, inwieweit Tagesgeschäft (Exploitation) und Innovationsgeschäft (Exploration) gleichberechtigt sind und durch welche Maßnahmen dieser Gleichberechtigung Rechnung getragen wird. *(Konzeptionalisierung der Innovationsstrategie)*
Innovations-strategie	2.4	Innovatoren verankern ihre Innovationsstrategie in der Belegschaft. Dabei muss die Innovationsstrategie in KMU nicht zwingend schriftlich kommuniziert werden, wichtiger erscheint, dass die Unternehmensführung die Innovationsstrategie durch informelle Kommunikationswege und ein konsistentes Führungsverhalten „erlebbar" macht. *(organisationale Verankerung der Innovationsstrategie)*
	2.5	Innovatoren unterziehen die Innovationsstrategie einer periodischen Reflexion, in der auf Basis einer durch Erfahrungen verbesserten Informationsgrundlage Elemente der Innovationsstrategie konkretisiert bzw. modifiziert werden. *(periodische Strategiereflexion)*
	3.1	Innovatoren verstehen Kundenbeschwerden, Fehler und Verbesserungsvorschläge als Innovationsimpulse und dokumentieren diese Impulse systematisch, um sie einem geordneten Bewertungsprozess zuzuführen. *(integratives Ideenmanagement)*
	3.2	Innovatoren etablieren Kriterien zur Bewertung von Innovationsimpulsen und den daraus entstehenden Innovationsideen. Diese Kriterien werden auf Basis der Innovationsstrategie abgeleitet und zur Bewertung herangezogen. Ergebnis ist eine strategiekonforme Ideenauswahl. *(strategiekonforme Ideenauswahl)*
Innovations-prozess	3.3	Innovatoren nutzen einfache Methoden der Zeitplanung, um eine Verbindlichkeit in Innovationsprojekten herzustellen und Innovationsprojekte zeitlich zu strukturieren. Sie planen in Zyklen und konkretisieren/modifizieren die Planung im Fortgang des Innovationsprozesses, um flexibel auf Veränderungen reagieren zu können. *(iterative Innovationsplanung)*
	3.4	Innovatoren zeigen ein systematisches Vorgehen bei der Planung und Steuerung von Innovationsvorhaben. Hierbei erscheint es nicht zwingend, dass Innovationsprozesse anhand formaler Prozessdefinitionen (Stage-Gate-Prozess/ISO 9000) ablaufen. Vielmehr werden Innovationsprozesse in personengetriebenen Innovationssystemen durch organisationale Routinen (z.B. in Form von Standup-Meetings, durch regelmäßige Innovationskreise) strukturiert. *(Innovationsroutinen)*

Modellparameter	Nr.	Beschreibung der Erfolgsfaktoren
	4.1	Innovatoren verfügen über Prozesspromotoren, die Verantwortung für die Steuerung der Innovationsprozesse übernehmen. Diese Promotoren fungieren für die Belegschaft als Ansprechpartner für innovationsrelevante Fragen, delegieren Teilaufgaben im Innovationsprozess und überblicken alle im Unternehmen ablaufenden Innovationsprozesse. Diese Promotorrolle kann sowohl durch die Geschäftsführung als auch durch MitarbeiterInnen wahrgenommen werden. *(Vorhandensein eines Prozesspromotors)*
Organisation	4.2	Innovatoren schaffen Kommunikationsbereiche, um den fachlichen und überfachlichen Austausch innerhalb der Belegschaft zu fördern. Durch ein solches selbstregulierendes Wissensmanagement werden Informationsasymmetrien abgebaut/verhindert. *(selbstregulierendes Wissensmanagement)*
	4.3	Innovatoren beziehen Kunden proaktiv in ihre Informationsprozesse ein, um latente Kundenbedürfnisse aufzuspüren und diese in kundengerechte Leistungsangebote umzusetzen. Sie erlangen diese Informationen über persönliche Kundenkontakte/Vor-Ort-Besuche, und ein systematisches Kundenbeschwerdemanagement. *(Kundenorientierung in der Ideengenerierung)*
	4.4	Innovatoren führen Innovationsprojekte mit Lead-Kunden durch, um die Kundenorientierung in allen Phasen des Innovationsprozesses sicherzustellen. Dabei kommt es zu einer engen Kooperation in der gesamten Entwicklungs- und Erprobungsarbeit. *(Kooperation mit Lead-Kunden)*
	4.5	Innovatoren pflegen ein Netzwerk potenzieller Kooperationspartner. An diese werden Teilaufgaben außerhalb der eigenen Kernkompetenzen delegiert, oder ihre Expertise wird genutzt, um die eigenen Kernkompetenzen zu erweitern. *(Innovationskooperationen)*
	5.1	Innovatoren schaffen ein vitales Lernklima. Dieses Klima fördert die Bereitschaft der MitarbeiterInnen, in neuen Aufgabenfeldern Verantwortung zu übernehmen, Weiterbildungsmöglichkeiten zu ergreifen und das erlangte Wissen im Unternehmen einzubringen. *(vitales Lernklima)*
	5.2	Innovatoren erkennen den erfolgskritischen Beitrag von innovationsorientierten MitarbeiterInnen für die Dynamisierung des Innovationssystems und schaffen einen Handlungsspielraum innerhalb der Organisationsstruktur, in dem diese ihre Stärken entfalten können. *(Förderung von innovationsorientierten MitarbeiterInnen)*
Innovationsklima	5.3	Innovatoren nutzen Anreize, um Innovationsbeiträge aus der Belegschaft zu würdigen und ein Innovationsbewusstsein in der Belegschaft zu fördern. Anreize sind dabei unternehmensindividuell ausgestaltet. Sie passen zur allgemeinen Unternehmenskultur und werden von der Belegschaft als authentisch wahrgenommen. *(authentische Innovationsanreize)*
	5.4	Innovatoren entbinden Innovationsakteure anlassbezogen von operativen Tätigkeiten, um Kapazitäten für Innovationsvorhaben bereitzustellen und statten sie mit den notwendigen weiteren Ressourcen aus. Weniger verbreitet ist die feste Zuweisung von Innovationszeiten unabhängig von spezifischen Innovationsprojekten. *(anlassbezogene Ressourcenausstattung)*
	5.5	Innovatoren verfügen über ein konstruktives Fehlerklima, das einen offenen Umgang mit Fehlern fördert und die empfundene Fehlerbelastung der Belegschaft reduziert. Durch ein konstruktives Fehlerklima werden Fehlerkonsequenzen reduziert und kollektive Lernprozesse ermöglicht. Die Verminderung von Fehlerängsten fördert die Bereitschaft, Fehlerrisiken bei der Bearbeitung von Innovationsprojekten auf sich zu nehmen. *(konstruktives Fehlerklima)*

Tabelle 21: Übersicht der identifizierten Erfolgsfaktoren der kategorienbasierten Analyse

In der Forschungsarbeit wurde deutlich, dass nicht alle der in dieser Studie identifizierten Erfolgsfaktoren bei den befragten Innovatoren in gleicher Ausprägung vorzufinden sind. Die Innovationsfähigkeit in KMU ist unternehmensspezifisch angelegt. Es existiert *nicht der eine Weg'* zu einer erfolgversprechenden Innovationstätigkeit. Dies ist auch deswegen bemerkenswert, als die betrachteten Unternehmen in Bezug auf Unternehmensgröße, Innovationsinput und -output sowie der allgemeinen Organisationstruktur ähnlich sind. Trotz dieser Ähnlichkeit weisen sie unterschiedliche Ausprägungen der Modellparameter auf. Es zeigt sich weiterhin, dass Innovationssysteme von KMU nicht zwingend in jedem zunächst als erfolgskritisch beschriebenen Modellparameter positiv ausgeprägt sein müssen, um eine wirkungsvolle Innovationsfähigkeit sicherzustellen. Jede Konfiguration von Erfolgsfaktoren weist erfolgskritische und erfolgsneutrale Modellparameter auf. Erfolgskritische Parameter haben spezifische Ausprägungen der untergeordneten Erfolgsfaktoren und sind für die Funktionsweise der jeweiligen Konfiguration prägend. Erfolgsneutrale Modellparameter hingegen beeinträchtigen die Funktionsweise des Innovationssystems der jeweiligen Konfiguration nicht nennenswert oder werden durch die Ausprägungen anderer Modellparameter kompensiert.

Interessant ist, dass sich alle 10 Innovatoren trennscharf einer Konfiguration zuordnen lassen. Ein sehr junges Unternehmen kann man allerdings nur vorläufig zuweisen. Erst nach weiterem Wachstum und mit Beendigung der Gründungsphase wird sich eine abschließende Konfiguration herausbilden.

Nachfolgend werden die einzelnen Konfigurationen in Bezug auf deren erfolgskritische und erfolgsneutrale Ausprägung ihrer Modellparameter näher untersucht.

Konfiguration des dominierenden Alleininnovator

Die Konfiguration des dominierenden Alleininnovators besitzt zwei erfolgskritische Modellparameter, die die Konfiguration prägen. Der Modellparameter Top Management und Innovationsstrategie ist erfolgskritisch. Der Innovationsprozess, Organisation und Innovationsklima ist erfolgsneutral.

Die Unternehmerpersönlichkeit der Geschäftsführung prägt das Innovationssystem der Konfiguration maßgeblich. Die Erbringung von Innovationen obliegt ihrer Verantwortung. Sie zeigt ein stark überdurchschnittliches Engagement im Innovationsprozess und monopolisiert die Innovationsaktivitäten. Die Geschäftsführung ist die Quelle für kreative Impulse, trifft Umsetzungsentscheidungen und übernimmt die Umsetzungsplanung. Die Fach-, Prozess,- und Machtpromotorrolle fallen zusammen. Es herrscht Rollenexklusivität in Bezug auf die Promotorenrollen. Dies setzt voraus, dass die Mehrheit der Erfolgsfaktoren im Modellparameter *Top Management* eine positive Ausprägung besitzt und dass die

Geschäftsführung inhaltlich und zeitlich in der Lage ist, die unterschiedlichen Rollen gleichermaßen auszufüllen.

Der Modellparameter *Innovationsstrategie* ist ebenfalls stark ausgeprägt und besitzt für die Funktionsweise des Innovationssystems eine erfolgskritische Wirkung. Es zeigt sich eine gemäßigte strategische Fokussierung. Die Innovationsaktivitäten werden an den eigenen Kernkompetenzen ausgerichtet. Dabei wird versucht, Kernkompetenzen für neue Kundensegmente nutzbar zu machen, ohne das originäre Kompetenzfeld zu verlassen. Die emergente Innovationsstrategie wird periodisch unter der Einbeziehung von Stakeholdern reflektiert.

Der Modellparameter *Innovationsprozesse* ist schwach ausprägt. Es existieren keine standardisierten Prozesse und/oder organisationale Routinen, die den Ablauf von Innovationsvorhaben strukturieren. Die Durchführung wird durch die Geschäftsführung angeleitet und Teilaufgaben werden mithilfe bidirektionaler Koordinationskonzepte zwischen Geschäftsführung und den Innovationsakteuren geregelt.

Durch den hohen Zentralisierungsgrad der Innovationsaktivitäten kommt der *Organisation* der Zusammenarbeit in Innovationsvorhaben eine geringere Bedeutung zu. Die Mehrzahl der Erfolgsfaktoren des Modellparameters Organisation ist schwach ausgeprägt. Die Geschäftsführung nutzt persönliche und geschäftliche Netzwerke, um eigene Ideen mithilfe externer Stakeholder zu evaluieren. Kooperationen sind zumeist kurzfristiger Natur und werden bedarfsgerecht in Anspruch genommen (Liaison-Kooperationen).

Die Geschäftsführung erzeugt ein gemäßigtes *Innovationsklima*, um die Komplexität und den Koordinierungsaufwand zu beschränken. Die Geschäftsführung sieht sich gleichzeitig als Entscheider und Innovationsmanager, der alle erfolgskritischen Vorgänge des Innovations-prozesses selbst in den Händen hält. Weitere Innovationsakteure besitzen nur in den umsetzungsorientierten Phasen von Innovationsprozessen Relevanz und werden nicht in die kreativitätsorientierten Phasen der Innovation eingebunden.

Prozessorientierte Expertenteams

Die Konfiguration des prozessorientierten Expertenteams besitzt drei erfolgskritische Modellparameter. Das Innovationssystem zeigt eine positive Ausprägung beim Top Management, der Innovationsstrategie und dem Innovationsprozess.

Anders als bei der Konfiguration des dominierenden Alleininnovators werden die Funktionen im Innovationssystem des prozessorientierten Expertenteams nicht allein durch die Geschäftsführung wahrgenommen, sondern durch einen Expertenkreis von weiteren Innovationsakteuren gestaltet. Die Prozesspromotorenrolle wird durch MitarbeiterInnen außerhalb der Geschäftsführung übernommen. Die Geschäftsführung behält sich die Macht- und Fachpromotorenrolle vor. Es herrscht eine gemäßigte Rollenpluralität. Die Mehrheit aller

Erfolgsfaktoren des Modellparameters *Top Management* zeigt eine positive Ausprägung. Nicht ausgeprägte Erfolgsfaktoren können durch das Expertenteam kompensiert werden. Das Management verfügt über eine starke unternehmerische Orientierung und zeigt Präsenz in allen Innovationsphasen. Es bringt zudem wichtige fachliche Impulse in das Innovationsgeschehen ein.

Auch der Modellparameter *Strategie* zeigt eine positive Ausprägung. Vor allem eine starke strategische Fokussierung auf ein eng umrissenes Innovationsfeld erscheint in dieser Konfiguration bedeutsam. Als Ergebnis der Schwerpunktsetzung haben die Innovationen einen geringeren Neuigkeitsgrad. Der standardisierte Innovationsprozess lässt sich mit leichten Modifikationen auf neue Innovationsprojekte übertragen.

Der Modellparameter *Innovationsprozess* besitzt ebenfalls eine starke Ausprägung und ist erfolgskritisch. Das Innovationssystem ist prozessgetrieben. Unterschiedliche Innovationsvorhaben werden anhand eines formal definierten Prozessstandards durchgeführt. Die Koordination ist durch standardisierte Prozesse geregelt und wird EDV-technisch unterstützt. Diese Infrastruktur flankiert die regelmäßig stattfindenden Treffen der Innovationsbeteiligten.

Der Modellparameter *Organisation* ist schwach ausgeprägt. Durch die Expertenorientierung zeigt sich eine striktere Trennung zwischen der Innovations- und der operativen Geschäftstätigkeit. Koordinationsaktivitäten im Innovationszusammenhang erfolgen auf Basis der im Modellparameter Innovationsprozess festgelegten Prozeduren. Informelle Kommunikationsbeziehungen von MitarbeiterInnen sind von untergeordneter Bedeutung. Ein sich selbst regulierendes Wissensmanagement im Innovationszusammenhang, das weitere MitarbeiterInnen außerhalb des Expertenkreises einschließt, bildet sich nicht heraus.

Der Modellparameter *Innovationsklima* ist ebenfalls schwach ausgeprägt. MitarbeiterInnen außerhalb des Expertenkreises werden selten in Innovationsvorhaben einbezogen. Es wird deutlich, dass Innovationsaktivitäten durch das Engagement des Expertenkreises angetrieben werden. Die Förderung der innovativen Ambitionen bleibt weitgehend auf die MitarbeiterInnen des Expertenkreises beschränkt.

Routinierte Kollektivisten

Die Konfiguration des routinierten Kollektivisten besitzt drei erfolgskritische Modellparameter. Das Innovationssystem zeigt eine positive Ausprägung der Modellparameter Innovationsprozess, Organisation und Innovationsklima.

Im Gegensatz zu den bereits erörterten Konfigurationen besitzt der Modellparameter *Top Management* eine neutrale Ausprägung. Die Geschäftsführung ist stark unterdurchschnittlich an den Innovationsprozessen beteiligt. Dies betrifft sowohl die kreativitäts- als auch die umsetzungsorientierten Innovationsphasen. Der kognitive Stil zeigt eine geringe Kreativitätsneigung. Die Geschäftsführung ist unternehmerisch orientiert. Sie betrachtet sich selbst nicht als Innovationsträger, zeigt aber Bestrebungen Innovationen hervorbringen und fördern zu wollen. Es herrscht Rollenpluralität bezüglich der Promotorenrollen, wobei die Geschäftsführung nur die Rolle des Machtpromotors wahrnimmt. Trotz der geringen Kreativitätsneigung ist die Geschäftsführung gewillt, Innovationsimpulse aus der Belegschaft durch die Bereitstellung von Ressourcen zu fördern.

Auch der Modellparameter *Strategie* zeigt eine neutrale Ausprägung. Die Exploration neuer und die Ausbeutung bisheriger Geschäftsfelder sind gleichberechtigt. Im Gegensatz zur Konfiguration des prozessorientierten Expertenteams liegt eine gemäßigte strategische Fokussierung vor. Es erfolgt eine graduelle Verbesserung des bestehenden Leistungsangebotes auf Grundlage der Kernkompetenzen, die sich auf den bisherigen Kundenkreis richtet. Die Innnovationen haben einen gemäßigten Innovationsgrad.

Der Modellparameter *Organisation* besitzt eine positive Ausprägung. Die Aufrechterhaltung von Innovationsroutinen benötigt Strukturen, die eine zielgerichtete Selbstkontrolle und ein selbstregulierendes Wissensmanagement fördern. Innovationsakteure werden auf diese Weise vernetzt. Die Koordination erfolgt selbstreguliered, multidirektional und wird mit Ausnahme der Meilensteinprüfung ohne die Geschäftsführung vorgenommen.

Der Modellparameter *Innovationsklima* ist ebenfalls positiv ausgeprägt. Innovationsaktivitäten werden unter Einbezug der Mehrheit aller MitarbeiterInnen verrichtet. Die Belegschaft ist in allen Phasen des Innovationsprozesses überdurchschnittlich einbezogen. Die kollektive und arbeitsteilige Durchführung von Innovationsvorhaben verlangt die Etablierung eines innovationsförderlichen Klimas. Die Zusammenarbeit der Innovationsakteure unterstützt kollektive Lernprozesse im Umgang mit Innovation. Die Geschäftsführung fördert die Etablierung eines vitalen Lern- und eines konstruktiven Fehlerklimas. Darüber hinaus werden für Intrapreneure und andere Innovationsakteure anlassbezogen Ressourcen bereitgestellt. Dies beinhaltet auch die befristete Entbindung von operativen Tätigkeiten. Nachfolgende tabellarische Übersicht zeigt die Ausprägungen der dargestellten Konfigurationen auf Ebene der Modellparameter. Die grau hinterlegten Modellparameter gelten als erfolgskritisch. Nicht farblich hinterlegte Parameter sind für die jeweilige Konfiguration erfolgsneutral.

	Top Management	Innovationsstrategie	Innovationsprozess	Organisation	Innovationsklima
Dominierender Alleininnovator	• Macht-, Fach- und Prozesspromotorenrolle sind in der Geschäftsführung vereint (Rollenexklusivität) • Stark überdurchschnittliches Engagement der Geschäftsführung in Innovationsprozessen • Innovation wird als ‚Managementaufgabe' verstanden	• Gemäßigte strategische Fokussierung anhand eigener Kernkompetenzen • Starker Innovationsgrad: Ausweitung der bisherigen Kernkompetenzen auf neue Leistungsangebote und Kundenkreise • Neuartige Gestalt von Innovationsvorhaben	• Steuerung von Innovationsvorhaben durch die Selbstmanagement- und Innovationskompetenzen der Geschäftsführung • Intuitive, erfahrungsbasierte Innovationsplanung • Direkte Überwachung der Teilaufgaben	• Hoher Zentralisierungsgrad von Innovationsaktivitäten • Top-down-Orientierung der Kommunikationswege • Bidirektionale Koordinationskonzepte	• Ausschließliche Einbindung der Belegschaft in den umsetzungsorientierten Innovationsphasen • Keine Verankerung kollektiver Lernprozesse im Umgang mit Innovation • Förderung eines innovationsverträglichen Klimas
Prozessorientiertes Expertenteam	• Die Geschäftsführung ist Macht- und Fachpromotor (gemäßigte Rollenpluralität) • Stark überdurchschnittliches Engagement der Geschäftsführung in Innovationsprozessen • Innovation wird als ‚Expertenaufgabe' verstanden	• Ausgeprägte strategische Fokussierung anhand bestehender Produktplattform • Geringer Innovationsgrad: stetige Modifikation des bestehenden Leistungsangebots des gleichen Kundenkreises • Gleichartige Gestalt von Innovationsvorhaben	• Steuerung von Innovationsvorhaben durch formal definierte Prozesse • Standardisierte, deduktive Innovationsplanung • Prozessuale Überwachung der Teilaufgaben (unter Mithilfe des Expertenteams)	• Gemäßigter Zentralisierungsgrad der Innovationsaktivitäten • Mischung aus top-down und gemäßigter bottom-up Orientierung der Kommunikationswege • Multidirektionale Selbstregulierung innerhalb des Expertenkreises/bidirektionale Selbstregulation außerhalb des Expertenkreises durch Prozesspromotoren	• Geringe Einbindung der Mehrheit der Belegschaft in allen Innovationsphasen • Keine Verankerung kollektiver Lernprozesse im Umgang mit Innovation • Förderung eines innovationsverträglichen Klimas
Routinierte Kollektivisten	• Geschäftsführung übernimmt ausschließlich die Rolle des Machtpromotors (Rollenpluralität) • Unterdurchschnittliches Engagement der Geschäftsführung in Innovationsprozessen • Innovation wird als ‚kollektive Aufgabe' verstanden	• Gemäßigte strategische Fokussierung anhand eigener Kernkompetenzen • Gemäßigter Innovationsgrad: schrittweise Ausweitung der bisherigen Kernkompetenzen auf neue Leistungsangebote des gleichen Kundenkreises • Ähnliche Gestalt von Innovationsvorhaben	• Steuerung von Innovationsvorhaben anhand erlernter Verhaltensweisen (Routinen) • Agile, iterative Innovationsplanung • Selbstkontrolle der Innovationsakteure untereinander	• Hoher Dezentralisierungsgrad von Innovationsaktivitäten • Bottom-up-Orientierung der Kommunikationswege • Multidirektionale Koordinationskonzepte	• Starke Einbindung der Mehrheit der Belegschaft in allen Innovationsphasen • Verankerung kollektiver Lernprozesse im Umgang mit Innovation • Förderung eines innovationsförderlichen und -verträglichen Klimas

Tabelle 22: Übersicht der erfolgskritischen und erfolgsneutralen Modellparameter der identifizierten Konfigurationen

Nicht das Vorhandensein einzelner Erfolgsfaktoren, sondern deren sinnvolle Konfiguration ist erfolgskritisch. Alle dargestellten Konfigurationen verfügen über ein sich ergänzendes Kompetenzgefüge der Innovationsbeteiligten (Beteiligungskonzepte) und ein wirkungsvolles Interaktionsgefüge (Koordinationskonzepte) (Hauschildt & Salomo, 2011, S. 57). Die vorgestellten Konfigurationen nutzen unterschiedliche Koordinations- und Beteiligungskonzepte. Abbildung 54 zeigt eine Einordnung in Bezug auf die Dimensionen der Beteiligung und Koordination.

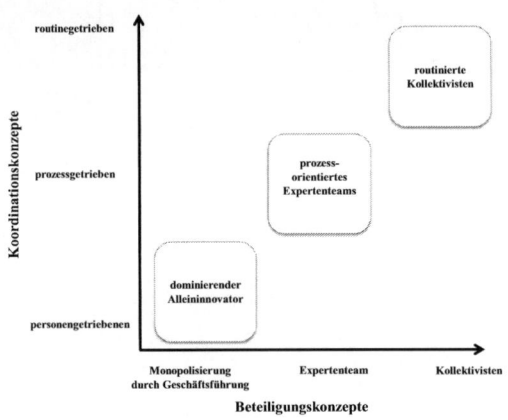

Abbildung 54: Beteiligungs- und Koordinationskonzepte unterschiedlicher Konfigurationen

Die *Konfiguration des dominierenden Alleininnovators* zeigt einen geringen Beteiligungsgrad weiterer Akteure und nutzt primär durch die Geschäftsführung getriebene top-down-orientierte Koordinationskonzepte. Die *Konfiguration des prozessorientierten Expertenteams* beteiligt zusätzlich zu der Geschäftsführung weitere ausgewählte Innovationsakteure. Anhand standardisierter Prozesse koordiniert ein Expertenteam die Innovationsaktivitäten und steuert die Aufgabendelegation. Die *routinierten Kollektivisten* betreiben Innovationen unter breiter Beteiligung der Belegschaft. Die Mehrheit der Belegschaft besitzt eine Funktion im Innovationsprozess. Durch die Einübung von spezifischen Verhaltensweisen im Innovationssystem haben sich Routinen zur effizienten Selbstregulierung entwickelt.

7 Schlussbetrachtung

7.1 Zusammenfassung

Ziel der Untersuchung war es, die Black Box der organisationalen Innovationsfähigkeit mittelständischer Innovationssysteme zu öffnen und Leerstellen der Innovationsforschung in KMU zu füllen. Die Studie zeigt, dass die Innovationsfähigkeit von KMU auch nach Ansicht der befragten Führungskräfte einen zentralen Hebel für die Erlangung nachhaltiger Wettbewerbsvorteile darstellt. Dies gilt auch für KMU, die sich in moderat dynamischen Wettbewerbsverhältnissen bewegen. Es ist zu erkennen, dass die befragten Unternehmen trotz moderat dynamischer Wettbewerbsverhältnisse einen erheblichen Innovationsdruck empfinden. Keines der Unternehmen befand sich in einer monopolähnlichen Stellung, die es der Organisation erlaubt hätte, auf Innovationen auch nur temporär zu verzichten.

Aus betriebswirtschaftlicher Sicht stellt sich die Frage, wie KMU die Innovationsfähigkeiten durch die Gestaltung ihres Innovationsmanagementsystems so beeinflussen können, dass der Erfolg von Innovationen wahrscheinlicher wird. Um diese Frage zu beantworten, wurde die organisationale Innovationsfähigkeit zunächst in das theoretische Konzept der dynamischen Fähigkeiten eingebettet und die Wirkungsweisen dieser Fähigkeiten unter moderat dynamischen Wettbewerbsverhältnissen erörtert. Sodann wurde die Black Box der Innovationsfähigkeit anhand eines aus der Erfolgsfaktorenforschung abgeleiteten Bezugsrahmens konzeptualisiert und operationalisiert. Alle Erfolgsfaktoren ließen sich fünf verschiedenen Modellparametern zuordnen. Die Modellparameter sind *Top Management*, *Innovationsstrategie*, *Innovationsprozess*, *Organisation* und *Innovationsklima*. Dieser Bezugsrahmen wurde vorrangig aus Erfolgsfaktorenstudien von Großunternehmen abgeleitet. Bezogen auf KMU wurden lediglich acht großzahlige einschlägige Studien gefunden, so dass es nicht überrascht, dass die Erkenntnisbasis als lückenhaft zu bezeichnen ist. Aus der Prüfung KMU-spezifischer Forschungserbnisse ergab sich, dass sich Einzelergebnisse ohne Probleme in den Bezugsrahmen einordnen ließen. Aus den Leerstellen bei der KMU-spezifischen Erfolgsfaktorenforschung leitete sich das Interesse ab, durch eine weitere Studie Erfolgsfaktoren zu identifizieren und nicht konsolidierte Faktoren zu verifizieren.

Hieraus ergab sich die erste Forschungsfrage:

> *Welche Erfolgsfaktoren der Innovationsfähigkeit lassen sich in Innovationssystemen mittelständischer Unternehmen identifizieren, die die Ausprägung unterschiedlicher Innovativitätsgrade von KMU beeinflussen?*

Zur Beantwortung dieser Forschungsfrage wurde die Gesamtstichprobe anhand eines Expertenratings in Teilstichproben innovativer und weniger innovativer Unternehmen differenziert. Die Gegenüberstellung der Teilstichproben sollte zeigen, welche Erfolgsfaktoren den Unterschied zwischen innovativen und weniger innovativen KMU ausmachen. Es handelt sich um eine kategorienbasierte Betrachtung, die die Modellparameter des Bezugsrahmens induktiv durch die Bestimmung KMU-spezifischer Erfolgsfaktoren ausdifferenziert. Auf Grundlage dieser Untersuchung ließen sich 26 Erfolgsfaktoren identifizieren, die auf Ebene der Teilstichproben zwischen innovativen und weniger innovativen KMU diskriminieren. Es zeigte sich darüber hinaus, dass nicht alle Erfolgsfaktoren bei den untersuchten Innovatoren gleichermaßen ausgeprägt waren. Aus diesem Grund wurden in einem zweiten Schritt unterschiedliche Konfigurationen durch eine fallbasierte Betrachtung auf der Ebene einzelner Unternehmen identifiziert, um das Phänomen des Erfolgsfaktorenmixes erklären zu können (Abschnitt 6.2). Will man das Zusammenspiel der Modellparameter unterschiedlicher Innovatoren näher betrachten, ergibt sich die zweite Forschungsfrage:

> *Welche Unterschiede lassen sich hinsichtlich der Konfigurationen der Erfolgs-*
> *faktoren bei leistungsfähigen Innovationssystemen beobachten? Welche*
> *Funktionsweisen liegen diesen Konfigurationen zugrunde?*

Auf Basis der fallorientierten Auswertung wurden unterschiedliche Konfigurationen identifiziert, die gleichermaßen eine ausgeprägte Innovationsfähigkeit von KMU begünstigen. Diese Auswertung erfolgte auf der Betrachtungsebene der Modellparameter. Die untersuchte Stichprobe zeigt drei unterschiedliche Konfigurationen mittelständischer Innovationsfähigkeit, denen sich alle 10 Innovatoren zuverlässig zuordnen ließen. Es sind der *dominierende Alleininnovator* (besetzt mit drei Unternehmen), das *prozessorientierte Expertenteam* (ebenfalls besetzt mit drei Unternehmen) und die *routinierten Kollektivisten* (besetzt mit vier Unternehmen). Diese Unternehmen verfügen über eine effektive und effiziente Transformation von Innovationsinputs zu Innovationsoutputs. Dabei hat jede Konfiguration Modellparameter, die stark ausgeprägt sein müssen (erfolgskritische Modellparameter), um die Innovationsfähigkeit sicherzustellen und erfolgsneutrale Parameter, welche für die Innovativität der spezifischen Konfiguration von untergeordneter Bedeutung sind. Nicht das bloße Vorhandensein von Erfolgsfaktoren ist der Schlüssel zu einer nachhaltigen Innovationsfähigkeit, sondern die zielgerichtete Kombination dieser Faktoren zu einer spezifischen Konfiguration, die eine Passung zu den Möglichkeiten und Limitationen der zentral handelnden Innovationsakteure aufweist.

7.2 Limitationen der Studie als Implikationen für die weitere Forschung

Ziel der vorliegenden Studie war es, die Innovationsfähigkeit von KMU in der moderat dynamischen Wirtschaftsregion Lüneburg zu erheben. Die Ergebnisse der Untersuchung können nicht ohne weiteres auf andere Wirtschaftsregionen mit grundlegend anderen Spezifika übertragen werden (z.B. KMU in einem hochtechnologischen Wettbewerbsumfeld).

Die Ergebnisse der Studie sind kontext-/stichprobengebunden generalisierbar (Lamnek 2010, S. 167).

Gleiches gilt für die Branchenzugehörigkeit der untersuchten Unternehmen, die maßgeblich durch den heterogenen Besatz der Wirtschaftsregion Lüneburg geprägt ist. In großzahligen, quantitativ geprägten Erfolgsfaktorenstudien wird versucht, branchenspezifische Effekte, die zweifellos die Innovativität von Organisationen beeinflussen können, statistisch zu kontrollieren. Brancheneffekte konnten in der vorliegenden Studie aufgrund der bei qualitativen Studien üblichen geringen Stichprobengröße nicht berücksichtigt werden. Es erfolgte eine Zuordnung aller Unternehmen auf dem Aggregationsniveau von Industrie- und Dienstleistungsunternehmen.

Es ist wünschenswert, die vorliegende Studie in anderen Wirtschaftsregionen mit variierenden Graden der Umweltdynamik und in weiteren Branchen zu replizieren, um sowohl die Breite als auch die Tiefe der bisherigen Feldforschung zu erweitern. Naheliegend wäre es, die identifizierten Erfolgsfaktoren in Hypothesen umzusetzen und durch weitere Studien empirisch zu fundieren. Interessant wäre es weiterhin, die Hypothesen zu erfolgversprechenden Konfigurationen der Innovationsfähigkeit anhand großzahliger Studien zu prüfen, um auf diese Weise eventuell weitere Konfigurationen identifizieren zu können und um Kontextfaktoren zu untersuchen, die solche Ausprägungen maßgeblich beeinflussen. In der vorliegenden Studie konnte beispielsweise keine Konfiguration ausgemacht werden, die in allen Modellparametern eine starke Ausprägung aufwies. Dies könnte u.a. in den Bedingungen einer moderat dynamischen Wirtschaftsregion begründet liegen.

Die vorliegende Studie ist eine Querschnittsanalyse und kann daher keine Aussagen über die Entstehung und Entwicklung von Konfigurationen treffen. Eine Längsschnittstudie könnte wesentliche Aufschlüsse liefern, ob die gewählten Konfigurationen als stabil zu betrachten sind oder sich im Zeitverlauf durch die Anpassung an veränderte Kontingenzfaktoren verändern.

In der bisherigen Forschung geht man davon aus, dass zwischen den Erfolgsfaktoren und den Modellparametern eine vollständige Interdependenz angenommen werden kann (siehe hierfür die Darstellung der Modellparameter der Abbildung 23). Es zeigt sich in der Innovationsforschung eine geringe Neigung, diese Annahmen empirisch zu hinterfragen. Die Analyse dieser Zusammenhänge erscheint jedoch notwendig, um die Wirkungsweise unterschiedlicher Konfigurationen verstehen zu können. Die vorgestellte Untersuchung verdeutlicht, dass Konfigurationen spezifische Modellparameter ausprägen und dass sich das Zusammenspiel von Modellparametern in unterschiedlichen Konfigurationen deutlich unterscheidet. Eine detailliertere Betrachtung des konfigurationsspezifischen Zusammenspiels von Modellparametern könnte eine Chance sein, die Black Box der mittelständischen Innovationsfähigkeit weiter zu öffnen. Hierzu ist eine Abkehr von der klassischen Erfolgsfaktorenforschung mit ihren Input-Output-Relationen nötig, die sich auf die Betrachtung von linearen Zusammenhängen zwischen Erfolgsfaktoren und aggregierten Größen des Innovationserfolgs beziehen. Diese als linear angenommenen Zusammenhänge können die komplexen Interaktionen zwischen Modellparametern/Erfolgsfaktoren nur unzulänglich abbilden.

7.3 Implikationen für die Praxis

Festzustellen ist zunächst, dass die Ambition der Geschäftsführung, auf die Innovationsfähigkeit der Organisation positiv Einfluss zu nehmen, ein entsprechendes Bewusstsein bezüglich der Innovationsbedeutung für den zukünftigen Unternehmenserfolg voraussetzt. Die Einsicht, ohne eine ausgeprägte Innovationsfähigkeit nicht im Wettbewerb bestehen zu können, ist eine zentrale Triebfeder für das nachhaltige Engagement im Innovationszusammenhang. Die Erkenntnis, dass es nicht *den einen Weg* zu einer erfolgreichen Innovationstätigkeit gibt, stellt Organisationen vor die Problematik eine geeignete Konfiguration auszuprägen. Auf Basis der fallbasierten Erkenntnisse über die Charakteristika einzelner Konfigurationen lassen sich Handlungsempfehlungen aussprechen, die es der Unternehmensführung erleichtern, eine begründete Wahl einer Konfiguration zu treffen und das Innovationssystem an den Anforderungen der jeweiligen Konfiguration auszurichten.

Die Wahl einer Konfiguration wird durch die unternehmensindividuellen Voraussetzungen beeinflusst und setzt eine reflektierte Haltung der Geschäftsführung im Umgang mit der eigenen Innovationstätigkeit voraus. Zunächst muss die Unternehmensführung die Bedeutung der eigenen Rolle im Innovationssystem reflektieren und verstehen. Betrachtet sich die Unternehmensführung als alleinigen Innovationsträger, der befähigt ist, alle Promotorenrollen exklusiv auszufüllen, kann die Konfiguration des dominierenden Alleininnovators angesteuert werden. Diese Konfiguration wird jedoch nur dann funktionieren, wenn die Modellparameter Top Management und Innovationsstrategie eine starke Ausprägung besitzen.

Ist die Unternehmensführung nicht im Stande, die notwendigen Promotorenrollen allein zu erfüllen, muss festgestellt werden, welche MitarbeiterInnen in das Innovationssystem eingebunden werden können, um die gewünschte Innovationsfähigkeit sicherzustellen (Festlegung eines Beteiligungskonzepts). Dies kann durch den Einbezug weniger Experten (siehe *prozessorientierte Expertenteams*), die sich im Innovationszusammenhang als kompetent erwiesen haben, realisiert werden. Wird die Belegschaft umfassend einbezogen, kann ein kollektives Innovationssystem entstehen (siehe *routinierte Kollektivisten*). Je nach Beteiligungsgrad müssen Koordinationskonzepte gewählt werden, die den Informationsfluss zwischen den Beteiligten im Innovationsgeschehen regeln sowie die Einübung und Verstetigung von Standards ermöglichen. Dies kann auf Grundlage einer stringenten Prozessorientierung, einer persönlichen Delegation oder durch Routinen einer effizienten Selbstregulierung erfolgen. Die Unternehmensführung braucht zur Herbeiführung einer ausgeprägten Innovationsfähigkeit zumindest in Bezug auf die Dimensionen der Beteiligungs-

und Koordinationskonzepte Klarheit, um eine reflektierte Wahl einer Konfiguration treffen zu können. Ist diese Wahl erfolgt, kann die Geschäftsführung ihre knappen Ressourcen zielgerichtet auf die Gestaltung und Ausprägung von Erfolgsfaktoren kritischer Modellparameter richten. Ergebnis wäre ein leistungsfähiges und passgenaues Konzept, das alle grundsätzlichen Anforderungen an ein wirkungsvolles Innovationssystem erfüllt.

Literatur

Adams, R., Bessant, J. & Phelps, R. (2006). Innovation management measurement: A review. *International Journal of Management Reviews*, 8(1), S. 21–47.

Alam, I. (2006). Removing the fuzziness from the fuzzy front-end of service innovations through customer interactions. *Industrial Marketing Management*, 35, S. 468–480.

Ali, A. (2000). The impact of innovativeness and development time on new product performance for small firms. *Marketing Letters*, 11(2), S. 151–163.

Ambrosini, V. & Bowman, C. (2009). Dynamic capabilities: An exploration of how firms renew their resource base. *British Journal of Management*, 20(1), S. 1–41.

Amit, R. & Schoemaker, P.J.H. (1993). Strategic assets and organizational rent. *Strategic Management Journal*, 14(1), S. 33–46.

Anand, G. & Kodali, R. (2008). Development of a conceptual framework for lean new product development process. *International Journal of Product Development*, 6(2), S. 190–224.

Anderson, N., de Dreu, C.K.W. & Nijstad, B.A. (2004). The routinization of innovation research: A constructively critical review of the state-of-the-science. *Journal of Organizational Behavior*, 25(2), S. 147–173.

Artz, K.W., Norman, P.M. & Hatfield, D.E. (2003). Firm performance: A longitudinal study of R&D patents and product innovation. *Academy of Management Best Conference Paper (Conference Proceedings)*, S. 1–7.

Atuahene-Gima, K. (1996). Market orientation and innovation. *Journal of Business Research*, 35(1), S. 93–203.

Avlonitis, G. (2001). An empirically based typology of product innovativeness for new financial services: Success and failure scenarios. *The Journal of Product Innovation Management*, 18, S. 324–342.

Balachandra, R. & Friar, J.H. (1997). Factors for success in R&D projects and new product innovation: A contextual framework. *IEEE Transactions on Engineering Management*, 44(3), S. 276–287.

Barney, J. (1991). Firm resources and sustained competitive advantage. *Journal of Management*, 17(1), S. 99–120.

Bass, B.M. (1999). Two decades of research and development in transformational leadership. *European Journal of Work and Organizational Psychology*, 8(1), S. 9–32.

Bausenwein, M. & Erett, A. (2009). Aufbau eines Innovationsmanagements durch die Technologieberatung UNITY. In J.H. Fisch & J.M. Roß (Hrsg.), *Fallstudien zum Innovationsmanagement: Methodengestützte Lösung von Problemen aus der Unternehmenspraxis*. Wiesbaden: Gabler, S. 51–68.

Beeck, C. (2010). Balanced Innovation Card: Instrument des strategischen Innovationsmanagements für mittelständische Automobilzulieferer. In A. von Ahsen (Hrsg.), *Bewertung von Innovationen im Mittelstand.* Berlin, Heidelberg: Springer, S. 123–137.

Beneito, P. (2006). The innovative performance of in-house and contracted R&D in terms of patents and utility models. *Research Policy*, 35(4), S. 502–517.

Bernard, H.R. & Ryan, G.W. (2010). *Analyzing qualitative data. Systemic approaches.* Thousand Oaks, CA.: Sage Publications.

Berth, R. (2003). Auf Nummer sicher. *Harvard Business Manager*, 6, S. 16–29.

Beyer, G. & Seidel, G. (2006). Gestaltung eines systematischen Ideenmanagements. In T. Sommerlatte, G. Beyer & G. Seidel (Hrsg.), *Innovationskultur und Ideenmanagement: Strategie und praktische Ansätze für mehr Wachstum.* Düsseldorf: symposion, S. 370–403.

Bhattacharya, M. & Bloch, H. (2004). Determinants of innovation. *Small Business Economics*, 22(2), S. 155–162.

Billerbeck, H. (2003). *Der Zeitfaktor im Innovationsmanagement.* Göttingen: Vandenhoeck & Rupprecht.

Blessin, B. (2001). Innovationskultur oder Kulturinnovation – Voraussetzungen eines erfolgreichen Innovationsmanagements in KMU. In J.-A. Meyer (Hrsg.), *Innovationsmanagement in kleinen und mittleren Unternehmen.* München: Vahlen, S. 11–24.

Bloch, C. (2007). Assessing recent developments in innovation measurement: the third edition of the Oslo manual. *Science and Public Policy*, 34(1), S. 23–34.

Booz, Allen & Hamilton Inc. (1982). *New products management for the 1980s.* New York: Booz, Allen & Hamilton

Bortz, J. & Döring, N. (2006). *Forschungsmethoden und Evaluation für Human- und Sozialwissenschaftler* (4. Auflage). Heidelberg: Springer.

Bougrain, F. & Haudeville, B. (2002). Innovation, collaboration and SMEs internal research capacities. *Research Policy*, 31(5), S. 735–747.

Bremser, W.G. & Barsky, N.P. (2004). Utilizing the balanced scorecard for R&D performance measurement. *R&D Management*, 34(3), S. 229–238.

Brinkmann, J.H. (1997). *Betrieblicher Innovationsprozess und Innovationserfolg am Beispiel medizinisch-technischer Hilfsmittel.* Sternenfels: Wissenschaft & Praxis.

Brouwer, E. & Kleinknecht, A. (1997). Measuring the unmeasurable: a country's non-R & D expenditure on product and service innovation. *Research Policy*, 25 (8), S. 1235–1242.

Brown, M.G. & Svenson, R.A. (1988). Measuring R&D productivity. *Research Technology Management*, 31(4), S. 11–15.

Brüsemeister, T. (2008). *Qualitative Forschung. Ein Überblick*. Wiesbaden: VS Verlag.

Burr, W. (2003). Das Konzept des verteidigungsfahigen Wettbewerbsvorteils – Ansatzpunkte zur Dynamisierung und Operationalisierung. *Die Unternehmung*, 67(5), S. 357–373.

Calantone, R. (2002). Learning orientation, firm innovation capability, and firm performance. *Industrial Marketing Management*, 31(6), S. 515–524.

Calantone, R.J., Bhoovaraghavan, S. & Di Benedetto, C.A. (1994). Examining the relationship between degree of innovation and new product success. *Journal of Business Research*, 30(2), S. 143–248.

Chandler, G.N., Keller, C. & Lyon, D.W. (2000). Unraveling the determinants and consequences of an innovation-supportive organizational culture. *Entrepreneurship Theory and Practice*, 25(1), S. 59–76.

Chesbrough, H.W. (2006). The era of open innovation. In D. Mayle (Hrsg.), *Managing innovation and change*. London et al.: Sage Publications, S. 127–138.

Cochran, B. & Thompson, G. (1964). *Why new products fail*. The National Industrial Conference Board Record, S. 11-18.

Cohen, W.M. & Levinthal, D.A. (1990). Absorptive capacity: A new perspective on and innovation learning. *Administrative Science Quarterly*, 35(1), S. 128–152.

Cooper, R.G. (1975). Why new industrial products fail. *Industrial Marketing Management*, 4(6), S. 315–326.

Cooper, R.G. (1976). Introducing successful new industrial products. *European Journal of Marketing*, 10 (6), S. 300-329.

Cooper, R.G. (1998). Benchmarking new product performance: results of the best practices study. *European Management Journal*, 16(1), S. 1–17.

Cooper, R.G. (2008). Perspective: the stage-gates idea-to-launch process – update, what's new, and NexGen systems. *The Journal of Product Innovation Management*, 25(3), S. 213–232.

Cooper, R.G. (2010). *Top und Flop in der Produktentwicklung*. Weinheim: Wiley-VCH.

Cooper, R.G., Edgett, S.J. & Kleinschmidt, E.J. (2004). Benchmarking best NPD practices – I. *Research Technology Management*, 47(1), S. 31–43.

Cooper, R.G. & Edgett, S.J. (2005). *Lean, rapid and profitable – new product development*. Ancaster: Basic Books.

Cooper, R.G. & Kleinschmidt, E.J. (1987). New products: What separates winners from losers? *Journal of Product Innovation Management*, 4(3), S. 169–184.

Cooper, R.G. & Kleinschmidt, E.J. (1993). Major new products: What distinguishes the winners in the chemical industry? *Journal of Product Innovation Management*, 10(2), S. 90–111.

Cooper, R.G. & Kleinschmidt, E.J. (1995). Benchmarking the firm's product development critical success factors in new product development. *Journal of Product Innovation Management*, 12(5), S. 374–391.

Cordero, R. (1990). The measurement of innovation performance in the firm: an overview. *Research Policy*, 19 (2), S. 185–192.

Cropley, A.J. (2008). *Qualitative Forschungsmethoden: Eine praxisnahe Einführung* (3. Auflage). Eschborn bei Frankfurt am Main: Klotz Verlag.

Cusumano, M.A. (1994). The limits of 'lean'. *Sloan Management Review*, 35(4), S. 27–32.

Damanpour, F. (1991). Organizational innovation: A meta-analysis of effects of determinants and moderators. *Academy of Management Journal*, 34(3), S. 555–590.

Danneels, E. & Kleinschmidt, E. (2001). Product innovativeness from the firm's perspective: Its dimensions and their relation with project selection and performance. *Journal of Product Innovation Management*, 18, S. 357–373.

Danneels, E. (2002). The dynamics of product innovation and firm competences. *Strategic Management Journal*, 23(12), S. 1095–1121.

Dauenheimer, D., Stahlberg, D., Frey, D. & Petersen, L. (2002). Die Theorie des Selbstwertschutzes und der Selbstwerterhöhung. In D. Frey & M. Irle (Hrsg.), *Motivations-, Selbst-, und Informationsverarbeitungstheorien*. Bern: Huber, S. 159–190.

Dillerup, R. & Stoi, R. (2008). *Unternehmensführung* (4. Auflage). München: Vahlen.

Dömötör, R. (2011). *Erfolgsfaktoren der Innovativität von kleinen und mittleren Unternehmen*. Wiesbaden: Gabler.

Dosi, G. (1988). The nature of the innovative process. In G. Dosi et al., (Hrsg.), *Technical change an economic theory*. London und New York: Pinter Pub Ltd., S. 221–238.

Drucker, P.F. (1967). *The effective executive*. London: Heinemann.

Eden, C. & Ackermann, F. (1998). *Making strategy: The journey of strategic management*. London et al.: Sage Publications.

Edwards, T., Delbridge, R. & Munday, M. (2005). Understanding innovation in small ans medium-sized enterprises: A process manifest. *Technovation*, 25, S. 1119–1127.

Eisenhardt, K.M. & Graebner, M.E. (2007). Theory building from cases: opportunities and challenges. *Academy of Management Journal*, 50(1), S. 25–32.

Eisenhardt, K.M. & Martin, J.A. (2000). Dynamic capabilities: What are they? *Strategic Management Journal*, 21(10-11), S. 1105–1121.

Enquete-Kommission (Hrsg.) (2002). *Globalisierung der Weltwirtschaft – Herausforderungen und Anworten*, Berlin. http://dip21.bundestag.de/dip21/btd/14/-092/1409200.pdf (abgerufen am 10.05.2013)

Ernst, H. (2002). Success Factors of New Product Development: A Review of the Empirical Literature. *International Journal of Management Reviews*, 4(1), S. 1–40.

Ernst-Siebert, R. (2008). *KMU im globalen Innovationswettbewerb. Eine Untersuchung des betriebsgrößenspezifischen Innovationsverhaltens und innovationsinduzierter Beschäftigungseffekte.* München und Mehring: Hampp.

Europäische Kommission (Hrsg.) (2006). Die neue KMU-Definition: Benutzerhandbuch und Mustererklärung. 2006, S. 1–52. http://ec.europa.eu/enterprise/policies/sme/files/sme_definition/sme_user_guide_de.pdf (abgerufen am 01.04.2013).

Europäische Kommission (Hrsg.) (2013). *Innovation Union Scorecard*, Brüssel. http://ec.europa.eu/enterprise/policies/innovation/files/ius-2013_en.pdf (abgerufen am 16.05.2013).

Ewing, J. (2012). German Small Businesses Reflect Country's Strength. *The New York Times*, http://www.nytimes.com/2012/08/14/business/global/german-small-businesses-reflect-countrys-strength.html?_r=2&smid=fb-share& (abgerufen am 18.05.2013)

Farr, J.L., Sin, H. & Tesluk, P.E. (2003). Knowledge management processes and work group innovation. In L.V. Shavina (Hrsg.), *International Handbook of Innovation.* Oxford: Academic Press, S. 574–586.

Fischer, S. (2012). *The entrepreneurial firm as a context for employee work: Novelty creation in small organizations from a multilevel perspective*, Leuphana Universität Lüneburg: Dissertation.

Flick, U. (2011). *Qualitative Sozialforschung* (4. Auflage). Reinbek bei Hamburg: Rowohlt-Taschenbuch-Verlag.

Freel, M. (2003). Sectoral patterns of small firm innovation, networking and proximity. *Research Policy*, 32 (5), S. 751–770.

Frese, M, Fay, D. & Hilburger, T. (1997). The concept of personal initiative: Operationalization, reliability and validity in two German samples. *Journal of Occupational and Organizational Psychology*, 70(2), S. 139–161.

Gallini, N. & Scotchmer, S. (2002). Intellectual property: When is it the best incentive system? *Innovation Policy and the Economy*, 2, S. 51–77.

Gatignon, H., Tushman, M.L., Smith, W. & Anderson, P. (2002). A structural approach to assessing innovation: Construct development of innovation locus, type, and characteristics. *Management Science*, 48(9), S. 1103–1122.

Gatignon, H. & Xuereb, J. (1990). Strategic orientation of the firm and new product performance. *Journal of Marketing Research*, 34(1), S. 77–90.

Gladen, W. (2011). *Performance Measurement: Controlling mit Kennzahlen.* Wiesbaden: Gabler.

Gläser, J. & Laudel, G. (2006). *Experteninterviews und qualitative Inhaltsanalyse* (2. Auflage). Wiesbaden: VS Verlag.

Gleich, R., Handermann, U. & Shaffu, M. (2006). Innovationskultur: Basis für nachhaltige Innovationsleistung. In T. Sommerlatte, G. Beyer & G. Seidel (Hrsg.), *Innovationskultur und Ideenmanagement: Strategie und praktische Ansätze für mehr Wachstum.* Düsseldorf: symposion, S. 61–84.

Greiling, M. (1998). *Das Innovationssystem: Eine Analyse zur Innovationsfähigkeit von Unternehmen.* Frankfurt am Main et al.: Lang.

Griffin, A. (1997). PDMA research on new product development practices: Updating trends and benchmarking best practices. *Journal of Product Innovation Management,* 14(6), S. 429–458.

Hadjimanolis, A. (2000). An investigation of innovation antecedents in small firms in the context of a small developing country. *R&D Management,* 30(3), S. 235–246.

Hagedoorn, J. & Cloodt, M. (2003). Measuring innovative performance: Is there an advantage in using multiple indicators? *Research Policy,* 32(8), S. 1365–1379.

Hagenhoff, S. (2008). *Innovationsmanagement für Kooperationen: Eine instrumenten-orientierte Betrachtung.* Göttingen: Universitätsverlag Göttingen.

Hall, R. (1993). A framework linking intangible resources and capabiliites to sustainable competitive advantage. *Strategic Management Journal,* 14(8), S. 607–618.

Hart, S. (1993). Dimensions of success in development : An exploratory investigation. *Journal of Marketing Management,* 9(1), S. 23–41.

Hart, S. & Craig, A. (1993). Dimensions of success in new product development. In M.J. Baker (Hrsg.), *Perspectives on Marketing Management.* New York: John Wiley, S. 207–243.

Hauschildt, J. (1991). Messung des Innovationserfolgs. *Zeitschrift fürBetriebswirtschaft,* 61(4), S. 451–476.

Hauschildt, J. & Chakrabarti, A.K. (1999). Arbeitsteilung im Innovationsmanagement. In J. Hauschildt & H.G. Gemünden (Hrsg.), *Promotoren: Champions der Innovation.* Wiesbaden: Gabler, S. 67–87.

Hauschildt, J. & Salomo, S. (2005). Je innovativer, desto erfolgreicher? *Journal für Betriebswirtschaft,* 55(1), S. 3–20.

Hauschildt, J. & Salomo, S. (2011). *Innovationsmanagement* (5. Auflage), München: Vahlen.

Hauschildt, J. & Walther, S. (2003). Technologieorientiertes Innovationsmanagement: Strategien für kleine und mittelständische Unternehmen. In Schwarz, E.J. (Hrsg.), *Erfolgsfaktoren von Innovationen mittelständischer Unternehmen.* Wiesbaden: Gabler, S. 6–22.

Hausman, A. (2005). Innovativeness among small businesses: theory and propositions for future research. *Industrial Marketing Management*, 34(8), S. 773–782.

He, Z.L. & Wong, P.K. (2004). Exploration vs. exploitation: an empirical test of the ambidexterity hypothesis. *Organization Science*, 15(4), S. 481–494.

Helfat, C.E. & Raubitschek, R.S. (2000). Product sequencing: Co-evolution of knowledge, capabilities and products. *Strategic Management Journal*, 21(10/11), S. 961–979.

Henard, D.H. & Szymanski, D.M. (2001). Why some new products are more successful than others. *Journal of Marketing Research*, 38(3), S. 362–375.

Herstatt, C. & Verworn, B. (2007). Bedeutung und Charakteristika der frühen Phasen des Innovationsprozesses. In C. Herstatt & B. Verworn (Hrsg.), *Management der frühen Innovationsphasen: Grundlagen – Methoden – Neue Ansätze.* Wiesbaden: Gabler, S. 3–19.

Hoffmann, K., Parejo, M., Bessant, J. & Perren, L., (1998). Small firms, R&D, technology and innovation in the UK: A literature review. *Technovation*, 18(1), S. 39-55.

Holliday, A. (2007). *Doing and writing qualitative research.* London et al.: Sage Publications.

Howell, J.M. (2005). The right stuff: identifying and developing effective champions of innovation. *Academy of Management Executive*, 19(2), S. 108–119.

IfM Bonn (Hrsg.) (2012). *Mittelstand in Deutschland gemäß der KMU-Definition der EU-Kommission*, Bonn. http://www.ifmbonn.org/fileadmin/data/redaktion/statistik/schlues-selzahlen/dokumente/SZ-Unt_Ums_Besch_2004-2010_D_KMU_nach_EU-Def.pdf (abgerufen am 06.06.2013)

Jensen, P.H. & Webster, E. (2004). Examining biases in measures of firm innovation. *Intellectual Property*, 6, S. 1–41.

de Jong, J.P.J. & Marsili, O. (2006). The fruit flies of innovations: A taxonomy of innovative small firms. *Research Policy*, 35(2), S. 213–229.

de Jong, J.P.J. & Vermeulen, P.A.M. (2006). Determinants of product innovation in small firms: A comparison across industries. *International Small Business Journal*, 24(6), S. 587–609.

Kelle, U. & Erzberger, C. (2007). Triangulation in der qualitativen Forschung. In U. Flick, E. von Kardoff & I. Steinke (Hrsg.), *Qualitative Forschung: Ein Handbuch.* Reinbek bei Hamburg: Rowohlt-Taschenbuch-Verlag, S. 299–308.

Keupp, M.M., Palmié, M. & Gassmann, O. (2012). The strategic management of innovation: A systematic review and paths for future research. *International Journal of Management Reviews*, 14 (4), S. 367–390.

Kim, Y., Song, K. & Lee, J. (1993). Determinants of technological innovation in the small firms of Korea. *R&D Management*, 23(3), S. 215–226.

King, N. (1990). Innovation at work: The research literature. In M.A. West & J. L. Farr (Hrsg.), *Innovation and Creativity at Work*. Chichester et al.: Wiley, S. 15–60.

Kirner, E., Som, O., Dreher, K. & Wiesenmaier, V. (2006). *Innovation in KMU – Der ganzheitliche Innovationsansatz und die Bedeutung von Innovationsroutinen für den Innovationsprozess.* Arbeitspapier: InnoKMU Thesenpapier. Karlsruhe: Fraunhofer Institut – System- und Innovationsforschung. https://heinz.sdu.dk:8443/ws/files/5211-9878/InnoKMU_Thesenpapier_1_.pdf (abgerufen am 20.05.2013).

Kirner, E., Kinkel, S. & Jaeger, A. (2009). Innovation paths and the innovation performance of low-technology firms – An empirical analysis of German industry. *Research Policy*, 38(3), S. 447–458.

Klandt, H. (2006). *Gründungsmanagement: Der integrierte Unternehmensplan: Business Plan als zentrales Instrument für die Gründungsplanung* (2. Auflage). München et al.: Oldenbourg.

Kleinknecht, A. (1996). *Determinants of innovation: the message from new indicators*. Basingstoke et al.: Macmillan.

Kleinknecht, A., van Montfort, K. & Brouwer, E. (2002). The non-trivial choice between innovation indicators. *Economics of Innovation & New Technology*, 11(2), S. 109–121.

Kleinschmidt, E.J. & Cooper, Robert G. (1991). The impact of product innovativeness on performance. *Journal of Product Innovation Management*, 8(4), S. 240–251.

Koellinger, P. (2008). The relationship between technology, innovation, and firm performanc – Empirical evidence from e-business in Europe. *Research Policy*, 37(8), S. 1317–1328.

Kotzbauer, N. (1992). *Erfolgsfaktoren neuer Produkte: Der Einfluß der Innovationshöhe auf den Erfolg technischer Produkte*. Frankfurt am Main et al.: Lang.

Krieger, A. (2005). *Erfolgreiches Management radikaler Innovationen, Autonomie als Schlüsselvariable*. Wiesbaden: Deutscher Universitäts-Verlag.

Kuckartz, U. (2008). *Qualitative Evaluation: Der Einstieg in die Praxis* (2. Auflage). Wiesbaden: VS Verlag.

Kuckartz, U. (2010). *Einführung in die computergestützte Analyse qualitativer Daten* (3. Auflage). Wiesbaden: VS Verlag.

Kuckartz, U. (2012). *Qualitative Inhaltsanalyse. Methoden, Praxis, Computerunterstützung*. Weinheim und Basel: Beltz Juventa.

Lamnek, S. (2010). *Qualitative Sozialforschung* (10. Auflage). Weinheim und Basel: Beltz.

Lawson, B. & Samson, D. (2001). Developing innovation capability in organisations: A dynamic capabilities approach. *International Journal of Innovation Management*, 5(3), S. 377–400.

Leonard-Barton, D. (1992). Core capabilities and core rigidities: A paradox in managing new product development. *Strategic Management Journal*, 13(S1), S. 111–125.

Liker, J.K. & Morgan, J.M. (2006). The Toyota way in services: The case of lean product development. *Academy of Management Perspectives*, 20(2), S. 5–20.

López, S.V. (2005). Competitive advantage and strategy formulation: The key role of dynamic capabilities. *Management Decision*, 43(5), S. 661–669.

Lumpkin, G.T. & Dess, G.G. (1996). Clarifying the entrepreneurial orientation construct and linking it to performance. *Academy of Management Review*, 21(1), S. 135–172.

Maier, G. W., Streicher, B., Jonas, E. & Frey, D. (2004). *Innovation und Kreativität.* (Forschungsbericht). München: Ludwig-Maximilians-Universität, Fakultät für Psychologie und Pädagogik. http://www.psy.lmu.de/soz/studium/downloads_folien/sose08/m-u/04-frey-art1.pdf (abgerufen am 18.05.2013)

Maltz, E., Souder, W.E. & Kumar, A. (2001). Influencing R&D/marketing integration and the use of market information by R&D managers: Intended and unintended effects of managerial actions. *Journal of Business Research*, 52(1), S. 69–82.

March, J.G. (1990). Exploration and exploitation in organizational learning. *Organization Science*, 2(1), S. 71–87.

Martin, A., Weisenfeld, U. & Bekmeier-Feuerhahn, S. (2009). Mechanisms of change. *Management Revue*, 20(2), S. 117–125.

Mayring, P. (2008). *Qualitative Inhaltsanalyse: Grundlagen und Techniken* (10. Auflage). Weinheim und Basel: Beltz.

McGahan, A.M. & Porter, M.E. (1997). How much does industry matter, really? *Strategic Management Journal*, 18, S. 15–30.

Meffert, H., Burmann, C. & Kirchgeorg, M. (2008). *Marketing.* Wiesbaden: Gabler.

Mendonca, S., Pereira, T. & Godinho, M. (2004). Trademarks as an indicator of innovation and industrial change. *Research Policy*, 33(9), S. 1385–1404.

Meyer, M.H. & Roberts, E.B. (1986). New product strategy in small technology-based firms: A pilot study. *Management Science*, 32(7), S. 806–821.

Meyer-Krahmer, F. (1984). Recent results in measuring innovation output. *Research Policy*, 13(3), S. 175–182.

Min, S., Kalwani, M. & Robinson, W. (2006). Market pioneer and early follower survival risks: a contingency analysis of really new versus incrementally new product-markets. *Journal of Marketing*, 70(1), S. 15–33.

Mintzberg, H. & Waters, J.A. (1982). Tracking strategy in an entrepreneurial firm. *Academy of Management Journal*, 25(3), S. 465–499.

Miron, E., Erez, M. & Naveh, E. (2004). Do personal characteristics and cultural values that promote innovation, quality, and efficiency compete or complement each other? *Journal of Organizational Behavior*, 25(2), S. 175–199.

Moldaschl, M. (2006). Innovationsfähigkeit, Zukunftsfähigkeit, Dynamic Capabilities. In G. Schreyögg & P. Conrad (Hrsg.), *Managementforschung*. Wiesbaden: Gabler, S. 1–36.

Montoya-Weiss, M.M. & Calantone, R. (1994). Determinants of new product performance: A Review and Meta-Analysis. *Journal of Product Innovation Management*, 11(5), S. 397–417.

Moore, W.L. & Tushman, M. L. (1982). Managing innovation over the product life cycle. In Micheal L. Tushman & W. L. Moore (Hrsg.), *Readings in the management of innovation*. Boston et al.: Harpercollins, S. 131–150.

Müller-Stewens, G. & Lechner, C. (2005). *Strategisches Management: Wie strategische Initiativen zum Wandel führen* (3. Auflage). Stuttgart: Schäffer-Poeschel.

Naveh, E. (2005). The effect of integrated product development on efficiency and innovation. *International Journal of Production Research*, 43(13), S. 2789–2808.

Niedersächsisches Wirtschaftsministerium (Hrsg.) (2007). *SWOT-Analyse für das Operationelle Programm für den Europäischen Fonds für regionale Entwicklung (EFRE) im Ziel „Konvergenz" – Förderperiode 2007-2013*, Hannover.

Nohria, N. & Gulati, R. (1996). Is slack good or bad for innovation? *The Academy of Management Journal*, 39(5), S. 1245–1264.

OECD (2002). *Frascati manual 2002: Proposed standard practice for surveys on research and experimental development*, Paris: OECD Publications.

OECD (2005). Oslo manual: *Guidelines for collecting and interpreting innovation data* (3. Auflage). Paris et al.: OECD Publishing.

Parry, M.E. & Song, X.M. (1994). Identifying new product successes in China. *Journal of Product Innovation Management*, 11(1), S. 15–30.

Pattikawa, L.H., Verwaal, E. & Commandeur, H.R. (2006). Understanding new product project performance. *European Journal of Marketing*, 40(11), S. 1178–1193.

Pavlou, P.A. & El Sawy, O.A. (2011). Understanding the elusive black box of dynamic capabilities. *Decision Sciences*, 42(1), S. 239–274.

Pettigrew, A. (1990). Longitudinal field research on change: Theory and practice. *Organization science*, 1(3), S. 267–292.

Porter, M. E. (2000). The five competitive forces that shape strategy. In Harvard Business Review (Hrsg.), *HBR's must-reads on strategy*. Boston, MA: Havard Business Press, S. 23–41.

Prajogo, D.I. & Ahmed, P.K. (2006). Relationships between innovation stimulus, innovation capacity, and innovation performance. *R&D Management*, 36(5), S. 499–515.

Raabe, J. (2012). *Erfolgsfaktoren für Innovation in Unternehmen: Eine explorative und empirische Analyse*. Wiesbaden: Gabler.

Ragin, C.C. (1994). *Constructing social research*. Thousand Oaks, et al.: Pine Forge Press.

Rammer, C., Aschhoff, B., Doherr, T., Köhler, C., Peters, B., Schubert, T., et al. (2010). *Innovationsverhalten der deutschen Wirtschaft* (Indikatorenbericht zur Innovationserhebung 2009). Mannheim: Zentrum für Europäische Wirtschaftsforschung (ZEW). http://ftp.zew.de/pub/zewdocs/mip/09/mip_2009.pdf (abgerufen am 30.05.2013)

Rammer, C., Aschoff, B., Crass, D., Doherr, T., Hud, M., Köhler, C., et al. (2012). *Innovationsverhalten der deutschen Wirtschaft* (Indaktorenbericht zur Innovationserhebung 2011) *Mannheim: Zentrum für Europäische Wirtschaftsförderung (ZEW)*. http://ftp.zew.de/pub/zew-docs/mip/12/mip_2012.pdf (abgerufen am 30.05.2013)

Rogers, E.M. (1983). *Diffusion of innovations*. New York und London: Free Press.

Rogers, M. (1998). *The definition and measurement of innovation* (Melbourne Institute Working Paper No. 10/98) Melbourne. Institute of Applied Economic and Social Research. http://www.melbourneinstitute.com/downloads/working_paper_series/wp1998n10.pdf (abgerufen am 30.05.2013).

Rogers, M. (2004). Networks, firm size and innovation. *Small Business Economics*, 22(2), S. 141–153.

Romijn, H. & Albaladejo, M. (2002). Determinants of innovation capability in small electronics and software firms in southeast England. *Research Policy*, 31(7), S. 1053–1067.

Rosenbusch, N., Brinckmann, J. & Bausch, A. (2011). Is innovation always beneficial? A meta-analysis of the relationship between innovation and performance in SMEs. *Journal of Business Venturing*, 26(4), S. 441–457.

Rumelt, R.P. (1991). How much does industry matter? *Strategic Management Journal*, 12(3), S. 167–185.

Sammerl, N. (2006). *Innovationsfähigkeit und nachhaltiger Wettbewerbsvorteil: Messung – Determinanten – Wirkungen*. Wiesbaden: Deutscher Universitäts-Verlag.

Sattler, M. (2011). *Excellence in innovation management: A meta-analytic review on the predictors of innovation performance.* Wiesbaden: Gabler.

Schlaak, T.M. (1999). *Der Innovationsgrad als Schlüsselvariable. Perspektiven für das Management von Produktentwicklungen.* Wiesbaden: Deutscher Universitäts-Verlag.

Schmookler, J. (1966). *Invention and Economic.* Cambridge, MA.: Harvard University Press.

Schreyögg, G. & Kliesch-Eberl, M. (2007). How dynamic can organizational capabilities be? Towards a dual-process model of capability dynamization. *Strategic Management Journal,* 28(9), S. 913–933.

Schreyögg, G. & Koch, J. (2007). *Grundlagen des Managements.* Wiesbaden: Gabler.

Schuler, H. & Görlich, Y. (2007). *Kreativität: Ursachen, Messung, Förderung und Umsetzung in Innovation.* Göttingen et al.: Hogrefe.

Schumpeter, J.A. (1961). *Konjunkturzyklen: Eine theoretische, historische und statistische Analyse des kapitalistischen Prozesses.* Göttingen: Vandenhoeck & Ruprecht.

Seeger, B. (2010). *Evaluierung des Innovationsgeschehens von kleinen und mittelständischen Unternehmen (unveröffentlichte Masterthesis).* Leuphana Universität Lüneburg.

Sedlmeier, P. & Renkewitz, F. (2008). *Forschungsmethoden und Statistik in der Psychologie.* München et al.: Pearson Studium.

Shah, R. & Ward, P.T. (2003). Lean manufacturing: Context, practice bundles, and performance. *Journal of Operations Management,* 21(2), S. 129–149.

Shane, S.A. (1994). Are champions different from non-champions? *Journal of Business Venturing,* 9(5), S. 397–421.

Shapiro, C. (1989). The theory of business strategy. *The Rand Journal of Economics,* 20(1), S. 125–137.

Simon, H. (2007). *Hidden Champions des 21. Jahrhunderts: Die Erfolgsstrategien unbekannter Weltmarktführer.* Frankfurt und New York: Campus.

Song, X.M. & Parry, M.E. (1997). Cross-national comparative study of new product and processes: Japan and the United States. *Journal of Marketing,* 61(2), S. 1–18.

Song, X.M. & Montoya-Weiss, M.M. (1998). Critical development activities for really new versus incremental products. *Journal of Product Innovation Management,* 15(2), S. 124–135.

Souitaris, V. (2002). Technological trajectories as moderators of firm-level determinants of innovation. *Research Policy,* 31(6), S. 877–898.

Staats, S. (2009). *Metriken zur Messung von Effizienz und Effektivität von Konfigurationsmanagement- und Qualitätsmanagementverfahren.* Bremen: Europäischer Hochschul-Verlag.

Steinhoff, F. (2008). Der Innovationsgrad in der Erfolgsfaktorenforschung – Einflussfaktor oder Kontingenzfaktor? In W. Schmeisser et al. (Hrsg.), *Innovationserfolgsrechnung*. Berlin und Heidelberg: Springer, S. 3–19.

Strauss, A. & Corbin, J. (1996). *Grounded Theory: Grundlagen Qualitativer Sozialforschung*. Weinheim: Beltz.

Sturm, N. (2011). Steuerung von Innovationsprozessen in KMU. In S. Fischer, B. Seeger & J. Weihe (Hrsg.), *Die Dynamisierung des Innovationsgeschehens einer Wirtschaftsregion*. Hamburg: Dr. Kovac, S. 1–8.

Sundbo, J. (1996). The balancing of empowerment. A strategic resource based model of organizing innovation activities in service and low-tech firms. *Technovation*, 16(8), S. 397–409.

Teece, D.J. (2007). Explicating dynamic capabilities: The nature and microfoundations of (sustainable) enterprise performance. *Strategic Management Journal*, 28(13), S. 1319–1350.

Teece, D.J., Pisano, G. & Shuen, A. (1997). Dynamic capabilities and strategic management. *Strategic Management Journal*, 18(7), S. 509–533.

Thamhain, H.J. (1990). Managing technologically innovative team efforts toward new product success. *Journal of Product Innovation Management*, 7(1), S. 5–18.

Tidd, J. & Bessant, J. (2010). *Managing innovation: Integrating technological, market and organizational change* (4. Auflage). Chichester et al.: Wiley.

van der Panne, G. (2007). Issues in measuring innovation. *Scientometrics*, 71(3), S. 495–507.

van der Panne, G., van der Beers, C. & Kleinknecht, A. (2003). Success and failure of innovation: a literature review. *International Journal of Innovation Management*, 7(3), S. 309–338.

van Dyck, C., Frese, M., Baer, M. & Sonnentag, S. (2005). Organizational error management culture and its impact on performance: A two-study replication. *The Journal of Applied Psychology*, 90(6), S. 1228–1240.

van Someren, T.C. (2005). *Strategische Innovation. So machen Sie Ihr Unternehmen einzigartig*. Wiesbaden: Gabler.

Vahs, D. & Burmester, R. (2005). *Innovationsmanagement: Von der Produktidee zur erfolgreichen Vermarktung* (3. Auflage). Stuttgart: Schäffer-Poeschel.

Vermeulen, P.A.M., O'Shaughnessy, K. & de Jong, J.P.J. (2003). *Innovation in SMEs: An Empirical Investigation of the Input-Throughput-Output-Performance Model*. (SCALES-working paper N200302) Zoetermeer: EIM Business and Policy Research. http://www.ondernemerschap.nl/pdf-ez/N200302.pdf (abgerufen am 20.06.2012)

Verworn, B. & Herstatt, C. (2000). *Modelle des Innovationsprozesses: eine Einführung.* (Arbeitspapier Nr. 6). Hamburg: Hochschulschriftenserver der Technischen Universität Hamburg-Harburg. http://doku.b.tu-harburg.de/volltexte/2006/160/pdf/Arbeitspapier_-6.pdf (abgerufen am 19.03.2010)

Verworn, B., Lüthje, C. & Herstatt, C. (2000). *Innovationsmanagement in kleinen und mittleren Unternehmen* (Arbeitspapier). Hamburg: Technische Universität Hamburg-Harburg. http://www.econbiz.de/archiv1/2009/97012_kmu_innovation_management.pdf (abgerufen am 19.03.2010)

von Ahsen, A., Heesen, M. & Kuchenbuch, A. (2010). Grundlagen der Bewertung von Innovationen im Mittelstand. In A. von Ahsen (Hrsg.), *Bewertung von Innovationen im Mittelstand.* Heidelberg und Berlin: Springer, S. 1–38.

von Au, D. (2011). *Strategisches Innovationsmanagement.* Wiesbaden: Gabler.

von Hippel, E. (2005). *Democratizing Innovation.* Cambridge: MIT Press.

Wang, C.L. & Ahmed, P.K. (2007). Dynamic capabilities: A review and research agenda. *International Journal of Management Reviews*, S. 31–51.

Weihe, J. (2011). Erfahrungen und Perspektiven bei der Transferkooperation von Hochschulen mit der Wirtschaftspraxis. In S. Fischer, B. Seeger & J. Weihe (Hrsg.), *Die Dynamisierung des Innovationsgeschehens einer Wirtschaftsregion.* Hamburg: Dr. Kovac, S. 1–8.

Weihe, J. & Seeger, B. (2012). *Innovationsmanagement.* Lüneburg: Leuphana Universität.

Weisenfeld, U. (2006). Innovationsmanagement und Innovationsstrategien in Kleinen und Mittleren Unternehmen. In A. Martin (Hrsg.), *Managementstrategien von kleinen und mittleren Unternehmen.* München: Hampp, S. 39-56.

Werner, B.M. (2002). *Messung und Bewertung der Leistung von Forschung und Entwicklung im Innovationsprozeß, Dissertation*, Darmstadt: TU Darmstadt.

Wernerfelt, B. (1984). A resource-based view of the firm. *Strategic Management Journal*, 5(2), S. 171–180.

Wiklund, J., Patzelt, H. & Shepherd, D.A. (2007). Building an integrative model of small business growth. *Small Business Economics*, 32(4), S. 351–374.

Winter, S.G. (2003). Understanding dynamic capabilities. *Strategic Management Journal*, 24(10), S. 991–995.

Wirtz, M. & Caspar, F. (2002). *Beurteilerübereinstimmung und Beurteilerreliabilität: Methoden zur Bestimmung und Verbesserung der Zuverlässigkeit von Einschätzungen mittels Kategoriensystemen und Ratingskalen.* Göttingen et al.: Hogrefe.

Zahra, S.A., Sapienza, H.J. & Davidsson, P. (2006). Entrepreneurship and dynamic capabilities: A review, model and research agenda. *Journal of Management Studies*, 43(4), S. 917–955.

Zaltman, G., Duncan, R. & Holbeck, J. (1984). *Innovation & organizations.* Malabar: Krieger.

Zheng, Z.K. (2006). Innovation, imitation, and new product performance: The case of China. *Industrial Marketing Management*, 35(3), S. 394–402.

Zhou, K.Z., Yim, C.K. & Tse, D.K. (2005). The effects of strategic orientations on technology- and market-based innovations breakthrough. *Journal of Marketing*, 69(2), S. 42–60.

Zirger, B.J. (1997). The influence of development experience and product innovativeness on product outcome. *Technology Analysis & Strategic Management*, 9(3), S. 287–297.

Zirger, B.J. & Maidique, M.A. (1990). A model of new product development: An empirical test. *Management Science*, 36(7), S. 867–883.

Zollo, M. & Winter, S.G. (2002). Deliberate learning and the evolution of dynamic capabilities. *Organization Science*, 13(3), S. 339–351.

Druck: KN Digital Printforce GmbH · Schockenriedstraße 37 · 70565 Stuttgart